Die Bestimmung und Steuerung des Wertes von Marken

Wirtschaftswissenschaftliche Beiträge

Band 1: Ch. Aignesberger, Die Innovationsbörse als Instrument zur Risikokapitalversorgung innovativer mittelständischer Unternehmen, XVIII/308 Seiten, 1987

Band 2: U. Neuerburg, Werbung im Privatfernsehen, XIII/302 Seiten, 1988

Band 3: J. Peters, Entwicklungsländerorientierte Internationalisierung von Industrieunternehmen, IX/155 Seiten, 1988

Band 4: G. Chaloupek, J. Lamel, J. Richter (Hrsg.), Bevölkerungsrückgang und Wirtschaft, VIII/470 Seiten, 1988

Band 5: P. J. J. Welfens, L. Balcerowicz (Hrsg.), Innovationsdynamik im Systemvergleich, XIX/446 Seiten, 1988

Band 6: K. Fischer, Oligopolistische Marktprozesse, XI/169 Seiten, 1988

Band 7: M. Laker, Das Mehrproduktunternehmen in einer sich ändernden unsicheren Umwelt, IX/209 Seiten, 1988

Band 8: I. von Bülow, Systemgrenzen im Management von Institutionen, XII/278 Seiten, 1989

Band 9: H. Neubauer, Lebenswegorientierte Planung technischer Systeme XII/171 Seiten, 1989

Band 10: P. M. Sälter, Externe Effekte: „Marktversagen" oder Systemmerkmal? VII/188 Seiten, 1989

Band 11: P. Ockenfels, Informationsbeschaffung auf homogenen Oligopolmärkten, X/163 Seiten, 1989

Band 12: O. Jacob, Aufgabenintegrierte Büroinformationssysteme, VII/177 Seiten, 1989

Band 13: J. Walter, Innovationsorientierte Umweltpolitik bei komplexen Umweltproblemen, IX/208 Seiten, 1989

Band 14: D. Bonneval, Kostenoptimale Verfahren in der statistischen Prozeßkontrolle, V/180 Seiten, 1989

Band 15: T. Rüdel, Kointegration und Fehlerkorrekturmodelle, VIII/138 Seiten, 1989

Band 16: K. Rentrup, Heinrich von Storch, das „Handbuch der Nationalwirthschaftslehre" und die Konzeption der „inneren Güter", X/146 Seiten, 1989

Band 17: M. A. Schöner: Überbetriebliche Vermögensbeteiligung, XVI/417 Seiten, 1989

Band 18: P. Haufs, DV-Controlling, IX/166 Seiten, 1989

Band 19: R. Völker, Innovationsentscheidungen und Marktstruktur, XI/221 Seiten, 1990

Band 20: P. Bollmann, Technischer Fortschritt und wirtschaftlicher Wandel, VIII/184 Seiten, 1990

Band 21: F. Hörmann, Das Automatisierte, Integrierte Rechnungswesen, XI/408 Seiten, 1990

Band 22: W. Böing, Interne Budgetierung im Krankenhaus, XIV/274 Seiten, 1990

Band 23: G. Nakhaeizadeh, K.-H. Vollmer (Hrsg.), Neuere Entwicklungen in der Angewandten Ökonometrie, X/248 Seiten, 1990

Band 24: T. Braun, Hedging mit fixen Termingeschäften und Optionen, VII/167 Seiten, 1990

Band 25: G. Inderst, P. Mooslechner, B. Unger, Das System der Sparförderung in Österreich, VIII/126 Seiten, 1990

Band 26: Th. Apolte, M. Kessler (Hrsg.), Regulierung und Deregulierung im Systemvergleich, XIII/313 Seiten, 1990

Band 27: J. Lamel, M. Mesch, J. Skolka (Hrsg.), Österreichs Außenhandel mit Dienstleistungen, X/335 Seiten, 1990

Band 28: I. Heinz, R. Klaaßen-Mielke, Krankheitskosten durch Luftverschmutzung, XVI/147 Seiten, 1990

Band 29: B. Kalkofen, Gleichgewichtsauswahl in strategischen Spielen, XIII/214 Seiten, 1990

Band 30: K. G. Grunert, Kognitive Strukturen in der Konsumforschung, X/290 Seiten, 1990

Band 31: S. Felder, Eine neo-österreichische Theorie des Vermögens, X/118 Seiten, 1990

Band 32: G. Uebe (Hrsg.), Zwei Festreden Joseph Langs, VII/116 Seiten, 1990

Band 33: U. Cantner, Technischer Fortschritt, neue Güter und internationaler Handel, XVI/289 Seiten, 1990

Band 34: W. Rosenthal, Der erweiterte Maskengenerator eines Software-Entwicklungs- Systems, XIV/275 Seiten, 1990

Band 35: U. Nessmayr, Die Kapitalsituation im Handwerk, XII/177 Seiten, 1990

Band 36: H. Wüster, Die sektorale Allokation von Arbeitskräften bei strukturellem Wandel, IV/148 Seiten, 1990

Band 37: R. Hammerschmid, Entwicklung technisch-wirtschaftlich optimierter regionaler Entsorgungsalternativen, X/239 Seiten, 1990

Band 38: P. Mitter, A. Wörgötter (Hrsg.), Austro-Keynesianismus, V/102 Seiten, 1990

Band 39: A. Katterl, K. Kratena, Reale Input-Output Tabelle und ökologischer Kreislauf, VIII/114 Seiten, 1990

Band 40: A. Gehrig, Strategischer Handel und seine Implikationen für Zollunionen, XII/174 Seiten, 1990

Band 41: G. Nakhaeizadeh, K.-H. Vollmer (Hrsg.), Anwendungsaspekte von Prognoseverfahren, IX/169 Seiten, 1991

Band 42: C. Fantapié Altobelli, Die Diffusion neuer Kommunikationstechniken in der Bundesrepublik Deutschland, XXIV/319 Seiten, 1991

Band 43: J. Richter, Aktualisierung und Prognose technischer Koeffizienten in gesamtwirtschaftlichen Input-Output Modellen, VII/376 Seiten, 1991

Band 44: E. Spranger, Expertensystem für Bilanzpolitik, VIII/228 Seiten, 1991

Band 45: F. Schneider, Corporate-Identity-orientierte Unternehmenspolitik, XXI/295 Seiten, 1991

Band 46: B. Gygi, Internationale Organisationen aus der Sicht der Neuen Politischen Ökonomie, XI/258 Seiten, 1991

Band 47: L. Hennicke, Wissensbasierte Erweiterung der Netzplantechnik, VII/194 Seiten, 1991

Band 48: T. Knappe, DV-Konzepte operativer Früherkennungssysteme, VII/176 Seiten, 1991

Band 49: P. Welzel, Strategische Handelspolitik, XIII/207 Seiten, 1991

Band 50: H. Wiethoff, Risk Management auf spekulativen Märkten, XIV/202 Seiten, 1991

Band 51: R. Riedl, Strategische Planung von Informationssystemen, XII/227 Seiten, 1991

Band 52: K. Sandmann, Arbitrage und die Bewertung von Zinssatzoptionen, VIII/172 Seiten, 1991

Band 53: P. Engelke, Integration von Forschung und Entwicklung in die unternehmerische Planung und Steuerung, XVII/352 Seiten, 1991

Band 54: F. Blumberg, Wissensbasierte Systeme in Produktionsplanung und -steuerung, XVII/268 Seiten, 1991

Fortsetzung auf Seite 320

Matthias Sander

Die Bestimmung und Steuerung des Wertes von Marken

Eine Analyse aus Sicht des Markeninhabers

Mit 46 Abbildungen und 13 Tabellen

Physica-Verlag

Ein Unternehmen
des Springer-Verlags

Reihenherausgeber
Werner A. Müller

Autor
Dr. Matthias Sander
Wirtschaftswissenschaftliches Seminar
Abt. Betriebswirtschaftslehre
insb. Absatzwirtschaft
Universität Tübingen
Nauklerstraße 47
D-72074 Tübingen

ISBN 978-3-7908-0742-4 ISBN 978-3-642-51520-0 (eBook)
DOI 10.1007/978-3-642-51520-0

CIP-Titelaufnahme der Deutschen Bibliothek
Sander, Matthias:
Die Bestimmung und Steuerung des Wertes von Marken : eine
Analyse aus Sicht des Markeninhabers / Matthias Sander. -
Heidelberg : Physica-Verl., 1994
(Wirtschaftswissenschaftliche Beiträge; 90)
Zugl.: Tübingen, Univ., Diss.

NE: GT

88/7130-543210 - Gedruckt auf säurefreiem Papier

Vorwort

Auf nahezu allen Märkten hat sich die Markierung von Produkten durchgesetzt; unmarkierte Waren spielen nur noch auf wenigen Märkten eine bedeutende Rolle. Die Marke hat für den einzelnen Anbieter insofern eine besondere Bedeutung, als sie nicht selten sein größtes Kapital darstellt. Genaue Informationen über den Wert der Marke stoßen bei dem anbietenden Unternehmen daher auf großes Interesse. Die Feststellung des Wertes der Marke als immaterieller Vermögensgegenstand ist jedoch aus vielerlei Gründen mit besonderen Schwierigkeiten behaftet; so verwundert auch nicht, daß bisherige Ansätze zur Bestimmung des Wertes von Marken nicht zum gewünschten Erfolg geführt haben.

In der vorliegenden Arbeit wird diese Problematik zum Anlaß genommen, einen neuen Ansatz zur theoretisch fundierten Bestimmung des Wertes von Marken zu entwickeln. Ausgehend von der Darstellung der Marke und des Markenartikels wird zunächst die Notwendigkeit der Bewertung von Marken dargelegt. Anschließend werden bisherige Ansätze der Markenbewertung dargestellt und einer kritischen Würdigung unterzogen. Aufbauend auf diesen Ansätzen wird das neu entwickelte Modell zur Markenwertbestimmung vorgestellt und anhand eines Beispielmarktes einer empirischen Überprüfung unterzogen, um die praktische Umsetzbarkeit des Modells zu demonstrieren. Aspekte des Marken-Managements schließen das Buch ab; konkret wird aufgezeigt, wie der Wert einer Marke mit Hilfe ausgewählter Marketing-Instrumente gesteuert werden kann. Dabei wird auch auf den Markengewinn eingegangen, um die Beziehung zwischen Markenwert und Markengewinn offenzulegen.

Die vorliegende Arbeit wurde von der Wirtschaftswissenschaftlichen Fakultät der Universität Tübingen unter dem Dekanat von Herrn Prof. Dr. Hans-Peter Ullmann als Dissertation angenommen. Mein besonderer Dank gilt meinem akademischen Lehrer, Herrn Prof. Dr. Ralph Berndt, welcher den Anstoß für die Entstehung des vorliegenden Buches gab. Durch seine hervorragende wissenschaftliche Betreuung und seine ständige Diskussionsbereitschaft konnten Aspekte und Einsichten gewonnen werden, welche für mich von unschätzbarem Wert waren. Zu Dank verpflichtet bin ich auch Herrn Prof. Dr. Marcell Schweitzer für die Übernahme und zügige Abwicklung der Zweitberichterstattung. Dank schulde ich ferner meinen Kollegen, Frau Dr. Claudia Fantapié Altobelli, Herrn Dipl.-Kfm. Matthias Stelzer sowie Herrn Dipl.-Kfm. Jürgen Mengele für die kritischen Diskussionen während der Entstehung der

Arbeit, die zu zahlreichen Anregungen und Verbesserungsvorschlägen führten. Mein besonderer Dank gilt meinem Kollegen Herrn Dipl.-Kfm. Michael Streich für die hilfreiche Unterstützung in computertechnischer Hinsicht. Für wertvolle Anregungen in den frühen Phasen der Entstehung der vorliegenden Arbeit bedanke ich mich bei Herrn Dr. Frank Schneider.

Die empirische Umsetzung des in der vorliegenden Arbeit entwickelten Modells wäre ohne Zusendung umfangreichen Zahlen- und Informationsmaterials durch die A. C. Nielsen GmbH, Frankfurt a. M., nicht möglich gewesen; ihr gebührt hierfür mein herzlicher Dank. Danken möchte ich schließlich Herrn Dr. Peter Schuster, stellvertretender Verlagsleiter des Physica-Verlages, für die reibungslose Zusammenarbeit bei der Drucklegung der Arbeit.

Tübingen, im August 1993 — Matthias Sander

Inhaltsverzeichnis

Seite

Seite

Abbildungsverzeichnis

Seite

Seite

Tabellenverzeichnis

1. Teil: Einführung

A. Problemstellung

Marken sind in vielen Produktbereichen zu einem zentralen Bestandteil unserer heutigen Konsumwelt geworden. Mittlerweile existieren nur noch wenige Märkte, auf denen ausschließlich unmarkierte Produkte gehandelt werden. Dabei ist die Ausweitung der Verwendung von Marken auf immer neue Märkte noch nicht abgeschlossen; so hat die Marke inzwischen auch die Dienstleistungsmärkte erreicht. Als Konsequenz dieser Entwicklung fand die Dienstleistungsmarke im Jahre 1979 Eingang in das Warenzeichengesetz (WZG), welches vor dieser Zeit nur auf Sachgüter ausgerichtet war (vgl. *Graumann*, 1983, S. 43; *Giefers*, 1980, S. 18).

Neben einer zunehmenden Bedeutung in quantitativer Hinsicht hat sich die Marke auch in qualitativer Hinsicht gewandelt; diese Entwicklung wird durch das Entstehen immer differenzierterer Erscheinungsformen von Marken dokumentiert (vgl. z. B. *Dichtl*, 1992, S. 272 ff.). So hat beispielsweise eine Weiterentwicklung ausgehend von der nur für ein einzelnes Produkt verwendeten Einzelmarke in Richtung aufwendiger Markensysteme wie Markenfamilien oder Dachmarken mit zugehörigen Submarken stattgefunden; auch wurde das Markenspektrum durch die Einführung von Gattungsmarken und Premium Marken erweitert, wobei Gattungsmarken das untere Preis-Qualitätssegment eines Produktmarktes abdecken, Premium Marken hingegen für Produkte der höchsten Preis-Qualitätsstufe des jeweiligen Produktmarktes Verwendung finden.

Von Bedeutung ist eine derartige Entwicklung insbesondere für das Marken-Management; die Anforderungen an das Marken-Management im Hinblick auf eine effiziente Markenführung und -pflege, insbesondere unter Berücksichtigung der auf vielen Märkten zu beobachtenden Sättigungserscheinungen mit der Folge einer Wettbewerbsverschärfung, werden zunehmend größer. Oftmals einziger Ausweg in dieser Situation des zunehmenden Wettbewerbs ist die Internationalisierung der Marke, um ihr Überleben zu sichern und einen nachhaltigen Erfolg der Marke zu gewährleisten; der internationale Vertrieb einer Marke resultiert damit nicht nur aus dem Gewinnstreben einer Unternehmung, sondern oft aus der puren Notwendigkeit, das Fortbestehen der Marke zu sichern. Über die nationalen Grenzen hinaus angebotene Marken werden also zukünftig das Bild vieler Konsumgütermärkte noch stärker prägen, als es bisher schon der Fall ist; das internationale Marken-Management gewinnt damit zunehmend an Bedeutung.

Gegenstand der vorliegenden Arbeit ist die Bewertung von Marken; hierfür wird in erster Linie aus der Sicht des **Markeninhabers** argumentiert, d. h. die Bewertung erfolgt durch den Eigentümer der Marke. Im Mittelpunkt der Betrachtung steht dabei nicht die Marke im Sinne eines physischen Produktes, sondern vielmehr die Marke als Markenzeichen, d. h. als **immaterieller** Vermögensgegenstand. Eine derartige Markenbewertung kann aus mehreren Gründen erforderlich sein; so ist die Frage nach dem Wert einer Marke sowohl bei der Lizenzierung von Marken zur Festlegung einer adäquaten Lizenzgebühr von Interesse, als auch bei der Bemessung des Schadensersatzes, welcher bei mißbräuchlicher Nutzung der Marke durch Dritte, z. B. in Form der Markenpiraterie, zu leisten ist. Vor dem Hintergrund gesättigter Märkte hat auch der Kauf bzw. Verkauf von eingeführten Marken als Alternative zur Eigenentwicklung von Marken einen bemerkenswerten Umfang angenommen; zur Ermittlung eines angemessenen Kauf- bzw. Verkaufspreises für die Marke sind auch aus diesem Grund Informationen über den Wert einer Marke notwendig. Ferner ergeben sich Markenbewertungsfragen bei der Bilanzierung von Marken; in jüngster Zeit versuchen immer mehr Unternehmen, ihr oftmals größtes Kapital - die Marke - zu bilanzieren. Schließlich ist der Wert einer Marke im Rahmen der Markenführung und -kontrolle durch das Marken-Management von Relevanz, um zu gewährleisten, daß der Wert einer Marke im Zeitablauf aufrechterhalten bzw. gesteigert werden kann; auch auf die Steuerung des Markenwerts soll daher im Rahmen dieser Arbeit näher eingegangen werden. Bereits an dieser Stelle wird deutlich, daß das Spektrum von Situationen, in denen Informationen über den Wert einer Marke erforderlich sind, sehr breit ist.

Der Versuch der Bewertung einer Marke ist nicht neu; bereits in den 60er Jahren wurden Ansätze vorgestellt, welche dieser Aufgabe nachgingen (vgl. z. B. *Kern*, 1962). Ihren bisherigen Höhepunkt erreichte die Markenbewertungsdiskussion Ende der 80er Jahre, als aufgrund des zunehmenden Bedürfnisses, einer Marke einen Wert zuschreiben zu können, vermehrt Ansätze zur Bewertung einer Marke vorgestellt wurden (vgl. z. B. *Schulz/Brandmeyer*, 1989a; *Penrose*, 1989). Bisher konnte diese Aufgabe jedoch nicht zufriedenstellend gelöst werden, weshalb das Problem der Bewertung von Marken nach wie vor von hoher Aktualität - sowohl für die Wissenschaft als auch für die Praxis - ist.

B. Zielsetzung der Arbeit und Gang der Untersuchung

Ziel dieser Arbeit ist es, auf theoretisch fundierte Weise dem immateriellen Vermögensgegenstand "Marke" einen monetären Wert unter Berücksichtigung des konkreten Zwecks der Bewertung zuzuweisen. Auch soll gezeigt werden, wie dieser Wert mit Hilfe des Marketing-Instrumentariums zielgerichtet gesteuert bzw. gesteigert werden kann; eingenommen wird dabei jeweils die Position des Markeninhabers.

Im sich anschließenden zweiten Teil dieser Arbeit wird zunächst das eigentliche Objekt der Untersuchung, die Marke, in den Mittelpunkt der Betrachtung gerückt. Die hier vorgenommene Darstellung und Diskussion des Begriffs und der Funktionen der Marke sowie die Analyse wesentlicher Erscheinungsformen von Marken erscheint umso notwendiger, als ohne das Vorhandensein einer Marke ein Markenwert nicht entstehen kann und das Problem der Bewertung einer Marke somit gar nicht auftaucht. Auch wird in diesem Teil auf den Markenartikel eingegangen, der die am weitesten entwickelte Ausprägung markierter Ware darstellt.

Der dritte Teil der Arbeit befaßt sich mit Grundlagen der Markenbewertung und bestehenden Ansätzen zur Bewertung von Marken; ausgehend von der Diskussion des Markenwertbegriffs werden Zwecke zur Bestimmung des Wertes einer Marke erörtert sowie diverse Verfahren zur Markenwertbestimmung vorgestellt und einer kritischen Würdigung unterzogen. Abgeschlossen wird dieser Teil mit einer vergleichenden Gegenüberstellung der diskutierten Ansätze zur Markenbewertung.

Gegenstand des vierten Teils der Arbeit ist die Entwicklung eines eigenen Ansatzes zur Bestimmung des Wertes von Marken; als methodische Basis wird hierfür auf die **hedonische Theorie** zurückgegriffen, welche die Bestimmung eines monetären Wertes für einzelne Produkteigenschaften erlaubt. Besonderer Wert wird auf die empirische Umsetzbarkeit des vorgeschlagenen Ansatzes gelegt; daher werden sowohl Hinweise zur generellen empirischen Umsetzung des Ansatzes gegeben als auch anhand eines ausgewählten Produktmarktes gezeigt, wie der Wert von Marken empirisch bestimmt werden kann. Zugrunde gelegt wird hierfür der bundesdeutsche Markt für Kondensmilch und Kaffeesahne als ein typischer Markt für Güter des kurzfristigen Bedarfs.

Im fünften Teil der Arbeit wird der Einfluß ausgewählter Marketing-Instrumente auf den mit Hilfe des im vorangegangenen Teil vorgestellten Ansatzes bestimmten Wert einer Marke analysiert; konkret wird gezeigt, in welcher Intensität die analysierten Marketing-Instrumente einzusetzen sind, um den Wert einer Marke zu maximieren. Dabei wird auch auf den durch den Verkauf von markierten Produkten erzielbaren Markengewinn eingegangen, um den Zusammenhang zwischen dem auf dem immateriellen Markenbegriff basierenden Markenwert und dem auf dem physischen Markenproduktverständnis basierenden Markengewinn aufzeigen zu können.

Der sechste Teil schließlich faßt wesentliche Erkenntnisse, welche in der vorliegenden Arbeit gewonnen werden konnten, zusammen und bietet einen kurzen Ausblick auf denkbare zukünftige Forschungsaktivitäten auf dem Gebiet der Markenbewertung.

2. Teil: Die Marke als Gegenstand der Bewertung

A. Der Begriff der Marke

Durch Kennzeichnung eines Produkts[1] mit einer **Marke** wird ein anonymes Produkt zu einem **markierten Produkt**, nicht jedoch bereits zu einem **Markenartikel.**[2] Der Vorgang der Kennzeichnung in prozessualem Sinne sowie das Ergebnis dieses Prozesses ist die **Markierung**; die Begriffe "Markierung" im Sinne eines Kennzeichens und "Marke" sind insofern als Synonyme anzusehen (vgl. *v. Matt*, 1988, S. 5).[3]

Eindeutig voneinander abzugrenzen von diesem Begriff der Marke als Kennzeichen ist die Auffassung der Marke als physisches Objekt. Auf beide Betrachtungsweisen wird im folgenden näher eingegangen.

I. Die Marke als formales Zeichen

Die Entwicklungsgeschichte der Marke als formales Zeichen läßt sich weit zurückverfolgen; als Vorläufer des modernen Markenbegriffs lassen sich Personalzeichen, Eigentumszeichen, Herkunfts- bzw. Ursprungszeichen sowie Zunftzeichen als Gütezeichen mit kollektivem Charakter identifizieren.[4] Hauptzweck der Marke in formaler Hinsicht ist die Entanonymisierung von Produkten.

---

1) Viele im folgenden auf Produkte i. S. von Sachgütern bezogene Aussagen können auch auf Dienstleistungen übertragen werden. Da der Schwerpunkt der Arbeit auf Produkte als markierte Objekte liegt, wird auf Dienstleistungen lediglich im Rahmen des Abschnitts C.II. in diesem Teil näher eingegangen. Zum Wesen der Dienstleistungsmarke vgl. insbesondere *Graumann*, 1983.

2) Zum Markenartikel vgl. die Ausführungen in Kapitel D. in diesem Teil.

3) Im folgenden wird in diesem Zusammenhang nur der Begriff "Marke" verwendet.

4) Zur Entwicklungsgeschichte der Marke vgl. z. B. *Blume/Müller/Röper*, 1976, S. 7 ff.; *Bergler*, 1961, S. 125 f.; *Graumann*, 1983, S. 4 ff.; *Hartl*, 1960, S. 11 ff.; *Kühn*, 1963, S. 6 ff.; *Leitherer*, 1955, S. 539 ff.; *Mellerowicz*, 1963, S. 2 ff.; *Unger*, 1986, S. 7 f.; *Dichtl*, 1978, S. 17 ff.

Diese Sichtweise der Marke als formales Zeichen liegt auch der EG-Markenrichtlinie[5] zugrunde; sie definiert den Begriff "Marke" wie folgt (vgl. *Meister*, 1990, S. 61 f.): "Marken können alle Zeichen sein, die sich grafisch darstellen lassen, insbesondere Wörter einschließlich Personennamen, Abbildungen, Buchstaben, Zahlen und die **Form** oder Aufmachung der Ware, **soweit solche Zeichen geeignet sind**, Waren oder Dienstleistungen eines Unternehmens von denjenigen anderer Unternehmen zu **unterscheiden**."

Dieselbe Sichtweise wie die EG-Richtlinie vertritt die Definition der *American Marketing Association*; auch sie legt der Marke ein formales (Zeichen-) Verständnis zugrunde und weist dem Begriff "**brand**" folgenden Inhalt zu (*American Marketing Association*, 1960, zitiert nach *v. Matt*, 1988, S. 7 f.): "A name, term, sign, symbol, or design, or a combination of them which is intended to identify the goods or services of one seller or group of sellers and to differentiate them from those of competitors."

Zweckmäßig bei der Analyse der Marke als formales Zeichen ist die Unterscheidung in Marken i. e. S. und Marken i. w. S. Wesentlich für diese differenzierte Betrachtung ist das Ausmaß der Kennzeichnungskraft und die warenzeichenrechtliche Schutzfähigkeit einzelner Markenzeichen. Hinsichtlich des **Ausmaßes der Kennzeichnungskraft** gilt dabei folgendes: Während der primäre Zweck der Marke, die Kennzeichnung und damit die Möglichkeit der Identifizierung eines Produkts, in erster Linie durch Wörter, Zahlen, Buchstaben oder Bildern erfüllt wird (**Marke i. e. S.**), wirkt die Form oder Aufmachung der Ware oder der Verpackung in der Regel nur komplementär (**Marke i. w. S.**).[6] Gleiches gilt für Markenzeichen, die nicht auf der optischen Wahrnehmung beruhen, sondern akustischer, olfaktorischer, taktiler oder gustatorischer Natur sind (vgl. *v. Matt*, 1988, S. 9 ff.). Daher müssen auch diese als Marken i. w. S. bezeichnet werden.

Zu den Marken i. e. S. zählen Wortmarken, Bildmarken und Kombinationen von beiden. Wortmarken sind Markennamen, d. h. das Element einer Marke, das verbal wiedergegeben werden kann (vgl. *Meffert*, 1986, S. 410). Wortmarken können aus Worten (z. B. Persil), Buchstaben (z. B. BMW), Zahlen (z. B. 4711) oder Kombinationen von ihnen (z. B. Audi 100, R6) bestehen, wobei auch weitere Zeichen verwendet werden können (z. B. 8x4, M&M's). Bildmarken können hingegen nicht verbalisiert werden.

---

5) Erste Richtlinie des Rates zur Angleichung der Rechtsvorschriften der Mitgliedsstaaten über die Marken vom 21. 12. 1988.

6) Daher wird die Produkt- oder Verpackungsform von einzelnen Autoren auch nicht als Markenzeichen anerkannt (vgl. z. B. *v. Matt*, 1988, S. 10).

Hinsichtlich der **warenzeichenrechtlichen Schutzfähigkeit** gilt folgendes: Charakteristische Eigenschaften, Formen, Farben und Gestaltungen der Ware selbst oder ihrer Verpackung sowie Hör-, Tast-, Geruchs- und Geschmackszeichen sind nach dem geltenden deutschen Warenzeichengesetz als Warenzeichen nur begrenzt bzw. gar nicht zulässig (vgl. *Baumbach/Hefermehl*, 1985, S. 89 f. u. S. 94; *Neumann*, 1992, S. 23 f.);[7] Marken i. w. S. genießen gegenüber Marken i. e. S. daher nur einen verminderten zeichenrechtlichen Schutz. Marken i. e. S. sind hingegen - nach Prüfung ihrer Eintragungsfähigkeit - grundsätzlich schutzfähig. Zu beachten ist, daß auch die charakteristische Darstellung von Wortmarken (z. B. der Coca-Cola-Schriftzug) selbst schutzfähig ist (vgl. *Kündig*, 1988, S. 489); hier wird deutlich, daß die Übergänge zwischen Wort- und Bildmarken fließend sind. Einen zusammenfassenden Überblick über Marken i. e. S. und Marken i. w. S. gibt *Abbildung 2.1.*

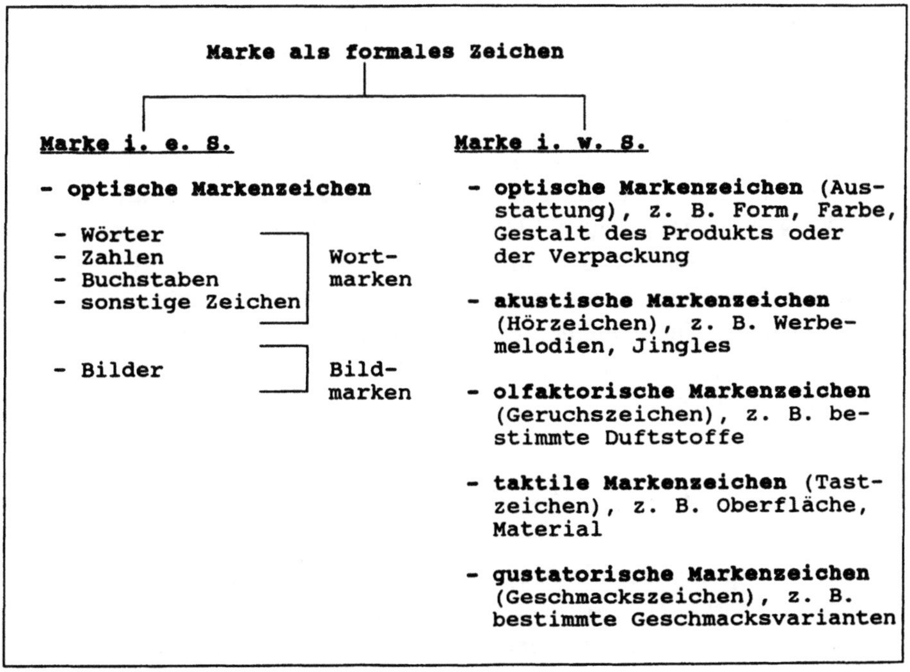

Abb. 2.1: Systematisierung der Marke als formales Zeichen

7) Beispielsweise ist die Ausstattung einer Ware, d. h. das Erscheinungsbild des Produkts, das Design, die Farbgebung und die Form nicht als Warenzeichen eintragungsfähig; rechtlicher Schutz kommt ihr nach § 25 Abs. 1 WZG jedoch dann zu, wenn sie sich innerhalb beteiligter Verkehrskreise als Herkunftsbezeichnung durchgesetzt hat (vgl. *Hätty*, 1989a, S. 7; *Dichtl*, 1992, S. 271; *Neumann*, 1992, S. 24). Von dem förmlichen Markenrecht, das auf Eintragung beruht, ist also das sachliche Markenrecht, das sich aus der Verkehrsgeltung ableitet, zu unterscheiden (vgl. *Bodenstein/Spiller*, 1991, S. 694).

In terminologischer Hinsicht fällt auf, daß der Gesetzgeber bei Markenzeichen, welche an Produkten i. S. von Sachgütern angebracht sind, nicht von Marken, sondern von **Warenzeichen** spricht, bei Dienstleistungen jedoch den Terminus "**Marke**" benutzt (vgl. § 1 WZG); diese Nebeneinanderverwendung der Begriffe "Warenzeichen" und "Marke" erscheint unglücklich und wird dem Gesetzgeber z. T. als terminologische Inkonsequenz ausgelegt (vgl. z. B. *Höhl*, 1982, S. 13).

Die Marke als formales Zeichen ist in markenpolitischer Hinsicht insofern von Bedeutung, als erst durch ihre Anbringung an einem Produkt absatzwirtschaftliche, insbesondere kommunikationspolitische Maßnahmen des Markeninhabers sinnvoll werden; die mit der Kommunikationspolitik verfolgten Ziele des Markeninhabers wie z. B. über die physischen Eigenschaften des Produkts hinausgehende Differenzierung des Produkts gegenüber Konkurrenzprodukten, Aufbau von Markentreue usw. können erst realisiert werden, wenn das Produkt anhand der Marke durch den Konsumenten eindeutig identifiziert werden kann. Die zunehmende Bedeutung, Produkte anhand einer Marke eindeutig erkennen zu können, wird insbesondere dadurch dokumentiert, daß durch die Ausbreitung der Selbstbedienungsidee im Handelsbereich die Beratungsleistung des Händlers abnimmt und somit die Marke zum "Kommunikator von Produkteigenschaften" (*Unger*, 1986, S. 7) wird; zudem steigt angesichts der zunehmenden Verwendung der Markenidee auf bereits bearbeiteten und auch auf neuen Märkten, für die sich die Begriffe "Markeninflationierung" oder "Markenhypertrophie" gebildet haben (vgl. *Bliemel*, 1984, S. 416; *Hansen/ Leitherer*, 1984, S. 106), die Notwendigkeit der Schaffung besonders einprägsamer Marken.

II. Die Marke als physisches Objekt

Neben der ursprünglichen Bedeutung der Marke als formalem Zeichen findet der Begriff "Marke" auch Anwendung auf konkrete Produkte; in diesem Sinne ist "Marke" als Synonym zur **Markenware** bzw. zum **Markenprodukt** zu verstehen. Viele Begriffe im Markenwesen wie beispielsweise die Markentreue oder das Markenwissen basieren auf diesem Verständnis des Markenbegriffs. Die Bedeutung dieses Begriffsverständnisses signalisiert *Kelz* (1989, S. 44): "Somit ist die Marke in der Absatzwirtschaft immer in Verbindung mit Erzeugnissen, d. h. Gütern, Waren oder Artikeln zu sehen, ohne die sie eigentlich sinnlos wäre."

Hiermit eng im Zusammenhang steht die Erkenntnis, daß eine konsequente Trennung zwischen der Marke als formalem Zeichen und dem eigentlichen Produkt als spezifischem Bündel von Produkteigenschaften, wie sie die in dem vorangegangenen Abschnitt verwendeten Definitionen implizieren und aus Sicht des Markeninhabers selbstverständlich erscheint, aus Sicht des Konsumenten in der Regel nicht nachvollziehbar ist (vgl. *Nolte*, 1976, S. 6). Konkret bedeutet dies, daß die Anbringung eines Markenzeichens an einem Produkt die Wahrnehmung des Produkts bzw. der Produkteigenschaften durch den Konsumenten beeinflußt; unterschiedliche Markenzeichen an demselben Produkt führen also zu unterschiedlichen Bewertungen des Produkts bzw. seiner Eigenschaften durch den Konsumenten (vgl. *Schweiger/Baumgartner*, 1988, S. 127 ff.; *Yovovich*, 1988, S. 19; *Singh*, 1990, S. 18 f.). Dieses entspricht dem aus der Psychologie bekannten Phänomen der **Irradiation**; Irradiation bedeutet, daß sich die Bestandteile des Ganzen, z. B. des Produkts, gegenseitig beeinflussen (vgl. *Schweiger/Schrattenecker*, 1988, S. 115). Veränderungen eines Teiles der Gesamtheit führen daher zu Veränderungen der Wahrnehmung des Ganzen. Wird also die Marke variiert, so erfolgt eine Neubewertung des Produkts bzw. der Produkteigenschaften durch den Konsumenten. In diesem Zusammenhang ist zu beachten, daß die Marke **Träger von Schlüsselinformationen** sein kann (vgl. *Unger*, 1986, S. 8; *Raffée et al.*, 1976); dies wird insbesondere dann der Fall sein, wenn dem Konsumenten der Zugang zu den objektiven Produkteigenschaften weitgehend versperrt ist und die Marke daher als "Informationsersatz" z. B. für die Produktqualität herangezogen wird. Unterstellt man einen positiven Zusammenhang zwischen der Bedeutung einer Produkteigenschaft (z. B. Marke) für den Konsumenten und dem Grad der Irradiation bei Variation dieser Eigenschaft, so kann die Änderung der Marke als Träger von Schlüsselinformationen zu erheblichen Umbewertungen der Produkteigenschaften bzw. des Produkts als Ganzes führen.

Im folgenden ist gemäß den unterschiedlichen Inhalten des Begriffs "Marke" jeweils zu unterscheiden, ob die Marke als formales Zeichen oder als physisches Objekt Gegenstand der Betrachtung ist. Wo diese Unterscheidung unklar ist, wird die Marke als Markenzeichen (Marke als formales Zeichen) bzw. als Markenprodukt (Marke als physisches Objekt) bezeichnet.

B. Die Funktionen der Marke

Eine Marke erfüllt im Wirtschaftsprozeß mehrere Funktionen. Eine Analyse dieser Funktionen wird aus mehreren Gründen erschwert: Zum einen existiert diesbezüglich keine einheitliche Terminologie in der einschlägigen Literatur,[8)] zum anderen sind die Bezugssysteme, auf die sich die Argumentation richtet, oftmals nicht von vornherein abgesteckt. Herauskristallisiert haben sich insbesondere drei Betrachtungsweisen, die jedoch weder untereinander noch in sich als völlig überschneidungsfrei gelten können bzw. eine eindeutige Zuordnung der Funktionen erlauben; eine Einteilung der Funktionen der Marke erfolgt bei diesen Betrachtungsweisen nach:

- wirtschaftlichen und rechtlich geschützten Funktionen;
- originären[9)]und derivativen Funktionen;
- Funktionen gegenüber den einzelnen Wirtschaftseinheiten (Markeninhaber, Absatzmittler, Konsument)[10)] und der Gesamtwirtschaft.

I. Wirtschaftliche und rechtlich geschützte Funktionen der Marke

Die **wirtschaftlichen** Funktionen einer Marke lassen sich im wesentlichen auf vier allgemein anerkannte Funktionen reduzieren (vgl. z. B. *Kraft*, 1978, S. 87 f.):[11)]

- die Unterscheidungsfunktion, die in die Herkunfts- und in die Identifizierungsfunktion aufgespalten werden kann;
- die Monopolisierungsfunktion[12)] ;
- die Garantiefunktion[13)] und

8) Hierauf weisen auch *Höhl*, 1982, S. 12; *Kraft*, 1978, S. 87 und *v. Matt*, 1988, S. 19 hin.

9) Originäre Funktionen werden in der Literatur auch als Grundfunktionen bezeichnet; vgl. z. B. *Höhl*, 1982, S. 12 ff.; *Kraft*, 1978, S. 87.

10) Hier wird eine Einteilung in Markeninhaber, Absatzmittler und Konsument vorgenommen, während vielerorts eine Einteilung nach Hersteller, Handel und Konsument erfolgt (vgl. z. B. *Meffert*, 1979, S. 29 ff.; *Hansen/Leitherer*, 1984, S. 105 ff.). Die hier gewählte Einteilung erscheint zweckmäßiger, da Markeninhaber sowohl Hersteller-, Handels- und Dienstleistungsunternehmen sein können, und die Funktionen einer Marke in erster Linie davon abhängen, welcher Status gegenüber der Marke vorliegt (z. B. Markeninhaber oder nicht) und nicht, welcher wirtschaftlichen Haupttätigkeit (Hersteller/Handel/Dienstleistungsunternehmen) nachgegangen wird. Die Eigenschaft der Markeninhaberschaft wird im folgenden an das juristische Eigentum an einer Marke sowie an die absatz- bzw. markenpolitische Entscheidungsgewalt gegenüber einer Marke geknüpft (vgl. *Huber*, 1988, S. 15 f. und S. 22). Als Absatzmittler werden hier also Handelsunternehmen bezeichnet, die nicht Markeninhaber sind.

11) In der Literatur werden verschiedentlich noch weitere Funktionen der Marke bzw. des Markenartikels beschrieben; vgl. hierzu z. B. *Meffert*, 1979, S. 29 ff.; *Dichtl*, 1978, S. 28 f.; *Gries*, 1987, S. 412 f.; *Meffert/Bruhn*, 1984a, S. 15 f.; *Sandler*, 1989, S. 326 ff. Die dort genannten Funktionen sind jedoch weitgehend auf die vier hier dargestellten Funktionen zurückzuführen und werden daher nicht weiter behandelt.

12) Die Monopolisierungsfunktion wird auch Schutzfunktion genannt; vgl. z. B. *v. Matt*, 1988, S. 24.

13) Die Garantiefunktion wird auch Vertrauens-, Güte- oder Qualitätsfunktion genannt; vgl. z. B. *Kraft*, 1978, S. 87; *Henning-Bodewig/Kur*, 1988, S. 235 ff.

- die Werbefunktion.

Hauptzweck der Anbringung einer Marke an einem oder mehreren Produkten ist die Kennzeichnung der betreffenden Produkte, wobei mit der Kennzeichnung zwei Zielsetzungen verfolgt werden (vgl. *Angehrn*, 1969, S. 1): Zum einen sollen sich die betrachteten Produkte von markierten Konkurrenzprodukten, anonymer Ware und anderen eigenen Produkten abheben (**Unterscheidungsfunktion**), zum anderen soll durch die Markierung die Zusammengehörigkeit gleichartig markierter Produkte zum Ausdruck kommen; letztere Zielsetzung liegt insbesondere der Strategie des Markentransfers zugrunde.[14)] Eng verbunden mit diesen Zielsetzungen ist die Aufgabe der Marke, die Herkunft des markierten Produkts in namentlicher (bezogen auf den Markeninhaber) oder geographischer Hinsicht zu dokumentieren (**Herkunftsfunktion**) oder durch Abkopplung der Bezeichnung des Produkts vom Namen des Markeninhabers bzw. vom geographischen Herkunftsort das markierte Produkt als eigenständiges Angebot im Markt identifizierbar zu machen (**Identifizierungsfunktion**). Die Identifizierungsfunktion, die auch Sortenfunktion genannt wird, kommt also insbesondere bei mehreren mit Phantasiemarken[15)] gekennzeichneten Produkten zum Tragen, die von ein und demselben Hersteller stammen (vgl. *Kraft*, 1978, S. 87; *Höhl*, 1982, S. 12).

Die **Monopolisierungsfunktion** resultiert aus dem rechtlichen Schutz, den eine Marke erlangen kann. Das Recht der alleinigen Nutzung der Marke durch den Markeninhaber ermöglicht erst Investitionen in die Marke, da die Marke sonst zu einem Gegenstand mit dem Charakter eines öffentlichen Gutes degeneriert, der auch von der Konkurrenz frei nutzbar wäre;[16)] eine vollständige Internalisierung von Markengewinnen wäre dann nicht möglich. Dieses Ausschließlichkeitsrecht der Markennutzung bewirkt, daß eine starke Marke zu einer erheblichen Markteintrittsbarriere für Newcomer werden kann; oft ist bei einer starken Marke mit diesem "Markenmonopol" ein "Meinungsmonopol" verbunden, d. h. eine Alleinstellung der Marke in der Psyche der Verbraucher, die dazu führen kann, daß objektiv gleichartigen Konkurrenzprodukten vom Verbraucher ein geringerer Wert beigemessen wird.[17)]

---

14) Näher mit dem Markentransfer auseinandergesetzt haben sich z. B. *Hätty*, 1989a, 1989b und 1989c, *Aaker/Keller*, 1990, *Meffert/Heinemann*, 1990 und *Schweiger*, 1982.

15) Zum Begriff der Phantasiemarke vgl. auch die Ausführungen im Abschnitt C.IV. in diesem Teil.

16) Zum Begriff und Wesen öffentlicher Güter vgl. z. B. *Musgrave/Musgrave/Kullmer*, 1984, S. 60 ff.

17) Zum Meinungsmonopol in Verbindung mit Marken vgl. z. B. die Ausführungen von *Hartl*, 1960, S. 14 f.; kritisch hierzu *Mellerowicz*, 1963, S. 103 ff.

Die **Garantiefunktion** der Marke impliziert, daß der Verbraucher von der Marke auf die Qualität schließen kann, d. h. es gilt: gleiche Marke - gleiche Qualität. Dieser Schluß muß strenggenommen sowohl in Längs- als auch in Querschnittsbetrachtung Gültigkeit haben, d. h. die Qualität mehrerer gleichzeitig gekaufter Produkte einer Marke darf ebensowenig variieren wie die Qualität einer Marke im Zeitablauf. Ein systemimmanenter Zwang zur Qualität ergibt sich durch den Anreiz- und Sanktionsmechanismus zwischen Markeninhaber und Konsument, der mit der Markierung von Waren verbunden ist: Die Marke als Kennzeichen erlaubt es dem Konsumenten, ein bestimmtes Produkt jederzeit zu identifizieren und im Fall negativer Erfahrungen zu meiden. Dieses Sanktionspotential des Konsumenten nötigt den Markeninhaber, zur Erzielung eines nachhaltigen Erfolges Produkte mit gleichbleibender oder verbesserter Qualität anzubieten.[18)]

Daß der Konsument die Marke als verläßlichen Ankerpunkt mit weitgehend gleichbleibenden Eigenschaften begrüßt, deutet *Uhr* (1980, S. 540) an: "Das Vertrauen in die Konstanz der Marke - ihres Zeichencharakters wie ihres materiellen Inhaltes - beruht daher nicht nur auf einer positiven Erfahrungsbestätigung..., sondern auch auf dem Wunsch nach der Konstanz der persönlichen Umwelt in einer sich ständig ändernden Welt." *Höhl* (1982, S. 13) bezeichnet die Garantiefunktion in diesem Zusammenhang als die wichtigste (derivative) Funktion der Marke für den Verbraucher.

Die Gesamtheit der mit einer Marke verbundenen Assoziationen, Gefühle und Einstellungen spiegeln sich schließlich in der **Werbefunktion** der Marke wider. Ist die Herkunft einer Marke bekannt, so wird über die enge gedankliche Verbindung beim Konsumenten von Marke und anbietendem Unternehmen, wie es insbesondere bei der Firmenmarke der Fall ist,[19)] das Image einer Marke oftmals auf das Image des gesamten Unternehmens übertragen; diese Erkenntnis ist insbesondere unter Corporate-Identity-Gesichtspunkten von Bedeutung, da marken- und unternehmenspolitische Entscheidungen unter diesem Aspekt aufeinander abzustimmen sind. Die Werbefunktion einer Marke basiert dabei in der Regel auf den wahrgenommenen Eigenschaften der unter dieser Marke angebotenen Produkte, da - wie bereits erwähnt - Marke und Produkt vom Konsumenten als einheitliches Ganzes gesehen und beurteilt werden. Die Marke als Markenzeichen kann jedoch auch unabhängig vom konkreten Produkt eine Attraktionswirkung auf den Konsumenten entfalten (vgl. *Höhl*, 1982, S. 12; *Schluep*, 1964, S. 76 f.; *Isay*, 1929, S. 26 f.). Diese Attraktionswirkung kann sich aufgrund der Eigenart des Markenzeichens ergeben,

---

18) Vgl. hierzu auch Abschnitt B.III. in diesem Teil.
19) Zur Firmenmarke vgl. auch die Ausführungen im Abschnitt C.IV. in diesem Teil.

die dann unverzüglich bei der Wahrnehmung der Marke eintritt, oder durch eine intensive Bewerbung eines weniger auffälligen Zeichens, wodurch eine Attraktionswirkung erst im Zeitablauf erreicht wird. Insbesondere durch die konkrete Markennamensgebung können Anmutungen und Assoziationen gegenüber einer Marke in eine bestimmte Richtung gelenkt werden; beispielsweise transportieren Namen bzw. Namensbestandteile wie Senator, Diamant oder Gourmet Wertvorstellungen in Richtung höherwertiger Produkte.

Von den wirtschaftlichen Funktionen einer Marke sind die **rechtlich geschützten** Funktionen zu unterscheiden, da zwischen wirtschaftlichen und rechtlich geschützten Funktionen keine vollständige Kongruenz herrscht. Bei den rechtlich geschützten Funktionen kommt vielmehr zum Ausdruck, welche Ziele der Gesetzgeber im Rahmen des Markenschutzes verfolgt und welche wirtschaftlichen Funktionen der Marke für schutzwürdig erachtet werden; eine grundsätzliche Abkopplung von den wirtschaftlichen Funktionen erfolgt daher nicht.

Wesentliche rechtliche Grundlage für den Markenschutz ist das Warenzeichengesetz, welches zunächst die **Unterscheidungsfunktion** der Marke hervorhebt; so lautet § 1 Abs. 1 WZG: "Wer sich in seinem Geschäftsbetrieb zur Unterscheidung seiner Waren von den Waren anderer eines Warenzeichens bedienen will, kann dieses Zeichen zur Eintragung in die Zeichenrolle anmelden." Besondere Bedeutung wird der aus der Unterscheidungsfunktion ableitbaren **Herkunftsfunktion** beigemessen, da § 8 Abs. 1 S. 2 WZG eine Bindung der Marke an den Geschäftsbetrieb bzw. an den Teil des Geschäftsbetriebes, zu dem das Warenzeichen gehört, vorsieht; eine anderweitige Übertragung des Warenzeichens ist unwirksam. Dies schließt allerdings nicht aus, daß eine Marke von verschiedenen Herstellern, die unabhängig voneinander sind, für die gleiche Warenart benutzt wird; das Warenzeichengesetz gibt dem Markeninhaber lediglich die rechtlichen Mittel an die Hand, eine solche Markenverwendung zu verhindern (vgl. *Kraft*, 1978, S. 91). In diesem Zusammenhang ist festzuhalten, daß der Gesetzgeber nicht verlangt, daß bereits aus der Marke erkannt werden kann, aus welchem Geschäftsbetrieb die Ware stammt (vgl. *Höhl*, 1982, S. 14; *Baumbach/Hefermehl*, 1985, S. 28); eine Individualisierung des Herstellerbetriebes in diesem Sinne ist allein bei Firmenmarken, nicht jedoch bei Phantasiemarken möglich. Hinsichtlich der Phantasiemarken erlangt - wie bereits erwähnt - die **Identifizierungsfunktion** Bedeutung; ursächlich für diese Funktion ist die aus absatzwirtschaftlichen Überlegungen geleitete Markierung unterschiedlicher Produkte eines Anbieters bzw. Markeninhabers mit unterschiedlichen Marken. In zeichenrechtlicher Hinsicht bestehen dabei keine Unterschiede zwischen den einzelnen Marken eines Markeninhabers;

dies bedeutet, daß Erst- und Zweitmarke eines Markeninhabers derselbe rechtliche Schutz zukommt (vgl. *Höhl*, 1982, S. 15).[20]

Hinsichtlich der **Garantiefunktion** ist nicht zu verkennen, daß der Gesetzgeber ihr eine geringere Bedeutung zukommen läßt als der Herkunftsfunktion; aus dem Warenzeichengesetz läßt sich kein direkter rechtlicher Schutz für den Konsumenten hinsichtlich der Qualitätserwartung ableiten (vgl. *Baumbach/Hefermehl*, 1985, S. 31; *Kraft*, 1978, S. 92). Vielmehr existiert eine indirekte Garantie- oder besser Vertrauensfunktion, die aus der Bindung der Marke an einen Geschäftsbetrieb herrührt. Insofern kann allenfalls von einer aus der Herkunftsfunktion abgeleiteten Garantie- bzw. Vertrauensfunktion gesprochen werden (vgl. *Höhl*, 1982, S. 14).

In engem Zusammenhang mit der Herkunfts- und Garantiefunktion steht die **Werbefunktion** der Marke; diese Verbindung resultiert daraus, daß durch die rechtlich abgesicherte Herkunftsfunktion und durch die hieraus ableitbare Garantie- bzw. Vertrauensfunktion die Werbefunktion der Marke gegenüber den Konsumenten unterstützt wird. Insofern ist es folgerichtig, in der Werbefunktion eine von der Herkunfts- und Garantie- bzw. Vertrauensfunktion abhängige Funktion zu erkennen. Die Kennzeichnungs- und Werbekraft einer Marke als solche ist jedoch nicht warenzeichenrechtlich abgesichert; ein eigenständiger zeichenrechtlicher Schutz kommt ihr damit nicht zu (vgl. *Kraft*, 1978, S. 94; *Höhl*, 1982, S. 16). Allerdings erlangen sog. berühmte Marken mit überragender Verkehrsgeltung gegen die Verwässerung ihrer einmaligen Kennzeichnungs- und Werbekraft Schutz nach §§ 1004, 823 Abs. 1 des Bürgerlichen Gesetzbuches (BGB) (vgl. *Baumbach/Hefermehl*, 1985, S. 32 f.).

II. Originäre und derivative Funktionen der Marke

Strebt man eine Einteilung der Funktionen der Marke in originäre und derivative Funktionen an, so können zwei Sichtweisen eingeschlagen werden: eine zeitlich-prozessuale und eine inhaltliche Betrachtung. In **zeitlich-prozessualer** Hinsicht liegt eine originäre Funktion dann vor, wenn sie gegenüber anderen Funktionen zeitlich vorgelagert Bedeutung erlangt. Hier deutet vieles daraufhin, der Unterscheidungsfunktion den Status einer **originären** Funktion in diesem Sinne zuzuweisen; eine Unterscheidbarkeit der Produkte ist nämlich bereits im Moment der Anbringung des Zeichens am Produkt gewährleistet. Von besonderer Bedeutung ist in diesem Zusammenhang die Herkunftsfunktion (vgl. auch *Kraft*, 1978, S. 88; *Isay*, 1929, S. 24). Sie darf gegenüber der Identifi-

20) Zum Begriff der Zweitmarke vgl. die Ausführungen im Abschnitt C.VI. in diesem Teil.

zierungsfunktion eher den Anspruch einer originären Funktion erheben, da die Identifizierungsfunktion in der Regel nicht bereits bei Vorliegen eines einzelnen Produkts eines Herstellers zum Zuge kommt; in diesem Fall findet zumeist keine Abkopplung der Bezeichnung des Produkts vom Markeninhaber bzw. von der geographischen Herkunft statt. Zudem ist mit der Identifizierungsfunktion im Sinne einer Sortenfunktion eine unterschiedliche Markierung unterschiedlicher Produkte desselben Herstellers verbunden; ein derartiges Vorgehen taucht jedoch erst in Phasen differenzierter Marktbearbeitung auf. Die Werbe-, Garantie- und Monopolisierungsfunktion können hingegen als **derivative** Funktionen bezeichnet werden, da sie gegenüber der Unterscheidungsfunktion erst zeitlich nachgelagert eine vergleichbare Bedeutung erlangen: Die Garantiefunktion kommt erst zum Tragen, wenn der Verbraucher gelernt hat, mit einer Marke eine bestimmte Qualität zu verbinden. Die Werbefunktion erlangt erst dann Bedeutung, wenn die Marke bekannt geworden ist und sich Assoziationen und Einstellungen gegenüber ihr gebildet haben; bei besonders einprägsamen oder auffällig gestalteten Marken können Unterscheidungs- und Werbefunktion zeitlich jedoch nahezu zusammenfallen. Die Monopolisierungsfunktion hingegen ist insbesondere für starke Marken, die sich im Laufe der Zeit entwickelt haben, relevant.

Weicht man von dieser zeitlich-prozessualen Sichtweise ab und strebt eine **inhaltliche** Betrachtung an, so können unter originären Funktionen diejenigen Funktionen verstanden werden, die sich nicht auf übergeordnete Funktionen zurückführen lassen. In diesem Sinne kann neben der Unterscheidungsfunktion auch die Werbefunktion als originäre Funktion aufgefaßt werden (vgl. *Schluep*, 1964, S. 81); dies gilt jedoch nur für diejenigen Fälle, in denen die Marke **unabhängig vom Produkt** eine Attraktionswirkung entfaltet. In diesem Fall existiert ein werblicher Effekt, auch wenn lediglich **eine** Marke zu beurteilen wäre; die Unterscheidbarkeit verschiedener Marken ist in diesem Sinne nur ein "Nebenprodukt". Auch wenn sich die Werbefunktion in diesem Fall nicht auf die Unterscheidungsfunktion zurückführen läßt, so sind beide Funktionen doch nicht unabhängig voneinander. So weisen *Henning-Bodewig/Kur* (1988, S. 9) darauf hin, daß sich die Unterscheidungsfunktion und die Werbefunktion gegenseitig bedingen, da zum Aufbau einer kommunikativen Beziehung die Individualisierung der Marke bzw. des Produkts notwendig ist, andererseits aber in der Kennzeichnung des Produkts bereits ein kommunikativer Akt gesehen werden kann. Die Garantiefunktion hingegen ist in jedem Fall eine derivative Funktion, da sie in der Verschiedenheit der qualitativen Leistungen begründet liegt und somit auf der Unterscheidungsfunktion aufbaut (vgl. *Schluep*, 1964, S. 81); gleiches gilt für die Monopolisierungsfunktion, da auch sie eine Unterscheidbarkeit der Waren voraussetzt.

III. Funktionen der Marke gegenüber den einzelnen Wirtschaftseinheiten und gesamtwirtschaftliche Bedeutung der Marke

Neben der Einteilung der Markenfunktionen in originäre und derivative Funktionen können die einzelnen Funktionen auch dem Markeninhaber, dem Absatzmittler und dem Konsumenten zugeordnet werden: Aus den dargelegten Inhalten der Funktionen läßt sich erkennen, daß aus Sicht des **Markeninhabers** insbesondere der Unterscheidungs-, Monopolisierungs- und Werbefunktion Bedeutung zukommt. Die Unterscheidungsfunktion ist dabei notwendige Voraussetzung, daß sich der Konsument für das eigene Angebot entscheiden kann und daß eine Profilierung und Differenzierung der Produkte gegenüber dem Konkurrenzangebot erfolgen kann; hierbei wirkt die Werbefunktion der Marke unterstützend. Die Monopolisierungsfunktion schließlich erschwert potentiellen Konkurrenten den Zutritt zum Markt. Für den **Absatzmittler** ist in erster Linie die Werbefunktion relevant, da starke Marken ein Profilierungsinstrument für den Handel darstellen; die Geschäftsstättentreue läßt sich auf diese Weise erhöhen. Ferner sorgt die Garantiefunktion für ein qualitativ hochwertiges Angebot. Für den **Konsumenten** hingegen stehen die Unterscheidungsfunktion im Sinne einer (Wieder-)Erkennungsfunktion sowie die Garantiefunktion im Vordergrund. Die Unterscheidungsfunktion kommt dem Bequemlichkeitsstreben der Konsumenten entgegen, da der Such- und Informationsaufwand beim Wiederholungskauf durch die Markierung der Ware erheblich reduziert wird; die Garantiefunktion schließlich unterstützt das Sicherheitsstreben der Konsumenten.

Bei dem Versuch, die Bedeutung der Marke aus **gesamtwirtschaftlicher Sicht** zu beleuchten, ist schnell festzustellen, daß aufgrund des interdependenten und komplexen Beziehungsgefüges, das in modernen Wirtschaftsgesellschaften vorzufinden ist, eindeutige Aussagen über die Wirkungen der Marke in der Regel nicht möglich sind; vielmehr muß auf Tendenzaussagen im Sinne von Mehr-oder-Weniger-Beurteilungen oder auf Kann-Formulierungen ausgewichen werden. Im folgenden soll näher auf die Auswirkungen der Marke hinsichtlich

- der Qualität der angebotenen Produkte,
- der Markttransparenz,
- des gesamtwirtschaftlichen Preisniveaus sowie
- der Wettbewerbsintensität

eingegangen werden.

Betrachtet man zunächst die Auswirkungen der Markierung von Waren auf die **Produktqualität**, so ist eine höhere Qualität gegenüber der Situation der

Nichtmarkierung von Waren denkbar, da durch die Markierung dem Konsumenten die Möglichkeit eingeräumt wird, das Produkt wiederzuerkennen und im Falle negativer Erfahrungen durch Nichtkauf zu meiden; die Marke führt in diesem Fall also zu dem bereits erwähnten Anreiz- und Sanktionsmechanismus zwischen Konsument und Markeninhaber. Andererseits besteht in einigen Konsumgütermärkten die Situation, daß Konsumenten gar nicht in der Lage sind, die Qualität von Produkten zu überprüfen. Zu unterscheiden ist hier zwischen Suchqualitäten, Erfahrungsqualitäten und Vertrauensqualitäten (vgl. *Kaas*, 1990, S. 50): Während sich der Konsument bei **Suchqualitäten**[21)] durch Inspektion des Produkts **vor** dem Kauf hinreichend über die relevanten Produkteigenschaften informieren kann, können Eigenschaften eines Produkts, die unter den **Erfahrungsqualitäten**[22)] zu subsumieren sind, erst durch den Ge- bzw. Verbrauch des Produkts, also **nach** dem Kauf, festgestellt werden. Produkteigenschaften, die für den Konsumenten nicht oder zumindest nicht im Rahmen vertretbarer Kosten überprüfbar sind, sind den **Vertrauensqualitäten** zuzuordnen.[23)] Liegen also überwiegend Erfahrungs- oder insbesondere Vertrauensqualitäten in dem betreffenden Markt vor, so ist der Anreiz- und Sanktionsmechanismus als Instrument zur Qualitätssteigerung weitgehend außer Kraft gesetzt.

Ist für die Konsumenten in dem betreffenden Markt die Produktqualität im objektiven Sinne für die Kaufentscheidung von geringerer Relevanz, weil beispielsweise eine gewisse Standardqualität vorausgesetzt werden kann, so spielt oftmals der durch werbliche Maßnahmen aufbaubare psychologische Zusatznutzen (z. B. Produktimage) eine große Rolle;[24)] geringere objektive Qualität kann dann zumindest teilweise durch höhere Werbeanstrengungen kompensiert werden (vgl. *Henning-Bodewig/Kur*, 1988, S. 55). Zu beachten ist, daß die Markierung von Waren den Einsatz werblicher Maßnahmen in besonderem Maße fördert. In diesem Fall erscheint die These, daß die Markierung von Waren zu einer höheren (objektiven) Qualität führt, ebenfalls entkräftet.

Analysiert man die Auswirkungen der Markierung von Waren auf die **Markttransparenz**, so sind auch hier lediglich ambivalente Aussagen möglich: Einerseits ist die Anbringung eines Markenzeichens am Produkt als solche po-

---

21) Zu den Suchqualitäten gehören beispielsweise optisch wahrnehmbare Produkteigenschaften wie Form, Farbe oder Design eines Produkts.

22) Unter Erfahrungsqualitäten sind z. B. die Schmackhaftigkeit von Nahrungsmitteln oder die Zuverlässigkeit eines Autos im Zeitablauf einzuordnen.

23) Als Vertrauensqualitäten können beispielsweise die von Herstellern auf einigen Lebensmitteln propagierte Freiheit von Konservierungsstoffen oder die behauptete gesundheitsfördernde Wirkung von nicht rezeptpflichtigen Heilmitteln gelten.

24) Als typischer Markt kann in diesem Zusammenhang der Zigarettenmarkt genannt werden.

sitiv zu werten, da sie zur Erweiterung der Markttransparenz im Sinne der Kenntnis der mit einem Produkt verbundenen Vor- und Nachteile führen kann, wenn die Möglichkeit genutzt wird, Produktinformationen vom - jetzt bekannten - Hersteller abzufordern (vgl. *Henning-Bodewig/Kur*, 1988, S. 49). Außerdem ergibt sich eine tendenziell höhere Markttransparenz dadurch, daß der Konsument eine für ihn akzeptable Marke aus der Fülle des Angebots identifizieren kann, weil er problemlos die gewünschte Marke wiedererkennt und die mit dem Produkt verbundene Qualität kennt (vgl. *Meffert*, 1979, S. 30; *Noelle et al.*, 1959, S. 22); erneute extensive Informationsaktivitäten des Konsumenten beim Wiederholungskauf entfallen somit, wodurch auch die gesamtwirtschaftlichen Transaktionskosten verringert werden. Diese Erkenntnis steht eng im Zusammenhang mit der Tatsache, daß die Marke oft als Träger von Schlüsselinformationen fungiert, so daß das Ausmaß der zur Kaufentscheidung benötigten Informationen durch die Markierung von Waren tendenziell verringert wird.[25)]

Andererseits vermag der mit der Markierung von Waren einhergehende verstärkte Einsatz kommunikationspolitischer Instrumente dann die Markttransparenz eher zu verschleiern, wenn mit Hilfe suggestiver Werbung irrationale, nicht auf objektiven Produkteigenschaften beruhende Präferenzen aufgebaut werden. In objektiver Hinsicht substituierbare Güter werden dann durch eine künstliche psychologische Produktdifferenzierung zu nicht austauschbaren Gütern. Gegensätzlich verhält es sich, wenn die Werbung eher informativer Natur ist. Die hierdurch erzielte tendenzielle Steigerung der Markttransparenz muß aber insofern relativiert werden, als negative Produkteigenschaften in der Regel auch bei der informativen Werbung aus dem Selbstinteresse des Herstellers heraus nicht genannt werden (vgl. *Henning-Bodewig/Kur*, 1988, S. 49). Ob der mit der Markierung von Waren verbundene verstärkte Einsatz kommunikationspolitischer Instrumente zur Erhöhung oder Verringerung der Markttransparenz beiträgt, ist also insbesondere von der Art der Werbung abhängig und kann allenfalls im Einzelfall überprüft werden.

Existieren Kostendegressionseffekte (economies of scale), so können durch kommunikationspolitische Maßnahmen, die aufgrund der Markierung den eigenen Produkten zukommen können und ihren Absatz steigern, geringere Stückkosten erzielt werden. Ob hierdurch auch eine Verringerung des **gesamtwirtschaftlichen Preisniveaus** bewirkt wird, muß angesichts der Tatsache, daß Kostensenkungen in der Regel nicht an die Verbraucher weitergegeben werden, wohl aber die Kosten der Durchführung kommunikationspolitischer Maßnahmen auf den Produktpreis aufgeschlagen werden bzw. im Produktpreis

25) Vgl. hierzu die Ausführungen im Abschnitt A.II. dieses Teils.

enthalten sind, zumindest bezweifelt werden (vgl. auch *Henning-Bodewig/Kur*, 1988, S. 53 f.).[26)]

Durch die Möglichkeit der Bewerbung der eigenen Produkte können zudem innovative produktpolitische Maßnahmen mit Hilfe der Massenmedien schnell einer breiten Bevölkerung bekannt gemacht werden. Hebt sich ein neues oder verändertes Produkt von der bisher angebotenen Ware derart deutlich ab, daß es von den Konsumenten als eigenständiges Angebot, also als ein Produkt mit einer "Unique Selling Proposition" (USP), angesehen wird, und stößt es gleichzeitig auf weite Akzeptanz, so werden durch diesen wettbewerblichen Vorstoß die Konkurrenten zur Imitation angeregt. Die Imitationsphase wird dabei in der Regel umso kürzer sein, je höher die Monopolrente ist, die der Innovator durch den Vorstoß erzielt. Durch das Zusammenwirken von Markierung und hierdurch induzierten kommunikationspolitischen Maßnahmen besteht also die Tendenz zum Aufbau bzw. zur Intensivierung eines Vorstoß- und Imitationsrhythmus' und damit zu verstärkter innovativer Aktivität.[27)] Kostspielige Innovationen, die zur Erreichung einer angemessenen Rentabilität einen entsprechend hohen Absatz des betreffenden Produkts erfordern, würden ohne die Möglichkeit der Markierung unterbleiben. Andererseits können starke Marken erhebliche Marktzutrittsschranken für potentielle Wettbewerber bedeuten und so zu einer tendenziellen Verringerung der Wettbewerbsintensität führen.

Insgesamt wird deutlich, daß Aussagen über gesamtwirtschaftliche Auswirkungen der Marke in allgemeingültiger Form kaum möglich sind. Sinnvoll erscheint daher allein eine fallspezifische Analyse, die die Bedeutung der Markierung von Waren auf einzelne interessierende Aspekte genauer untersucht.

C. Erscheinungsformen von Marken

I. Überblick

Die erfolgreiche Anwendung der Markenidee auf vielen Märkten führte zu einer Vielzahl von Erscheinungsformen von Marken; es verwundert daher nicht,

---

26) Auf eine theoretisch exakte Darstellung des Einflusses der Werbung und der hierdurch induzierten Absatzmengenreaktion auf den zu fordernden Preis soll an dieser Stelle verzichtet werden. Je nach Markt- und Kostenverhältnissen kann eine Preissteigerung oder auch eine Preissenkung für den jeweiligen Anbieter vorteilhaft sein. Eine Veranschaulichung dieses Sachverhalts für den Monopolfall findet sich z. B. bei *Berndt*, 1992b, S. 404 ff.

27) Eine anschauliche Darstellung des Wettbewerbsprozesses im Zusammenhang mit Markenartikeln findet sich bei *Kartte*, 1978, S. 51 ff.

daß in der Literatur unterschiedliche Systematisierungsansätze entwickelt wurden, welche versuchen, die zahlreichen Erscheinungsformen von Marken nach bestimmten Kriterien einzuordnen.[28)] Erschwert wird diese Vorgehensweise durch die Zweckorientierung, die jeder Klassifizierung zugrunde liegt; somit kann eine Klassifizierung nie eine generelle Eignung beanspruchen. Zudem ergibt sich durch die Verwendung immer differenzierterer Formen von Marken zunehmend das Problem, eindeutige Abgrenzungen zwischen den verschiedenen Erscheinungsformen zu treffen.

Als geeignet für den hier verfolgten Zweck der Darstellung der wesentlichsten Erscheinungsformen von Marken erscheint eine Einteilung, wie sie in *Abbildung 2.2* gezeigt wird. Diese Einteilung liegt den folgenden Ausführungen zugrunde.

Im ersten Schritt ist die Gesamtheit von Waren und Dienstleistungen in **anonyme**, d. h. unmarkierte Waren, und in **markierte** Waren und Dienstleistungen aufzuspalten. Die zwingende Synchronität von Leistungserstellung und -abnahme bei Dienstleistungen bewirkt, daß sich Dienstleistungen in der Regel nicht ihrer Herkunft entziehen können (vgl. *Graumann*, 1984, S. 608); sie tauchen daher nur auf dem rechten Ast der *Abbildung 2.2* auf.

Zu unterscheiden ist bei der markierten Ware zwischen dem **Markenartikel** als "vollkommenste Ausprägung markierter Waren" (*Mellerowicz*, 1963, S. 8) und **Markenware** im Sinne lediglich markierter Ware, die nicht den Anspruch eines "echten" Markenartikels erheben kann.[29)] Dieses Begriffspaar bildet die Endpunkte eines Kontinuums, auf dem die Gesamtheit der markierten Waren einordenbar ist. Eine eindeutige Positionierung innerhalb dieses Kontinuums ist aufgrund fließender Grenzen jedoch nicht möglich; daher erscheint es wenig sinnvoll, dieses Kontinuum weitergehend unterteilen zu wollen, wie es in der Literatur verschiedentlich versucht wurde.[30)] Zudem führt die Dynamik der Märkte dazu, daß bei einer detaillierteren Untergliederung Kriterien, die

---

28) Vgl. beispielsweise *Thurmann*, 1961, S. 31 ff.; *Huber*, 1988, S. 12 ff.; *Meffert/Bruhn*, 1984a, S. 13 ff.; *Hansen/Leitherer*, 1984, S. 107 ff.; *Sandler*, 1989, S. 329 ff.; *Unger*, 1986, S. 8 ff.; *Schäfer*, 1950, S. 128 ff, *Fischer*, 1939, S. 8 f.

29) Zum Begriff des Markenartikels vgl. die Ausführungen im Kapitel D. dieses Teils.

30) So nimmt *Bergler* (1939, S. 246 f.) eine Dreiteilung in den "klassischen Markenartikel, uneigentlichen Markenartikel und Pseudomarkenartikel" vor. *Röper* (1955, S. 67) unterscheidet in diesem Zusammenhang "Markenartikel, Pseudo-Markenartikel und markierte Waren", *Schnutenhaus* (1955, S. 800) spricht von "echten" und "unechten" Markenartikeln und *Mellerowicz* (1963, S. 77 ff.) nimmt eine Einteilung der markierten Ware in Handelsmarken und Herstellermarken vor, wobei die Herstellermarke in den Markenartikel und in "markierte Ware in engerem Sinn" aufgespalten wird. *Fischer* (1939, S. 8 ff.) entwickelt gar eine siebenstufige Einteilung markierter Ware. Zum "echten" und "unechten" Markenartikel vgl. auch *Hartl*, 1960, S. 4 f.

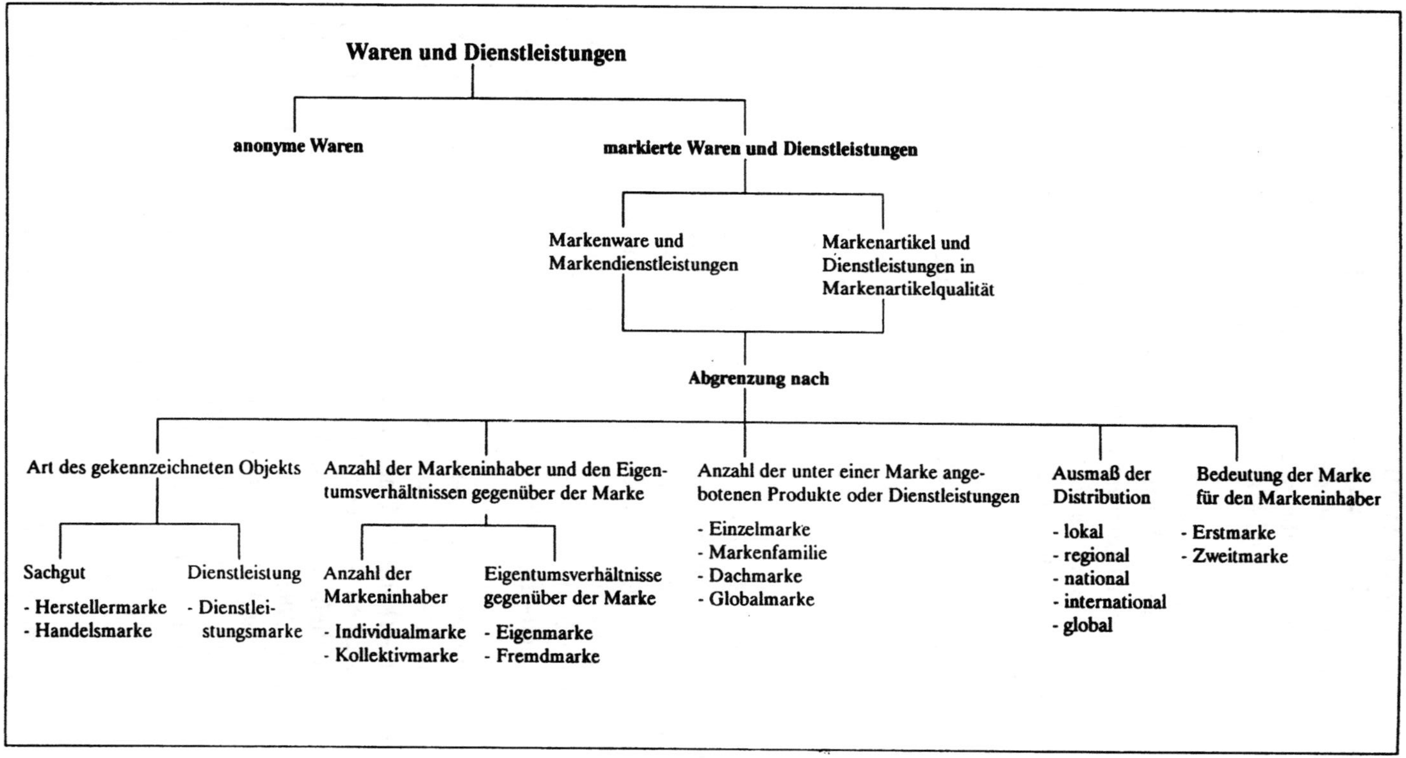

Abb. 2.2: Systematisierung der Erscheinungsformen von Marken

zur Einordnung von Marken innerhalb des Kontinuums dienen, bedeutungslos werden können bzw. neue Kriterien im Zeitablauf aufgenommen werden müssen. Außerdem kann die Position der Marke selbst - beispielsweise bedingt durch eine sich ändernde Verkehrsgeltung der Marke - innerhalb des Kontinuums zwischen Markenartikel und Markenware variieren.

Es ist darauf hinzuweisen, daß der Begriff "Markenware" hier nicht im Sinne des Gesetzes gegen Wettbewerbsbeschränkungen (GWB), welches diesen Begriff ebenfalls verwendet, zu interpretieren ist; nach § 38a Abs. 2 S. 1 GWB versteht man unter Markenwaren "Erzeugnisse, deren Lieferung in gleichbleibender oder verbesserter Güte von dem preisempfehlenden Unternehmen gewährleistet wird und

1. die selbst oder
2. deren für die Abgabe an den Verbraucher bestimmte Umhüllung oder Ausstattung oder
3. deren Behältnisse, aus denen sie verkauft werden, mit einem ihre Herkunft kennzeichnenden Merkmal (Firmen-, Wort- oder Bildzeichen) versehen sind."

Da diese Definition von "Markenware" auf die Markierung und die gleichbleibende bzw. verbesserte Qualität abstellt, umfaßt sie auch den Markenartikel. Unter Markenware im hier verstandenen Sinn ist daher die Gesamtheit der Waren einzuordnen, die gekennzeichnet ist, gleichzeitig aber nicht als Markenartikel bezeichnet werden kann. Daraus ergibt sich, daß der Qualitätsanspruch, den das GWB fordert, keine wesensnotwendige Bedingung von Markenwaren im hier verstandenen Sinn darstellt (vgl. auch *Graumann*, 1983, S. 65 ff.). Dieser Anspruch wird von den Marken, die unter dem Begriff "Markenware" subsumiert werden müssen, ganz im Gegenteil bewußt nicht erhoben, da nicht jede Marke von seinem Markeninhaber zu einem "echten" Markenartikel mit anerkannter Qualität ausgebaut werden soll bzw. kann. Zielsetzung dieser Marken ist in der Regel die Auslastung vorhandener Kapazitäten oder die Erschließung von Märkten des unteren Preis- und Qualitätssegmentes (vgl. *Huber*, 1988, S. 157 ff. u. S. 179 ff.). Zu diesen Marken sind vor allem Zweitmarken[31)] und ein Großteil der Handelsmarken[32)] zu zählen, welche aufgrund der wettbewerbs- und preispolitischen Situation in ihren Marktsegmenten oft gar keine absolute Qualitätskonstanz garantieren können. Hinzu kommt im Fall der Handelsmarke die mit der Nicht-Identität von Markeninhaber und Hersteller der Ware verbundene Problematik einer genauen

---

31) Zum Begriff der Zweitmarke vgl. die Ausführungen im Abschnitt C.VI. in diesem Teil.

32) Zum Begriff der Handelsmarke vgl. die Ausführungen im folgenden Abschnitt C.II. dieses Teils.

Qualitätskontrolle durch den Handel.[33] Einzige notwendige Bedingung für "Markenware" ist hier daher die Markierung.

Analog zu Sachgütern können auch Dienstleistungen in die gewählte Terminologie eingegliedert werden: *Graumann* (1983, S. 73 ff.) wählt in diesem Zusammenhang für Dienstleistungen, die lediglich markiert sind und in qualitativer Hinsicht keinen Anforderungen unterliegen, den Begriff "**Markendienstleistungen**". Das Pendant zum "Markenartikel" als physisches Produkt nennt er nicht "Dienstleistungs-Markenartikel", sondern "**markenartikelähnliche Dienstleistung**", um darauf hinzuweisen, daß die Begriffskomponente "Artikel" an sich auf den Sachgüterbereich beschränkt ist. Dieser Begriff ist insofern irreführend, als daß der Terminus "ähnlich" darauf hindeuten könnte, daß das Markenartikelniveau lediglich annähernd erreicht wird. Um Zweideutigkeiten zu vermeiden, erscheint deshalb der Begriff "**Dienstleistungen in Markenartikelqualität**" zweckmäßiger.

In den folgenden Abschnitten wird - unabhängig davon, ob Markenware bzw. Markendienstleistungen oder Markenartikel bzw. Dienstleistungen in Markenartikelqualität vorliegen - eine Einteilung der Erscheinungsformen der Marke nach (vgl. *Abbildung 2.2*)

- der Art des gekennzeichneten Objekts,
- der Anzahl der Markeninhaber und den Eigentumsverhältnissen gegenüber der Marke,
- der Anzahl der unter einer Marke angebotenen Produkte bzw. Dienstleistungen,
- dem Ausmaß der Distribution und
- der Bedeutung der Marke für den Markeninhaber

vorgenommen.

II. Abgrenzung von Marken nach der Art des gekennzeichneten Objekts

Hinsichtlich der Art des gekennzeichneten Objekts ist zunächst grundsätzlich zu unterscheiden, ob ein Sachgut oder eine Dienstleistung der Markierung unterliegt. Bei den **Sachgütern** sind zwei Erscheinungsformen zu identifizieren: die Herstellermarke und die Handelsmarke. Wesentlich für diese Einteilung ist die institutionelle Stellung des Markeninhabers. Da als kennzeichnende Merkmale der Markeninhaberschaft das rechtliche Eigentum an der Marke und die Möglichkeit, die absatz- bzw. markenpolitischen Entscheidungen tref-

33) Vgl. hierzu z. B. *Thurmann*, 1961, S. 32 ff.; *Hartl*, 1960, S. 34 ff.

fen zu können, fungieren[34], läßt sich folgende Definition der Herstellermarke formulieren:

Unter **Herstellermarken** sind gekennzeichnete Waren zu verstehen, deren warenzeichenrechtliches Eigentum beim herstellenden Unternehmen liegt und über deren für ihren Vertrieb notwendigen absatz- bzw. markenpolitischen Entscheidungen hinsichtlich zu verfolgenden Zielen und zu treffenden Maßnahmen allein das herstellende Unternehmen befindet.

Analog hierzu lassen sich **Handelsmarken** als markierte Waren bezeichnen, deren Eigentum am Warenzeichen bei einem Handelsunternehmen oder einer Handelsorganisation liegt und bei der die mit ihnen verbundenen absatz- bzw. markenpolitischen Entscheidungen allein von diesem Handelsunternehmen bzw. dieser Handelsorganisation getroffen werden.[35]

Die von diesen Definitionen ausgehende Eindeutigkeit, was konkret unter einer Handels- bzw. Herstellermarke zu verstehen ist, darf nicht darüber hinwegtäuschen, daß diesbezüglich lange Zeit Uneinigkeit in der Literatur vorherrschte. So betrachtete beispielsweise *Angehrn* (1969, S. 6) die Herstellermarke und den Markenartikel als Synonyme, was mit Sicherheit einer zu engen Auslegung der Herstellermarke entspricht.[36] Außerdem ist darauf hinzuweisen, daß ein und dasselbe Produkt im Rahmen einer dualen Strategie gleichzeitig sowohl als Hersteller- als auch als Handelsmarke vertrieben werden kann (vgl. z. B. *Huber*, 1988, S. 179 ff.).

Eine weitergehende Unterteilung von Hersteller- und Handelsmarke kann dahingehend erfolgen, daß man bei Herstellermarken in Abhängigkeit vom Markterfolg zwischen schwacher und starker Herstellermarke unterscheidet sowie die Handelsmarken in die sogenannten klassischen Handelsmarken und in Gattungsmarken einteilt (vgl. i. e. *Huber*, 1988, S. 17 ff.). *Tabelle 2.1* grenzt

34) Vgl. Kapitel B. in diesem Teil. *Graumann* (1983, S. 53) hingegen stellt die Eigenschaft "Markeninhaber" nur auf das rechtliche Eigentum ab.

35) Diese Definitionen lehnen sich an die Darstellung von Hersteller- und Handelsmarken bei *Huber* (1988, S. 16 und S. 22) an. *Huber* führt als weiteres Charakteristikum der Handelsmarke den exklusiven Vertrieb in ausschließlich eigenen Filialen der Handelsorganisation bzw. im eigenen Handelsunternehmen an. Da es sich hierbei um eine absatzpolitische Entscheidung handelt, wird dieses Charakteristikum hier von dem Terminus, daß alle absatz- bzw. markenpolitischen Entscheidungen beim Handelsunternehmen bzw. bei der Handelsorganisation liegen, als abgedeckt angesehen und daher nicht explizit aufgeführt. Zudem ist die Exklusivität des Vertriebs von Handelsmarken nicht zwingend (vgl. *Huber*, 1988, S. 22).

36) Für eine weitergehende Diskussion von Begriff und Wesen der Hersteller- und Handelsmarke vgl. z. B. *Hartl*, 1960, S. 4 ff.; *Thurmann*, 1961, S. 31 ff.; *Mellerowicz*, 1963, S. 8 ff.; *Angehrn*, 1969, S. 6 ff.; *Metzler*, 1967, S. 43 ff.; *Noelle et al.*, 1959, S. 31 ff.; *Huber*, 1988, S. 15 ff.; *Meffert/Bruhn*, 1984a, S. 27 ff.; *Berekoven/Bernkopf*, 1986, S. 197 ff.

Abgrenzungs-kriterien	Herstellermarken		Handelsmarken	
	Schwache Herstellermarken	Starke Herstellermarken	Klassische Handelsmarken	Gattungsmarken
Beispiele	Latissa, Mang	Persil, Pfanni, Bahlsen	Babette Schokolade (Coop), Hanseaten Kaffee (Edeka), Florett-Sekt (Spar)	A & P, Die Weissen, No names
Aufmachung (Verpackungsgestaltung)	mittleres Anspruchsniveau	hohes Anspruchsniveau der Aufmachung	angelehnt an Herstellermarken, mittleres Anspruchsniveau	simple Aufmachung, keine überflüssige Verpackung, funktionsgerechte Verpackung, einfach, schlicht, durch einheitliche Farbe gekennzeichnet, (weiß oder gelb), nur notwendige Informationen zum Ge- und Verbrauch
Distribution	teilweise nur regional	hoher nationaler, teilweise internationaler Distributionsgrad	innerhalb der eigenen Handelsunternehmen und der Handelsorganisation	überregionale Distribution, aber nur innerhalb der Filialen des Handelsunternehmens und der Handelsorganisation
Marketingführerschaft	durch Hersteller	durch Hersteller	durch Handel	durch Handel
Markierung	durch Hersteller	durch Hersteller Markenname steht im Vordergrund	durch Handel Markenname steht im Vordergrund	durch Handel; Packungsinhalt betont und nicht der Markenname (Dominanz der Gattungsbezeichnung), d. h. reine Produktbezeichnung (z. B. Kondensmilch) + Slogan (z. B. A & P)
Marktfunktion	in der Regel Me-too-Produkte, geringe Investitionen in Forschung und Entwicklung, geringe Marktinvestitionen	innovative Produkte, hohe Investitionen in Forschung und Entwicklung, hohe Marktinvestitionen, Bedarfsweckung, breites und differenziertes Produktangebot	Me-too-Produkte, fehlende Investitionen in Forschung und Entwicklung, keine Marktinvestitionen, begrenztes Sortiment	low-interest-Produkte, Me-too-Produkte, stark begrenztes Sortiment, fehlende Investitionen in Forschung und Entwicklung
Preiskonstanz	geringe Schwankungen auf niedrigem Niveau	Wegfall der Preiskonstanz seit Aufhebung der Preisbindung ("Aktionitis")	i. d. R. konstant, aber auch zeitlich begrenzte Preissenkungen (Aktionen)	konstant, Dauer-Niedrigpreisversprechen
Preispositionierung	Tief- und Mittelpreissegment	Hochpreissegment	Mittelpreissegment	Tiefpreissegment, discountorientiert
Produktnutzen	Grundnutzen und reduzierter Zusatznutzen	Grund- und Zusatznutzen	Grundnutzen und reduzierter Zusatznutzen	nur Grundnutzen
Produktqualität	mittlere bis gute Qualität	hochwertige, gleichbleibende Qualität mit dem Ziel der ständigen Qualitätsverbesserung, teilweise Rücknahmegarantie durch Herstellerunternehmen	mittlere bis gute Qualität	geringe bis mittlere Qualität, Garantie einer bestimmten Mindestqualität, Qualitätsschwankungen durch Lieferantenwechsel möglich, teilweise Rücknahmegarantie durch Handelsunternehmen
Qualitätsgarantie	durch Hersteller	durch Hersteller	durch Handel	durch Handel
Verkehrsgeltung	eingeschränkt	breit	eingeschränkt, begrenzt	stark begrenzt, austauschbar
Warengattung	alle Warengattungen	alle Warengattungen	alle Warengattungen	Grundnahrungsmittel, Hygiene- und Anstaltsartikel, Artikel mit hoher Umschlagsgeschwindigkeit
Werbung	geringe bis keine Werbeaufwendungen	intensive Produktwerbung	geringe Produkt- u. Preiswerbung mit Schwerpunkt Preiswerbung	Preiswerbung (Einführungswerbung)

Quelle: *Huber*, 1988, S. 20.

Tab. 2.1: Abgrenzung der Begriffe Handelsmarke und Herstellermarke

diese Erscheinungsformen von Marken anhand bestimmter Kriterien voneinander ab.

Neben Sachgütern können auch **Dienstleistungen** der Markierung unterliegen. Anders als bei den Hersteller- und Handelsmarken, bei denen die Begriffskomponente "Hersteller" bzw. "Handel" auf die institutionelle Stellung des Markeninhabers hinweist, darf nicht von der irrigen Annahme ausgegangen werden, daß lediglich Dienstleistungsunternehmen Inhaber von Dienstleistungsmarken sein können. Im Prinzip kann auch jedes Unternehmen, das Dienstleistungen anbietet, aber wegen eines auf Nicht-Dienstleistungen ausgerichteten Hauptbetätigungsfeldes nicht als Dienstleistungunternehmen im eigentlichen Sinne anzusehen ist, Inhaber einer Dienstleistungsmarke sein (vgl. i. e. *Graumann*, 1983, S. 54 ff.). Daher ist die Dienstleistungsmarke nicht markeninhaberspezifisch, sondern im Rahmen der Abgrenzung von Sachgütern und Dienstleistungen als markierte Objekte, also objektspezifisch zu behandeln. Die Begriffe Hersteller-, Handels- und Dienstleistungsmarke beziehen sich also auf unterschiedliche begriffliche Ebenen und sollten daher nicht nebeneinander verwendet werden.

Unter Berücksichtigung der notwendigen objektspezifischen Ausrichtung kann die Dienstleistungsmarke wie folgt definiert werden: "Unter einer Dienstleistungsmarke ... versteht man ein Zeichen, das der Kennzeichnung von Gütern dient, deren Produktion die unmittelbare raum-zeitliche Integration eines externen Faktors in Form der Person des Leistungsnehmers oder seines Verfügungsobjektes erfordert und die daher ausschließlich im Rahmen eines synchronen Kontaktes zwischen Leistungsgeber und Leistungsnehmer bzw. deren Verfügungsobjekten produziert werden können" (*Graumann*, 1983, S. 84 f.).[37]

III. Abgrenzung von Marken nach der Anzahl der Markeninhaber und den Eigentumsverhältnissen gegenüber der Marke

Zieht man die Anzahl der Markeninhaber als Abgrenzungskriterium für die Erscheinungsformen von Marken heran, so lassen sich Individual- und Kollektivmarken unterscheiden. Kennzeichnend für **Individualmarken** ist, daß nur ein einzelnes Unternehmen Markeninhaber ist.[38] Ist eine Mehrzahl von Unternehmen Markeninhaber, so liegt eine **Kollektivmarke** vor.

37) Neben dieser betriebswirtschaftlichen Definition der Dienstleistungsmarke stellt *Graumann* (1983, S. 85) noch eine weitergefaßte, juristische Definition zur Verfügung, die für die hier verfolgten Zwecke jedoch irrelevant ist.

38) Unter einer Individualmarke wird vereinzelt auch verstanden, daß nur ein einzelnes Produkt mit einer Marke gekennzeichnet ist (vgl. z. B. *Hartl*, 1960, S. 32 f.). Diese Erscheinungsform

Setzt man - wie hier unterstellt - als notwendige Bedingung der Markeninhaberschaft das rechtliche Eigentum **und** die marken- bzw. absatzpolitische Entscheidungsgewalt über die Marke voraus, so entsteht eine Kollektivmarke nicht bereits dann, wenn ein bisher alleiniger Markeninhaber einem oder mehreren anderen Unternehmen lediglich marken- bzw. absatzpolitische Entscheidungsbefugnisse einräumt, die Markenrechte aber nicht der Übertragung unterliegen;[39] in der Regel bedingen sich jedoch das Eigentum an Markenrechten und die marketingpolitische Entscheidungsgewalt über eine Marke.

Meffert/Bruhn (1984a, S. 13) weisen darauf hin, daß Individualmarken insbesondere bei Herstellerunternehmen anzutreffen sind, während im Handelsbereich vermehrt Kollektivmarken eingesetzt werden. Bei den Kollektivmarken ist zu beachten, daß Entscheidungen hinsichtlich der Ausgestaltung des marketingpolitischen Instrumentariums für eine Marke wegen denkbarer unterschiedlicher Interessenlagen der Markeninhaber umso schwieriger zu treffen sind, je mehr Unternehmen an der Kollektivmarke beteiligt sind.

Eng verbunden mit der Abgrenzung der Erscheinungsformen von Marken nach der Anzahl der Markeninhaber ist die Abgrenzung nach den Eigentumsverhältnissen gegenüber der Marke. Besitzt ein Unternehmen Markenrechte für eine Marke, so stellt diese Marke für dieses Unternehmen eine **Eigenmarke** dar. Demnach liegt eine **Fremdmarke** aus Sicht eines Unternehmens beispielsweise dann vor, wenn dieses Unternehmen Waren für ein anderes Unternehmen produziert, welches im Besitz der Markenrechte ist. Diese Konstellation findet sich häufig bei der Produktion von Handelsmarken, da Markeninhaber und Produzent in diesem Fall in der Regel nicht identisch sind.

IV. Abgrenzung von Marken nach der Anzahl der unter einer Marke angebotenen Produkte

Eine der wichtigsten Entscheidungen des Markeninhabers betrifft die Anzahl der Produkte, die unter ein und derselben Marke angeboten werden sollen. Diese Entscheidung bestimmt das Ausmaß des angestrebten Imagetransfers, d. h. der Übertragung von Imagebestandteilen von einem Produkt auf ein anderes. Der Imagetransfer basiert auf dem aus der Psychologie bekannten Generalisierungsprinzip, wonach Einstellungen von einem Objekt auf ein anderes

von Marken wird in dieser Arbeit jedoch mit dem Begriff "Einzelmarke" belegt. Vgl. die Ausführungen im folgenden Abschnitt C.IV.

39) Anders jedoch *v. Matt* (1988, S. 15 f.), der als elementare Eigenschaft der Markeninhaberschaft die marketingpolitische Verfügungsgewalt über eine Marke und nicht das rechtliche Eigentum an einer Marke ansieht.

Objekt übertragen werden, sofern beide Objekte wahrnehmbare Gemeinsamkeiten - in diesem Falle die Marke - aufweisen (vgl. *Simon*, 1985, S. 33). Im Vordergrund steht dabei die Problematik, daß einerseits durch die Anbringung eines gut eingeführten Markenzeichens an neuen Produkten der Goodwill bzw. das Image dieser Marke auch auf diese neuen Produkte übertragen werden kann; zudem sind die mit dem Einsatz des marketingpolitischen Instrumentariums verbundenen Kosten der Neueinführung sowie die laufenden Marketingkosten pro Produkteinheit bei Nutzung einer eingeführten Marke tendenziell geringer als beim Aufbau einer völlig neuen Marke.[40] Andererseits besteht jedoch die Gefahr der Verwässerung des Markenimages, wenn heterogene Produkte unter derselben Marke angeboten werden. Die Marke besitzt dann keine eindeutige Positionierung in der Psyche der Verbraucher mehr und wird konturlos. Unter diesem Gesichtspunkt fordert *Domizlaff* (1982, S. 111): "Die Verwendung eines Namens muß auf ein einziges Erzeugnis oder auf eine möglichst konzentrierte Idee beschränkt werden."

Die Verwendung einer Marke für mehrere Produkte ist in der Regel nicht nur für das neu unter dieser Marke aufgenommene Produkt von Bedeutung, sondern wird auch die marktliche Stellung der bisher bereits unter dieser Marke angebotenen Produkte beeinflussen. So können negative Irradiationseffekte im Fall der "Unverträglichkeit" der neuen Produkte unter der bekannten Marke dazu führen, daß der Markterfolg der bisher erfolgreichen Stammprodukte, die unter dieser Marke verkauft werden, abnimmt. Negative Irradiation ist insbesondere dann zu erwarten, wenn starke Qualitätsunterschiede und/oder negative Assoziationen zwischen den einzelnen unter einer Marke angebotenen Produkten existieren oder die Zielgruppen der einzelnen Produkte unterschiedlich strukturiert sind (vgl. *Hansen/Leitherer*, 1984, S. 110). Andererseits kann durch die Einführung neuer Produkte unter einer bestehenden Marke auch eine "Verjüngung" der Stammprodukte mit entsprechend positiven Auswirkungen auf ihren Markterfolg stattfinden.[41]

---

40) Hinsichtlich der Neueinführung ist hier insbesondere an die enormen Kosten der Einführungswerbung zu denken, um eine neue Marke einer breiten Zielgruppe bekannt zu machen. Je nach Produktkategorie belaufen sich die Kosten der Einführungswerbung im ersten Jahr auf bis zu zweistellige Millionenbeträge (vgl. *Bliemel*, 1984, S. 419 f.). Einsparungen bei den laufenden Kosten können sich beispielsweise aufgrund einheitlicher Verpackungsgestaltungen bei Nutzung einer eingeführten Marke ergeben (vgl. *Hansen/Leitherer*, 1984, S. 110).

41) Die Wirkung der Nutzung derselben Marke für mehrere Produkte soll hier nur angedeutet werden. Weitere diesbezügliche Ausführungen finden sich z. B. bei *v. Matt*, 1988, S. 166 ff.; *Sandler*, 1989, S. 330 ff.; *Meffert*, 1988, S. 123 ff. und *Hätty*, 1989a, 1989b, 1989c. Zweck der Darstellungen hier ist lediglich die Systematisierung von Marken nach dem Kriterium der Anzahl der unter einer Marke vertriebenen Produkte.

Wird unter einer Marke nur ein einziges Produkt angeboten, so liegt eine **Einzelmarke** vor.[42] Werden mehrere Produkte eines Anbieters unter einer Marke zusammengefaßt, so spricht man von einer **Markenfamilie**.[43] Unter einer Markenfamile ist konkret "eine bestimmte Anzahl von Erzeugnissen oder eine Produktgruppe bzw. Produktlinie zu verstehen, die die gleiche Substanz aufweisen oder gleiche Bedürfnisse betreffen und durch einen einheitlichen Namen (Familiennamen) gekennzeichnet sind" (*Meffert*, 1986, S. 411). Oftmals stellt eine bereits im Markt etablierte Einzelmarke den Ausgangspunkt für die Entwicklung einer Markenfamilie dar.

Umfaßt die Marke schließlich alle Produkte eines Anbieters, so wird dieser Markentypus als **Globalmarke** bezeichnet (vgl. *Angehrn*, 1969, S. 9). Als Mischform aus diesen Markentypen hat sich in letzter Zeit insbesondere die **Dachmarke** herausgebildet; kennzeichnend für eine Dachmarke ist, daß sie mehrere oder alle Produkte eines Anbieters umfaßt, welche aber zusätzlich mit einer Submarke versehen sind. Die Begriffskomponente "Sub" darf nicht zu der Annahme verleiten, daß die Submarke gegenüber der Dachmarke von untergeordneter Bedeutung ist; sie deutet lediglich darauf hin, daß sie nur eine Teilmenge - in der Regel ein einziges Produkt - der unter der Dachmarke zusammengefaßten Produkte kennzeichnet. Das Verhältnis, in dem Dachmarke und Submarke zueinander stehen, hängt vielmehr von den markenpolitischen Zielsetzungen des Markeninhabers ab.[44] Außerdem ist darauf hinzuweisen, daß ein Anbieter mehrere Dachmarken, jedoch ex definitione nur eine Globalmarke besitzen kann.

Auf einer anderen begrifflichen Ebene befindet sich die Abgrenzung der Erscheinungsformen von Marken nach ihrem inhaltlichen Bezug, der jedoch in der Literatur mit der Abgrenzung der Marke nach der Anzahl der unter ihr vertriebenen Produkte oft vermischt wird (vgl. z. B. *Huber*, 1988, S. 13 f.; *Meffert/Bruhn*, 1984a, S. 14). Nach dem inhaltlichen Bezug der Marke ist zwi-

42) Die Einzelmarke wird auch Erzeugermarke (vgl. *Thurmann*, 1961, S. 44 ff.), Individualmarke (vgl. *Hartl*, 1960, S. 32 ff.), Produktmarke (vgl. *Meffert/Bruhn*, 1984a, S. 13 ff.) oder Monomarke (vgl. *Huber*, 1988, S. 13 ff.) genannt.

43) In der Literatur werden auch häufig die Begriffe Produktgruppenmarke (vgl. *Hansen/Leitherer*, 1984, S. 107 f.), Range-Marke (vgl. *Huber*, 1988, S. 13 f.), Produktmarkengruppe (vgl. *Meffert/Bruhn*, 1984a, S. 13 ff.) oder (Erzeugnis-)Gruppenmarke (vgl. *Graumann*, 1983, S. 61) verwendet.

44) So stellte die Unternehmensgruppe MELITTA ihre gleichnamige Dachmarke aufgrund einer zunehmenden Heterogenisierung des Sortiments in den Hintergrund und kreierte neue (Sub-)Marken, bei denen die Marke MELITTA nur noch schwach in Erscheinung tritt (vgl. *o. V.*, 1988e, S. 296 ff.). Eine entgegengesetzte Strategie wenden die Firmen BAHLSEN und PELIKAN an, die bewußt in letzter Zeit wieder die Dachmarke stärker betonen (vgl. *o. V.*, 1990c, S. 6). Zu den mit den einzelnen Markenstrategien verfolgten Zielsetzungen vgl. insbesondere *v. Matt*, 1988, S. 76 ff.

schen Phantasiemarke und Firmenmarke zu unterscheiden (vgl. z. B. *Angehrn*, 1969, S. 9; *Hansen/Leitherer*, 1984, S. 111 ff.). Eine **Firmenmarke** entsteht durch die Identität von Markenzeichen und Firmenzeichen des Markeninhabers, während bei den **Phantasiemarken** kein direkter Bezug zum Markeninhaber hergestellt werden kann. Phantasiemarken sind dabei nicht nur im Sinne künstlich gebildeter Wortschöpfungen zu verstehen; sie können durchaus als konkrete Begriffe auftreten, ohne aber einen Bezug zum Markeninhaber zu ermöglichen (vgl. *v. Matt*, 1988, S. 11; *Fiuczynski*, 1960, S. 102 f.).[45)]

Die Vermischung der begrifflichen Betrachtungsebene kommt in erster Linie dadurch zustande, daß bestimmte Markentypen überwiegend mit einem bestimmten inhaltlichen Bezug verbunden sind. So wird für eine Dach- oder Globalmarke in der Regel die Firmenbezeichnung gewählt, wohingegen bei Einzelmarken oder Markenfamilien überwiegend die Phantasiemarke Anwendung findet (vgl. *Angehrn*, 1969, S. 9; *v. Matt*, 1988, S. 89).

V. Abgrenzung von Marken nach dem Ausmaß der Distribution

Im Zusammenhang mit der Größe eines Absatzraumes, den eine Marke beansprucht, können

- lokale,
- regionale,
- nationale,
- internationale und
- globale[46)]

Marken identifiziert werden. Die geographische Verbreitung einer Marke ist insofern relevant, als sie - zumindest nach früheren Definitionen des Markenartikels - ein konstitutives Merkmal hinsichtlich der Unterscheidung zwischen Markenware als lediglich markierte Ware und einem "echten" Markenartikel darstellt.[47)]

---

45) *Fiuczynski* (1960, S. 102 f.) unterscheidet neben den Firmen- und Phantasiemarken noch Personenmarken, beschreibende Markennamen und Markennamen, die auf Art, Zeit oder Ort der Herstellung hinweisen. Da Personen- und Firmennamen oft identisch sind bzw. der Personenname sonst eine Phantasiemarke darstellt, und beschreibende Markennamen und Markennamen, die auf Art, Zeit oder Ort der Herstellung hinweisen, selten warenzeichenrechtlich schutzfähig sind (vgl. § 4 Abs. 2 Nr. 1 WZG in Verb. mit § 4 Abs. 3 WZG), wird auf sie hier nicht näher eingegangen.

46) Globale Marken sind nicht mit Globalmarken zu verwechseln, da letztere auf die Anzahl der unter einer Marke angebotenen Produkte hinweisen; vgl. die Ausführungen im vorangegangenen Abschnitt C.IV.

47) Über die tatsächliche Größe des Absatzgebietes, das mit einem "echten" Markenartikel wesensbedingt verbunden ist, bestand insbesondere in der älteren Literatur Unsicherheit. Daher wurde in der Regel von einem "größeren Absatzraum" (vgl. *Mellerowicz*, 1963, S. 31 ff.;

Lokale Marken mit nur örtlicher Bedeutung, wie sie für den Beginn des Markenwesens typisch waren, sind aus heutiger Sicht weitgehend bedeutungslos, und auch **regionale** Marken, die sich durch einen gebietsspezifischen Absatz auszeichnen und beispielsweise noch im deutschen Brauwesen relativ häufig zu finden sind, verlieren zunehmend an Bedeutung. Nationale, insbesondere aber internationale und globale Marken werden zunehmend wichtiger. Zurückzuführen ist diese Entwicklung in erster Linie auf die in vielen Märkten zunehmende Wettbewerbsintensität, die sich sowohl durch ein stärker wettbewerbsorientiertes Verhalten der inländischen Konkurrenz, als auch durch das vermehrte Eindringen ausländischer Anbieter auf dem heimischen Markt eingestellt hat; insbesondere auf gesättigten, wenig entwicklungsfähigen Märkten führt dies zum Ausscheiden schwacher, regional begrenzter Marken. Als Konsequenz dieser Entwicklung ergibt sich die Notwendigkeit, erfolgreiche Marken nicht nur dem heimischen Markt vorzubehalten, sondern sie mit Hilfe geeigneter Markenstrategien auch auf Auslandsmärkten einzuführen, um den Unternehmenserfolg langfristig zu sichern (vgl. z. B. *Meffert*, 1988, S. 290 ff.).

Während **nationale** Marken anhand ihres auf das (gesamte) Ursprungsland begrenzten Vertriebs eindeutig zu identifizieren sind, ist die Abgrenzung zwischen internationalen und globalen Marken schwieriger. Es erscheint sinnvoll, den Status einer **globalen** Marke nicht davon abhängig zu machen, daß ein Vertrieb in allen ca. 160 Ländern bzw. Ländermärkten der Welt erfolgt; vielmehr soll im folgenden von einer globalen Marke gesprochen werden, wenn die Marke in einer "wesentlichen" Teilmenge dieser Gesamtheit von Ländern vertreten ist. Als "wesentliche" Teilmenge bieten sich insbesondere die "Märkte der Triade" an, die in letzter Zeit verstärkt als **der** Weltmarkt bezeichnet werden (vgl. *Kelz*, 1989, S. 102). Zu diesen Märkten gehören der US-amerikanische Markt, Japan und Europa sowie ihre jeweiligen Satellitenmärkte; diese Märkte können in wirtschaftlicher und technologischer Hinsicht als die wichtigsten Märkte gelten. Unter einer **internationalen** Marke ist demzufolge eine Marke zu verstehen, die zwar über die nationalen Grenzen hinaus angeboten wird, nicht jedoch das beschriebene Distributionsniveau einer globalen Marke erreicht. Zu beachten ist, daß diese definitorischen Abgrenzungen eine alleinige Ausrichtung auf das Ausmaß der Distribution beanspruchen, ohne eine Aussage über den Erfolg oder die Verkehrsgeltung einer Marke in den einzelnen Ländern, in denen sie angeboten wird, zu beinhalten; daher sind der hier verwendete Begriff der globalen Marke und

---

Röper, 1955, S. 61) gesprochen, der wegen fließender Grenzen nicht exakt festgelegt werden konnte. Bei neueren, wirkungsbezogenen Definitionen des Markenartikels wird auf dieses Kriterium explizit nicht mehr abgestellt; vgl. hierzu die Ausführungen im Kapitel D. in diesem Teil.

der Begriff "Weltmarke", wie er üblicherweise in der Literatur verwendet wird[48], auseinanderzuhalten. Stellvertretend wird hier auf die Definition der Weltmarke von *Kelz* Bezug genommen: "Unter einer Weltmarke ist deshalb ein prägnantes, in seinem Erscheinungsbild weltweit weitgehend einheitliches Erzeugnis mit weltweit hoher, in vielen Fällen jedoch höchster symbolischer Wirkung im Sinne einer überragenden Verkehrsgeltung und Wertschätzung bei den Verwendern zu verstehen, die zu einem entsprechend hohen Marktanteil und einer entsprechend intensiven Markentreue in den Ländern, in denen die Marke distribuiert wird, führt, aber auch eine Bekanntheit und Wertschätzung in jenen Märkten zur Folge hat, auf denen die Marke nicht selbst vertreten ist oder sein kann" (*Kelz*, 1989, S. 120). Dies bedeutet, daß derart definierte Weltmarken zweifelsohne lediglich eine (kleine) Teilmenge der globalen Marken im hier verstandenen Sinne sein können.

Aus distributionspolitischer Sicht ist neben der Größe des Absatzgebietes auch der Distributionsgrad einer Marke, d. h. die Anzahl von Absatzmittlern innerhalb eines gegebenen Absatzgebietes, die diese Marke zu einem bestimmten Zeitpunkt bzw. innerhalb eines bestimmten Zeitraumes führen, von Bedeutung. Hinzuweisen ist in diesem Zusammenhang auf die produktspezifisch unterschiedliche Relevanz des Distributionsgrades, da von der Art des Produkts die Bereitschaft der Konsumenten abhängt, eine bestimmte Wegstrecke zurückzulegen.[49] Generell darf davon ausgegangen werden, daß diese Bereitschaft bei (höherwertigen) Gebrauchsgütern größer ist als bei (geringwertigen) Verbrauchsgütern; ein hoher Distributionsgrad ist daher insbesondere bei Konsumgütern des täglichen Bedarfs anzustreben. Vergleicht man Hersteller- und Handelsmarken, so können deutliche Unterschiede im Distributionsgrad erkannt werden, da der Vertrieb von Handelsmarken in der Regel derjenigen Handelsorganisation vorbehalten bleibt, die Markeninhaber ist. Aufgrund der produktspezifisch unterschiedlichen Bedeutung des Distributionsgrades, welche jeweils im konkreten Einzelfall festzustellen ist, erscheint es jedoch nicht sinnvoll, ihn als weiteres Abgrenzungskriterium mit genereller Aussagekraft heranzuziehen.

VI. Abgrenzung von Marken nach der Bedeutung der Marke für den Markeninhaber

Für einen Markeninhaber, der in einer bestimmten Produktkategorie einen Markenartikel anbietet, kann es aus markenpolitischen Zielsetzungen heraus

48) Vgl. z. B. die Aufzählung von Definitionen der "Weltmarke" bei *Kelz*, 1989, S. 109 ff.
49) Vgl. hierzu z. B. die Ausführungen von *Mellerowicz*, 1963, S. 32 ff.

sinnvoll sein, in **demselben** Produktbereich eine weitere Marke mit einer preis- und qualitätsmäßig niedrigeren Positionierung zu lancieren. Hierdurch wird der Markenartikel für den Markeninhaber zur **Erstmarke.** Die auf diese Art und Weise positionierte zusätzliche Marke wird als **Zweitmarke** des Markeninhabers bezeichnet.

Das mit der Zweitmarke verfolgte Hauptziel ist in der Regel die Abschöpfung von Marktpotentialen in Marktsegmenten, die von der Erstmarke nicht abgedeckt werden können; zudem erfüllt die Zweitmarke eine Schutzfunktion gegenüber der Erstmarke, da wettbewerbsbedingte Preissenkungen der Erstmarke, die u. U. mit Imageverlusten für diese Marke verbunden sein können, unterbleiben können. Bei preisaggressivem Verhalten der Konkurrenten können preisbewußte Konsumenten also von der Zweitmarke aufgefangen werden, ohne daß für die Erstmarke Preisherabsetzungen vorgenommen werden müssen.

Die mit der Positionierung der Zweitmarke im Produktbereich der Erstmarke zwangsläufig entstehenden absatzmäßigen Verbundwirkungen zwischen den beiden Marken, die auf ihr in der Regel substitutionales Verhältnis zueinander zurückzuführen sind, verstärken die Notwendigkeit einer deutlich anderen Positionierung der Zweitmarke gegenüber der Erstmarke zur Vermeidung zu starker Substitutionseffekte im eigenen Sortiment.[50] Dies bedeutet im Umkehrschluß, daß durch die differenzierte Positionierung der Zweitmarke die Wahrscheinlichkeit erhöht wird, daß die Käufer der Zweitmarke von Konkurrenten abgezogen werden (Marktverdrängung), oder daß bisherige Nicht-Käufer in diesem Produktbereich auftreten (Marktausweitung), da Marktsegmente von der Zweitmarke erfaßt werden, die bisher vom betrachteten Markeninhaber noch nicht bearbeitet bzw. von der Erstmarke nicht erreicht wurden; die Abwanderung von der Erstmarke kann auf diese Weise begrenzt werden.

Zur differenzierten Positionierung der Zweitmarke gegenüber der Erstmarke können im Prinzip sämtliche Marketing-Instrumente herangezogen werden, die jedoch tatsächlich in unterschiedlichem Maße genutzt werden (vgl. i. e. *Höhl*, 1982, S. 38 ff.): In **produktpolitischer** Hinsicht besteht zunächst die zwingende Notwendigkeit, die Zweitmarke mit einem anderen Markenzeichen zu versehen als die Erstmarke; dies folgt aus den markenpolitischen Zielsetzungen, die mit der Zweitmarke verfolgt werden, da die Erstmarke nicht auf sämtliche Preis- und Qualitätsfelder ohne Imageverluste und Einbußen an Kompetenz und Glaubwürdigkeit ausgedehnt werden kann. Eine Qualitätsva-

---

50) Zur Bedeutung und Wirkung von Substitutionseffekten im Sortiment bzw. Produktionsprogramm eines Mehrproduktunternehmens vgl. z. B. *Traylor*, 1986.

riation gegenüber der Erstmarke in objektiv-technischer Hinsicht ist mit der Zweitmarke hingegen nicht unbedingt verbunden. Zum Teil werden Produkte mit identischer stofflicher Substanz wie die Erstmarke, aber mit weniger ansprechender und aufwendiger Aufmachung, Verpackung oder Design als Zweitmarke angeboten, zum Teil wird sie aber auch aus geringwertigeren Rohstoffen hergestellt. Wichtig ist allein der subjektive Qualitätseindruck des Konsumenten, der in Verbindung mit einem gegenüber der Erstmarke in der Regel **niedrigerem Preis** der Zweitmarke durchaus dazu führen kann, daß die Zweitmarke im Vergleich mit der Erstmarke zu einer höheren Bedürfnisbefriedigung beim Konsumenten führt.

In **distributionspolitischer** Hinsicht hat die Absatzwegedifferenzierung als ursprünglich konstitutives Merkmal der Zweitmarkenpolitik durch die Machtverschiebung zwischen Hersteller und Handel zugunsten des Handels an Bedeutung verloren. Eine derartig strikte Absatzwegedifferenzierung, daß Erstmarken ausschließlich dem Fachhandel vorbehalten werden können, und der Vertrieb von Zweitmarken nur über preisaggressive Vertriebsformen wie z. B. Discountgeschäfte erfolgt, scheint nur noch in den seltensten Fällen gangbar.

In **kommunikationspolitischer** Hinsicht fällt bei der Zweitmarke im Vergleich zur Erstmarke jegliches Fehlen einer massenmedialen Unterstützung auf; ihrem im Gegensatz zur strategisch ausgerichteten Erstmarke eher operativ-taktischem Charakter entsprechend sind Verkaufsförderungs- und Sonderaktionen diejenigen kommunikationspolitischen Instrumente, die ihr zugeordnet werden müssen.

Aus der dargestellten Gestaltung des Marketing-Mix für die typische Zweitmarke folgt, daß sie aus Sicht des Markeninhabers einen eher zusätzlichen, die Erstmarke flankierenden Charakter hat und somit in erlös- und ertragswirtschaftlicher Hinsicht im Vergleich zur Erstmarke immer eine untergeordnete Rolle spielt.

D. Der Markenartikel

Etwa seit Beginn dieses Jahrhunderts - insbesondere seit den 20er Jahren - wurde in zahlreichen wissenschaftlichen Arbeiten der Versuch unternommen, das komplexe Wesen "Markenartikel" begrifflich zu erfassen und von anderen Waren, die nicht als Markenartikel gelten konnten, abzugrenzen. Die entstandenen Ansätze können in drei Hauptausrichtungen eingeteilt werden, die einander überlappend im Zeitablauf entwickelt wurden und in inhaltlicher Hinsicht unterschiedliche Schwerpunkte setzen:[51]

- Die Begriffsbestimmung anhand von Merkmalskatalogen,
- der instrumentale Ansatz und
- der wirkungsbezogene Ansatz.

I. Die Begriffsbestimmung anhand von Merkmalskatalogen

Als ursprünglichste Richtung der Markenforschung kann der von *Leitherer* (1955, S. 540) als **monistisch** bezeichnete Ansatz identifiziert werden. Nach diesem Ansatz erfolgt eine Einteilung der Gesamtheit der Waren lediglich in anonyme und markierte Produkte, wobei jedes markierte Produkt als Markenartikel gilt; eine weitere Unterteilung der markierten Ware erfolgt also nicht. Als typischer Vertreter dieser Richtung ist *Findeisen* anzusehen, der die Zweiteilung der Gesamtheit von Waren folgendermaßen beschreibt (vgl. *Findeisen*, 1924, S. 32): "Der Begriff "Markenartikel" muß daher sehr weit gefaßt werden. Negativ ausgedrückt umfaßt er alle Waren, welche nicht anonym, sondern mit einem Namen oder einem Zeichen versehen in den Handel kommen." Somit wird dieser Auffassung zufolge bereits im Moment der Anbringung des Markenzeichens ein Produkt zum Markenartikel.

Zurückgeführt werden kann diese Sichtweise, die insbesondere in den 20er Jahren verbreitet war und heute nur noch historische Bedeutung genießt, in erster Linie auf die Tatsache, daß die Marke im Sinne eines Markenzeichens **das** konstitutive Merkmal markierter Ware schlechthin darstellt: "Die Markierung der Ware ist die Grundvoraussetzung des Markenartikels. Alle übrigen Merkmale erhalten erst ihren Sinn durch ihre Beziehung auf eine Ware, die sich von gleichartigen oder ähnlichen Waren unterscheiden läßt" (*Röper*, 1955, S. 53). So ist verständlich, daß sich die Betrachtung zunächst auf dieses wesentliche Element eines Markenartikels konzentrierte. Schon bald mußte jedoch festgestellt werden, daß die Gesamtheit markierter Ware den Anspruch, Markenartikel zu sein, nicht erfüllen konnte, da nur durch die Markierung der Ware sich nicht automatisch der absatzwirtschaftliche Erfolg, der dem Markenartikel wesensinhärent ist,[52] einstellte. Daher stellt die Marke ein zwar notwendiges, nicht jedoch hinreichendes Merkmal für einen Markenartikel dar (vgl. *Berekoven*, 1978, S. 40).

---

51) Vgl. z. B. *Berekoven*, 1978, S. 39 ff.; *Thurmann*, 1961, S. 12 ff.
52) Vgl. hierzu die Ausführungen im Abschnitt D.III. in diesem Teil.

Die nachfolgende Ausrichtung der Markenforschung berücksichtigte dies, indem sie eine weitergehende Unterteilung der markierten Ware in Markenware als lediglich markierte Ware und den Markenartikel vornahm.[53] Diese von *Leitherer* (1955, S. 542) als **dualistisch** bezeichnete Richtung schränkte die Anzahl der Waren, die als Markenartikel gelten konnten, gegenüber der ursprünglichen Begriffsauffassung deutlich ein. Durch die Spezifikation derjenigen Merkmale, die mit den erfolgreichen Produkten verbunden waren, versuchte man, den artbestimmenden Merkmalskatalog von Markenartikeln zu ermitteln. Diese Vorgehensweise führte zur Aufstellung von Definitionen, die allein auf äußere Merkmale abstellten; als repräsentativ für diese Richtung der Markenforschung gilt die Definition des Markenartikels von *Mellerowicz* (1963, S. 39): "Markenartikel sind für den privaten Bedarf geschaffene Fertigwaren, die in einem größeren Absatzraum unter einem besonderen, die Herkunft kennzeichnenden Merkmal (Marke) in einheitlicher Aufmachung, gleicher Menge sowie in gleichbleibender oder verbesserter Güte erhältlich sind und sich dadurch sowie durch die für sie betriebene Werbung die Anerkennung der beteiligten Wirtschaftskreise (Verbraucher, Händler und Hersteller) erworben haben (Verkehrsgeltung)."[54]

Recht schnell wurde deutlich, daß für die von dieser Art von Definitionen erfaßten Merkmale für Waren, die man üblicherweise mit dem Begriff "Markenartikel" verband[55], galt: "Durchaus typisch, aber nicht zwingend" (*Berekoven*, 1978, S. 40). Zur Erfassung des Wesens "Markenartikel" war diese kasuistische Vorgehensweise nicht geeignet, da sie der Komplexität und der Wandlungsfähigkeit der Erscheinungsformen des Markenartikels nicht gerecht wurde. In diesem Sinne folgert *Thurmann* (1961, S. 15): "Mithin sind Begriffsbestimmungen, die sich streng an Äußerlichkeiten halten, nicht in der Lage, sämtliche Spielarten des Markenartikels zu erfassen, zumal niemand weiß, in welche Bereiche der Markengedanke in Zukunft noch eindringen wird."

Diese Erkenntnis führte zur Abkehr von der Vorstellung, daß es sich bei dem Markenartikel um eine typische **Warenform** handele; vielmehr müsse man am **Absatzsystem**, welches mit dem Markenartikel verbunden ist, ansetzen (vgl. *Bergler*, 1939, S. 236 f.).

53) Vgl. zu dieser Abgrenzung von Markenware und Markenartikel auch die Ausführungen im Abschnitt C.I. in diesem Teil.

54) Eine tabellarische Übersicht, welche Autoren, die eine Begriffsbestimmung des Markenartikels anhand von Merkmalskatalogen vornehmen, im einzelnen welche Kriterien mit dem Markenartikel verbinden, findet sich bei *Meffert*, 1979, S. 20 f.

55) Insbesondere waren dies vom Hersteller gekennzeichnete Konsumgüter, die massenhaft produziert wurden und den kurzfristigen, periodisch wiederkehrenden Bedarf befriedigten.

II. Der instrumentale Ansatz

Der instrumentale Ansatz, welcher insbesondere in den 50er Jahren verstärkte Anerkennung in der Literatur fand, verfolgt das Ziel, nicht das eigentliche Produkt zu charakterisieren, sondern an denjenigen absatzpolitischen Aktivitäten des Markeninhabers anzusetzen, welche letztendlich dazu führen, daß ein Markenartikel entsteht. Um dem Wesenskern des Markenartikels näher zu kommen, wird also versucht, auf dieser "vorgelagerten" Stufe die verursachenden Kräfte eines Markenartikels zu identifizieren. Diese Vorgehensweise entstand aus folgender Überlegung heraus: "Jeder Markenartikel hat seine besondere, nur ihm eigentümliche Erscheinungsform. Was ihn mit anderen verbindet, ist lediglich die Art des Absatzsystems" (*Bergler*, 1939, S. 237). Außerdem konnte man durch diesen "Kunstgriff" die Problematik der angemessenen Berücksichtigung der Dynamik der Märkte, die zu immer neuen Erscheinungsformen des Markenartikels führte und daher eine am Produkt ansetzende Definition erschwerte, umgehen: "Die Entwicklung hat ja viel weiter gegriffen, als man damals annehmen konnte und heute wird gewohnheitsmäßig, aber auch erfahrungsmäßig vieles als Markenartikel bezeichnet, was in keiner Definition einen Platz haben kann. Aber auch deswegen muß von der Absicht, die Erscheinung Markenartikel in eine abstrakte Definition zu bannen, abgelassen werden, weil es sich um eine Absatzform, nicht um einen einheitlichen Warentypus handelt" (*Bergler*, 1939, S. 241).

Kennzeichnend für das mit dem Markenartikel verbundene Absatzsystem ist eine partielle, vertikale Funktionsintegration beim Hersteller, also eine Verlagerung bestimmter Aktivitäten, die ursprünglich dem Handel vorbehalten waren, in den Entscheidungsbereich des Produzenten. Bewirkt wird diese Funktionsintegration durch die spezielle Ausgestaltung des Absatzsystems, das zur Zeit der Entwicklung dieses Ansatzes auf folgendem Instrumentarium beruhte (vgl. *Bergler*, 1961, S. 128 f.):[56)]

- Kennzeichnung der Ware mittels eines Markenzeichens durch den Hersteller;
- Realisierung einer standardisierten, gleichbleibenden Produktqualität;
- Durchführung von Verbraucherwerbung, die die Aufklärung, Unterrichtung und Beratung der Konsumenten als ursprüngliche Aufgabe des Handels übernimmt;

56) Einige der im folgenden aufgezählten und damals für den Absatz von Markenartikeln charakteristischen Elemente des Absatzsystems haben heute ihre Bedeutung verloren. Hierzu gehört der ausschließliche Absatz von Markenartikeln in Fachgeschäften sowie die vertikale Preisbindung.

- Distribution des Markenartikels ausschließlich in Fachgeschäften, um die Wertschätzung, die der Verbraucher dem Markenartikel entgegenbringt, nicht durch das Abgleiten in Nichtfachgeschäfte zu zerstören;
- Durchsetzung einer vertikalen Preisbindung, so daß für denselben Artikel überall derselbe Preis herrscht; hierdurch wird ein Vertrauensverlust beim Konsumenten infolge subjektiv wahrgenommener oder vermuteter Qualitätsschwankungen, die durch schwankende Preise hervorgerufen werden können, vermieden. Ebenso erübrigt sich die Suche nach der günstigsten Bezugsquelle für den Konsumenten;
- Festlegung der Verpackungsgestaltung und somit Bestimmung der verbrauchergerechten Quantität durch den Hersteller als ursprünglich dem Handel zugeordnete Aufgabe.

Es ist nicht zu übersehen, daß zur Charakterisierung dieses Absatzsystems wiederum auf einen Merkmalskatalog zurückgegriffen werden muß mit der Folge, daß die auftretenden Probleme gleicher Natur sind, wie sie bereits bei den am Produkt ansetzenden Definitionsversuchen beobachtet werden konnten.[57] Zudem ist den beiden bisher aufgeführten Ausrichtungen der Markenforschung zu eigen, daß sie aus Sicht des Markeninhabers argumentieren und die Reaktion des Verbrauchers weitgehend außer acht lassen; sie können daher auch als **angebotsorientierte** Ansätze der Wesensbestimmung des Markenartikels bezeichnet werden. Das Abrücken von dieser Sichtweise bei gleichzeitiger stärkerer Berücksichtigung der Wirkung markierter Ware auf den Verbraucher führte schließlich zum wirkungsbezogenen Ansatz.

III. Der wirkungsbezogene Ansatz

Im Jahre 1961 entwickelten *Berekoven* (1961, S. 145 ff.) und *Thurmann* (1961, S. 16 ff.) unabhängig voneinander einen Ansatz, der zur Erfassung des Phänomens "Markenartikel" eine **nachfrage- bzw. konsumentenorientierte** Sichtweise einschlägt. So schreibt *Thurmann* (1961, S. 16): "Wenn wir nicht entwicklungsmäßig einen Schritt zurückgehen und nicht wieder jede markierte Ware als Markenartikel betrachten wollen, müssen wir ergänzend die Reaktion des Verbrauchers berücksichtigen. Es wäre gar zu einseitig, das Markenwesen ausschließlich vom Standpunkt des Markeninhabers zu sehen. Denn daß der Verbraucher die Gelegenheit nutzt, von der Herkunft der Ware Kenntnis zu nehmen, ist neben der Markierung die zweite Voraussetzung, die ein Markenartikel unbedingt erfüllen muß."

57) Vgl. hierzu die Ausführungen im vorangegangenen Abschnitt D.I.

Dieser wirkungsbezogene Ansatz rückt also den Verbraucher in den Mittelpunkt, der aus der Wirkungsintensität heraus, die der Markenartikel auf ihn entfaltet, entscheidet, was als Markenartikel zu gelten hat und was nicht: "Am Anfang steht die Feststellung, daß alles, was die Konsumenten als einen Markenartikel bezeichnen oder - besser - empfinden, tatsächlich ein solcher ist" (*Berekoven*, 1978, S. 43). Durch diese Erkenntnis wird der **Erfolg** zu **dem** wesensbestimmenden Merkmal eines Markenartikels, da nach diesem Ansatz nur dasjenige Produkt ein Markenartikel sein kann, das sich eine entsprechend hohe Wertschätzung beim Verbraucher erworben hat.[58)] Zu präzisieren ist dieser Ansatz dahingehend, daß der Begriff "Erfolg" einer Operationalisierung bedarf bzw. untersucht werden muß, worauf die Wertschätzung der Verbraucher zurückzuführen ist; außerdem muß geklärt werden, wie umfassend der Begriff "Konsument" zu definieren ist. Es erscheint in diesem Zusammenhang sinnvoll, die Betrachtung nicht auf die Gesamtheit der Verbraucher auszudehnen, sondern zielgruppenspezifisch vorzugehen, da in erster Linie die Zielgruppe über das Schicksal eines Produktes am Markt entscheidet. Insofern ist der Begriff "Erfolg" im Sinne einer ökonomischen Absolutgröße ein ungeeigneter Maßstab, weil die Zielgruppe beispielsweise bei exklusiven Produkten vergleichsweise klein ist; auch sollte die Größe "Erfolg" nicht unbedingt in ökonomischer, sondern vielmehr in außerökonomischer bzw. in kommunikationstheoretischer Hinsicht interpretiert werden, da insbesondere von kommunikationstheoretisch relevanten Konstrukten - z. B. der Einstellung - auf die Wertschätzung der Verbraucher gegenüber einem Produkt geschlossen werden kann (vgl. auch *Hätty*, 1989a, S. 18 f.).

Außerdem ist zu hinterfragen, **warum** ein Produkt aus Sicht des Verbrauchers als Markenartikel angesehen wird; hierzu kann als Erklärung der Erfüllungsgrad herangezogen werden, den ein markiertes Produkt hinsichtlich seiner ihm zugesprochenen Funktionen gegenüber dem Verbraucher zu erreichen vermag.[59)] *Hätty* (1989a, S. 19 f.) führt als meßbare Konstrukte zur Feststellung dieses Erfüllungsgrades den aktiven und passiven Bekanntheitsgrad (Unterscheidungsfunktion), die Einstellung (Werbefunktion) sowie die Markensicherheit und das wahrgenommene Kaufrisiko (Garantiefunktion) an. All-

58) Dieses impliziert, daß junge Marken, die aufgrund ihrer erst kurzen Marktpräsenz bisher keine weitreichende Verkehrsgeltung erlangen konnten, (noch) keinen Markenartikel darstellen können. Anders äußert sich jedoch *v. Matt* (1988, S. 41), der auch noch nicht eingeführte oder neu eingeführte Produkte als Markenartikel ansieht, wenn der Markeninhaber den Aufbau dieser Produkte zum Markenartikel beabsichtigt und dazu auch (z. B. in finanzieller Hinsicht) in der Lage ist. Dieser Ansicht wird hier nicht gefolgt, da der **Prozeß** der Entwicklung eines Produkts zum Markenartikel in diesen Fällen noch nicht abgeschlossen ist und somit Unsicherheit darüber besteht, ob überhaupt eine **erfolgreiche** Einführung gelingt.

59) Zu den Funktionen der Marke vgl. die Ausführungen im Kapitel B. in diesem Teil.

gemeingültige Aussagen über die mit einem Markenartikel notwendigerweise verbundene Höhe der Ausprägungen dieser Operationalisierungskriterien verbieten sich jedoch ebenso von selbst wie der Versuch, den notwendigen Anteil der Zielgruppe allgemein festlegen zu wollen, der einem Produkt den Status des Markenartikels zuspricht. Nähere Erkenntnisse lassen sich aber dann gewinnen, wenn verschiedene markierte Produkte hinsichtlich ihrer Wahrnehmung als Markenartikel durch die Konsumenten untereinander verglichen werden. So konnte in empirischen Untersuchungen festgestellt werden, daß auch Handelsmarken einen relativ hohen Anteil an Auskunftspersonen, die diese Marken als Markenartikel einschätzen, erreichen können. Die ursprünglich vorherrschende Meinung, daß es sich beim Markenartikel ausschließlich um vom Hersteller gekennzeichnete Produkte handeln kann[60], wird durch diese Ergebnisse entkräftet. *Abbildung 2.3* zeigt die Resultate zweier empirischer Untersuchungen aus den Jahren 1978 und 1958, deren Befragungsgegenstand u. a. die Wirkungsintensität von Handels- und Herstellermarken auf die Konsumenten war.

Zwar ist erkennbar, daß Herstellermarken überwiegend höhere Anteilswerte im Vergleich mit den Handelsmarken erreichen, jedoch nicht ausschließlich; somit kann in wirkungstheoretischer Hinsicht der Handelsmarke der Status des Markenartikels nicht generell abgesprochen werden. Ferner konnte festgestellt werden, daß eine Handelsmarke von den Konsumenten umso eher als Markenartikel eingestuft wird, je höher der sortimentsspezifische Spezialisierungsgrad des Markeninhabers ist, d. h. je weniger weitere Marken in derselben Produktkategorie vom Markeninhaber nebeneinander angeboten werden (vgl. *Meffert*, 1979, S. 59). Auch Untersuchungen von *Böcker* (1984, S. 22) ergaben, "daß in den Augen der Konsumenten keine klare Differenzierung zwischen Hersteller-, Handels- und "Gattungsmarken" besteht, wohl aber eine solche zwischen "großen" Marken (v. a. Marktführer) und sonstigen Marken." Während die Position des Marktführers ausschließlich von Herstellermarken eingenommen wird, sind unter sonstigen Marken sowohl Hersteller-, Handels- als auch Gattungsmarken zu subsumieren (vgl. *Böcker*, 1984, S. 20).

Es ist diesem wirkungsbezogenen Ansatz zuzuschreiben, erkannt zu haben, daß ein komplexes Wesen wie der Markenartikel nicht gleichsam rezepturhaft aus bestimmten produktbezogenen Merkmalen zusammengestellt (Begriffsbestimmung anhand eines Merkmalskataloges) bzw. durch die Realisierung eines bestimmten Absatzsystems (instrumentaler Ansatz) deterministisch geschaffen werden kann. Erst durch die Abkehr von der angebotsorientierten Sichtweise konnte der eigentliche Wesenskern des Markenartikels freigelegt

60) Diese Vorstellung wird beispielsweise bei *Angehrn* (1969, S. 6) sehr deutlich.

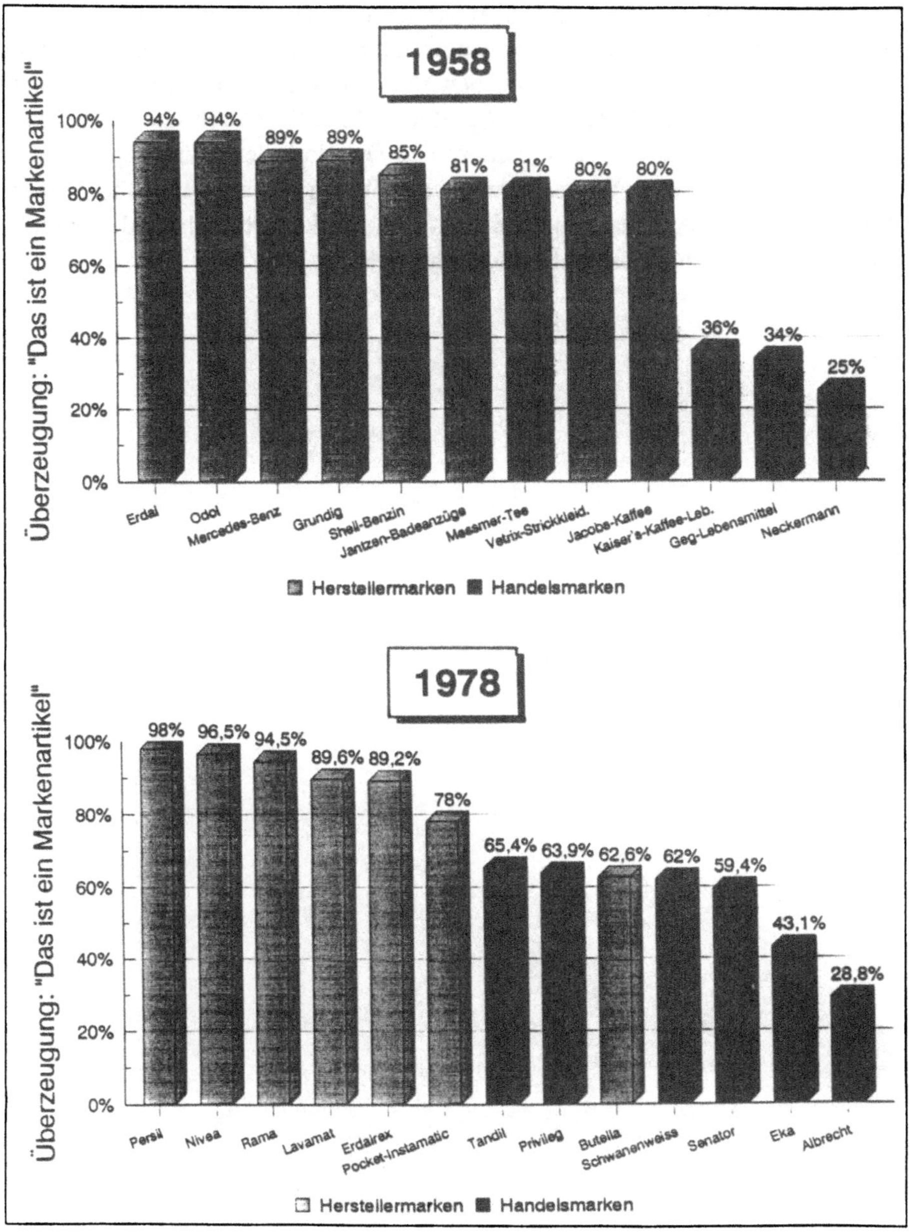

Quellen: *Meffert*, 1979, S. 57; *Noelle et al.*, 1959, S. 32.

Abb. 2.3: Wirkungsintensität von Hersteller- und Handelsmarken

werden: der Erfolg durch die Wertschätzung des Verbrauchers. So wird deutlich, daß allein der Schluß von einem aufgrund seines Erfolges erkannten Markenartikel auf die den Erfolg bewirkenden Faktoren zulässig ist, nicht jedoch umgekehrt (vgl. auch *Hätty*, 1989a, S. 17). Durch die Nachfrageorientierung wird dieser Ansatz zudem der Dynamik der Märkte gerecht, da die Veränderung der Wertschätzung der Verbraucher gegenüber einem Produkt über den Aufstieg des Produktes zum Markenartikel bzw. den Abstieg zur Markenware im Zeitablauf entscheidet.

3. Teil: Grundlagen der Markenbewertung und bisherige Ansätze zur Bestimmung des Wertes von Marken

A. Der Begriff des Markenwerts

Greift man zur Definition und Abgrenzung des Begriffs "Markenwert" zunächst auf bereits in der Literatur entwickelte Begriffsbestimmungen zurück, so ist festzustellen, daß sich bisher keine einheitliche Auffassung, was konkret unter "Markenwert" zu verstehen ist, durchsetzen konnte; ursächlich hierfür erscheint eine vorhandene Unsicherheit hinsichtlich der inhaltlichen Bestandteile dieses Begriffs. Dies verwundert umso mehr, als Überlegungen zum Wert einer Marke keinesfalls neu sind. So schrieb *Bürgi* bereits vor über 40 Jahren: "In einem gewissen Sinne kann man sogar sagen, dieser Wert (des Produkts; Anm. d. Verf.) sei in der Marke kristallisiert. Es ist nicht zu bestreiten, daß der wirtschaftliche Wert von Produkten, wie Ovomaltine, Persil, Grapillon usw., entscheidend von der Marke abhängt und daß diese Produkte, selbst bei Weiterfabrikation durch den bisherigen Ersteller und in derselben Qualität im Falle des Verlustes ihrer Wortmarken zum allergrößten Teil entwertet wären, so daß der wirtschaftliche Wert - und es handelt sich in solchen Fällen gelegentlich um Millionenwerte - weitgehend *in die Marke verlegt* ... erscheint" (*Bürgi*, 1950, S. 89).

Die bestehende inhaltliche Unsicherheit hinsichtlich des Begriffs des Markenwerts resultiert insbesondere daraus, daß eine Vielzahl weiterer Begriffe mit zum Teil ähnlichen, wenn nicht sogar identischen Inhalten existiert.[1)] Um feststellen zu können, worin sich der Markenwert von anderen Konstrukten unterscheidet, ist zunächst der Begriff des Markenwerts näher abzugrenzen; hierzu wird im ersten Schritt auf bestehende Definitionen eingegangen.

Schulz/Brandmeyer (1989a, S. 365) verstehen unter Markenwert "die Gesamtheit aller positiven und negativen Vorstellungen, die im Konsumenten ganz oder teilweise aktiviert werden, wenn er das Markenzeichen wahrnimmt, und

---

1) *Kaas* (1990, S. 48) nennt in diesem Zusammenhang die Begriffe Markenpersönlichkeit, Image, Zusatznutzen, Erlebniswert und Goodwill.

die sich in ökonomischen Daten des Markenwettbewerbs spiegeln." Ausgangspunkt dieser Definition ist also die Wahrnehmung und Beurteilung der Marke durch den Konsumenten, der durch Kauf bzw. Nichtkauf der Marke über den Markterfolg der Marke entscheidet. Entgegen dieser konsumentenorientierten Begriffsauffassung dominiert bei *Penrose* (1989, S. 33) die Bilanzorientierung: "We define the value of a brand as encompassing the particular values attributable to the trade mark, logo, packaging and get-up; and to the recipe, formulation or raw material mix. In other words brand value embraces all the proprietary intellectual property rights encompassed by the brand." Deutlich wird in dieser Definition gegenüber der Definition von *Schulz/Brandmeyer*, daß nicht nur auf die Marke als Markenzeichen abgestellt wird, sondern auch eine Betonung derjenigen immateriellen Vermögenswerte erfolgt, die in engem Zusammenhang mit der Marke stehen. Eine praktikable Zweiteilung des Markenwerts nimmt *Mc Hardy* (1990, S. 60) vor: "Marke und Wert oder anders gesagt, die Erfassung des komplexen Gebildes Marke und was dieses Gebilde in Geld wert ist." Eine genauere inhaltliche Spezifizierung des Begriffs "Marke" leistet diese Definition allerdings nicht.

Die wohl engste Verbindung zwischem dem Markenwert und anderen Konstrukten besteht zum Begriff "Brand Equity", unter dem in der amerikanischen Literatur der Verkehrswert von Marken, also ihr Ansehen im Markt, verstanden wird (vgl. *Zuberbier*, 1989, S. 83). Auch für diesen Begriff konnte sich eine einheitliche Begriffsauffassung bisher nicht durchsetzen. So versteht *Zuberbier* (1989, S. 83) unter "Brand Equity" "die Summe aller rationalen und emotionalen Merkmale, die Verbraucher, Mitarbeiter des Herstellers, Handelspartner und Meinungsbildner einer Marke zuschreiben." Ähnlich argumentiert *Farquhar* (1989, S. 24 f.), der allerdings stärker auf die Marke als formales Zeichen abstellt: "We define *brand equity* as the "added value" with which a given brand endows a product. A product is something that offers a functional benefit (e. g., a toothpaste, a life insurance policy, or a car). A brand is a name, symbol, design, or mark that enhances the value of a product beyond its functional purpose."

Aus den genannten Begriffsauffassungen ist ersichtlich, daß keine einheitliche Meinung darüber vorherrscht, was konkret unter "Markenwert" bzw. "Brand Equity" zu verstehen ist. Offensichtlich ist jedoch, daß insbesondere der Konsument eine wesentliche Rolle bei der Erklärung dieser Begriffe spielt; dies wird auch in der Definition von *Shocker/Weitz* (1988, S. 2) deutlich: "Brand equity is a function of associations, in the consumer's mind, with the brand name." Erst durch die Anerkennung einer Marke im Markt kann also einer Marke ein gewisser Wert zugeschrieben werden. Als **Quelle** des Markenwerts muß damit die Wahrnehmung einer Marke durch den Konsumenten angesehen werden. Alle Assoziationen, Anmutungen und Vorstellungen der Konsumenten gegenüber einer Marke resultieren in einer bestimmten Wertschätzung der Konsumenten für diese Marke und stellen somit den **Markenwert aus Sicht des Konsumenten** dar.

Es erscheint sinnvoll, diese Wertschätzung nicht nur aus der Marke als Markenzeichen herleiten zu wollen, sondern ebenso die objektiv-technischen Eigenschaften des Produkts miteinzubeziehen, da eine funktionale (Mindest-) Qualität in der Regel Grundvoraussetzung für die Anerkennung eines Produkts im Markt ist, und über den Irradiationszusammenhang eine Trennung der Marke als Markenzeichen von der Marke als physisches Produkt aus Sicht des Konsumenten in den meisten Fällen ohnehin nicht nachvollziehbar ist.[2)] Ein Markenprodukt stellt aus der Konsumentenperspektive also etwas komplexes Ganzes dar, das sowohl rationale als auch emotionale Bedürfnisse befriedigt.[3)]

Entscheidend für die Abgrenzung des Markenwerts von verwandten Begriffen wie dem Markenimage (vgl. z. B. *Johannsen*, 1971, S. 15 ff.; *Trommsdorff*, 1975, S. 20 ff.), dem Zusatznutzen (vgl. *Vershofen*, 1959, S. 81 ff.) oder dem Erlebniswert von Produkten (vgl. *Kroeber-Riel*, 1990, S. 68 ff.) ist die Tatsache, daß zur vollständigen inhaltlichen Erfassung des Konstrukts "Markenwert" auch beim Markeninhaber angesetzt werden muß.[4)] Für ihn hat der Markenwert jedoch eine völlig andere Bedeutung als für den Konsumenten, da der **Marken-**

2) Vgl. hierzu auch die Ausführungen zur Irradiation im Abschnitt A.II. im 2. Teil sowie das illustrative Beispiel von *Schweiger/Baumgartner* (1988, S. 127 ff.), die den Einfluß einer unterschiedlichen Etikettierung einer Weinflasche auf die Wahrnehmung der Produkteigenschaften ein und desselben Weines durch Konsumenten untersuchten.

3) *Kaas* (1990, S. 49) erklärt den Begriff "Brand Equity" aus Sicht des Konsumenten als Wert der Sicherheit, den ein Markenprodukt mit seinen bekannten und relativ konstanten Eigenschaften in einer Konsumwelt mit einer unübersehbaren Warenflut darstellt. Dieser Erklärungsansatz betont eher die rationale Seite dieses Begriffs und vernachlässigt die - wichtige - emotionale Komponente; zudem stellt die Sicherheit, die eine Marke einem Konsumenten bietet, nur einen Teilaspekt der "Brand Equity" dar.

4) Unbestritten ist die Tatsache, daß eine Marke neben dem Konsumenten und dem Markeninhaber auch für andere Marktpartner einen gewissen "Wert" verkörpert; dies wird auch in der Definition des Begriffs "Brand Equity" von *Zuberbier* deutlich. Für den Handel beispielsweise dient eine starke Marke insbesondere zur Einkaufsstättenprofilierung, Renditesicherung, Aufbau von Kundentreue und Reduktion der Unsicherheit durch Stabilisierung von Umsatzschwankungen. Um dem Wesen des Markenwerts näherzukommen, erscheint es jedoch wenig sinnvoll, bereits in diesem Stadium der Erforschung des Markenwerts intermediäre Marktstufen und andere Marktpartner in die Betrachtung miteinzuschließen, da der Konsument und der Markeninhaber die wesentlichen "Eckpunkte" zur Erklärung des Begriffs "Markenwert" bilden: der Konsument als Quelle des Markenwerts auf der einen Seite und der Markeninhaber als primärer Ort der Kapitalisierung der Erträge, die aus der Marke resultieren, auf der anderen Seite.

wert aus Sicht des Markeninhabers eine **monetäre** Größe darstellt, aus Sicht des Konsumenten aber eindeutig **nicht-monetären** Charakter hat; zudem besteht das Problem der Trennung der Marke als physisches Objekt von der Marke als Markenzeichen für den Markeninhaber nicht. Aus Sicht des Markeninhabers stellt sich der Markenwert daher als derjenige Gewinn dar, der eindeutig auf die Marke als Markenzeichen zurückzuführen ist, und den er, ohne die Marke zu besitzen, nicht erzielen könnte. Dieser Gewinn resultiert aus den Erlösen, die durch das Markenzeichen erwirtschaftet werden, abzüglich der Kosten, die direkt dem Markenzeichen zuzuordnen sind. Hierzu zählen alle Kosten, die nicht anfallen würden, wenn keine Marke vorhanden wäre; insbesondere sind dies Kosten des Markenschutzes sowie Kosten der Produktion des Markenzeichens (z. B. Etiketten, Markenembleme).[5)] Dieselbe Sichtweise hat *Kern* vor Augen, wenn er den "Wert von Warenzeichen als die Summe der auf den gegenwärtigen Zeitpunkt diskontierten Zusatzgewinne" (*Kern*, 1962, S. 26) bezeichnet. Beim Markenwert aus Sicht des Markeninhabers handelt es sich also um einen Nettowert, und zwar in zweierlei Hinsicht: Einerseits sind allein die auf die Marke zurückzuführenden Netto-Erlöse, d. h. der markenspezifische Gewinn relevant, andererseits ist zwischen dem Wert des eigentlichen Produkts und dem Wert der Marke strikt zu unterscheiden (vgl. auch *Kaas*, 1990, S. 48).[6)]

Diese Differenzierung zwischen Marke und Produkt findet sich auch bei *Herp*; eine Trennung zwischen Marke und eigentlichem Produkt wird auch von ihm vorgenommen: "Unter dem Marktwert einer Marke als Resultat markenspezifischer Effekte wird ... der Teilbeitrag zum Verkaufserfolg von Produkten verstanden, der nicht aus den konkreten Produkteigenschaften, der Art ihres Vertriebs oder anderen in diesem Zusammenhang wichtigen Phänomenen, sondern speziell aus deren Belegung mit einer Marke resultiert" (*Herp*, 1982, S. 14).

Die Definition des Markenwerts als auf die Marke zurückzuführende Gewinne läßt ferner Rückschlüsse auf die den Markenwert bestimmenden Einflußgrößen zu. Hierzu gehören der Preis des Produkts, die durch die Markierung induzierten Kosten, die Produkteigenschaften sowie die Absatzmenge des jeweiligen mit der Marke gekennzeichneten Produkts. Erzielt beispielsweise ein gegenüber Konkurrenzprodukten vergleichbares - oder im Idealfall identisches - Produkt mit gleichen markeninduzierten Kosten bei höherem Preis eine gleich hohe oder sogar höhere Absatzmenge, so ist dies ein eindeutiger Hinweis auf einen existierenden, gegenüber den Konkurrenzprodukten höhe-

5) Vgl. i. e. die Ausführungen im Unterabschnitt B.I.2.b. im 4. Teil.
6) Letzterer Aspekt wird auch in der o. g. Definition der "Brand Equity" von *Farquhar* deutlich.

ren Markenwert.[7] Insbesondere diese monetäre Komponente des Konstrukts "Markenwert" in Form der auf das Markenzeichen zurückzuführenden Gewinne, die erst sichtbar wird, wenn man den Wert einer Marke auch aus Sicht des Markeninhabers beleuchtet, ist als Differenzierungsmerkmal gegenüber anderen Begriffen heranzuziehen, da für diese anderen Begriffe eine direkte monetäre Bedeutung in der Regel nicht abgeleitet werden kann.

Eine Sonderstellung nimmt allerdings der Begriff des "Goodwill" ein. Die Ähnlichkeit dieses Begriffes zum Markenwert wird insbesondere dann deutlich, wenn man eine unternehmensbezogene, bilanztheoretische Sichtweise einschlägt; so definiert *Birkin* in diesem Sinne "Goodwill" wie folgt: "Purchased goodwill is simply the difference between the price paid for a company and the value of the underlying net assets at the date of purchase" (*Birkin*, 1989, S. 13). Diese Auffassung von "Goodwill" zeigt deutliche inhaltliche Parallelen zum Begriff des Markenwerts aus Sicht des Markeninhabers, da es sich ebenfalls um eine explizite monetäre Bewertung eines immateriellen Vermögensgegenstandes handelt, welcher zudem auch die Marken umfaßt, sofern diese nicht separat bilanziert sind; außerdem stellt der Begriff "Goodwill" ebenso wie der "Markenwert" eine Nettogröße dar. Allerdings bezieht sich dieser Begriff auf eine andere Aggregationsebene, da "Goodwill" in diesem Sinne der Unternehmung als Ganzes zuzuordnen ist; im Falle der Globalmarke oder einer Dachmarke, die alle Produkte eines Sortiments umfaßt, können diese beiden Begriffe wertmäßig jedoch eng zusammenrücken.[8] Als weiteres Unterscheidungsmerkmal zwischen "Goodwill" und "Markenwert" kann zudem die Tatsache herangezogen werden, daß Marken prinzipiell - von rechtlichen Restriktionen abgesehen - vom Unternehmen separierbar sind, der Goodwill als Ganzes jedoch ohne das zugehörige Unternehmen nicht übertragbar ist.[9]

---

7) Ein empirisches Beispiel verdeutlicht den Sachverhalt (vgl. *Berry*, 1986, S. 16): So haben die Unternehmen *Hitachi* und *General Electric* Fernsehgeräte, die aus einer gemeinsamen Produktionsstätte in England stammten und bis auf den Markennamen völlig baugleich waren, verkauft. Der Absatz der *Hitachi*-Geräte war dabei trotz eines um 75 $ höheren Preises doppelt so hoch.

8) Eine völlige wertmäßige Übereinstimmung von "Markenwert" und "Goodwill" wird sich allerdings auch in diesem Fall kaum einstellen, da der Goodwill beim Kauf bzw. Verkauf eines Unternehmens alle aus Sicht des Käufers bzw. Verkäufers relevanten, nicht bilanziell erfaßten Dimensionen wie beispielsweise Mitarbeiterqualifikation, Organisationsstruktur, Qualität und Größe des Vertriebssystems usw. umfaßt; hier ergeben sich additive oder - bei negativer Bewertung einzelner Bestandteile des Goodwill - kompensierende Effekte bei der Feststellung des Goodwill (vgl. auch *Pribilla*, 1955, S. 581 ff.; *Kern*, 1962, S. 30 f.). Die zur Unternehmung zugehörigen Marken stellen also nur einen - oftmals aber wesentlichen - Teil des Goodwill dar (vgl. *Kaas*, 1990, S. 48). Eine Übereinstimmung von Goodwill und Markenwert wäre somit höchst zufällig.

9) Vgl. hierzu auch die Ausführungen im folgenden Abschnitt B.I.

Zusammenfassend lassen sich folgende Erkenntnisse hinsichtlich des Markenwertbegriffs ableiten: Bisherige Definitionen des Markenwerts stellen unterschiedliche für die Erklärung des Markenwertbegriffs relevante Aspekte in den Vordergrund. Dies führt zu einer Vielzahl heterogener Begriffsbestimmungen, die eher verschleiern als deutlich machen, was konkret unter dem Wert einer Marke zu verstehen ist; gleichzeitig verschließen sie sich hierdurch einer sinnvollen Klassifizierung. Den meisten Definitionen ist jedoch gemein, daß sie die Bedeutung des Konsumenten für den Wert einer Marke betonen. Eine alleinige Ausrichtung auf die Perspektive des Konsumenten erscheint jedoch unzureichend, da insbesondere auch für den Markeninhaber der Wert einer Marke von Bedeutung ist; zur vollständigen inhaltlichen Erfassung des Markenwerts sind daher stets beide Seiten zu berücksichtigen. Dieser Arbeit wird daher folgende Sichtweise des Wertes einer Marke zugrunde gelegt (vgl. *Abbildung 3.1*): Durch die ganzheitliche Wahrnehmung des Markenprodukts entsteht der Markenwert für den Konsumenten durch die rational und emotional bedingten Assoziationen und Vorstellungen gegenüber der Marke; sie führen zur Wertschätzung der Marke durch den Konsumenten in einem bestimmten Ausmaß. Im Falle des Kaufs des Produkts durch den Konsumenten ergeben sich für den Markeninhaber Erlöse, die über den (Markt-)Wert der physischen Produkteigenschaften hinausgehen und daher der Marke als Markenzeichen zugeordnet werden müssen. Der Gewinn, der durch diese Erlöse abzüglich der Kosten, die durch die Markierung von Produkten an Stelle des Angebots anonymer Produkte entstehen, anfällt, stellt den Markenwert aus Sicht des Markeninhabers dar. Durch den Einsatz der marketingpolitischen Instrumente ist der Markeninhaber zudem in der Lage, diesen Wert der Marke aktiv zu steuern.[10)]

Im folgenden steht aufgrund der Zielsetzung dieser Arbeit der Markenwert aus Sicht des Markeninhabers im Vordergrund; auf den Markenwert aus Sicht des Konsumenten wird daher nur dann eingegangen werden, wenn dies zur Ermittlung des markeninhaberspezifischen Markenwerts von Bedeutung ist.

B. Zwecke der Bestimmung von Markenwerten

Der Bestimmung des Wertes von Marken können verschiedene Zwecke zugrunde liegen. Von besonderer Bedeutung ist die Ermittlung des Markenwerts

- im Rahmen von Unternehmenstransaktionen,
- als Instrument der Markenführung und -kontrolle,
- zur Bilanzierung von Marken,

---

10) Vgl. hierzu die Ausführungen im 5. Teil.

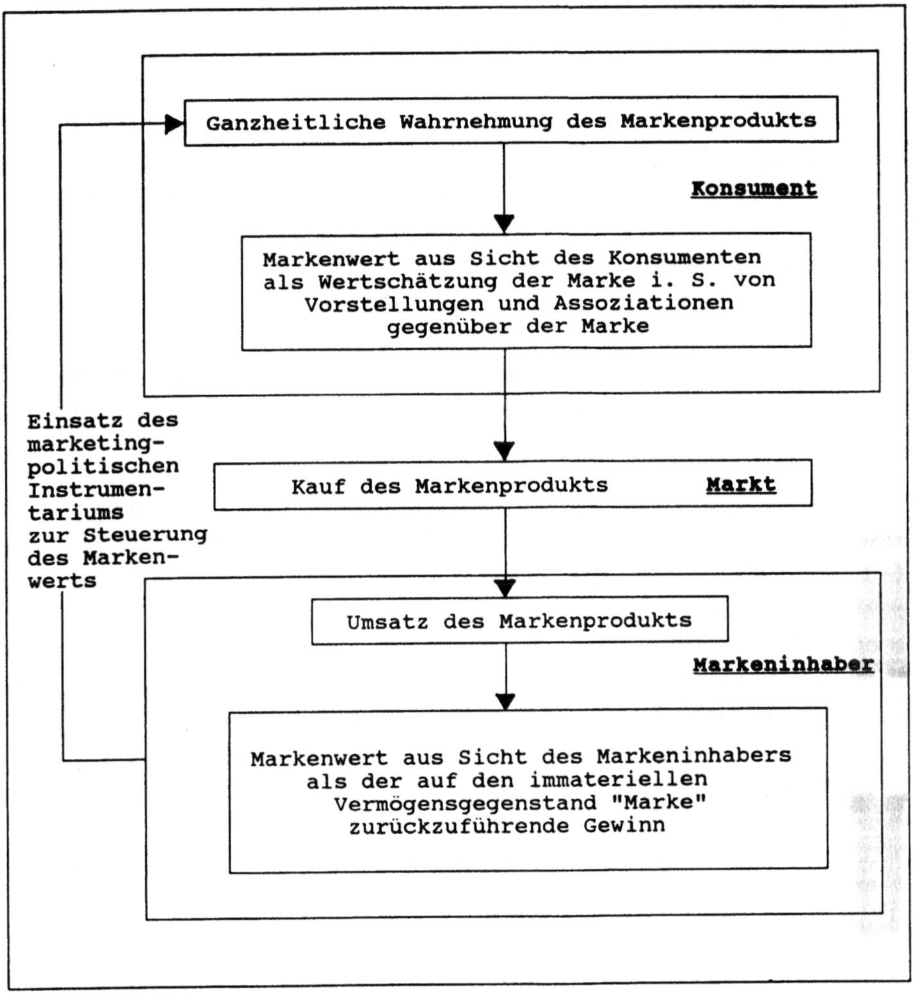

Abb. 3.1: Der Zusammenhang zwischen dem Markenwert aus Sicht des Markeninhabers und dem Markenwert aus Sicht des Konsumenten

- zur Schadensbemessung im Falle der mißbräuchlichen Nutzung von Marken und
- zur Feststellung der Höhe von Lizenzgebühren im Falle der Lizenzierung von Marken.

Auf diese Zwecke wird im folgenden näher eingegangen.

I. Die Bewertung von Marken im Rahmen von Unternehmenstransaktionen

In den letzten Jahren konnten sowohl in den USA als auch in Europa in verstärktem Ausmaß Unternehmenstransaktionen beobachtet werden, wobei ein Ende dieser Entwicklung - insbesondere in Europa - bisher nicht in Sicht ist; so überschritt der Wert der angekündigten grenzüberschreitenden Unternehmensübernahmen in Europa mit fast 100 Mrd. DM im Jahr 1990 sogar die Rekordmarke des Vorjahres (vgl. *o. V.*, 1991b). Gegenstand dieser Unternehmenstransaktionen waren in erster Linie Markenartikelhersteller des Konsumgüterbereichs, deren Angebotsprogramm aus namhaften Marken besteht. Einige der bedeutendsten Transaktionen der letzten Jahre in diesem Bereich zeigt *Tabelle 3.1.*

Die bei diesen Transaktionen für die übernommenen Unternehmen gezahlten Preise überstiegen das Nettovermögen dieser Unternehmen zum Zeitpunkt der Transaktion in der Regel bei weitem und werden z. T. als nicht nachvollziehbar bezeichnet (vgl. *Hafner*, 1988, S. 486).[11] Ursächlich hierfür erscheint in erster Linie die Tatsache, daß die Marken der aufgekauften Unternehmen, denen in der Regel das Hauptinteresse im Rahmen derartiger Geschäfte zukommt,[12] oft einen hohen immateriellen Vermögenswert verkörpern, in der Bilanz aber nicht oder zumindest nicht mit einem adäquaten Wertansatz aktiviert werden.[13] Ein großer Teil des Goodwill, also der Differenz zwischen dem für die Unternehmung gezahlten Preis und ihrem Nettovermögenswert zum Zeitpunkt der Übernahme, ist daher auf die Marken zurückzuführen: "Companies pay well over book value for consumer product firms with strong brand names which clearly indicates at least an implicit valuation of brand names" (*Singh*, 1990, S. 6).

Die **Gründe** für den Erwerb eingeführter Marken durch den Kauf markenherstellender Unternehmen sind vielfältig und werden insbesondere dann deutlich, wenn man diese Vorgehensweise der Alternative des internen Wachs-

11) Der von *Philip Morris* für das Unternehmen *Kraft* bezahlte Preis betrug beispielsweise das vierfache des Nettovermögens von *Kraft*, und *Nestlé* übernahm *Rowntree* schließlich zum fünffachen Buchwert (vgl. *Blackett*, 1989, S. 8); vgl. auch *Berry*, 1988, S. 16.

12) So wurde beispielsweise vermutet, daß das japanische Unternehmen *Leyton House* die Firma BOSS nur wegen ihres Interesses an der Verwendung des Markennamens "BOSS" gekauft hat (vgl. *Lang/Döbel*, 1990, S. 26); vgl. auch *Buchan/Brown*, 1989, S. 87; *o. V.*, 1988b und *o. V.*, 1988d.

13) Zurückzuführen ist dies insbesondere auf die in den einzelnen Ländern geltenden Aktivierungs- und Abschreibungsregeln, welche unterschiedlichen gesetzlichen Bedingungen unterliegen; vgl. hierzu i. e. die Ausführungen zur Bilanzierung von Marken im Abschnitt B.III. in diesem Teil.

Aufkaufendes Unternehmen	Aufgekauftes Unternehmen	Gezahlter Preis* (z.T. Schätzungen)	Jahr der Transaktion	Marken des aufgekauften Unternehmens
Philip Morris	Jacobs-Suchard	5,4 Mrd. SFR	1990	Jacobs-Kaffee, Suchard, Toblerone, Milka
United Distillers	Asbach	450 Mio. DM	1990	Asbach Uralt, Fürst Bismarck
Bernard Tapié Finance	adidas	440 Mio. DM	1990	adidas-Sportartikel
Ford (USA)	Jaguar	4,7 Mrd. DM	1989	Jaguar-Automobile
Leyton House	BOSS	500 Mio. DM	1989	BOSS-Herrenmode
Philip Morris	Kraft	22,4 Mrd. DM	1988	Philadelphia-Käse, Kraft-Scheibletten, Miracel-Whip Dressing
Nestlé	Rowntree-Mackintosh	7,9 Mrd. DM	1988	Smarties, After Eight, Kitkat, Quality Street
KKR	RJR Nabisco	25,3 Mrd. US-$	1988	Camel, Benson & Hedges, Winston, Ritz Crackers
Procter & Gamble	Blendax	800 Mio. DM	1987	blend-a-med, Blendi, Shamtu, Blendax, Kamill, Credo
Guinness	Unit. Distillers	2,7 Mrd. £	1986	Johnnie Walker, Gordon's Gin, White Horse
Philip Morris	General Foods	5,6 Mrd. US-$	1985	Maxwell-Kaffee, Jell-o-Pudding

Tab. 3.1: Ausgewählte Unternehmenstransaktionen namhafter Markenartikel-Hersteller seit 1985
(* = Teilweise nur Erwerb eines Anteils am Gesamtkapital des aufgekauften Unternehmens)

tums durch Eigenentwicklung neuer Produkte bzw. Marken gegenüberstellt.[14]) Von zentraler Bedeutung sind in diesem Zusammenhang die drei Faktoren Risiko, Zeit und Kosten.

Hinsichtlich des **Risikos** ist beachtenswert, daß die Erfolgsquoten neuer Marken bzw. Produkte vergleichsweise gering sind; *Brasco* (1988, S. 6) berichtet von Erfolgsquoten in Höhe von 15% - 20%.[15]) Das Risiko des Erwerbs eingeführter Marken hingegen erscheint kalkulierbarer und in der Regel auch geringer, da die Verbraucher den Eigentümerwechsel selten registrieren und daher auch - zumindest für einen gewissen Zeitraum - keine Verhaltensänderung gegenüber der Marke zeigen; die ökonomischen Marktdaten dieser Marken ändern sich daher kurz- bis mittelfristig kaum. Die dem Erwerb von Marken zugrunde liegende Idee des Kaufs von Marktanteilen stellt daher insbesondere in gesättigten Märkten eine interessante Alternative zur Eigenentwicklung von Produkten dar. Daß jedoch auch diese Vorgehensweise nicht völlig ohne Risiko ist und viele Transaktionen die in sie gesetzten Erwartungen nicht erfüllen, zeigen mehrere Untersuchungen, die die Mißerfolgsquoten von Akquisitionen auf 30% - 50% schätzen (vgl. *Blex/Marchal*, 1990, S. 85 f.). Wesentliche Mißerfolgsursachen können in organisatorischen Eingliederungsschwierigkeiten der Neuerwerbung, Miterwerb von nicht erwünschten Marken oder Unternehmensteilen aufgrund des "Paketcharakters" von Akquisitionen, überhöhten Preisgeboten, überschätzten Synergiewirkungen sowie in Fehleinschätzungen der zukünftigen Entwicklung der erworbenen Unternehmung bzw. der mit der Unternehmung verbundenen Marken gesehen werden (vgl. z. B. *Matuschka*, 1990).

Betrachtet man die **Zeitdimension**, so ist einsichtig, daß der Kauf etablierter Marken bzw. markenführender Unternehmen eindeutig den schnelleren Weg

---

14) Grundsätzlich ist zu beachten, daß mit dem Kauf von Marken nach derzeit gültigem deutschen Recht der Erwerb von zur Marke zugehörigen Unternehmenswerten verbunden ist, da § 8 Abs. 1 S. 3 WZG eine Übertragung der Marke ohne den Geschäftsbetrieb oder des Teiles des Geschäftsbetriebs, der zur Marke gehört, für unwirksam erklärt. Welche konkreten Unternehmenswerte mitübertragen werden müssen, hängt vom Einzelfall ab. Zu den Möglichkeiten und Grenzen des Kaufs bzw. Verkaufs von Marken vgl. auch *Giefers*, 1980, S. 105 ff.

15) Ähnliche Werte finden sich auch bei *Brockhoff* (1988, S. 2), welche sich auf den deutschen Zigarettenmarkt beziehen. Eine Interpretation von Erfolgs- bzw. Mißerfolgsquoten ist jedoch mit Vorsicht vorzunehmen, da erstens in unterschiedlichen Untersuchungen verschiedene Erfolgsbegriffe verwendet werden und zweitens die Erfolgsquoten von den Gegebenheiten des jeweiligen Marktes abhängen, also marktspezifisch unterschiedlich sind und daher u. U. stark streuen können. Hinweise auf weitere empirische Studien, die sich mit Erfolgs- bzw. Mißerfolgsquoten befassen, finden sich bei *Brockhoff* (1988, S. 2).

zur Erreichung von Wachstumszielen darstellt.[16)] Da die Zeit als strategischer Erfolgsfaktor aufgrund des auf vielen Märkten zunehmenden Wettbewerbs immer mehr an Bedeutung gewinnt, ist diese Zeitersparnis ein nicht zu unterschätzender Vorteil gegenüber der Eigenentwicklung von Marken.

Der **Kostenaspekt** hingegen ist nicht derartig eindeutig zu beantworten. Für die Entwicklung und Markteinführung einer neuen Marke bzw. eines neuen Produkts werden in Abhängigkeit vom spezifischen Produkt und von den jeweiligen Marktverhältnissen Kosten in zweistelliger bis dreistelliger Millionenhöhe genannt (vgl. z. B. *Brasco*, 1988, S. 6; *Brockhoff*, 1988, S. 2; *Tauber*, 1988, S. 28). Diese - zumindest im groben Rahmen weitgehend abschätzbaren - Kosten können zunächst eine Richtschnur für finanzielle Gebote des potentiellen Käufers einer Marke darstellen bzw. beim Kauf eines markenherstellenden Unternehmens entsprechend berücksichtigt werden. Unter dem Aspekt des in der Regel geringeren Risikos des Erwerbs eingeführter Marken und der damit verbundenen Zeitersparnis ist jedoch denkbar, daß z. T. Preise gezahlt werden, die über den Entwicklungs- und Markteinführungskosten neuer Marken bzw. Produkte liegen; bisweilen wird jedoch davon ausgegangen, daß der Markenkauf via Unternehmensakquisition günstiger ist als die Schaffung und Durchsetzung eigener Marken (vgl. *Bunk*, 1991, S. 48; *Kapferer*, 1992, S. 287; *Bunk*, 1992, S. 44).

Wegen des "Paketcharakters" von Akquisitionen ist außerdem der Wert miterworbener materieller und immaterieller Vermögenswerte wie z. B. das Vertriebssystem oder die Qualifikation des Managements des aufgekauften Unternehmens im Preisgebot zu berücksichtigen. Von Bedeutung ist somit auch, wie der Wert eines ganzen Unternehmens festgestellt werden kann. Hierzu existieren in der Praxis eine Reihe von Verfahren, von denen sich aber bisher keines als dominant erweisen konnte.[17)] Nach einer Untersuchung von *Sieghold* (1989, S. 97 ff.) werden alle herkömmlichen Verfahren angewendet, von reinen Substanzwertverfahren über Mischformeln und Ertragswertbestimmungen bis zu detaillierten Discounted-Free-Cash-Flow-Methoden. Hinzu kommen Faustregeln wie Price/Earnings-Ratios, Multiplikatoren vom Umsatz oder Gewinn-Multiplikatoren vor oder nach Steuern (vgl. *Sieghold*, 1989, S. 142). Diese Ergebnisse deuten bereits daraufhin, daß es in der Praxis **den** Un-

16) So schätzt *H. Maucher*, Geschäftsführer des Nestlé-Konzerns (Schweiz), die mit dem Erwerb der *Carnation-Gruppe* im Jahr 1984 verbundene Zeitersparnis gegenüber der Möglichkeit des internen Wachstums auf mindestens 20 - 30 Jahre (vgl. *o. V.*, 1988b, S. 217).

17) Auf den umfangreichen Bereich der Unternehmensbewertung kann in diesem Rahmen nicht detailliert eingegangen werden; vgl. hierzu sowie zu den im Rahmen von Unternehmensbewertungen verwendeten Verfahren z. B. *Busse von Colbe/Coenenberg*, 1992; *Moxter*, 1983; *Bellinger/Vahl*, 1984; *Münstermann*, 1970.

ternehmenswert nicht gibt, da keine alleingültige "richtige" Unternehmensbewertungsmethode existiert (vgl. *Barthel*, 1990, S. 1149). Aus theoretischer Sicht hingegen kann das Problem der Unternehmensbewertung als gelöst gelten (vgl. *Wöhe*, 1990, S. 789). Der theoretisch richtige Wert basiert auf dem Ertragswert der Unternehmung (vgl. *Barthel*, 1990, S. 1145; *Wöhe*, 1990, S. 789 ff.), der aufgrund seiner Zukunftsorientierung und der damit verbundenen Unsicherheit der eingehenden Daten bei der praktischen Ermittlung aber Schwierigkeiten aufwirft. Zudem verstärkt sich die Auffassung, daß nicht nur Erlöse und Kosten in die Unternehmensbewertung einbezogen werden müssen, sondern daß insbesondere den qualitativen Faktoren wie z. B. Standort, Kundschaft, Personalqualifikation und anderen Größen - insbesondere den Marken - zukünftig größeres Gewicht beigemessen werden muß (vgl. *Zimmerer*, 1988, S. 420; *Barthel*, 1990, S. 1148). Umso mehr verwundert es, daß Ansätze zur Unternehmensbewertung die explizite Berücksichtigung des Wertes von Marken bisher vernachlässigt haben (vgl. *Zuberbier*, 1989, S. 86). Bei Unternehmenstransaktionen ergeben sich Hinweise auf den Wert von Marken daher allenfalls **ex post** als ein (un-)bestimmter Anteil am Goodwill. Eine Abschätzung des Wertes von Marken auf diese Weise ist in theoretischer Hinsicht insofern unbefriedigend, als vom bezahlten Kaufpreis für die Unternehmung auf den Wert der zur Unternehmung zugehörigen Marken geschlossen wird, anstatt das finanzielle Übernahmeangebot u. a. von einer eigens für diesen Zweck **ex ante** durchgeführten Bewertung der Marken abhängig zu machen; erst hierdurch kann ein gerechtfertigter Preis für die Marken abgeleitet werden.

Die **Vorteile**, die mit einer (ex-ante-)Markenbewertung im Rahmen von Unternehmensübernahmen verbunden sind, sind offensichtlich (vgl. auch *Birkin*, 1989, S. 18 f.; *Buchan/Brown*, 1989, S. 80 ff.); für das **aufkaufende** Unternehmen sind insbesondere folgende Aspekte von Bedeutung:

- Die explizite Angabe des Wertes von Marken kann als Instrument zur Rechtfertigung eines auf den ersten Blick überhöhten Kaufpreises für das erworbene Unternehmen gegenüber Interessengruppen (z. B. den Anteilseignern der aufkaufenden Unternehmung) herangezogen werden.
- Starke Marken stellen z. T. enorme immaterielle Vermögenswerte dar, die Banken zunehmend als Sicherheiten beispielsweise im Rahmen der Finanzierung von Akquisitionen oder bei der Neukreditaufnahme akzeptieren. Von Bedeutung ist für den Kreditgeber insbesondere, daß Marken grundsätzlich separierbar und damit - u. U. in Verbindung mit den zugehörigen Unternehmensteilen - übertragbar sind.
- Die Bewertung von Marken kann als Grundlage für die Analyse des bestehenden Marken-Portfolios und für den Aufbau eines angestrebten Mar-

ken-Portfolios durch den Erwerb von Marken bzw. markenführender Unternehmen dienen.[18)]

- Eine ex ante durchgeführte Markenbewertung gibt Hinweise auf das maximal vertretbare Preisgebot für den Erwerb von Marken im Rahmen von Unternehmenstransaktionen.

Für das **verkaufende** Unternehmen stellt die Markenbewertung u. a. folgende Vorzüge bereit:

- Die explizite Angabe des Wertes von Marken auf Basis eines validen Meßinstruments schränkt die Möglichkeit ein, daß Marken unter ihrem tatsächlichen Wert veräußert werden. In diesem Zusammenhang ist darauf hinzuweisen, daß eine Marke aus Sicht verschiedener Unternehmen durchaus unterschiedliche Werte annehmen kann. Insbesondere hängt dies mit der Höhe des jeweils zur Verfügung stehenden Marketing-Budgets zusammen, da der Markenwert durch das marketingpolitische Instrumentarium aktiv gesteuert werden kann,[19)] sowie mit den Zielsetzungen, die mit dem Kauf bzw. Verkauf der Marke verfolgt werden.[20)]
- Ein von den Verhandlungspartnern akzeptiertes Markenbewertungskonzept stellt ein Instrument zur Zusammenführung weit auseinanderklaffender Vorstellungen hinsichtlich des Wertes der Marken im Rahmen von Unternehmenstransaktionen dar.
- Besteht aus Sicht des potentiell aufzukaufenden Unternehmens bzw. seiner Anteilseigner kein Interesse an einer Übernahme, so kann durch die Bewertung von Marken eine Abwehr eines "unfriendly take-over" erfolgen. Die Bewertung von Marken offenbart den Anteilseignern den "wahren" Wert der Unternehmung bzw. ihrer nicht aktivierten immateriellen Vermögensgegenstände und läßt die tendenzielle Unterbewertung des aufzukaufenden Unternehmens, die sich beispielsweise in zu niedrigen Kursen börsengehandelter Anteile des Unternehmens widerspiegelt, weitgehend verschwinden. Die Übernahme des Unternehmens wird dem Aufkäufer hierdurch erschwert, da das finanzielle Engagement entsprechend ausgeweitet werden muß.

18) Zum Begriff und zur Bedeutung von Portfolios im Rahmen des Strategischen Marketing vgl. z. B. *Berndt*, 1991, S. 66 ff.; *Hinterhuber*, 1984, S. 96 ff.

19) Vgl. hierzu die Ausführungen im Kapitel A. in diesem Teil sowie den folgenden Abschnitt B.II. und den 5. Teil dieser Arbeit.

20) Vgl. hierzu auch die Ausführungen über die marktorientierte Bewertung von Marken im Unterabschnitt C.III.4 in diesem Teil.

II. Die Bewertung von Marken als Instrument zur Markenführung und -kontrolle

Im unternehmensinternen Bereich stellt die Bewertung von Marken ein wichtiges Instrument dar, um die gegenwärtige Stellung einer Marke am Markt analysieren zu können und um markenpolitische Entscheidungen hinsichtlich des Aufbaus bzw. der Stärkung und der Pflege von Marken zielgerichtet treffen zu können. Von Bedeutung ist hier, welcher Markenbegriff jeweils zugrunde gelegt wird.[21] Bestehende Markenbewertungmodelle gehen sowohl von der Marke als physischem Objekt als auch von der Marke als immateriellem Vermögensgegenstand aus.[22] Die Unterscheidung der Markenbegriffe ist insofern relevant, als von dieser Unterscheidung die Wahl der zugrunde zu legenden **Zielgrößen** im Rahmen der Markenführung abhängt. Während die Begriffsauffassung des Betrachtungsobjekts "Marke" im Sinne eines physischen Objekts die Berechnung des Markengewinns als denjenigen Gewinn, der durch das Produkt in seiner Gesamtheit erwirtschaftet wird, in den Vordergrund stellt, wird bei der Auffassung der Marke als immaterieller Vermögensgegenstand lediglich der auf das Markenzeichen entfallende Gewinn berechnet. Zielgröße in letzterem Fall ist daher der Markenwert als derjenige Gewinn, der durch die Anbringung des Markenzeichens am Produkt erzielt werden kann und der ausschließlich auf das Markenzeichen zurückzuführen ist. Eine derartige Sichtweise der Marke ist für viele typische Fragestellungen im Rahmen der Markenbewertung notwendig, da in vielen Fällen der Wert der Marke als immaterieller Vermögensgegenstand und nicht als physisches Objekt relevant ist.[23] Für die Markenführung und -kontrolle ist jedoch auch die Marke als physisches Objekt von Interesse, da Produkte, die mittel- bis langfristig keinen Gewinn erwirtschaften, eliminiert werden müssen, auch wenn sie einen positiven Markenwert im hier verstandenen Sinne aufweisen.[24]

Vorteilhaft erscheint im Rahmen der Markenführung und -kontrolle eine - je nach Planungshorizont - mehrperiodige Betrachtungsweise, da die Effizienz der Marketing-Instrumente zur Steigerung des Markenwerts bzw. Markengewinns bei einperiodiger Betrachtungsweise künstlich durch Einsparungen, de-

21) Zu den verschiedenen Markenbegriffen vgl. die Ausführungen im Kapitel A. im 2. Teil dieser Arbeit.

22) Vgl. hierzu i. e. die Darstellungen der Markenbewertungsmodelle im Kapitel C. in diesem Teil.

23) Die in diesem Kapitel B. dargestellten Zwecke der Markenbewertung verdeutlichen die Relevanz der Marke als immaterieller Vermögensgegenstand bei Markenbewertungfragen.

24) Zum Zusammenhang zwischen Markengewinn und Markenwert im Rahmen der Markenführung und -kontrolle vgl. i. e. die Ausführungen im 5. Teil dieser Arbeit.

ren (negative) Auswirkungen u. U. erst in nachfolgenden Perioden sichtbar werden, erhöht werden kann.[25] Durch die mehrperiodige Betrachtungsweise können die Auswirkungen von Marketing-Instrumentalentscheidungen, die im Rahmen der Markenführung und -kontrolle oftmals strategischen und somit periodenübergreifenden Charakter besitzen, daher besser abgebildet werden.

Die mit der Durchführung einer Markenbewertung notwendigerweise verbundene Sammlung von **Markt- und Produktdaten**[26] erlaubt zudem, Stärken und Schwächen einzelner Marken identifizieren zu können und Markttrends zu erkennen; eine Markenbewertung führt also zu einer breiten Informationsbasis. Hierauf aufbauend können dann geeignete Marketing-Strategien zielgerichtet und markenindividuell abgeleitet werden. Eine effiziente Allokation knapper finanzieller Ressourcen zur Implementierung dieser Strategien läßt sich dadurch erreichen, daß denjenigen Marken, bei denen die stärkste Markenwert- bzw. Markengewinnsteigerung möglich erscheint, die meisten finanziellen Mittel zukommen. Hierbei sind eventuelle Ausstrahlungswirkungen der getroffenen Maßnahmen für die restlichen Marken des Portfolios zu berücksichtigen. Auf diesem Wege kann versucht werden, das Potential des gesamten Markenportfolios optimal auszuschöpfen.

Eine Markenbewertung kann außerdem Aufschluß darüber geben, inwiefern eine Marke **Internationalisierungs- und Transferpotential** besitzt, d. h. in welchem Ausmaß eine Marke für ausländische Märkte und für andere Produktkategorien geeignet ist. Dies muß im Zusammenhang mit der Tatsache gesehen werden, daß Internationalisierungs- und Transferstrategien zur Sicherung des zukünftigen Unternehmenswachstums immer mehr an Bedeutung gewinnen.[27] Ferner kann die Markenbewertung durch Soll-Ist-Vergleiche ein nützliches **Kontrollinstrument** darstellen, indem Abweichungen von den angestrebten Ausprägungen der Zielvariablen festgestellt und ihre Ursachen analysiert werden; Fehlentwicklungen können auf diese Weise rechtzeitig aufgedeckt und eliminiert werden.

Diese Ausführungen zeigen bereits den enormen Stellenwert, den die Bewertung von Marken als Instrument zur Markenführung und -kontrolle für das Management eines Markenartikelherstellers einnehmen kann. In diesem Sinne folgerte die Geschäftsführung des englischen Unternehmens *Ranks Hovis*

25) Zu denken ist hier beispielsweise an Werbebudgetkürzungen, die z. T. erst in Folgeperioden zu Absatzrückgängen führen; vgl. hierzu das illustrative Beispiel von *Moorhouse* (1989, S. 145 ff.).

26) Vgl. hierzu auch die Markenbewertungsmodelle im Kapitel C. in diesem Teil.

27) Vgl. hierzu auch die Ausführungen in den Abschnitten C.IV. und C.V. im 2. Teil dieser Arbeit.

McDougall: "Brand valuation ... is a unique management tool ... (aiding) brand planning and the determination of advertising and marketing strategies" (zitiert nach *Moorhouse*, 1989, S. 143).

III. Die Markenwertbestimmung zur Bilanzierung von Marken

Marken mit hoher Verkehrsgeltung repräsentieren in der Regel einen großen Vermögenswert. Viele Unternehmen sind daher bestrebt, diesen Vermögensgegenstand in ihre Bilanz aufzunehmen. In diesem Zusammenhang ergeben sich folgende Fragen:

- Ist die Aktivierung einer Marke in der Bilanz ohne weiteres möglich bzw. sogar nötig? Mit welchem Wert darf eine Marke im Falle der Aktivierung angesetzt werden?
- Sind aktivierte Marken im Zeitablauf abzuschreiben, und wenn ja, wie sehen die Abschreibungsmodalitäten aus?
- Welche Aktivierungs- und Abschreibungsregelungen gelten für den sog. Geschäfts- oder Firmenwert ("Goodwill"), der bei Übernahme ganzer Unternehmen im Regelfall zu großen Teilen aus den Marken besteht?

Die **Aktivierung** von Marken in der Handels- oder Steuerbilanz ist nach geltendem deutschen Recht nur bedingt möglich. Zu unterscheiden ist, ob die Marken als immaterielle Vermögensgegenstände originärer oder derivativer Natur sind. Von **originären** Marken spricht man, wenn die Marken nicht entgeltlich erworben, sondern im Betrieb selbst geschaffen worden sind; **derivative** Marken hingegen liegen vor, wenn sie entgeltlich von Dritten erworben wurden (vgl. z. B. *Veit*, 1990, S. 170 f.). Die Möglichkeit der Zurechnung von Ausgaben gilt allerdings nicht als entgeltlicher Erwerb und reicht daher nicht aus, um Marken derivativen Charakter zuschreiben zu können; sie müssen also Gegenstand des Rechtsverkehrs gewesen sein (vgl. *Veit*, 1990, S. 171; *Coenenberg*, 1991, S. 94).

Grundsätzlich sind Marken im Falle ihrer Aktivierungsmöglichkeit als Gegenstände des Anlagevermögens nach § 266 Abs. 2 des Handelsgesetzbuches (HGB) unter den immateriellen Vermögensgegenständen zu bilanzieren; diese Bilanzposition umfaßt begrifflich und wirtschaftlich konkret erfaßbare Rechte und Werte, die darauf geleisteten Anzahlungen sowie den ausschließlich im Rahmen einer Gesamtbewertung ermittelbaren Geschäfts- oder Firmenwert (vgl. *Coenenberg*, 1991, S. 94). Ein Ansatz unter dieser Position ist aber nur dann möglich, wenn die Marken derivativer Natur sind, da § 248 Abs. 2 HGB ein ausdrückliches Bilanzierungsverbot für nicht entgeltlich erworbene immaterielle Vermögensgegenstände des Anlagevermögens vorsieht. Gleiches gilt für den Firmen- bzw. Geschäftswert, d. h. für Vorteile des Unternehmens hinsichtlich des vorhandenen Know-how, des Standortes, des Kundenstammes, der Management-Qualifikation usw.; auch sie dürfen nur bilanziert werden, wenn sie im Rahmen des Kaufs bzw. Verkaufs eines Unternehmens entgolten wurden. Im Laufe der Zeit selbstgeschaffener Firmenwert, über den jedes Unternehmen in mehr oder minder großem Ausmaß verfügt, ist also ebenfalls nicht aktivierungsfähig. Aufgrund des Fehlens diesbezüglicher eindeutiger Vorschriften im Einkommensteuergesetz (EStG) kommt das in § 5 Abs. 1 EStG verankerte Maßgeblichkeitsprinzip der Handelsbilanz für die Steuerbilanz zum Tragen, so daß auch für die Steuerbilanz von einem Ansatzverbot für originäre immaterielle Güter des Anlagevermögens auszugehen ist (vgl. *Veit*, 1990, S. 171). Zwar schränkt dieses handels- (und steuer-)rechtliche Ansatzverbot den Grundsatz der Vollständigkeit nach § 246 Abs. 1 HGB ein, es kann jedoch auf das Vorsichtsprinzip zurückgeführt werden, da insbesondere der Wert immaterieller Anlagewerte vom Gesetzgeber als schwer schätzbar und mit Unsicherheit behaftet angesehen wird; eine Objektivierung des Wertes immaterieller Vermögensgegenstände kann daher nach Auffassung des Gesetzgebers nur durch den Markt erfolgen, weshalb als Bewertungsmaßstab allein die Anschaffungs- und nicht die Herstellungskosten in Frage kommen können (vgl. *Coenenberg*, 1991, S. 94). Ein derart "objektivierter" immaterieller Anlagewert ist aktivierungsfähig und aufgrund des Vollständigkeitsgrundsatzes auch aktivierungspflichtig. Für entgeltlich erworbene immaterielle Vermögensgegenstände wie Marken(-rechte) besteht daher zweifelsohne ein Ansatzgebot, das sowohl für die Handels- wie auch für die Steuerbilanz gilt (vgl. *Veit*, 1990, S. 172 f.). Für den derivativen Firmen- bzw. Geschäftswert legt § 255 Abs. 4 S. 1 HGB hingegen ein Aktivierungswahlrecht fest; für die Steuerbilanz gilt auch für ihn gemäß § 5 Abs. 2 EStG ein Ansatzgebot (vgl. *Coenenberg*, 1991, S. 95).

Weiterhin von Interesse sind die **Abschreibungsmodalitäten** für aktivierte immaterielle Vermögensgegenstände; zu hinterfragen ist,

- welche Abschreibungsverfahren in Betracht zu ziehen sind,
- welcher Abschreibungszeitraum zu wählen ist und
- von welchem Wertmaßstab auszugehen ist.

Die Immaterialität per se rechtfertigt keine speziellen **Abschreibungsverfahren**; wie beim materiellen Vermögen können planmäßige und außerplanmäßige Abschreibungen vorgenommen werden (vgl. *Veit*, 1990, S. 172 f.). Hinsichtlich der möglichen Abschreibungsverfahren ist allerdings folgendermaßen zu differenzieren: Als handelsrechtlich zulässige Verfahren für planmäßige

Abschreibungen kommen sowohl zeit- als auch nutzungsorientierte Verfahren sowie Kombinationen in Betracht; zudem kann die zeitabhängige Abschreibung linear, degressiv oder progressiv sein, wobei für degressive und progressive Verfahren arithmetische oder geometrische Vorgehensweisen angenommen werden können (vgl. i. e. *Coenenberg*, 1991, S. 110 ff.). Die steuerrechtlichen Regelungen sind gegenüber den handelsrechtlichen Vorschriften vergleichsweise enger gefaßt. Faktisch kommt als steuerrechtlich zulässiges Abschreibungsverfahren für Marken als immaterielle Wirtschaftsgüter nur eine lineare Abschreibung nach der Zeit in Frage (vgl. i. e. *Veit*, 1990, S. 173). Generell erscheint eine Abschreibung von Marken allerdings dann wenig sinnvoll, wenn gar keine Wertminderung oder sogar eine Wertsteigerung vorliegt; wesentliches Problem dürfte hier sein, daß die Wertentwicklung einer Marke im Zeitablauf mit allgemein anerkannten Methoden - zumindest bisher - nicht feststellbar ist.

Hinsichtlich des **Abschreibungszeitraumes** für planmäßige Abschreibungen sind bei immateriellen Anlagewerten die oftmals vertraglich geregelte, d. h. rechtlich abgesicherte Nutzungsdauer einerseits und die wirtschaftliche Nutzungsdauer andererseits zu unterscheiden; diese differieren in der Regel. Da die Rechte an einer Marke gemäß § 9 Abs. 2 WZG jeweils für zehn Jahre beliebig oft verlängerbar sind, erscheint eine Orientierung der Abschreibung von Marken an der rechtlich möglichen Nutzungsdauer wenig sinnvoll; gleiches gilt für Markenlizenzen, die in der Regel befristet vergeben werden, wenn die Lizenz aufgrund stark sinkender Absatzzahlen der mit dieser Marke versehenen Produkte an Wert verliert. Ausschlaggebend ist daher allein die wirtschaftliche Nutzungsdauer einer Marke bzw. einer Markenlizenz. Unter Beachtung des Vorsichtsprinzips wird diese Abschreibungsdauer relativ kurz gewählt. Für immaterielle Anlagewerte beträgt sie allgemein drei bis fünf Jahre (vgl. *Lang/Döbel*, 1990, S. 28; *Veit*, 1990, S. 172). In steuerrechtlicher Hinsicht ist zur Festlegung der den planmäßigen Abschreibungen in der Handelsbilanz entsprechenden Absetzung für Abnutzung (AfA) von der in den AfA-Tabellen festgelegten sog. betriebsgewöhnlichen Nutzungsdauer des betreffenden Wirtschaftsgutes auszugehen; diese betriebsgewöhnliche Nutzungsdauer legt den Zeitraum der steuerrechtlich anerkannten Abschreibung fest und ist im Vergleich zur Handelsbilanz stärker reglementiert (vgl. *Veit*, 1990 S. 173). Als **Wertmaßstab**, von dem zur Festlegung der Abschreibungsbeträge ausgegangen werden muß, kommt bei Marken aufgrund der Notwendigkeit des entgeltlichen Erwerbs jeweils allein der Anschaffungspreis in Frage.

Abschreibungen des (derivativen) Firmen- bzw. Geschäftswertes werden wie folgt gehandhabt: Aus handelsrechtlicher Sicht ist nach § 255 Abs. 4 S. 2 HGB der Firmenwert in jedem der Aktivierung folgenden Jahr zu mindestens einem Viertel abzuschreiben. Nach § 255 Abs. 4 S. 3 HGB besteht im Widerspruch hierzu aber auch die Möglichkeit, die Abschreibung des Firmenwertes planmäßig auf die Geschäftsjahre zu verteilen, in denen er voraussichtlich genutzt wird. Dies ist in Zusammenhang mit der steuerrechtlichen Regelung zu sehen, nach der der Firmenwert seit dem 1. 1. 1987 gemäß § 7 Abs. 1 S. 3 EStG über einen Zeitraum von 15 Jahren abzuschreiben ist; vorher galt der Firmenwert als nichtabnutzbares Gut (vgl. *Wagner/Schomaker*, 1987, S. 1365; *Breidenbach*, 1989, S. 136). Als Folge hiervon akzeptieren Unternehmenskäufer aufgrund der aus dieser Regelung resultierenden Steuervorteile jetzt höhere Preise für die zu übernehmenden Unternehmen (vgl. *o. V.*, 1989e, S. 194).[28] Zudem wird durch die mit der Neuregelung des Einkommensteuergesetz verbundene Auflösung der sog. Einheitstheorie, nach der der Firmenwert ein einheitliches, insbesondere nicht in originäre und derivative Bestandteile zerlegbares Wirtschaftsgut darstellt (vgl. i. e. *Wagner/Schomaker*, 1987, S. 1367), der Weg für erweiterte Teilwertabschreibungen[29] freigemacht. Diese kommen immer dann zum Tragen, wenn "sich der entgeltlich erworbene Ertragswert einer Unternehmung in einem Ausmaß vermindert, das den Teilwert des derivativen Firmenwerts unter dessen Restbuchwert sinken läßt, d. h. unter die um AfA verminderten Anschaffungskosten" (*Wagner/Schomaker*, 1987, S. 1369). Relevant werden derartige Teilwertabschreibungen, wenn beispielsweise eine kurz zuvor gekaufte Marke aufgrund negativer Testberichte erheblich an Marktanteilen verliert. In diesem Fall sind mit der Einbuße der Marke an Marktattraktivität wenigstens Steuervorteile für den Markenkäufer verbunden (vgl. *o. V.*, 1989e, S. 194). Als Wertmaßstab für den derivativen Geschäfts- bzw. Firmenwert ist jeweils der Unterschiedsbetrag anzusetzen, um den die für die Übernahme des Unternehmens bewirkte Gegenleistung das Nettovermögen des übernommenen Unternehmens zum Zeitpunkt der Übernahme übersteigt.

Während nach der deutschen Gesetzgebung Marken, sofern sie überhaupt aktiviert werden können, abgeschrieben werden, herrscht in England ein anderes Verständnis vor: Dort werden Marken zur Stärkung der Bilanz herangezogen (vgl. *Penrose*, 1989, S. 44; *Mc Hardy*, 1990, S. 61; *o. V.*, 1990e, S. 36). Der englische Getränke- und Süßwaren-Konzern *Cadbury Schweppes* beispielsweise beschloß 1990, die seit 1985 gekauften Marken mit einem Wert von 307 Mio. £ in der Bilanz zu aktivieren und - entgegen der Empfehlung des für die Vereinheitlichung des Rechnungswesens zuständigen *Accounting Standard Committee*

28) Zu den Steuervorteilen der Geschäftswertabschreibung vgl. auch *Breidenbach*, 1989, S. 136 ff.

29) Zum Begriff des Teilwerts und der Teilwertabschreibungen vgl. z. B. *Coenenberg*, 1991, S. 79 ff. und S. 85 f.

(ASC) - nicht systematisch im Zeitablauf abzuschreiben. Begründet wird die Nicht-Abschreibung der Marken mit den enormen Werbeausgaben, die der Stärkung der Marken dienen. Eine Abschreibung auf die Marken soll daher nur dann vorgenommen werden, wenn eine "echte" Wertminderung vorliegt. Die aktivierte Summe in Höhe von 307 Mill. £ soll dabei die Anschaffungskosten für die Marken repräsentieren.

Um eine derartige Vorgehensweise besser beurteilen zu können, ist kurz auf die Situation einzugehen, die vor der verstärkten Einstellung von Marken in die Bilanz in England herrschte: Zu dieser Zeit wurde der im Rahmen von Unternehmensakquisitionen erworbene Geschäfts- bzw. Firmenwert des aufgekauften Unternehmens, der ja auch die Marken umfaßt, in der Regel bereits im Jahr der Akquisition voll gegen die Rücklagen abgeschrieben (vgl. *Brymer/Schiro*, 1989, S. 126 ff.); hierdurch wird vermieden, daß zukünftige Gewinne durch Abschreibungen in den Folgejahren gemindert werden. Als Folge dieser Vorgehensweise ergab sich für die besonders erfolgreichen und akquisitionsfreundlichen Unternehmen allerdings eine besonders dünne Eigenkapitaldecke bzw. ein hoher Verschuldungsgrad (vgl. *Murphy*, 1990, S. 149 ff. und S. 156 f.). In dieser Situation konnte es passieren, daß durch die hierdurch bewirkte Verschlechterung von Finanzkennzahlen bzw. der Reduktion der Eigenmittel keine Darlehensgeber gefunden wurden, die den weiteren Ausbau der akquirierten Marken - z. B. in Form hoher Marketing-Budgets - finanziert hätten (vgl. *Kapferer*, 1992, S. 322). Um den "wahren" Wert der Unternehmung offenzulegen, wurden daher in den letzten Jahren die Marken wieder zunehmend in die Bilanz aufgenommen mit der Folge, daß wieder ein erhöhtes Eigenkapital ausgewiesen werden konnte. Das herrschende englische Recht hilft den Unternehmen dabei: So gilt für Unternehmen in England, "that companies are entitled to capitalize certain costs of developing in-house brands, within quite rigorous constraints; they are obliged to attempt to arrive at and capitalize the cost of brands acquired as part of the acquisition of a business; they are entitled to revalue brands and include the value in the balance sheet if they choose; and if they do so..., and the method that they use is demonstrably reasonable, their auditors are unlikely at present to qualify their report unless that value is manifestly and materially imprudent" (*Wild/Everitt*, 1989, S. 63). Als problematische Konsequenz einer derartigen bilanziellen Behandlung von Marken ergibt sich jedoch eine mangelnde Konsistenz und Vergleichbarkeit von Markenbewertungen, die durch fehlende Nachvollziehbarkeit des Bewertungsprozesses, unterschiedliche Bewerter, variierende Zeitpunkte der Bewertungen und unterschiedliche Bewertungsgegenstände hervorgerufen werden können (vgl. *Wild/Everitt*, 1989, S. 62). Dennoch verstärkt sich in England die Auffassung, Marken - auch originärer Natur -[30] in der Bilanz zu aktivieren (vgl. *o. V.*, 1990f).

Eine ähnliche Situation wie in England herrscht in Frankreich vor (vgl. *Kapferer*, 1992, S. 288 u. S. 323 ff.); grundsätzlich ist dort der (derivative) Geschäfts- bzw. Firmenwert zu aktivieren und über einen Zeitraum von 5 Jahren abzuschreiben. Marken können allerdings aus dem abzuschreibenden Geschäfts- bzw. Firmenwert herausgelöst werden und als Bestandteil des immateriellen Anlagevermögens aktiviert werden. Hierdurch verlängert sich der Abschreibungszeitraum bzw. eine Abschreibung kann ganz unterlassen werden. Originäre Marken dürfen in Frankreich - im Gegensatz zur Situation in England - wie in Deutschland nicht aktiviert werden.

IV. Die Bestimmung des Wertes von Marken zur Schadensbemessung im Falle ihrer mißbräuchlichen Nutzung

Die mißbräuchliche Nutzung von Marken und anderen geistigen Eigentumsformen gewerblicher Art hat sich mittlerweile von einem Bagatelldelikt zu einer Erscheinungsform schwerer Wirtschaftskriminalität entwickelt; wurde das weltweite Handelsvolumen mit Produkten, die gewerbliche Schutzrechte verletzen, im Jahre 1985 mit umgerechnet ca. 7 - 15 Mrd. DM angegeben (vgl. *Sammet*, 1985, S. 60), so belaufen sich neuere Schätzungen bereits auf ca. 120 Mrd. DM (vgl. *o. V.*, 1989a).[31] Im Mittelpunkt steht in diesem Zusammenhang der Begriff der Markenpiraterie. **Markenpiraterie** "umfaßt sehr vielfältige Möglichkeiten des Diebstahls oder der Verletzung geistigen Eigentums, das mit der Idee, der Komposition und dem Know-how von Produkten sowie ihrem Design, der Aufmachung und Verpackung verbunden ist. Im allgemeinen handelt es sich dabei um das identische oder fast identische Kopieren, Fälschen und Nachahmen von Markenartikeln oder Gebrauchsgegenständen aller Art" (*Sandler*, 1986, S. 120). Sinnvoll erscheint eine Abgrenzung des Begriffs der Markenpiraterie von dem weiter gefaßten Terminus der **Produktpiraterie** (vgl. auch *Meister*, 1987, S. 157): Während mit dem Begriff der Markenpiraterie immer eine Warenzeichenfälschung - oder zumindest eine Warenzeichen-Anlehnung mit der Absicht der Täuschung - verbunden ist, umfaßt die Produktpiraterie auch generelle Nachahmungen z. B. hinsichtlich ihres Designs, ohne jedoch das Warenzeichen bzw. die Marke des Originals oder eine täuschend

30) Beispielsweise umfaßte die Bilanzierung von Marken des englischen Unternehmens *Ranks Hovis McDougall* originäre Marken (vgl. *Murphy*, 1990, S. 150).

31) Aufgrund weitreichender Informationsdefizite und der daraus resultierenden Notwendigkeit von - oftmals vagen - Schätzungen sind diese Zahlen allerdings mit Vorsicht zu betrachten; vgl. auch *Meister*, 1987, S. 160 und *o. V.*, 1990g, S. 131.

ähnliche Nachbildung zu benutzen.[32] Für die hier verfolgten Zwecke ist lediglich der Begriff der Markenpiraterie von Interesse, konkret die mißbräuchliche Nutzung eines Warenzeichens.

Im Kern bedeutet Markenpiraterie eine Internalisierung von Erträgen durch den Plagiator, die eigentlich dem rechtmäßigen Markeninhaber zukommen müßten, bei gleichzeitiger Externalisierung von Kosten, die eigentlich vom Plagiator hätten getragen werden müssen, tatsächlich aber allein vom Markeninhaber übernommen werden. Betrachtet man zunächst die dem Plagiator - unrechtmäßigerweise - zufließenden Erträge, so basieren diese Erträge darauf, daß der Plagiator versucht, durch mehr oder weniger identische Nachahmung bzw. Fälschung eines anerkannten Markenartikels dem Verbraucher zu suggerieren, daß er ein bekanntes Originalprodukt erwirbt mit allen mit diesem Produkt assoziierten Eigenschaften; tatsächlich erhält er jedoch nur eine Imitation, die in der Regel die mit dem Originalprodukt verbundene Qualität nicht aufweisen kann (vgl. *Sandler*, 1986, S. 121).[33] Die mit einer Marke verbundene Garantiefunktion[34] erfährt daher eine erhebliche Beeinträchtigung. Ebenso wird die Unterscheidungsfunktion, die die Zusammengehörigkeit gleichartig markierter Ware bei gleichzeitiger Abgrenzung zu anders markierter Ware impliziert, unterlaufen, da tatsächlich andersartige Ware mit derselben Markierung auftritt. Ausgangspunkt dieser Funktionenverletzungen ist jeweils die mit der Markenpiraterie einhergehende Außerkraftsetzung der Monopolisierungsfunktion.

Hinsichtlich der **Kosten**, die der Plagiator externalisieren kann, sind folgende Aspekte relevant (vgl. *Sandler*, 1986, S. 122):

- Durch die Imitation von Produkten entstehen dem Plagiator keine nennenswerten Forschungs- und Entwicklungskosten. Diese werden daher allein vom rechtmäßigen Markeninhaber getragen.
- Da Reklamationen den Plagiator nicht treffen, kann bewußt mit minderwertigen Materialien produziert werden, die zu Produktionskosteneinsparungen führen.

32) Zur Abgrenzung der Begriffe Markenpiraterie und Produktpiraterie vgl. auch *Wich*, 1985, S. 11 ff.

33) Imitationen bekannter Marken werden allerdings z. T. auch **bewußt** erworben. In diesem Fall spricht man von "Täuschung im Konsens" (vgl. *Winter*, 1985, S. 62). Der Verbraucher erwirbt also bewußt ein Plagiat, um preiswert am Prestige des Originals teilzuhaben, allerdings unter Inkaufnahme minderer Qualität.

34) Zur Garantiefunktion sowie zu den anderen im folgenden genannten Funktionen einer Marke vgl. auch die Ausführungen im Kapitel B. im 2. Teil.

- Durch die gleichartige Markierung der Plagiate wirbt der rechtmäßige Markeninhaber für diese mit, weshalb dem Plagiator keine eigenständigen Marketing-Kommunikationskosten entstehen.
- Mit der Verwendung der Marke verbundene Steuern, Lizenz- und Anmeldungsgebühren treffen den Plagiator nicht.

Relevant wird die Markenbewertung zur Festlegung bzw. zum Nachweis des Schadens, der dem rechtmäßigen Markeninhaber im Fall der mißbräuchlichen Nutzung seiner Marke(n) entstanden ist. Mißbräuchliche Nutzung liegt in erster Linie dann vor, wenn eine Marke von Unbefugten in unveränderter oder verwechslungsfähiger Form benutzt wird. Zur Festlegung der im Rahmen einer zivilrechtlichen Klage auf Schadensersatz erwirkbaren Entschädigung für eine derartige unrechtmäßige Nutzung der Marke(n) stehen drei Verfahren zur Verfügung (vgl. *Herp*, 1982, S. 23):
- Erhebung einer angemessenen Lizenzgebühr, die in Analogie zu den üblichen Aufwendungen eines redlichen Lizenznehmers festzulegen ist.
- Rückforderung des Differenzschadens, d. h. der real entstandenen Vermögenseinbuße einschließlich des entgangenen Gewinns des Geschädigten.
- Forderung nach Herausgabe des vom Schädiger durch die Nutzung der Marke erzielten Reingewinnes, unabhängig davon, ob dem Geschädigten ein entsprechender Gewinn tatsächlich entgangen ist.

Hierbei ist zu beachten, daß die Nachweispflicht hinsichtlich der Höhe des entstandenen Schadens stets auf der Seite des Klägers liegt (vgl. *Herp*, 1982, S. 23). Offensichtlich ist, daß eine Feststellung des Wertes von Marken im Sinne des auf die Marke zurückzuführenden Gewinns wertvolle Hinweise auf die dem Geschädigten entstandene Vermögenseinbuße bzw. auf den ihm entgangenen Gewinn, auf die Höhe einer angemessenen Lizenzgebühr insbesondere im Fall des Fehlens gleichgelagerter Fälle und auf den dem Schädiger durch Benutzung der Marke zugeflossenen Reingewinn geben kann. Nicht zuletzt führte die Schwierigkeit des eindeutigen Nachweises eines Schadens bestimmter Höhe dazu, daß bisher in der Mehrzahl der Fälle mißbräuchlicher Markennutzung Unterlassungsverfügungen und nicht explizite Schadensersatzforderungen im Vordergrund standen (vgl. *Winter*, 1985, S. 62; *Sandler*, 1986, S. 123 f.; *Herp*, 1982, S. 24). Dies ist insbesondere unter dem Gesichtspunkt zu sehen, daß fast ausschließlich besonders erfolgreiche Markenartikel mit internationaler oder sogar globaler Verkehrsgeltung kopiert werden (vgl. *o. V.*, 1990g, S. 130; *Sandler*, 1986, S. 120), und die möglichen Schadensersatzforderungen daher enorme Summen betragen könnten.

V. Die Markenbewertung zur Feststellung der Höhe von Lizenzgebühren

Die Lizenzierung von Marken ist von zunehmender wirtschaftlicher Bedeutung (vgl. *Völp*, 1985, S. 843; *o. V.*, 1986, S. 35 ff.); so ergab sich beispielsweise allein in Amerika im Zeitraum von 1979 bis 1985 mehr als eine Versechsfachung des Umsatzes lizenzierter Waren von 6,5 Mrd. US-$ auf 40 Mrd. US-$ (vgl. *Murphy*, 1990, S. 147). Unter Lizenzierung versteht man den Verzicht der alleinigen Nutzung einer Marke durch den Markeninhaber, indem dieser gegenüber Dritten eine vertraglich geregelte Gebrauchsüberlassung für die Marke vereinbart (vgl. *Herp*, 1982, S. 29). Die mit der Lizenzierung von Marken verbundenen **Vorteile** liegen auf der Hand (vgl. *Völp*, 1985, S. 844; *Carson/Dunkin*, 1985, S. 49):

- Für den **Lizenzgeber** ergibt sich durch die Lizenzvergabe eine Ausweitung seiner wirtschaftlichen Tätigkeit, ohne daß zusätzliches Kapital von ihm zur Verfügung gestellt werden muß. Im Ergebnis bedeutet die Lizenzvergabe für ihn eine Stabilisierung bzw. Ausweitung seines Distributionssystems bei gleichzeitigem Zufluß von Lizenzeinnahmen.
- Für den **Lizenznehmer** bedeutet die Lizenzierung die Möglichkeit der Nutzung einer bekannten Marke, wodurch der zeit-, kosten- und risikobehaftete Aufbau einer eigenen Marke entfällt.

Zu unterscheiden ist im Rahmen der Lizenzierung von Marken insbesondere, ob die betroffene Marke für Produkte in der angestammten Branche Verwendung finden soll oder ob durch die Lizenzierung eine Einführung in neue Produktkategorien vorgesehen ist. Diese Unterscheidung ist vor allem in warenzeichenrechtlicher Hinsicht von Bedeutung. Während die Nutzung der Marke per Lizenz in der **angestammten** Branche trotz § 8 Abs. 1 WZG, der die Bindung einer Marke an einen Geschäftsbetrieb fordert, um insbesondere der Herkunftsfunktion und somit indirekt auch der Garantiefunktion der Marke gerecht zu werden, grundsätzlich keine rechtlichen Bedenken mehr aufwerfen dürfte (vgl. i. e. *Völp*, 1985, S. 843 ff.), ist die Verwendung einer Marke durch Lizenzierung in **neuen** Produktkategorien nach dem geltenden deutschen Warenzeichengesetz nicht unproblematisch: Im Normalfall ist die Marke nur für diejenigen Waren bzw. Dienstleistungen eingetragen, die der Markeninhaber tatsächlich führt; nur für diese Waren oder Dienstleistungen bzw. innerhalb ihres sog. Gleichartigkeitsbereichs besteht warenzeichenrechtlicher Schutz (vgl. *Henning-Bodewig/Kur*, 1988, S. 42). Will der Markeninhaber seine Marke auf andere Produktkategorien ausdehnen, so stellt die Anmeldung der Marke beim Patentamt auch für diese neuen Produkte kein Problem dar, sofern er **selbst** diese Ausweitung des Angebotsprogramms vornimmt. Unzulässig ist hingegen die Eintragung von Waren, die **ausschließlich** im Rahmen der Lizenzvergabe in andere Produktbereiche eingeführt werden sollen, da dem Erfordernis eines an die Marke gebundenen Geschäftsbetriebes gemäß § 8 Abs. 1 WZG nicht Rechnung getragen wird (vgl. *Völp*, 1985, S. 846). Gerade die Lizenzierung von Marken in Bereiche, die über den Gleichartigkeitsbereich hinausgehen, scheint jedoch aus wirtschaftlicher Sicht besonders interessant zu sein; der hiermit bewirkte Image- bzw. Markentransfer erfaßt immer mehr Produktbereiche und ermöglicht der Marke, auch in anderen Märkten Verkehrsgeltung zu erlangen (vgl. *o. V.*, 1986, S. 34 ff.). Umgangen werden kann die warenzeichenrechtliche Problematik der Erteilung von Markenlizenzen über den Gleichartigkeitsbereich hinaus allerdings beispielsweise durch die Möglichkeit, die Herstellung der branchenfremden Produkte dem Lizenznehmer zu überlassen, den Vertrieb aber selbst in die Hand zu nehmen.[35)]

Eine weitere, in wirtschaftlicher Hinsicht immer bedeutendere Erscheinungsform der Lizenzierung ist das **Franchising**. Kennzeichnend für das Franchising ist, daß der Lizenznehmer vom Lizenzgeber ein komplettes sog. Franchise-Paket erhält, das neben der Nutzung einer Marke und u. U. weiteren Schutzrechten auch beschaffungs-, absatz- und organisationskonzeptionelle Elemente umfaßt.[36)] Der Lizenzgeber gewährt dem Lizenznehmer also zusätzlich zur Überlassung des Nutzungsrechts einer Marke weitreichende Unterstützung hinsichtlich einer effizienten und erfolgreichen Betriebsführung des Lizenznehmers.

Bedeutung erlangt die Markenbewertung bei der Bestimmung der Lizenzgebühren, die im Rahmen der Lizenzierung einer Marke bzw. des Abschlusses eines Franchise-Vertrages festzulegen sind. In der Regel werden die laufenden

35) Vgl. hierzu und zu weiteren Möglichkeiten der Umgehung warenzeichenrechtlicher Probleme bei der Markenlizenzierung *Völp*, 1985, S. 846 ff.

36) In der Literatur konnte sich aufgrund der Vielfältigkeit der Ausprägungsformen von Franchise-Systemen bisher keine einheitliche Auffassung, was konkret unter "Franchising" zu verstehen ist, durchsetzen. Die Definition des *Deutschen Franchise-Verbands e. V.* lautet beispielsweise wie folgt: "Franchising ist ein vertikal-kooperativ organisiertes Absatzsystem rechtlich selbständiger Unternehmen auf der Basis eines vertraglichen Dauerschuldverhältnisses. Dieses System tritt am Markt einheitlich auf und wird geprägt durch das arbeitsteilige Leistungsprogramm der Systempartner sowie durch ein Weisungs- und Kontrollsystem zur Sicherung eines systemkonformen Verhaltens. Das Leistungsprogramm des Franchisegebers ist das Franchise-Paket; es besteht aus einem Beschaffungs-, Absatz- und Organisationskonzept, der Gewährung von Schutzrechten, der Ausbildung des Franchise-Nehmers und der Verpflichtung des Franchise-Gebers, den Franchise-Nehmer aktiv und laufend zu unterstützen und das Konzept ständig weiterzuentwickeln. Der Franchise-Nehmer ist im eigenen Namen und für eigene Rechnung tätig; er hat das Recht und die Pflicht, das Franchise-Paket gegen Entgelt zu nutzen. Als Leistungsbeitrag liefert er Arbeit, Kapital und Informationen" (*Tietz*, 1987, S. 22 f.).

Gebühren umsatzbezogen - beispielsweise als Prozentsatz vom erzielten Umsatz des Lizenznehmers, u. U. ergänzt durch eine Mindestgebühr - festgesetzt (vgl. *Eggert*, 1985, S. 456; *Perrier*, 1989, S. 107 f.; *Stumpf*, 1984, S. 83 ff.); zudem ist beim Franchising eine Aufnahmegebühr in Form einer einmaligen Zahlung zu leisten (vgl. *Eggert*, 1985, S. 455 f.). Im Prinzip sind diese Gebühren das Ergebnis eines Verhandlungsprozesses, da die Verhandlungspartner frei über die Art und die Höhe der zu entrichtenden Entgelte entscheiden können; in der Mehrzahl der Fälle wird der Lizenzgeber allerdings mit einer konkreten Forderung auftreten, die der potentielle Lizenznehmer dann lediglich akzeptieren oder ablehnen kann (vgl. *Herp*, 1982, S. 31).

Offensichtlich ist, daß der Wert einer Marke im Sinne des auf das Markenzeichen zurückzuführenden Gewinns exakte Angaben hinsichtlich der "richtigen" Lizenzgebühr, d. h. dem theoretisch gerechtfertigten Prozentsatz vom Umsatz für die Gebrauchsüberlassung der Marke, geben kann.[37)] Im Falle des Franchising kann der Wert einer Marke aufgrund des "Paketcharakters" von Franchise-Verträgen allerdings nur Anhaltspunkte zur Feststellung einer adäquaten Lizenzgebühr liefern; je nach Umfang des Pakets ist dann die Gebühr bzw. der Prozentsatz so zu korrigieren, daß auch die anderen Leistungsbestandteile entgolten werden. Gleiches gilt für Lizenzverträge, die neben der Nutzung der Marke auch andere Bestandteile wie die Vermittlung von produktionstechnischem Know-how für das Lizenzprodukt, Bekanntgabe von Rezepturen, Nutzung eines bestimmten Designs usw. umfassen (vgl. auch *Perrier*, 1989, S. 105 ff.); auch hier ist eine entsprechende Korrektur der Gebühren vorzunehmen.

---

37) Von Bedeutung ist dies insbesondere in den Situationen, in denen die hinter den Verhandlungsprozessen stehenden Marktkräfte außer Kraft gesetzt sind. Dies ist beispielsweise bei der internen Lizenzierung von Marken der Fall. Interne Lizenzierung von Marken liegt vor, wenn die Markenrechte eines multinationalen Unternehmens oder eines Konzerns in der Hand der Muttergesellschaft liegen und diese die Marken der jeweiligen Tochtergesellschaft im Rahmen von Lizenzverträgen zur Nutzung überläßt; hier besteht keine offene Marktsituation, da die Tochtergesellschaft einziger und uneingeschränkter Nutzer der Marke ist. Weiterhin kann eine theoretisch gerechtfertigte und nachvollziehbare Lizenzgebühr dem Verdacht der Steuervermeidung entgegentreten, der insbesondere dann auftritt, wenn innerhalb eines multinationalen Konzerns von einer Tochtergesellschaft, die in einem Land mit hoher Steuerbelastung angesiedelt ist, hohe Lizenzgebühren abgefordert werden und diese in das Land der Muttergesellschaft, das niedrigere Steuersätze veranschlagt, transferiert werden; vgl. zu diesen Aspekten i. e. *Perrier*, 1989, S. 110 ff.

C. Bisherige Ansätze der Markenbewertung

Das starke Interesse an Markenbewertungsfragen führte dazu, daß mehrere Ansätze eigens zur Bestimmung des Wertes von Marken entwickelt wurden. Anerkennung und Anwendung haben insbesondere zwei Ansätze aus der Unternehmensberatungswirtschaft gefunden; diese werden im folgenden detailliert dargestellt. Anschließend wird auf weitere Verfahren der Markenbewertung eingegangen.

I. Das Interbrand-Modell

1. Darstellung des Modells

Die englische Unternehmensberatungsgesellschaft *Interbrand* entwickelte in Zusammenarbeit mit dem Unternehmen *Ranks Hovis McDougall* einen Markenbewertungsansatz, der bereits von einer Vielzahl namhafter Unternehmen aus den USA, Europa und Australien zu verschiedenen Zwecken eingesetzt wurde (vgl. *Penrose*, 1989, S. 32; *o. V.*, 1989b, S. 51; *o. V.*, 1990j, S. 26). Zugrunde gelegt wird bei diesem Modell die Auffassung des Begriffs "Markenwert" von *Penrose*.[38)]

Im Kern basiert das Modell auf einem Scoring-Ansatz (Punktbewertungsverfahren): Aus einer Mehrzahl von in geeigneter Weise gewichteten Faktoren, die die **Markenstärke** determinieren, wird ein Punktwert ermittelt, der mittels einer Transformationsfunktion in einen Multiplikator überführt wird. Dieser Multiplikator wird dann mit dem jeweiligen Markengewinn verknüpft, wodurch der Markenwert der betrachteten Marke resultiert. Zugrunde gelegt werden sieben Faktoren, die - je nach Branchenzugehörigkeit - in 80 bis 100 Unterkriterien unterteilt werden. Diese Faktoren lauten im einzelnen (vgl. *Penrose*, 1989, S. 37 ff.; *o. V.*, 1989b, S. 52; *Mc Hardy*, 1990, S. 60 f.):

1. **Marktführerschaft**: Ausgegangen wird von der Vorstellung, daß eine marktführende Marke größere Marktbeeinflussungsmöglichkeiten impliziert und Angriffen der Wettbewerber besser standhalten kann; im Falle der Marktführerschaft stellt eine Marke daher gegenüber den Konkurrenzmarken einen besonders stabilen und hohen Wert dar. Relevante Indikatoren sind u. a. der eigene Marktanteil und die Marktanteile der Wettbewerber, die Marktstruktur und die Breite der Konsumentenbasis.

---

38) Vgl. die Ausführungen im Kapitel A. dieses Teils.

2. Markenstabilität: Im Markt etablierte Marken mit entsprechender Verkehrsgeltung verfügen über mehr Loyalität beim Verbraucher. Wichtige Indikatoren sind hier z. B. das Alter der Marke, die Verbraucherakzeptanz und die Markenidentifikation.

3. Markt: Die Marktbedingungen beeinflussen den Wert einer Marke insofern, als instabile Märkte, die häufigen technologischen oder modischen Einflüssen unterliegen, zu geringeren Markenwerten führen. Von Bedeutung sind auch die Marktzutrittsschranken; markenwertsteigernd wirken sich daher stabile Marktverhältnisse mit hohen Marktzutrittsschranken aus. Ein weiterer Indikator ist das Marktvolumen und seine voraussichtliche Entwicklung.

4. Internationalität der Marke: Betrachtet wird hier die Fähigkeit einer Marke, regionale und kulturelle Grenzen zu überschreiten und sich in Auslandsmärkten etablieren zu können. Als wesentliche Aspekte kommen die auf den Auslandsmärkten erzielte Position der Marke, die Art und Weise, wie diese Position erreicht wurde, sowie die erwartete zukünftige Entwicklung der Marke auf diesen Märkten zum Zuge.

5. Trend der Marke: Ausschlaggebend für den Wert einer Marke ist die erwartete mittel- bis langfristige Entwicklung der Marke und somit ihre Fähigkeit, Verbraucherwünsche zukünftig befriedigen zu können. Die Antizipation von Wettbewerbstrends und Gefahren sowie Maßnahmen der Markenentwicklung spielen in diesem Zusammenhang eine Rolle.

6. Marketing-Unterstützung: Dieser Faktor umfaßt die Marketing-Investitionen in eine Marke in quantitativer und qualitativer Hinsicht. Marken, denen eine hohe Marketing-Unterstützung in Form einer konsequenten Markenpflege durch den entsprechenden Einsatz des marketingpolitischen Instrumentariums zukommt, erreichen einen höheren Markenwert als Marken, denen ein geringeres Marketing-Budget eingeräumt wird.

7. Rechtlicher Schutz der Marke: Das Ausmaß des rechtlichen Schutzes, den eine Marke genießt, ist für ihren Wert insofern von Bedeutung, als nur bei entsprechender rechtlicher Absicherung der Marke - auch in anderen Ländern - eine volle Ausschöpfung ihres Potentials und eine Internalisierung ihrer Erträge möglich ist.

Einen zusammenfassenden Überblick über beispielhafte Operationalisierungskriterien der einzelnen Faktoren gibt *Abbildung 3.2.*

1. Marktführerschaft
(Marktbeeinflussungsmöglichkeiten)
- Gegenwärtiger Status & Rolle
  (Marktanteil, Marktposition, Marktanteile der Wettbewerber, Marktsegment, regionale/nationale/internationale Aspekte u. a.)
- Wie wurde diese Position erreicht?
  (Marktstruktur, Breite der Konsumentenbasis, Handelsdurchsetzung, Produktvorteile, Verbraucherimage u. a.)
- Zukunftsaspekte

2. Stabilität
(Überlebensfähigkeit)
- Historie (Produkte mit Markennamen, Alter, Langlebigkeit u. a.)
- Aktuelle Position (Produktrange, visuelle Präsentation, Verbraucherakzeptanz, Abhängigkeit von Vertriebssystemen u. a.)
- Zukünftige Entwicklungen

3. Markt
- Übersicht (Wettbewerbsstruktur, Marktsegment, Verbraucherbindung, Wert, Volumen u. a.)
- Trend (Verbrauchernachfrage, markenunabhängige Einflüsse, Marktdynamik)
- Zukunftsperspektiven

4. Internationalität
(Eignung, kulturelle/geographische Grenzen zu überschreiten)
- Gegenwart (Vertretung auf ausländischen Märkten, Bedeutung in diesen Märkten u. a.)
- Vergangenheit (Export-Historie, Stabilität der Märkte, Werbung im Ausland u. a.)
- Zukunftsperspektive

5. Trend der Marke
- Entwicklung (Verkaufsvolumen, Verkaufswert, Marktanteil)
- Status (Wettbewerbstrend, Gefahren)
- Planung (Entwicklungspläne, zukünftige Chancen u. a.)

6. Marketing-Unterstützung
- Qualität und Kontinuität (Werbeaktivitäten, Verkaufsförderung, Handelsunterstützung, Präsenz im Geschäft)
- Qualität (Entwicklung der Markenpersönlichkeit, Kongruenz von Botschaft und Image, Durchsetzung von Markenwerten)
- Zukünftige Strategie

7. Rechtlicher Schutz der Marke

Quelle: *o. V.*, 1989b, S. 52.

Abb. 3.2: Faktoren der Markenstärke und ihre Operationalisierungskriterien im Interbrand-Modell

Bewertet wird eine Marke für jeden einzelnen Faktor, wobei die Faktoren unterschiedlich, aber branchenübergreifend einheitlich gewichtet sind (vgl. *o. V.*, 1989b, S. 53 f.). Ausgehend von einem maximalen Gesamtpunktwert von 100 Punkten kann eine Marke bei den einzelnen Faktoren folgende Höchstpunktzahl erreichen (vgl. *Penrose*, 1989, S. 40):

1. Marktführerschaft: 25 Punkte
2. Markenstabilität: 15 Punkte
3. Markt: 10 Punkte
4. Internationalität der Marke: 25 Punkte
5. Trend der Marke: 10 Punkte
6. Marketing-Unterstützung: 10 Punkte
7. Rechtlicher Schutz der Marke: 5 Punkte

Ersichtlich ist, daß den Kriterien Marktführerschaft und Internationalität der Marke die größte Bedeutung zukommt; sie vereinigen zusammen 50% der maximalen Gesamtpunktzahl auf sich. Anhand der Bewertung der Marke hinsichtlich der einzelnen Faktoren wird zudem deutlich, wo diese Marke offensichtliche Schwächen besitzt und in welchen Bereichen ein besonders großes Potential zur Stärkung der Marke und somit zur Markenwertsteigerung besteht.

Die Markenstärke, die durch die von einer Marke erreichte Gesamtpunktzahl ausgedrückt wird, wird dabei als eine direkte Reflexion der Fähigkeit der Marke, zukünftige Einkommensströme zu generieren, angesehen (vgl. *Penrose*, 1989, S. 40); daher wird sie zur Ableitung eines Multiplikators, der auf den Markengewinn angewendet wird, herangezogen. Nach den Forschungsergebnissen und Erfahrungen von *Interbrand* besteht zwischen der Markenstärke und dem Multiplikator eine klassisch S-förmige Beziehung (vgl. *Abbildung 3.3*).[39]

Zu interpretieren ist dieser Verlauf wie folgt (vgl. *Penrose*, 1989, S. 41): Entwickelt sich eine neue oder zunächst weitgehend unbekannte Marke zur dritt- oder viertstärksten Marke im nationalen Markt, steigt ihr Wert nur allmählich. Steigt sie hingegen zur zweitstärksten Marke auf oder wird sie (schwacher) Marktführer in ihrem Markt, so ruft dies einen exponentiellen Effekt auf ihren Wert hervor. Gleiches gilt, wenn eine zuvor nationale Marke international bekannt wird. Die Markenwertsteigerung von etablierten, international erfolgrei-

39) Die konkrete funktionale Beziehung zwischen der Markenstärke und dem Multiplikatorwert wird von *Interbrand* nicht bekanntgegeben.

chen Marken ist bei weiter steigender Markenstärke hingegen unterproportional; bei hoher Markenstärke zeigt die Kurve daher einen degressiven Verlauf.

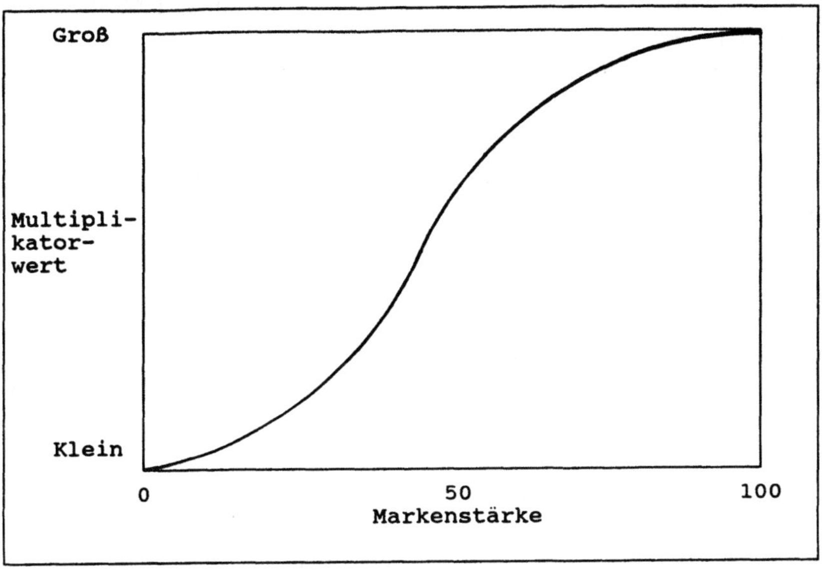

Quelle: *Penrose*, 1989, S. 41.

Abb. 3.3: Die Beziehung zwischen der Markenstärke und dem Markengewinn-Multiplikator im Interbrand-Modell

Das zentrale Problem liegt bei der Skalierung des Multiplikators. Während einer Marke ohne jegliche Markenstärke kein eigenständiger Markenwert zuerkannt werden kann und der Multiplikator daher den Wert Null annimmt, stellt die Bestimmung der Maximalausprägung des Multiplikators für die "perfekte" Marke eine erhebliche Schwierigkeit dar. Zur Festlegung dieses Wertes wird vom Multiplikator einer risikofreien Kapitalmarktinvestition ausgegangen, der wegen der für eine Marke in der Realität nicht zutreffenden Annahme der Risikofreiheit nach unten angepaßt werden muß.[40] Auch können Kurs-Gewinnverhältnisse (Price-Earnings-Ratio) von Unternehmen der betreffenden Branche zur Ableitung eines geeigneten Multiplikatorwertes herangezogen werden. Diese Kennziffern geben das Verhältnis von Preis je Aktie zum Gewinn je Aktie an (vgl. z. B. *Coenenberg*, 1991, S. 693). Beispiels-

40) Die Ermittlung des Multiplikators kann an einem kurzen Beispiel demonstriert werden: Gegeben sei ein risikofreies Wertpapier mit unendlicher Laufzeit und einer Dividende von 1000 Geldeinheiten pro Periode. Beträgt der Kalkulationszinsfuß 8%, so ergibt sich der Wert dieses Wertpapiers als:
$P_{Wp} = D/(1+i) + D/(1+i)^2 + ... + D/(1+i)^{\infty} = D/i = 1000/0{,}08 = 12500$.
Der Multiplikator in diesem Fall ist also 12500/1000 = 12,5.

weise betrug das Kurs-Gewinnverhältnis der englischen Nahrungsmittelindustrie im Mai 1989 ca. 13 (vgl. *Penrose*, 1989, S. 42). Nach den Erfahrungen von Interbrand erscheint ein auf diese Weise ermittelter maximaler Multiplikatorwert von 20 angemessen, der allerdings im Zeitablauf variieren kann sowie in der Regel branchenspezifisch unterschiedliche Werte annimmt.

Der letzte Schritt zur Ermittlung des Wertes einer Marke besteht in der Bestimmung des Markengewinns, auf den der Multiplikator anzuwenden ist. Entscheidendes Problem hierbei ist die Notwendigkeit, ausschließlich den aus der Verwendung der Marke als Markenzeichen resultierenden Gewinn zu berücksichtigen, da nicht ein physisches Produkt, sondern ein immaterieller Vermögensgegenstand das Bewertungsobjekt darstellt: "Der Gewinn, der in die Markenbewertung eingebracht wird, muß allerdings ausschließlich markenbezogen sein. Das heißt reduziert um Beiträge aus Eigenmarken, Handelsware **und dem Prozentsatz, den man, ohne eine Marke zu besitzen, auch erwirtschaften würde**" (*Mc Hardy*, 1990, S. 61; Hervorhebungen vom Verf.). Somit sind alle Gewinnbestandteile, die auf andere Faktoren als der Verwendung der Marke zurückzuführen sind, vom gesamten Markengewinn abzuziehen: "..not all of the profitability of a brand can necessarily be applied to the valuation of that brand: a brand may be essentially a commodity product or may gain much of its profitability from its distribution system... The elements of profitability which do not result from the brand's identity must therefore be excluded" (*Penrose*, 1989, S. 33). Damit ergeben sich zwei Problemstellungen: Erstens ist der Markengewinn zu ermitteln, der auf ein mit einer bestimmten Marke versehenes Produkt zurückzuführen ist. Probleme können hier dann entstehen, wenn dieses Produkt auch als Handelsmarke oder unmarkiert verkauft wird und entsprechende buchhalterische Informationen, anhand derer der mit dem Produkt erzielte Gesamtgewinn adäquat aufgeschlüsselt werden kann, fehlen. Zweitens ist der Gewinn zu ermitteln, der ausschließlich auf die Verwendung der Marke als Markenzeichen zurückzuführen ist, d. h. nicht durch andere nichtmarkenbezogene Faktoren bedingt ist. In beiden Fällen wird man in mehr oder weniger großem Umfang auf subjektive Schätzungen zurückgreifen müssen.

Zur Vermeidung von Verzerrungen, die dadurch entstehen, daß ein auf diese Weise ermittelter Gewinnwert unverhältnismäßig hoch oder niedrig - also unrepräsentativ - ausfällt, wird zudem vorgeschlagen, nicht nur den Gewinn der letzten Periode zu berücksichtigen, sondern das gewichtete arithmetische Mittel der Gewinnwerte der letzten drei Perioden zu bilden; hinsichtlich der Gewichtung wird von der Überlegung ausgegangen, daß die einzelnen Gewichtungsfaktoren die Wichtigkeit bzw. den Grad der Repräsentativität des jeweiligen Gewinnwertes für die zukünftige Entwicklung widerspiegeln sollen. In der Regel wird unterstellt, daß der jüngste Gewinnwert für die Zukunft am meisten Bedeutung hat und daher mit dreifachem Gewicht in die Berechnung eingeht, der Gewinn der Vorperiode mit zweifachem Gewicht und der Gewinn der drittletzten Periode nur einfach gewertet wird. Zusätzlich wird zur Ver-

	t-2	t-1	t
Gewinn vor Steuern	1100	1250	1500
Gewinne aus anderen Marken oder Produkten	300	330	350
Gewinn der betrachteten Marke	800	920	1150
Inflationsfaktor	1,092	1,04	1
Gegenwartswert des Markengewinns	873,6	956,8	1150
Gewichtungsfaktor	1	2	3
Gewichteter Markengewinn	873,6	1913,6	3450
Summe der gewichteten Gewinne	6237,2		
Summe der Gewichtungsfaktoren	6		
Gewichteter durchschnittlicher Markengewinn	1039,5		
Abschlag für erwartete niedrigere Zukunftsgewinne	100		
Abzug nichtmarkenbezogener Gewinnbestandteile	450		
Auf die Marke als immaterieller Vermögensgegenstand zurückführbare Gewinne	489,5		
Steuern	210,5		
Markengewinn nach Steuern	279,0		

Quelle: In Anlehnung an *Penrose*, 1989, S. 38.

Tab. 3.2: Ermittlung des Markengewinns im Interbrand-Modell

gleichbarmachung der in unterschiedlichen Perioden erwirtschafteten Gewinnwerte ein Inflationsfaktor angesetzt. Um zu vermeiden, daß ein zu hoher Markenwert resultiert, kann weiterhin eine Wertkorrektur des ermittelten gewichteten Durchschnittsgewinns vorgenommen werden, um in der Zukunft erwartete geringere Gewinne in die Markenbewertung miteinzubeziehen. Differieren die prognostizierten Gewinnwerte und der gewichtete Durchschnittsgewinn der Vergangenheit sehr stark, so kann dies zudem auf die Notwendigkeit der Verwendung eines anderen, geeigneteren Gewichtungsschemas für die Gewinnwerte der Vergangenheit hindeuten.

Schließlich sind die Steuern in Abzug zu bringen, da sich der auf den Markengewinn anzuwendende Multiplikator auf den Nettogewinn bezieht; zu verwenden ist hier der erwartete mittelfristige Effektivsteuersatz (vgl. *Penrose*, 1989, S. 37). *Tabelle 3.2* zeigt anhand eines Beispiels, wie auf Basis dieser Ausführungen der auf die Verwendung der Marke als Markenzeichen zurückzuführende Gewinn ermittelt wird. Bei diesem Beispiel wird von einer Inflationsrate in t-2 von 5% und in t-1 von 4% ausgegangen sowie ein mittelfristiger Effektivsteuersatz von 43% veranschlagt.

Graphisch kann das Interbrand-Modell zusammenfassend wie folgt dargestellt werden (vgl. *Abbildung 3.4*): Ausgehend von der Ermittlung der Markenstärke als diejenige Gesamtpunktzahl, die die betrachtete Marke bei den sieben Faktoren bzw. ihren Unterkriterien erreicht, wird über die Transformationsfunktion der Multiplikator bestimmt. Dieser Multiplikator wird schließlich mit dem auf die Verwendung der Marke zurückzuführenden Gewinn verknüpft; die Multiplikation beider Werte miteinander ergibt den Wert einer Marke. Wurde also beispielsweise ein Punktwert der Marke von 70 erzielt, und entspricht dieser Punktwert laut Transformationsfunktion einem Multiplikatorwert von 15, so ergibt sich für das hier gewählte Beispiel ein Wert der Marke von 4185,0 (= 15 • 279,0).

2. Kritische Würdigung des Modells

Das Interbrand-Modell darf als einer der ersten Ansätze bezeichnet werden, die sich die methodisch gestützte Bewertung einer Marke zur Aufgabe gemacht haben. Da die Entwicklung derartiger Modelle erst am Anfang steht, existiert eine Vielzahl offener Fragen und Probleme.

Als entscheidender Kritikpunkt am Interbrand-Modell ist der starke **Einfluß subjektiver Momente** zu werten, da hierdurch die Eindeutigkeit und Nachvollziehbarkeit der Modellergebnisse abnehmen. Im Mittelpunkt der Kritik stehen in diesem Zusammenhang

- die Auswahl und Gewichtung der Faktoren bzw. ihrer Unterkriterien zur Bestimmung der Markenstärke,
- die Festlegung der Skalierung des Multiplikators,
- die Abgrenzung des relevanten Marktes sowie
- die im Rahmen der Markengewinnermittlung notwendigen Schätzungen in denjenigen Bereichen, in denen "harte" buchhalterische Informationen fehlen.

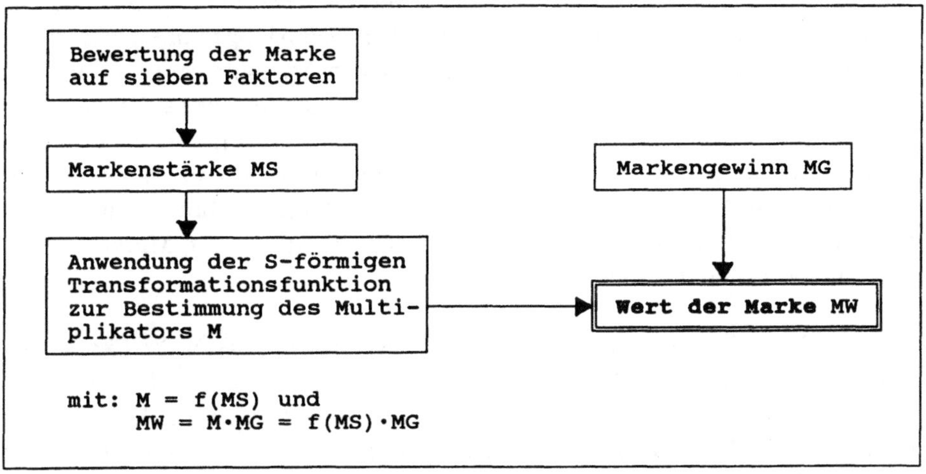

Abb. 3.4: Die Konzeption des Interbrand-Modells zur Bewertung von Marken

Hinsichtlich der **Auswahl der Faktoren bzw. ihrer Operationalisierungskriterien** ist zunächst positiv hervorzuheben, daß durch ihre Vielzahl versucht wird, das Modell auf eine breite Basis zu stellen, um so dem ganzheitlichen Charakter einer Marke zu entsprechen und die Vielgestaltigkeit der Einflußfaktoren abbilden zu können. Diese Vorgehensweise führt allerdings zu zwei gegenläufigen Effekten: Einerseits sinkt durch die Vielzahl von Kriterien die Wahrscheinlichkeit, daß wichtige Einflußfaktoren vergessen werden. Andererseits steigt die Gefahr, daß einzelne Kriterien miteinander korreliert sind. Als Folge der Korrelation ergibt sich eine Ergebnisverzerrung, da einzelne Aspekte mehrfach Berücksichtigung finden. Umgangen werden kann diese Problematik mit der Durchführung einer Faktorenanalyse, die aus einer Vielzahl von Variablen wenige komplexe Faktoren, die voneinander unabhängig sind, extrahiert.[41] Die Komplexität der resultierenden Faktoren bedingt aber, daß diese

41) Zur Faktorenanalyse vgl. z. B. *Backhaus et al.*, 1987, S. 67 ff.

Faktoren in der Regel wenig operational sind und damit für das Marken-Management keine konkreten Anknüpfungspunkte hinsichtlich zu treffender Entscheidungen bieten.

Hinsichtlich der **Gewichtung der Kriterien bzw. Faktoren** ist grundsätzlich zu fordern, daß sie die Bedeutungsunterschiede, die diese Kriterien bzw. Faktoren im Rahmen der Ermittlung der Markenstärke bzw. des Markenwerts einnehmen, adäquat reflektieren.[42] Ein gewisses Maß an Subjektivität und Willkür läßt sich hier in der Regel nicht vermeiden. Dies läßt sich beispielsweise daran erkennen, daß in unterschiedlichen Markenbewertungsansätzen für dieselben Kriterien unterschiedliche Gewichte vergeben werden (vgl. *o. V.*, 1989b, S. 51); als Folge stellen sich unter sonst gleichen Bedingungen unterschiedliche Markenwerte für dieselbe Marke ein. Fraglich ist weiterhin, ob die im Interbrand-Modell unterstellte branchenübergreifende Einheitlichkeit der Gewichtungsfaktoren eine realitätsnahe Annahme darstellt; so ist durchaus denkbar, daß einzelne Kriterien in unterschiedlichen Produktmärkten von unterschiedlicher Bedeutung sind. Allerdings erleichtert ein branchenübergreifend identisches Gewichtungsschema die Vergleichbarkeit von Marken unterschiedlicher Produktmärkte.

Weitere Potentiale für subjektiv bedingte Verzerrungen bietet die **Skalierung des Multiplikators**. So ist fraglich, wie hoch die Abschläge vom Multiplikator bei risikofreien Kapitalmarktinvestitionen, die als Analogie zur Bestimmung des maximalen Multiplikatorwertes herangezogen werden, sein müssen, um die auch für die "perfekte" Marke in der Realität nicht bestehende Risikofreiheit zu berücksichtigen: "Thus the highest multiple that can be applied will be **somewhat** lower than that for a risk-free investment and may vary from business to business and industry to industry" (*Penrose*, 1989, S. 42; Hervorhebungen vom Verf.). Inwiefern weitere Indikatoren wie z. B. das branchenspezifische Kurs-Gewinn-Verhältnis von Unternehmen zusätzliche valide Informationen zur Skalierung des Multiplikators bereitstellen können, erscheint ungewiß: "Therefore the multiple at the high end of the brand strength scale should clearly be greater than the average P/E ratio of the sector in which the company operates. Brands at the low end of the brand strength scale will be below this ratio" (*Penrose*, 1989, S. 42). Da zudem angenommen wird, daß die Skala des Multiplikators in Abhängigkeit von der Zeit variiert, taucht weiterhin die Frage auf, wie stark dieser Einfluß ist und in welchen Zeitintervallen daher zweckmäßigerweise eine Wiederholung der Messung des Markenwerts vorzunehmen ist. Für den funktionalen Zusammenhang zwischen der Marken-

42) Zur Problematik der Zielgewichtung bei mehrfacher Zielsetzung vgl. z. B. *Hafner*, 1988, S. 495 ff. und die dort angegebene Literatur.

stärke und dem Multiplikator bedeutet dies, daß - auch wenn man den S-förmigen Verlauf grundsätzlich akzeptiert - keine eindeutige Funktion existiert, sondern beispielsweise eine Drehung der Funktion um den Nullpunkt innerhalb eines bestimmten Bereichs im Zeitablauf stattfindet.[43)]

Eine weitere wesentliche Problematik stellt die **Abgrenzung des relevanten Marktes**, welche zur Anwendung des Interbrand-Modells durchzuführen ist, dar.[44)] Dies ist insbesondere insofern von Bedeutung, als sehr viele marktbezogene Kriterien im Interbrand-Modell Verwendung finden (vgl. *Abbildung 3.2*). Die resultierende Markenwertgröße hängt damit stark von der vorgenommenen Marktabgrenzung ab. Auch hier ergibt sich ein weites subjektives Beeinflussungspotential, da es **den** Markt nicht gibt: "Nach verbreiteter Ansicht gibt es keine allgemeingültige Antwort auf die Frage, wie ein Markt abzugrenzen sei" (*Bauer*, 1989, S. 18). Im Rahmen des Interbrand-Modells wird empfohlen, eine eher breitere Marktabgrenzung vorzunehmen, wodurch auch Ausstrahlungseffekte und Rückkopplungen aus anderen Märkten, die in einer absatzmäßigen Verflechtung mit dem eigenen Markt stehen wie z. B. Substitutionsmärkte, berücksichtigt werden (vgl. *o. V.*, 1989b, S. 53). Durch die breite Marktabgrenzung wird verhindert, daß eine im Prinzip schwache Marke zum Marktführer hochstilisiert wird und so ein unnatürlich hoher Markenwert resultiert.

Spielraum für persönliche Interpretationen und Einflußnahme läßt auch die **Ermittlung des Markengewinns** im Interbrand-Modell, da die Feststellung des ausschließlich auf die Verwendung der Marke zurückzuführenden Gewinns mit erheblicher Unsicherheit behaftet ist; außerdem muß dort, wo notwendige buchhalterische Informationen zur Berechnung desjenigen Gewinns, der allein auf das mit einer bestimmten Marke versehene Produkt zurückzuführen ist, fehlen, ohnehin auf Schätzungen ausgewichen werden. Bei der Gewichtung der Gewinnwerte für die berücksichtigten Vergangenheitsperioden ergibt sich außerdem dieselbe Problematik wie bei der Gewichtung der Kriterien zur Bestimmung der Markenstärke; ebenso erscheint die Anzahl der einbezogenen Vergangenheitsperioden willkürlich.

Neben diesen Aspekten, die die modellimpliziten subjektiven Beeinflussungsmöglichkeiten verdeutlichen, sind auch Schwächen, die aus der Modellkonstruktion herrühren, offenbar. Im Vordergrund steht hier die Kompensations-

43) Eine Verschiebung der Funktion ist nicht möglich, da der Nullpunkt eindeutig und zeitinvariant ist, d. h. bei einer Markenstärke von Null herrscht auch immer ein Multiplikatorwert von Null; vgl. auch *Abbildung 3.3*.

44) Zur Abgrenzung des relevanten Marktes vgl. auch die Ausführungen im Unterabschnitt B.I.2.aa. im 4. Teil.

prämisse, die dem verwendeten Scoring-Modell zugrunde liegt; so läßt sich rein rechnerisch beispielweise eine geringere Produktqualität durch eine höhere Distribution ausgleichen. Eine adäquate Berücksichtigung derartiger Saldierungseffekte innerhalb des Modells läßt sich aber nur dann erreichen, wenn die hieraus resultierenden mittel- bis langfristigen Wirkungen - die in diesem Fall eindeutig negativer Natur wären - antizipiert würden. Durch die Festsetzung einer Mindestpunktzahl für einzelne Kriterien läßt sich die Kompensationsproblematik zwar abmildern, zumindest im oberen Punktebereich aber nicht ausschließen. Als weiterer Nachteil des Modells erscheint die Tatsache, daß eine Mindestgröße der zu bewertenden Marke von ca. 5% Marktanteil vorliegen sollte, da andernfalls eine valide Messung der Einzelkriterien nicht möglich ist (vgl. *o. V.*, 1989b, S. 53); junge oder schwache Marken können daher nicht bewertet werden.

Neben den offensichtlichen Schwachpunkten des Modells sind folgende positive Aspekte festzuhalten: Das Interbrand-Modell stellt einen Versuch der ganzheitlichen Erfassung der Marke dar; durch einen breit angelegten Katalog von Kriterien wird versucht, das komplexe Wesen "Marke" auf den zur Feststellung ihres Wertes wesentlichen Beurteilungsdimensionen zu erfassen. Dies schafft zudem die Möglichkeit, das Modell zu Kontrollzwecken heranzuziehen, indem Ist- und Soll-Werte der Marke bei den einzelnen Kriterien miteinander verglichen werden; außerdem wird hierdurch eine stärkere Sensibilisierung des Marken-Managements für Entscheidungen erreicht, die die Marken(wert)-pflege betreffen, da die Auswirkungen der Entscheidungen anhand der Kriterien explizit sichtbar werden. Einen weiteren Vorteil stellt die einfache Handhabbarkeit des Modells dar, wobei allerdings zu beachten ist, daß die reduzierte Modellkomplexität per se nur dann von Vorteil ist, wenn sie nicht zu einer verminderten Qualität der Modellergebnisse führt; diesbezüglich sind jedoch - wie deutlich wurde - Zweifel angebracht.

II. Das Nielsen-Modell

1. Darstellung des Modells

Das Markenbewertungssystem "Marken-Bilanz", das die Firma *A. C. Nielsen* mit zwei Kooperationspartnern[45] 1989 gemeinsam vorstellte, stellt einen weiteren spezifischen Ansatz zur Ermittlung des Wertes von Marken dar. Zugrunde gelegt wird bei diesem Ansatz der Begriff des Markenwerts in der Definition von *Schulz/Brandmeyer*.[46]

Ziel des Modells ist es, ein auf praktischen Erfahrungen gegründetes und genügend differenziertes Modell für die Bewertung und Steuerung von Marken zu liefern (vgl. *Schulz/Brandmeyer*, 1989a, S. 365). Im Kern ist die Marken-Bilanz dem Interbrand-Modell sehr ähnlich: In beiden Fällen handelt es sich um einen Scoring-Ansatz. Ausgangspunkt bilden sechs Kriteriengruppen, die in 19 Unterkriterien unterteilt werden und als Indikatoren für den Markenwert gelten (vgl. *Tabelle 3.3*). Dabei werden alle marktbezogenen Größen jeweils auf Wert- und nicht auf Mengenbasis betrachtet, um dem Ziel einer langfristigen Werterhaltung der Marke zu entsprechen; einem kurzfristigen "Ausverkauf" der Marke über eine Preis-Mengenstrategie soll so entgegengetreten werden.

Die Ausprägungen der 19 Unterkriterien werden jeweils so in Skalenwerte transformiert und gewichtet, daß eine Maximalpunktzahl von 500 erreicht werden kann; dabei wird eine unterschiedliche Gewichtung der einzelnen Kriterien vorgenommen. Die jeweils erreichte Gesamtpunktzahl, welche aus der Summe der gewichteten Punktwerte, die bei den einzelnen Kriterien erreicht werden, resultiert, repräsentiert die ganzheitliche Erfassung der Marke; sie ist Ausdruck des Zukunftspotentials einer Marke.

Zur Anwendung des Modells muß - wie beim Interbrand-Modell - im ersten Schritt der relevante Markt abgegrenzt werden, wobei auch hier eine breitere Auslegung befürwortet wird (vgl. *Schulz/Brandmeyer*, 1989a, S. 365). Zudem wird darauf hingewiesen, daß zur Vermeidung von Verzerrungen bei jeder Markenbewertung stets alle Kriterien zu berücksichtigen sind (vgl. *Schulz*, 1989, S. 80).

---

45) Dr. Roland Schulz, Directeur général Henkel Belgium und Henkel Nederland, und Dr. Klaus Brandmeyer, Institut für angewandte Sprache, Hamburg.

46) Vgl. Kapitel A. in diesem Teil.

Kriteriengruppe	**Einzelkriterium**	**Bedeutungsinhalt**
Markt	Wert des Marktes	Größe des Marktes in Geldeinheiten
	Entwicklung des Marktes	Veränderung der in Geldeinheiten bewerteten Marktgröße
	Wertschöpfung des Marktes	Durchschnittlich auf dem betrachteten Markt erzielbare Umsatzrendite
Marktanteil	Wertmäßiger Marktanteil	Wertmäßiger Anteil der Marke am Gesamtmarkt
	Relativer Marktanteil	Wertmäßiger Marktanteil der Marke in Relation zum Marktführer
	Marktanteilsentwicklung	Veränderung des wertmäßigen Anteils der Marke am Gesamtmarkt im Zeitablauf
	Gewinn-Marktanteil	Gewinnanteil der Marke am gesamten auf dem Markt erzielten Gewinn
Handel	Gewichtete Distribution	Verbreitung einer Marke im Handel auf Basis des abgedeckten Nachfragepotentials
	Handelsattraktivität der Marke	Rentabilität der Marke pro 100DM Lagerbestand
Marketing-Mix	Produktqualität	Einschätzung der Produktqualität der Marke durch Experten
	Preisverhalten der Marke	Veränderung des Marktpreises der Marke gegenüber einem Ausgangszeitpunkt
	Share of Voice	Anteil der Marke am gesamten Werbeaufwand des Marktes

Quelle: *Schulz/Brandmeyer*, 1989a, S. 366 ff.; *Nielsen*, 1990.

Tab. 3.3: Kriterien des Nielsen-Modells zur Bestimmung des Wertes von Marken

Kriteriengruppe	**Einzelkriterium**	**Bedeutungsinhalt**
Konsument	Markentreue	Anteil markentreuer Käufer
	Vertrauenskapital der Marke	Messung des einer Marke entgegengebrachten Vertrauens (Frage: Wie sehr vertrauen Sie Produkten mit dem Markennamen...?)
	Share of Mind	Anteil der Konsumenten, der die Marke (ungestützt) bei Nennung der Warengruppe spontan aufruft
	Werbeerinnerung	Anteil der Konsumenten, der sich an die Werbung der Marke (Text-/Bildelemente) erinnert
	Markenidentifikation	Anteil der Konsumenten, der das erinnerte Text-/Bildelement der richtigen Marke zuordnet
Geltungsbereich der Marke	Internationalität	Anzahl der Länder, in denen die Marke vertrieben wird, und dortiger Marktanteil
	Internationaler Markenschutz	Ausmaß der rechtlichen Absicherung der Marke in den einzelnen Ländern

Tab. 3.3 (Forts.)

In dieser ursprünglichen Ausprägung des Modells bleibt die Frage nach dem **monetären** Wert einer Marke zunächst unbeantwortet (vgl. *Brandmeyer/ Schulz*, 1990, S. 238). Anwendungsbereiche des Modells liegen daher in erster Linie in der Verwendung des Modells als Stärken-Schwächen-Analyse für eine Marke hinsichtlich der einzelnen Kriterien, im Vergleich der erreichten Punktwerte verschiedener Marken untereinander und als Kontrollinstrument zur Überprüfung, ob eine Steigerung der Gesamtpunktzahl im Zeitablauf gelungen ist.

Als Schlußstein der Marken-Bilanz entwickelte *A. C. Nielsen* 1990 ein System zur Ermittlung des Verkehrswertes von Marken, welches die spezifischen Stärken und Schwächen einer Marke berücksichtigt und auf dem Ertragswertverfahren basiert;[47] wie im Interbrand-Modell wird also eine Verknüpfung von Marketing- und Finanzaspekten angestrebt. Es wird danach gefragt, welche Erträge mit einer Marke zukünftig erwirtschaftet werden können (vgl. *Merget*, 1990, S. 406). Hieraus resultiert der monetäre Wert der Marke; die Marke wird demnach als Investitions- bzw. Anlageobjekt aufgefaßt.

Den Ausgangspunkt der monetären Markenwertbestimmung bildet die Prognose der Entwicklung des für die Marke relevanten Marktes. Geschätzt wird sowohl die mengenmäßige Entwicklung als auch - über die Schätzung der Preisentwicklung - die wertmäßige Entwicklung des Marktes (vgl. *Merget*, 1990, S. 406). Angewendet wird hierbei das PERT-Verfahren, welches eine optimistische, eine wahrscheinliche und eine pessimistische Schätzung der zu prognostizierenden Variablen vorsieht, die mit den jeweiligen Eintrittswahrscheinlichkeiten zu versehen sind.[48] Durch Anwendung des Erwartungswertkriteriums wird dann diese mehrwertige Schätzung auf eine einwertige Schätzung zurückgeführt.[49]

Im nächsten Schritt wird die Marktanteilsentwicklung der Marke in den vergangenen Jahren auf Mengenbasis festgestellt und versucht, einen Trend herauszufinden. Hierauf aufbauend wird wiederum nach dem PERT-Verfahren eine mehrwertige Schätzung der zukünftigen Entwicklung abgegeben und mittels Erwartungswertkriterium auf eine einwertige Schätzung reduziert. Hierbei werden die Stärken und Schwächen der Marke berücksichtigt, die in den Kriteriengruppen Handel, Marketing-Mix, Konsument und Geltungsbereich operationalisiert sind (vgl. *Tabelle 3.3*); sie dienen der Adjustierung der Marktanteilsentwicklung, die durch Berücksichtigung der voraussichtlichen Preisentwicklung auch auf Wertbasis durchgeführt wird.

Durch Verknüpfung der Schätzungen für die Marktentwicklung und für die Marktanteilsentwicklung kann eine Prognose der zukünftigen Umsatzentwicklung der Marke erstellt werden, die zunächst auf Endverbraucherpreisen (EVP) basiert. Um zur Prognose der Herstellerumsätze zu gelangen, ist das Verhältnis von Fabrikabgabepreis (FAP) und Endverbraucherpreis zu ermitteln; hierfür werden die Fabrikabgabe-Endverbraucherpreis-Relationen ver-

---

47) Zum Ertragswertverfahren vgl. z. B. *Wöhe*, 1990, S. 797 ff.

48) Zum Begriff und zur Bedeutung des PERT-Verfahren vgl. z. B. *Schwarze*, 1986, S. 104 f. und S. 143 ff.; dort findet sich eine Anwendung des PERT-Verfahrens im Rahmen der Netzplantechnik.

49) Zum Erwartungswertkriterium vgl. z. B. *Bamberg/Coenenberg*, 1992, S. 66 ff.

gangener Perioden und ihre voraussichtliche Entwicklung herangezogen. Durch Berücksichtigung des prozentualen Abschlages von den Endverbraucherpreisen gelangt man schließlich zur Prognose der Umsatzentwicklung zu Fabrikabgabepreisen.

Um die mit einer Marke zukünftig erwirtschaftbaren Erträge bestimmen zu können, wird auf Basis der Umsatzrendite der letzten drei bis vier Jahre und unter Heranziehung von Plankosten eine Schätzung der zukünftig zu erwartenden Umsatzrendite vorgenommen. Durch die Anwendung dieser erwarteten Rendite auf die prognostizierten Umsätze zu Fabrikabgabepreisen erhält man schließlich eine Schätzung für die mit einer Marke zukünftig erwirtschaftbaren Erträge. Von diesen Erträgen sind die auf sie entfallenden Gewerbesteuern abzuziehen, um den Netto-Ertrag einer Marke zu erhalten.

Alle dargestellten Stufen von der Prognose der Marktentwicklung bis zur Schätzung der mit einer Marke erwirtschaftbaren Erträge werden für jedes einzelne Land, in dem die Marke vertreten ist, durchgeführt. Die erwarteten landesspezifischen Erträge der Marke werden dann aufsummiert und kapitalisiert.

Die Kapitalisierung erfolgt durch Abzinsung der Erträge mittels eines Zinssatzes, der sich aus dem landesüblichen Zinssatz, einem Risikozuschlag und einem Geldentwertungsabschlag zusammensetzt. Die Höhe des Risikozuschlages ist von der bei den 19 Kriterien erreichten Gesamtpunktzahl der Marke abhängig: je höher (niedriger) die Punktzahl, desto niedriger (höher) der Risikozuschlag und desto höher (niedriger) damit der monetäre Wert einer Marke. Der im Rahmen der Ertragswertermittlung zu berücksichtigende Zeitraum wird dabei in drei Phasen unterteilt: Die erste Phase umfaßt die ersten drei Jahre, die zweite Phase die nächsten fünf Jahre und die dritte Phase den Zeitraum nach dem achten Jahr; die Gesamtlänge des zu berücksichtigenden Zeitraums wird in Absprache mit dem Auftraggeber der zu bewertenden Marke festgelegt. Die Erträge der ersten beiden Phasen werden nach einzelnen Jahren kapitalisiert, für die dritte Phase wird ein Durchschnittswert herangezogen, der sich aus den letzten Jahren der zweiten Phase und einigen Jahren der dritten Phase zusammensetzt. Der so ermittelte Ertragswert einer Marke stellt nach diesem Ansatz den monetären Wert, den eine Marke beispielsweise beim Kauf bzw. Verkauf erzielen kann, dar. Eine graphische Zusammenfassung der Bestimmung des monetären Werts einer Marke nach dem Nielsen-Modell findet sich in *Abbildung 3.5*.

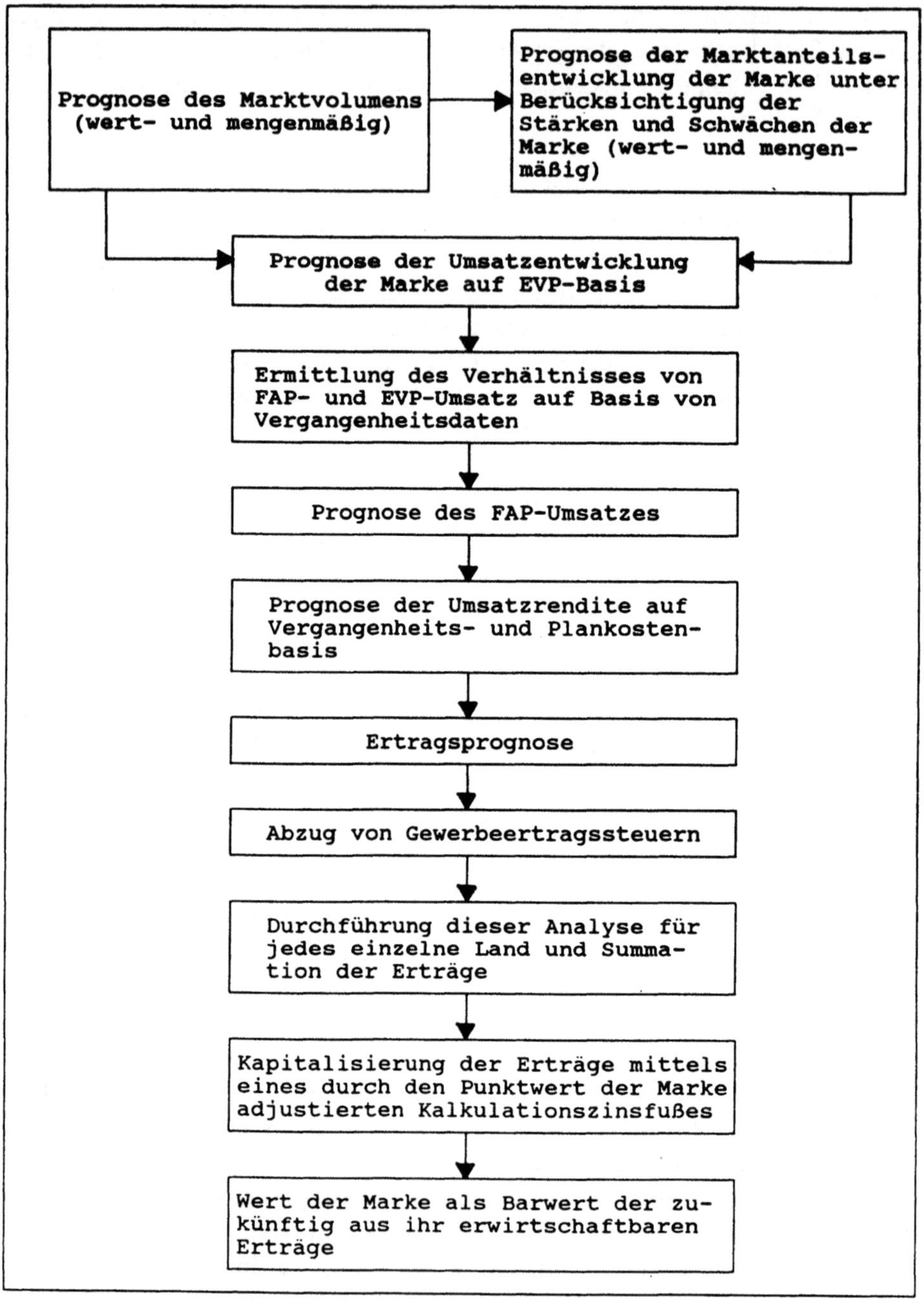

Abb. 3.5: Die Bestimmung des monetären Wertes einer Marke im Nielsen-Modell

2. Kritische Würdigung des Modells

Aufgrund der ähnlichen Modellkonstruktion des Interbrand- und des Nielsen-Modells kommen beim Nielsen-Modell auch Kritikpunkte zum Tragen, die bereits bei der kritischen Würdigung des Interbrand-Ansatzes vorgebracht wurden.[50] Hierzu zählen im einzelnen:

- die **Gewichtung der Kriterien** zur Ermittlung des Punktwertes, den eine Marke über alle Kriterien erreicht. Auch hier ist zu kritisieren, daß die Anwendung eines einheitlichen Gewichtungsschemas zwar die Vergleichbarkeit von Marken unterschiedlicher Produktmärkte erleichtert, hinsichtlich einiger Kriterien aber durchaus als nicht angemessen erscheinen kann; so dürfte beispielsweise das Kriterium "Produktqualität" im Markt für technische Küchengeräte eine größere Bedeutung haben als im Zigarettenmarkt;
- die **Auswahl der Kriterien**, die sich im Nielsen-Modell auf 19 Einzelkriterien beschränkt. Einerseits ist dadurch die Basis nicht so breit und umfassend wie im Interbrand-Ansatz, andererseits verringert sich das Problem der Korreliertheit einzelner Kriterien;
- die **Abgrenzung des relevanten Marktes**, die auch für das Nielsen-Modell von großer Bedeutung ist, da sie ausschlaggebend ist für die Schätzung der zukünftigen Ertragsentwicklung der Marke und somit für ihren monetären Wert;
- die implizit im Scoring-Ansatz enthaltene **Kompensationsprämisse** und
- die **Notwendigkeit einer bestimmten Verkehrsgeltung der Marke**, um die Kriterien valide messen zu können (vgl. *o. V.*, 1989b, S. 53).

Ferner ist unklar, wie die anhand der Kriterien ermittelten Stärken und Schwächen einer Marke eine theoretisch korrekte Adjustierung der Marktanteilsentwicklung ermöglichen; auch hier werden Tendenzaussagen und Schätzungen herangezogen werden müssen. Weiterhin ist die Validität des Zusammenhangs von erreichter Gesamtpunktzahl und der Höhe des Risikozuschlags kritisch zu hinterfragen. Auf Schätzungen muß man auch bei der Ermittlung der Ausprägungen einiger Einzelkriterien wie z. B. der Wertschöpfung des Marktes oder dem Gewinn-Marktanteil zurückgreifen (vgl. *Schulz/Brandmeyer*, 1989a, S. 366); Raum für persönlich motivierte Einflußnahme bietet auch die weitgehend willkürliche Festlegung des insgesamt zu berücksichtigenden Bewertungszeitraumes. Inwiefern die Marken-Bilanz daher tatsächlich einen objektiven, von Dritten nachvollziehbaren Wert der Marke zur Verfügung stellen kann, ist zumindest fraglich.

---

50) Vgl. Unterabschnitt C.I.2 in diesem Teil.

Einen wesentlichen Kritikpunkt stellt zudem die objektbezogene Auffassung des Markenbegriffs dar, die dem Nielsen-Modell zugrunde liegt.[51] Eine derartige Auffassung ist zwar denkbar, sofern - wie hier - die Marke als Investitionsobjekt angesehen wird; bei typischen Fragestellungen im Rahmen der Markenbewertung wie die Bestimmung der Lizenzgebühr im Falle der Lizenzierung der Marke[52], bei der Schadensbemessung im Falle der mißbräuchlichen Nutzung der Marke[53] oder der Bilanzierung von Marken[54] ist jedoch auf die Marke als immaterieller Vermögensgegenstand, d. h. auf das Markenzeichen abzustellen.

Im Rahmen der Ermittlung des monetären Wertes der Marke ist hingegen der starke Einbezug der zukünftigen Entwicklung, der bei der Betrachtung der Marke als Investitionsobjekt unumgänglich ist, positiv zu werten; als Folge hiervon ergibt sich allerdings die Notwendigkeit weiterer Schätzungen und Prognosen, die die Eindeutigkeit und Nachvollziehbarkeit der Ergebnisse zusätzlich einschränken. Es ist jedoch hervorzuheben, daß zur Berücksichtigung der Unsicherheit der zukünftigen Entwicklung auf das PERT-Verfahren zurückgegriffen wird, welches mehrere denkbare Entwicklungen in adäquater Weise berücksichtigt.

Weiterhin sind mit dem Nielsen-Modell folgende **Vorteile** verbunden (vgl. *o. V.*, 1989b, S. 50; *Schulz*, 1989, S. 84 f.):

- Die erforderlichen Daten sind in vielen Markenartikelunternehmen bereits vorhanden, so daß primärstatistische Erhebungen nicht nötig sind.
- Das Modell läßt nach Auffassung der Modellentwickler wenig Spielraum für persönlich motivierte Interpretation des Datenmaterials.
- Das Modell bietet die Möglichkeit einer konstruktiven Zusammenarbeit zwischen Marketing und Controlling.
- Die Auswahl bzw. Erziehung von Mitarbeitern hinsichtlich ihrer Fähigkeit zu markenwertsteigerndem Handeln wird durch Anwendung des Modells ermöglicht.

Insgesamt ist das Nielsen-Modell aufgrund der erwähnten Kritik eher für Zwecke der Markensteuerung und zur Kontrolle der Markenentwicklung, d. h. für marketingspezifische Fragestellungen geeignet; für finanzwirtschaftliche Zwecke wie der monetären Markenbewertung erscheint es hingegen weniger angemessen.

---

51) Vgl. hierzu auch Abschnitt A.II. im 2. Teil.
52) Vgl. Abschnitt B.V. in diesem Teil.
53) Vgl. Abschnitt B.IV. in diesem Teil.
54) Vgl. Abschnitt B.III. in diesem Teil.

III. Weitere Verfahren und ihre Eignung zur Markenbewertung

Neben den vorgestellten Markenbewertungsansätzen aus der Unternehmensberatungspraxis existieren weitere Ansätze zur Bestimmung des Wertes von Marken, die auf unterschiedlichem Wege versuchen, einer Marke einen adäquaten Wert beizulegen. Eingegangen wird im folgenden auf:

- das Modell von *Kern*,
- den Ansatz von *Herp*,
- die Markenbewertung nach *Crimmins* sowie
- traditionelle Methoden der Bewertung von Vermögensgegenständen.

1. Das Modell von Kern

Der Markenbewertungansatz von *Kern* (1962) basiert auf dem Ertragswertgedanken.[55] Begründet wird die Wahl des Ertragswertes von Marken zur Bestimmung ihres Wertes damit, daß der primäre Zweck der Verwendung von Marken in der Erzielung größerer Erträge zu sehen ist. So folgert *Kern*: "Der innere (d. h. wirtschaftliche; Anm. d. Verf.) Wert von Warenzeichen wird also ausschließlich durch ihren absatzwirtschaftlichen Erfolg bestimmt" (*Kern*, 1962, S. 23). Als Erfolgsgröße wird jedoch nicht der Gewinn zugrunde gelegt, da dieser auch von Faktoren beeinflußt wird, die nicht in ursächlichem Zusammenhang mit der Verwendung von Marken stehen (vgl. *Kern*, 1962, S. 25); ausgegangen wird vielmehr vom Umsatz, um zu vermeiden, daß Kosten in die Markenbewertung miteinfließen, die bei einer auf dem Gewinn basierenden Markenbewertung den Wert der Marke beeinflussen, tatsächlich aber nicht durch die Verwendung der Marke bedingt sind. Um dennoch den Gewinn zu berücksichtigen, unterstellt *Kern*, daß mit dem erzielten Umsatz eine Rendite von 4% - 6% erreichbar ist. Auf Basis dieser Überlegungen wird folgender funktionale Zusammenhang zwischen dem Umsatz und dem Wert einer Marke aufgestellt:

$$(3.1) \quad W = \sqrt[3]{U^2} \cdot L \cdot \frac{q^n - 1}{q^n \cdot (q-1)}$$

mit:
- W = Wert der Marke
- U = durchschnittliche Umsatzerwartung pro Jahr
- L = branchenüblicher Lizenzsatz in Prozent
- n = Zeitdauer der Umsatzerwartung in Jahren
- q = 1+p/100 mit p = landesüblicher Zinsfuß.

55) Vgl. hierzu auch die Definition des Markenwerts von *Kern* im Kapitel A. dieses Teils.

Dabei wird von folgenden Ausprägungen der einzelnen Modellvariablen ausgegangen: Für den branchenüblichen Lizenzsatz L unterstellt *Kern* Werte zwischen 1% und 2%; der konkrete Wert ist in Abhängigkeit von der Verkehrsgeltung und dem Ausmaß der rechtlichen Absicherung der Marke festzulegen. Starke Marken mit entsprechender rechtlicher Absicherung führen damit zu höheren Lizenzsätzen als schwache, ungeschützte Marken und somit auch zu einem höheren Markenwert. Für die Zeitdauer der Umsatzerwartung n wird aufgrund der Unsicherheit bei der Schätzung der zukünftigen Umsatzentwicklung mit 3 bis 6 Jahren ein recht kurzer Zeitraum zugrundegelegt; lediglich bei starken Marken erscheint *Kern* eine Ausweitung des Zeithorizonts auf 10 Jahre oder mehr vertretbar. Im wesentlichen ist das Risiko jedoch im Rahmen der Festlegung des Zinsfußes p und somit des Faktors q durch entsprechende Zuschläge - analog zur Vorgehensweise bei Unternehmensbewertungen - zu erfassen; hohes wahrgenommenes Risiko führt damit über hohe Risikozuschläge zu hohen Werten von p und somit zu entsprechend niedrigen Markenwerten.

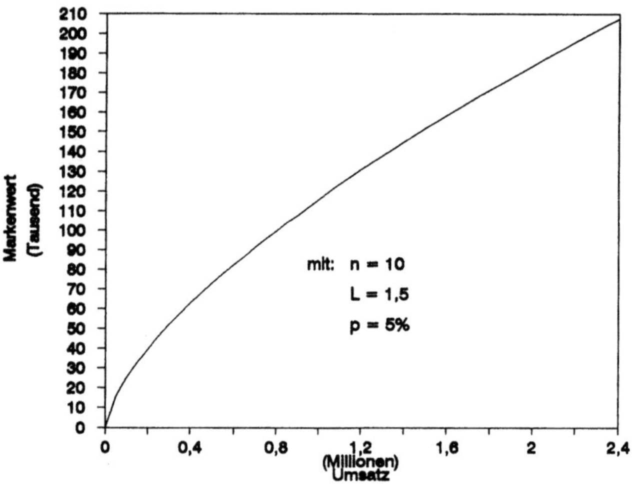

Abb. 3.6: Der Wert einer Marke im Modell von Kern

Abbildung 3.6 zeigt den Verlauf von (3.1) in Abhängigkeit von der jährlichen Umsatzerwartung bei gegebenen Werten von L, n und p. Steigende Werte von L und n führen zu einer Linksdrehung der Funktion um den Ursprung und somit zu höheren Markenwerten bei gegebenem Umsatz, steigende Werte von p hingegen zu einer Rechtsdrehung und damit zu niedrigeren Markenwerten bei vorgegebenem Umsatz. Deutlich wird ferner, daß (3.1) einen degressiven Verlauf impliziert; steigende Umsätze bzw. Umsatzerwartungen führen also nur zu einem unterproportionalen Anstieg des Wertes einer Marke. Begründet wird dies von *Kern* dadurch, "daß mit steigendem Umsatz andere Momente in ständig wachsendem Maße weitere Umsatzausweitungen bewirken" (*Kern*, 1962, S. 27). Als Beispiel hierfür führt er an, daß die Qualität und der günstige Preis einer Ware für sich werben und der Marke bei zunehmenden Umsätzen somit eine geringere Bedeutung zukommt; auch die Erfolge einer aktiven Vertriebsorganisation können nach seiner Ansicht einen degressiven Verlauf der Funktion hervorrufen.

Kritisch ist am Modell von *Kern* zu bemerken, daß durch die mehr oder weniger willkürliche Festlegung der Werte für den zu berücksichtigenden Zeitraum n, den Lizenzsatz L sowie den landesüblichen Zinsfuß p nicht unerhebliche subjektive Ermessensspielräume und somit Beeinflussungspotentiale hinsichtlich des Markenwertes existieren; dies räumt *Kern* auch ein: "Subjektive Schätzungen mit all ihren Nachteilen sind nicht zu vermeiden" (*Kern*, 1962, S. 30). Ferner erscheint der zugrunde gelegte funktionale Zusammenhang zwischen dem Umsatz und dem Wert einer Marke zu spezifisch, um eine generelle Gültigkeit für unterschiedliche Produkte und/oder Märkte beanspruchen zu können. Hier ist jedoch darauf hinzuweisen, daß dieser funktionale Zusammenhang lediglich als Faustformel anzusehen ist und "nur zur Orientierung der Größenordnung von Warenzeichenwerten" (*Kern*, 1962, S. 26) dient; ein exakter Markenwert kann daher von diesem Modell nicht bestimmt werden. Ein weiterer Kritikpunkt besteht in der Vernachlässigung expliziter Kostenbestandteile bei der Verwendung von Marken. Da der Erfolg von Marken nur eine Nettogröße sein kann - schließlich sind auch die mit der Verwendung von Marken verbundenen Kosten vom Markeninhaber zu tragen -, ist in der Nichtberücksichtigung markenspezifischer Kosten eine zu starke Vereinfachung zu erkennen. Wenig überzeugen kann schließlich auch die Erklärung des degressiven Verlaufs der Markenwertfunktion; welche Faktoren in welchem Umfang zu diesem Verlauf beitragen, wird nur unzureichend dargestellt.

2. Der Ansatz von Herp

Herp versucht auf analytischem Wege, denjenigen Teilbeitrag zum Verkaufserfolg von Produkten zu ermitteln, der allein auf die Marke zurückzuführen ist.[56] Konkret bedeutet dies, daß die markenspezifischen Effekte als ein bestimmter Anteil am Umsatz der mit der Marke versehenen Produkte herausge-

56) Vgl. auch die Definition des Markenwerts von *Herp* im Kapitel A. in diesem Teil.

filtert werden sollen. Hierfür zieht er das Conjoint Measurement heran;[57] mit Hilfe dieses Datenanalyseverfahrens ist es möglich, die markenspezifischen Effekte von den anderen den Verkaufserfolg beeinflussenden Faktoren zu separieren. Im einzelnen erfolgt dies dadurch, daß die jeweiligen Preise der Produkte mit den anderen den Verkaufserfolg beeinflussenden Faktoren in Beziehung zueinander gesetzt werden; *Herp* beschränkt sich dabei auf die Produkteigenschaften der in die Untersuchung aufgenommenen Produkte. Auf diese Weise wird jeder Ausprägung jeder Produkteigenschaft - und damit auch der Marke - mittels des Conjoint Measurement ein numerischer Wert für den spezifischen Beitrag zum Endverkaufspreis zugewiesen; konkret wird also der Produktpreis einfach auf die einzelnen Ausprägungen der Produkteigenschaften "aufgeteilt".[58] Durch Multiplikation mit den jeweiligen Absatzmengen erhält man so eine Aussage über den auf die Marke entfallenden Umsatz. Exemplarisch vollzieht *Herp* dies für den bundesdeutschen Markt für Farbfernsehgeräte (vgl. i. e. *Herp*, 1982, S. 143 ff.).

Ein wesentlicher **Nachteil** dieses Ansatzes liegt in der Tatsache begründet, daß lediglich **relative** Markenwerte berechnet werden können; diese relativen Markenwerte erhält man durch multiplikative Verknüpfung der Preis- mit der Mengenkomponente einer Marke. Die Definition von Preis- und Mengenkomponente einer Marke nach *Herp* zeigt *Abbildung 3.7.* Dabei ist zu beachten, daß die Werte beider Komponenten aufgrund der Normierung jeweils im Bereich zwischen 0 und 1 liegen; damit liegt auch der relative Markenwert MWR_i immer im Intervall zwischen 0 und 1. Der Wert 1 kann nur bei gleichzeitigem Auftreten der Maximalausprägungen von Preis- **und** Mengenkomponente realisiert werden. Dieser relative Markenwert besagt, "welche Anteile an dem innerhalb des Kreises der betrachteten Konkurrenten theoretisch maximalen Beitrag zum gesamten Verkaufserlös (höchster Marktanteil bei maximaler Preiskomponente) durch die verschiedenen Marken tatsächlich realisiert wurde" (*Herp*, 1982, S. 183); absolute Aussagen über den Wert einer

57) Zur Funktionsweise des Conjoint Measurement vgl. z. B. *Backhaus et al.*, 1987, S. 345 ff. sowie die dort angegebene Literatur.

58) Bei herkömmlichen Anwendungen des Conjoint Measurement wird nicht der Produktpreis auf die Produkteigenschaften "aufgeteilt", sondern es werden Rangdaten erhoben, die die Präferenz des Befragten hinsichtlich der in die Untersuchung einbezogenen Produkte widerspiegeln; diese Rangdaten werden in Abhängigkeit von den Ausprägungen der einzelnen Produkteigenschaften gestellt (vgl. i. e. *Backhaus et al.*, 1987, S. 345 ff.). Den einzelnen Produkteigenschaftsausprägungen werden so Teilnutzenwerte zugeordnet, die durch Aggregation zu Gesamtnutzenwerten führen sollen, welche möglichst der Rangordnung der Produkte entsprechen, d. h. dem am meisten präferierten Produkt soll auch der höchste Gesamtnutzen zukommen. Da bei *Herp* nicht Rangdaten, sondern Produktpreise die abhängige Variable darstellen, werden also nicht Teilnutzenwerte für Produkteigenschaftsausprägungen, sondern "Teilpreise" für die einzelnen Ausprägungen der Produkteigenschaften ermittelt.

$$PR_i = \frac{PC_i - PC_{min}}{PC_{max} - PC_{min}} \quad \text{für alle } i = 1,...,I$$

$$MR_i = \frac{ME_i}{ME_{max}} \quad \text{für alle } i = 1,...,I$$

$$MWR_i = PR_i \cdot MR_i \quad \text{für alle } i = 1,...,I$$

mit: PR_i = Preiskomponente der Marke i

MR_i = Mengenkomponente der Marke i

MWR_i = Relativer Markenwert von Marke i

PC_i = im Rahmen des Conjoint Measurement zugewiesener Analysewert für Marke i

PC_{max} = maximaler im Rahmen des Conjoint Measurement zugewiesener Analysewert einer Marke

PC_{min} = minimaler im Rahmen des Conjoint Measurement zugewiesener Analysewert einer Marke

ME_i = Absatzmenge von Marke i

ME_{max} = maximale Absatzmenge einer im Rahmen der Untersuchung berücksichtigen Marke

Abb. 3.7: Preis- und Mengenkomponente von Marken zur Bestimmung des relativen Markenwerts im Modell von Herp

Marke leistet dieses Maß also nicht. Zurückzuführen ist das Ausweichen auf relative Markenwerte auf die Tatsache, daß die mit Hilfe des Conjoint Measurement errechneten Analysewerte zwar Intervallskalenniveau besitzen, jedoch kein natürlicher Nullpunkt für diese Skala existiert. Das Fehlen eines natürlichen Nullpunktes bewirkt, daß allein durch die Veränderung der Positionierung der mittels des Conjoint Measurement ermittelten Analysewerte auf der Skala - beispielsweise durch Addition oder Subtraktion konstanter Zahlen - eine Veränderung selbst der Rangfolge der Endresultate, d. h. der Markenwerte, erreicht wird (vgl. i. e. *Herp*, 1982, S. 125 ff.); eindeutige Aussagen über den absoluten Wert von Marken sind damit nicht möglich. Hiervon nicht betroffen sind jedoch die **Differenzen** der im Rahmen des Conjoint Measurement errechneten Analysewerte, da diese sich durch Addition oder Subtraktion konstanter Zahlen nicht ändern; folglich führt die Multiplikation der PR_i-Werte, welche ja auf Ergebniswertdifferenzen

basieren (vgl. *Abbildung 3.7*), mit den MR_i-Werten zu eindeutigen Aussagen über den (relativen) Markenwert. Zu beachten ist, daß bei Mengenangaben ein natürlicher Nullpunkt existiert, weshalb bei dem MR_i-Maß keine Differenzwerte verwendet werden müssen; die Mengenangaben können daher direkt in Relation zueinander gesetzt werden.

Zwar versucht *Herp* auch Aussagen über den absoluten Wert einer Marke abzuleiten; dies gelingt ihm jedoch nur insofern, als lediglich die Markenwertdifferenz gegenüber der schwächsten der berücksichtigten Marken berechnet werden kann. Somit sind allein Aussagen darüber möglich, um wieviel eine Marke den Wert einer anderen Marke übersteigt. Zurückzuführen ist dies wiederum auf das Problem des im Rahmen des Conjoint Measurement nicht existierenden natürlichen Nullpunktes. Damit haben Aussagen über den Wert von Marken im Modell von Herp lediglich den Charakter von Minimalangaben; der "wahre" Wert einer Marke wird daher umso eher bestimmt werden können, je schwächer die schwächste der in die Analyse einbezogenen Marken ist.

Weiterhin ist am Ansatz von *Herp* zu bemängeln, daß wie im Modell von *Kern* keine markenspezifischen Kosten berücksichtigt werden, da lediglich die auf die Marke entfallenden Umsätze bestimmt werden. Auch erscheint die Zugrundelegung eines Zeitraumes von lediglich zwei zurückliegenden Monaten zur Bestimmung des Wertes von Marken inadäquat (vgl. *Herp*, 1982, S. 186); hierdurch wird zwar das Prognose- und somit das Unsicherheitsproblem bei der Schätzung der Modellvariablen, welches auch im Modell von *Kern* auftritt, umgangen, andererseits wird durch diese Vorgehensweise der **Zweck** der Bewertung nicht hinreichend berücksichtigt. Im allgemeinen ist nämlich davon auszugehen, daß für unterschiedliche Zwecke der Bewertung von Marken auch unterschiedliche Markenwerte resultieren.[59)] Der von Herp ermittelte Markenwert hat damit nur für eine sehr spezifische Bewertungssituation, welche eben die Zugrundelegung eines Bewertungszeitraumes von zwei Monaten der Vergangenheit verlangt, Gültigkeit.

Ein wesentlicher **Vorteil** der Vorgehensweise von *Herp* ist darin zu sehen, daß auf theoretisch fundierte Weise eine Isolierung markenspezifischer Effekte von anderen produktspezifischen Effekten erfolgt; im Gegensatz zum Modell von *Kern* wird also nicht der Umsatz als "Globalgröße", welche sowohl marken- als auch produktspezifische Effekte umfaßt, der Bestimmung des Wertes von Marken zugrunde gelegt. Ferner spielen beim Ansatz von *Herp* subjektive Er-

59) Vgl. hierzu die Ausführungen im Unterabschnitt A.II.2 im 4. Teil.

messensspielräume, die nicht unerheblichen Einfluß auf die Bestimmung des Wertes einer Marke haben können, keine Rolle.

3. Die Markenbewertung nach Crimmins

Ein sehr aktueller Vorschlag zur Bewertung von Marken besteht in dem Ansatz von *Crimmins* (1992). Er weist auf folgende drei Dimensionen hin, welche der Wert einer Marke umfaßt:

- das **Ausmaß** bzw. die **Höhe** des Wertes einer Marke,
- die **Breite** des Wertes einer Marke, verstanden als Anzahl von Produktkategorien, in denen die Marke einen Wert entfalten kann, und
- den **Inhalt** des Markenwerts im Sinne der mit einer Marke verbundenen Assoziationen als **Ursache** für die Entstehung des Markenwerts.

Während die gegenüber einer Marke entwickelten Assoziationen im Rahmen von Marktforschungsstudien bereits seit geraumer Zeit ermittelt werden, wurde nach Auffassung von *Crimmins* in der Vergangenheit der Messung des eigentlichen Wertes der Marke im Sinne seiner Höhe und seiner Breite zu wenig bzw. keine Beachtung geschenkt. Dabei ist die Messung des Wertes einer Marke nach seiner Ansicht nicht sonderlich aufwendig, wenn drei Aspekte berücksichtigt werden:

- Erstens: Bei dem Wert einer Marke handelt es sich um ein **relatives** Maß, da danach gefragt werden muß, **wozu** bzw. **zu was** die Marke zusätzlichen Wert schafft.
- Zweitens: Es muß beachtet werden, daß es sich beim Markenwert um ein theoretisches Konzept handelt, welches strikt von anderen Faktoren, die den Absatz eines Produkts beeinflussen, getrennt werden muß. Derartige Faktoren wie Werbemaßnahmen, Verkaufsförderungsaktionen, distributionspolitische Maßnahmen usw. sind in der Lage, den eigentlichen Wert der Marke zu verschleiern.
- Drittens: Eine Bewertung von Marken hat in konkreten Geldeinheiten zu erfolgen.

Unter Berücksichtigung dieser Aspekte geht *Crimmins* zur Messung des Wertes einer Marke von folgender Vorstellung aus: Der Wert, den eine Marke besitzt, kann dadurch ermittelt werden, daß der Preis des betrachteten Markenprodukts solange gegenüber dem Marktpreis eines Konkurrenzprodukts erhöht (bzw. erniedrigt) wird, bis beide Produkte aus Sicht des Konsumenten **gleich wünschenswert** sind. Die (relative) Preisdifferenz zwischen diesen beiden Produkten macht dann den Wert einer Marke aus. Konkret bedeutet dies also folgendes: Geht man von zwei Produkten (Marke A und Marke B) aus, und gibt eine Versuchsperson an, diese beiden Produkte für gleich wünschenswert zu halten, wenn Marke A 1,80 DM kostet und für Marke B ein Betrag von 1,50 DM zu zahlen ist, so beträgt der (Mehr-)Wert von Marke A im Vergleich mit Marke B 20%. Dies bedeutet, daß "measuring value added by a brand name simply requires offering consumers a series of choices in which prices vary and discovering from those choices the prices at which a brand and its competitor are equally desirable" (*Crimmins*, 1992, S. 16).

Empirische Untersuchungen über 13 verschiedene Produktkategorien haben auf diesem Wege ergeben, daß für eine marktführende Marke gegenüber einer Handelsmarke (store brand) im Durchschnitt 40% mehr bezahlt werden würde, d. h. bei gleicher Wünschenswertigkeit kann die marktführende Marke gegenüber der Handelsmarke im Durchschnitt 40% teurer sein. Dieser Wert variiert allerdings je nach Produktkategorie sehr stark und reichte bei den untersuchten Produktkategorien von 19% bis 113%. Auch wurde der Wert der marktführenden Marke gegenüber der zweitstärksten Marke im Markt gemessen; hier ergab sich ein Mittelwert über 14 verschiedene Produktkategorien von 10%. Dieser Wert variierte von 0% bis 35%.

Um die Breite des Wertes einer Marke im hier verstandenen Sinne zu messen, wurde auf dieselbe Weise vorgegangen. Konkret wurde ermittelt, welchen Wert eine in ihrer angestammten Produktkategorie marktführende Marke in einer anderen Produktkategorie besitzt. Als Vergleichsmarke wurde einmal die in der Transferkategorie marktführende Marke und einmal die in dieser Kategorie an zweiter Stelle stehende Marke herangezogen. Hier zeigte sich, daß gegenüber der auf dem Transfermarkt marktführenden Marke im Schnitt 19% **weniger** für die neueingeführte Marke bei gleicher Wünschenswertigkeit beider Marken gezahlt werden würde. In Abhängigkeit von der Produktkategorie reicht dieser Wert von +8% bis -37%. Bemerkenswert ist, daß es anscheinend Produktkategorien gibt, in denen die betrachtete Marke bei gleicher Wünschenswertigkeit beider Marken gegenüber dem derzeitigen Marktführer sogar einen höheren Preis erzielen kann; dies war allerdings nur in zwei von 15 untersuchten Produktkategorien der Fall.

Wird die in der Transferkategorie an zweiter Stelle stehende Marke herangezogen, so verringert sich der "Minderwert" der jeweils betrachteten Marke gegenüber dieser Marke von durchschnittlich -19% auf -2%. Über 10 untersuchte Produktkategorien streuten die Werte von +52% bis -22%.

Neben diesen zeitpunktbezogenen Messungen des Wertes einer Marke schlägt *Crimmins* zudem Längsschnittstudien vor, in denen u. U. auch die den Markenwert beeinflussenden Faktoren identifiziert werden können: "Because it is relatively easy and inexpensive to measure the amount of value added by our brands in this way, we should be tracking the value added over time to better understand the conditions that cause value to increase or diminish" (*Crimmins*, 1992, S. 19). Messungen des Markenwerts sollten Teil jedes Markenführungs- und -kontrollkonzeptes sein; bei Veränderungen dieses Wertes hat das Marken-Management entsprechende Maßnahmen durchzuführen, um den Markenwert in die gewünschte Richtung zu lenken.

Hinsichtlich der **Beurteilung** des Ansatzes von *Crimmins* ist zunächst seine vergleichsweise Einfachheit positiv hervorzuheben; verbunden mit dieser Einfachheit sind allerdings einige z. T. schwerwiegende Mängel dieses Meßkonzepts. Zunächst ist zu bemängeln, daß der Wert einer Marke als relativer Wert ermittelt wird; für viele Zwecke im Rahmen der Bewertung von Marken sind relative Markenwerte wenig nützlich, da sie eine Aussage über den absoluten Wert einer Marke erfordern.[60] Ein weiteres konzeptionelles Problem ist darin zu sehen, daß die Ermittlung des Wertes einer Marke auf Aussagen zur Preisbereitschaft von Konsumenten basiert. Hinlänglich bekannt ist jedoch, daß geäußertes und tatsächliches Verhalten von Konsumenten oftmals auseinanderfallen; dies kann zu schweren Einbußen hinsichtlich der Validität des vorgestellten Konzeptes führen. Der wesentlichste Kritikpunkt an dem vorgestellten Ansatz zur Messung des Wertes von Marken besteht jedoch darin, daß unterschiedliche Produkteigenschaften verschiedener Produkte nicht berücksichtigt werden; so wird ein Teil der unterschiedlichen Preisbereitschaft der Konsumenten für verschiedene Produkte einer Produktkategorie darauf zurückzuführen sein, daß diese Produkte - neben der Marke - auch unterschiedliche Produkteigenschaften bzw. unterschiedliche Ausprägungen bestimmter Produkteigenschaften besitzen. Die unterschiedliche Preisbereitschaft ist dann nicht mehr allein auf die Marke, sondern auch auf diese unterschiedlichen Produktcharakteristika zurückzuführen. Der Wert der Marke wird durch das vorgestellte Verfahren also nicht korrekt herausgefiltert, sondern mit der Beurteilung anderer Produkteigenschaften, zwischen denen sich die betrachteten Produkte unterscheiden, vermischt.

60) Zu den Zwecken der Bewertung von Marken vgl. Kapitel B. in diesem Teil.

4. Traditionelle Methoden der Bewertung von Vermögensgegenständen

Neben den vorgestellten spezifischen Ansätzen zur Bewertung von Marken ist zu hinterfragen, ob nicht auch traditionelle Methoden der Bewertung von Vermögensgegenständen im Rahmen der Markenbewertung anwendbar sind und weitere Hinweise auf den Wert von Marken geben können. Zu diesen traditionellen Methoden gehören (vgl. *Stobart*, 1989, S. 25 ff.):

- der Kostenansatz,
- der Ertragswertansatz und
- der Marktwertansatz.

Der Kostenansatz

Wird eine kostenorientierte Bewertung einer Marke angestrebt, so sind zwei Vorgehensweisen denkbar: Einerseits ist eine Bewertung der Marke anhand der Kosten möglich, die von der Einführung der Marke bis zum Bewertungszeitpunkt zu ihrer Etablierung im Markt angefallen sind ("**historische Kosten**"). Andererseits kann die Frage gestellt werden, welche Entwicklungs- und Markteinführungskosten sowie laufende Marketingkosten zur Schaffung einer vergleichsweise populären Marke, die dieselben zukünftigen Erträge erwirtschaftet, notwendig sind bzw. wieviel es kosten würde, dieselbe Marke heute in gleicher Weise zu etablieren ("**Wiederbeschaffungskosten**"). Beide Ansätze sind problematisch: Aufgrund der Tatsache, daß viele Marken auf eine langjährige Marktpräsenz zurückblicken können, erscheint es nahezu unmöglich, alle bisher mit der Marke verbundenen Aufwendungen zu quantifizieren. Hinzu kommt die Problematik der eindeutigen Zurechnung von Aufwendungen für eine bestimmte Marke, die insbesondere in Mehrprodukt- bzw. Mehrmarkenunternehmen auftaucht. Außerdem impliziert diese Vorgehensweise, daß Marken mit geringem Markterfolg, die hohe Kosten in der Vergangenheit verursacht haben, einen hohen Markenwert besitzen; andererseits wird der Wert derjenigen Marken, die trotz vergleichsweise geringer Entwicklungskosten und Marketing-Investitionen einen großen Markterfolg nachweisen können, unterschätzt. Bewertungsmethoden auf Basis historischer Kosten orientieren sich also an Marken-Inputs, d. h. an Vorleistungen, der wirtschaftliche Wert einer Marke hängt jedoch vom Marken-Output, d. h. den im Markt erzielten Leistungen der Marke ab.

Ebenso erscheint die Schätzung der mit der Schaffung einer vergleichbaren Marke verbundenen Kosten bzw. die Schätzung der zur heutigen Etablierung der Marke anfallenden Aufwendungen unzweckmäßig. Wesentlicher Grund hierfür ist die Unsicherheit, mit der diese Schätzungen behaftet sind; eine genaue Angabe, welche Summen über welchen Zeitraum eingesetzt werden müssen, erscheint kaum möglich. Zudem dürften im Falle der Vergleichsmarke die resultierenden zukünftigen Erträge beider Marken nur zufällig übereinstimmen, so daß die Vergleichbarkeit beider Marken eingeschränkt ist. In diesem Zusammenhang ist zu berücksichtigen, daß Marken einzigartig und damit weder direkt vergleichbar noch ersetzbar sind. Insgesamt ist eine kostenorientierte Schätzung des Wertes von Marken damit weitgehend inadäquat.

Der Ertragswertansatz

Der Ertragswert eines Vermögensgegenstandes wird durch Abdiskontierung aller zukünftig zu erwartenden Reinerträge, die durch den betrachteten Vermögensgegenstand erwirtschaftet werden, ermittelt (vgl. *Wöhe*, 1990, S. 797). Bezogen auf die Marke bedeutet dies, daß sich der Wert einer Marke aus den mit einem risikoadäquaten Zinssatz diskontierten zukünftigen Zahlungen, die aus der Marke resultieren und dem Unternehmen bzw. Markeninhaber zufließen, zusammensetzt. In den Fällen, in denen zur Bewertung eines Vermögensgegenstandes die mit diesem Vermögensgegenstand erwirtschaftbaren monetären Erträge im Vordergrund stehen, ist der Ertragswert grundsätzlich von Bedeutung (*Stobart*, 1989, S. 27). Dies gilt insbesondere dort, wo der Vermögensgegenstand, hier also die Marke, als Investitionsobjekt aufgefaßt wird. Folgerichtig verwendet der Nielsen-Ansatz, der dieser Auffassung folgt, zur monetären Bewertung der Marke als Basis das Ertragswertverfahren.[61] Der im Interbrand-Modell verwendete Multiplikator, welcher auf den durchschnittlichen in der Vergangenheit erwirtschafteten Gewinn der Marke angewendet wird, läßt sich ebenfalls aus dem Ertragswertverfahren ableiten.[62]

Nachteile des Verfahrens resultieren aus seiner Zukunftsausrichtung: So sind sowohl die Schätzung der zukünftigen Erträge, als auch die Wahl eines adäquaten Diskontierungszinsfußes mit Unsicherheit behaftet. Durch die Formulierung mehrwertiger Erwartungen hinsichtlich der zukünftigen Entwicklung der zu prognostizierenden Variablen, wie dies beispielsweise auch im Nielsen-Modell durch Anwendung des PERT-Verfahrens geschieht,[63] wird dieser Unsicherheit jedoch explizit Rechnung getragen. Auch ergibt sich die Frage nach der konkreten Länge des zu berücksichtigenden Zeitraumes.

---

61) Vgl. Unterabschnitt C.II.1 in diesem Teil.
62) Vgl. hierzu die Ausführungen zur Bestimmung des Multiplikators im Interbrand-Modell im Unterabschnitt C.I.1 in diesem Teil sowie *Ward*, 1989, S. 73 ff.
63) Vgl. Unterabschnitt C.II.1 in diesem Teil.

Weitaus schwerwiegender ist jedoch der Einwand, daß das Ertragswertverfahren in seiner herkömmlichen Form nicht in der Lage ist, die auf die Marke als immateriellem Vermögensgegenstand zurückzuführenden Erträge von den vom physischen Produkt oder aus anderen Quellen wie z. B. Vorteilen aus dem Distributionssystem resultierenden Erträgen zu separieren. Damit erweist sich auch das Ertragswertverfahren als inadäquat zur Bewertung von Marken als immaterielle Vermögensgegenstände.

<u>Der Marktwertansatz</u>

Nach dem Marktwertansatz wird der Wert eines Vermögensgegenstandes danach festgestellt, welchen Preis ein anderer vergleichbarer Vermögensgegenstand zum Bewertungszeitpunkt am Markt erzielt (vgl. *Stobart*, 1989, S. 28). Typische Vermögensgegenstände, die nach dem Marktwertansatz bewertet werden, sind höherwertige Gebrauchsgüter wie z. B. Gebrauchtwagen sowie Immobilien. Der konkrete Wert des zu bewertenden Vermögensgegenstandes ist dabei - ausgehend vom Marktwert vergleichbarer Vermögensgegenstände - je nach den Ausprägungen seiner marktwertrelevanten spezifischen Eigenschaften gegenüber den Vergleichsobjekten nach oben bzw. unten anzupassen.[64)]

Der Anwendung des Marktwertansatzes auf die Bewertung von Marken stehen mehrere **Probleme** gegenüber, die in erster Linie daraus resultieren, daß beim Markt für Marken nicht von einem voll funktionsfähigen Markt gesprochen werden kann. Im einzelnen sind folgende Aspekte relevant:

- Veräußerungen einzelner Marken ohne das dazugehörige Unternehmen bzw. die entsprechenden Unternehmensteile sind zumindest nach derzeit gültigem deutschen Recht unwirksam.[65)] Der Markt für Marken wird also mit dem Markt für Unternehmen vermischt, wodurch sich der Komplexitätsgrad der Bewertung stark erhöht. Außerdem kann insbesondere der Markt für Unternehmen als unvollkommener Markt gelten (vgl. *Moxter*, 1983, S. 132 ff.).
- Marktpreise repräsentieren nicht unbedingt die individuellen Wertschätzungen des jeweiligen potentiellen Käufers bzw. Verkäufers, sondern die Wertschätzung des Marktes; dies bedeutet, daß unterschiedliche potenti-

64) Derartige spezifische Ausprägungen von Eigenschaften, die den Wert eine Vermögensgegenstandes beeinflussen, sind z. B. ein für ein Gebrauchtwagen eines bestimmten Alters unterdurchschnittlicher Kilometerstand oder eine kürzlich durchgeführte Renovierung eines Hauses. In diesen Fällen ist der Marktwert dieser Vermögensgegenstände gegenüber den Vergleichsobjekten nach oben anzupassen.

65) Vgl. § 8 Abs. 1 WZG sowie die Ausführungen im Abschnitt B.I. in diesem Teil.

elle Käufer für dieselbe Marke bzw. dasselbe markenführende Unternehmen u. U. stark unterschiedliche Preise zu zahlen bereit sind (vgl. *Stobart*, 1989, S. 29). Zurückzuführen ist dies auf die unterschiedlichen Restriktionen, insbesondere finanzieller Art, denen der jeweilige potentielle Käufer unterworfen ist, sowie auf die Zwecke, die die einzelnen Interessenten mit dem Kauf der Marke bzw. dem markenherstellenden Unternehmen verfolgen.[66)]

- Die Intransparenz, die auf dem Markt für Marken bzw. markenführenden Unternehmen herrscht, verhindert, daß aussagekräftige Vergleiche zwischen verschiedenen Transaktionen getroffen werden können. Diese Marktintransparenz ist insbesondere darauf zurückzuführen, daß Detailinformationen über die Rahmenbedingungen und die Zusatzvereinbarungen bei Transaktionen auf diesen Märkten in der Regel nicht an die Öffentlichkeit gelangen.
- Sowohl Marken als auch die dazugehörigen Unternehmen zeichnen sich durch ihre Einzigartigkeit aus, welche verhindert, daß sie mit anderen Marken bzw. Unternehmen direkt verglichen werden können. In Abhängigkeit von den marken- bzw. unternehmensspezifischen Charakteristika sind daher Wertanpassungen gegenüber Vergleichsobjekten vorzunehmen, die in der Regel auf subjektiven Schätzungen beruhen und damit oftmals weder eindeutig noch unmittelbar nachvollziehbar sind.

Auch der Marktwertansatz erscheint daher als weitgehend ungeeignet für eine theoretisch fundierte Bewertung von Marken; er kann allenfalls Tendenzaussagen über den Wert von Marken liefern, um ein - mehr oder weniger vages - Urteil über den Wert einer Marke zu ermöglichen.

IV. Vergleichende Beurteilung der dargestellten Ansätze zur Markenbewertung

Betrachtet man sämtliche vorgestellten Ansätze zur Bewertung von Marken, so ist festzustellen, daß kein Ansatz in der Lage ist, der Marke als immateriellem Vermögensgegenstand einen adäquaten monetären Wert zuzuweisen. Die Ursachen hierfür sind bei den einzelnen Modellen sehr unterschiedlich: Das Interbrand-Modell basiert im wesentlichen auf einem Scoring-Ansatz, der aufgrund der starken subjektiven Beeinflussungsmöglichkeiten lediglich ver-

66) Relevante Zielsetzungen könnten beispielsweise ein geplanter Markentransfer der potentiell zu erwerbenden Marke in von dieser Marke noch nicht erfaßte Produktbereiche, Ausnutzung von Synergieeffekten mit dem bereits bestehenden Produktionsprogramm, Erschließung neuer geographischer Märkte usw. sein.

gleichsweise grobe Aussagen über den Wert einer Marke zuläßt.[67] Auch die Marken-Bilanz von *Nielsen* verwendet ein Scoring-Modell, welches im Rahmen der monetären Bewertung einer Marke die Funktion der Adjustierung der aus einer Marke resultierenden Erträge übernimmt sowie der Festlegung des Diskontierungszinsfußes dient. Weniger die auch hier vorhandenen subjektiven Einflußnahmemöglichkeiten als insbesondere die Tatsache, daß das Nielsen-Modell eine objektorientierte Sichtweise der Marke einschlägt, erscheinen an diesem Ansatz kritikwürdig; die objektorientierte Sichtweise ist für viele Zwecke der Markenbewertung ungeeignet, da - wie deutlich wurde - bei typischen Markenbewertungsfragen der Wert der Marke als immaterieller Vermögensgegenstand und nicht als physisches Objekt im Vordergrund steht.

Die Problematik der subjektiven Einflußnahme auf die Bestimmung des Wertes von Marken zeigt sich auch im Modell von *Kern*. Dieses Modell besticht zwar durch seine Einfachheit, ist jedoch nicht in der Lage, Aussagen über den Wert einer Marke zu treffen, die über die Qualität einer "ungefähren Größenordnung von Warenzeichenwerten" (*Kern*, 1962, S. 30) hinausgehen. Mittels des Ansatzes von *Herp* hingegen können eindeutige Aussagen über den Wert von Marken getroffen werden. Wesentlicher Kritikpunkt hier ist jedoch, daß sich diese Aussagen auf relative Markenwerte beschränken; absolute Markenwerte werden durch die Notwendigkeit des Bezugs auf eine Vergleichsmarke permanent unterschätzt.

Auch der Ansatz von *Crimmins* erlaubt lediglich Aussagen über den relativen Wert einer Marke; schwerwiegender ist hier jedoch der Einwand, daß mittels dieses Ansatzes keine exakte Trennung der Marke von anderen Produkteigenschaften erfolgt, so daß die Bewertung der Marke mit der Bewertung anderer Produkteigenschaften vermischt wird.

Für Zwecke der Markenbewertung können auch die vorgestellten traditionellen Methoden zur Bewertung von Vermögensgegenständen nicht überzeugen; während das Ertragswertverfahren in seiner herkömmlichen Form - wie für das Nielsen-Modell, in dem es Anwendung findet, bereits dargestellt wurde - eine Aufspaltung von marken- und nicht-markenbezogenen Erträgen nicht zu leisten imstande ist, liegt der wesentliche Kritikpunkt bei den kosten- und marktwertorientierten Verfahren darin begründet, daß sie die Einzigartigkeit einer Marke nicht angemessen berücksichtigen können. Insgesamt sind daher

67) Deswegen empfiehlt *Interbrand* auch Sensitivitätsanalysen für einzelne Modellvariablen, um die Auswirkungen der Variation dieser Variablen auf den vom Modell ermittelten Markenwert festzustellen (vgl. *Penrose*, 1989, S. 43 f.).

auch sie nur in der Lage, Tendenzaussagen oder Grobschätzungen über den Wert einer Marke abzugeben.

4. Teil: Ein Modell zur Ermittlung des Markenwerts auf Basis der hedonischen Theorie

A. Die theoretische Bestimmung des Wertes von Marken

I. Das hedonische Grundmodell als Basis zur Bewertung von Marken als Produkteigenschaft

Im Rahmen der hedonischen Theorie wird versucht, einen funktionalen Zusammenhang zwischen Produktpreisen und Produkteigenschaften herzustellen; Ziel ist, die unterschiedlichen Preise verschiedener Produkte durch die Varianz ihrer Produktmerkmale zu erklären (vgl. *Diller,* 1985, S. 142). Die Aufdeckung derartiger Preis-Eigenschaftsbeziehungen ermöglicht es, die monetären Zu- bzw. Abschläge gegenüber dem Produktpreis bei Variation dieser Eigenschaften festzustellen. Die auf diese Weise ermittelten monetären Teilbeträge für einzelne Produktmerkmale können als **Marktwert dieser Produkteigenschaften** bezeichnet werden (vgl. *Weber*, 1986, S. 5).

1. Darstellung des hedonischen Grundmodells

Die hedonische Theorie geht von dem Grundgedanken aus, daß Produkte als Bündel **objektiver** Eigenschaften aufzufassen sind; Konsumenten und Produzenten bewerten Produkte anhand dieser Eigenschaften und deren Ausprägungen. Diese Eigenschaften stellen aus Sicht der Konsumenten nutzenstiftende Elemente, aus Sicht der Produzenten gewinngenerierende Elemente dar. Grundlegend ist ferner die Annahme, daß zwischen den Marktpreisen der Produkte und ihren objektiven Eigenschaften ein funktionaler Zusammenhang besteht, der durch eine **hedonische Preisfunktion** ausgedrückt wird. Anhand dieser hedonischen Preisfunktion kann der **hedonische Preis einzelner Produkteigenschaften** ermittelt werden.[1] Dies geschieht bei **metrischen** Eigenschaften durch partielle Differentiation der hedonischen Preisfunktion nach der jeweiligen Produkteigenschaft, bei **qualitativen** Merkmalen durch

1) Hedonische Preise werden auch implizite oder marginale Preise genannt.

eine entsprechende Differenzbetrachtung, d. h. durch Schätzung des Produktpreises mit und ohne dem betreffenden Produktmerkmal; die sich ergebende Differenz stellt den hedonischen Preis für dieses qualitative Merkmal dar.[2] Die auf diese Weise berechneten hedonischen Preise repräsentieren den Marktwert dieser Produkteigenschaften und können positiv oder negativ sein. Bei **positiven** hedonischen Preisen gibt der hedonische Preis einer metrischen Eigenschaft an, wieviel Geldeinheiten ein Konsument für den Erwerb einer weiteren Einheit dieser Produkteigenschaft aufwenden muß bzw. wieviel Geldeinheiten ein Produzent zusätzlich erzielen kann, wenn er das Produkt mit einer weiteren Einheit dieser Produkteigenschaft anreichert. Im Falle qualitativer Eigenschaften gibt der (positive) hedonische Preis an, wieviel ein Konsument für ein Produkt zusätzlich aufwenden muß, wenn dieses Produkt mit diesem Merkmal versehen wird bzw. wieviel Geldeinheiten ein Produzent zusätzlich erzielen kann, wenn er ein Produkt mit dieser Eigenschaft ausstattet. Im Falle **negativer** hedonischer Preise ergeben sich entsprechend Preisabschläge bei Ausstattung des Produkts mit diesem Merkmal bzw. bei Anreicherung des Produkts mit zusätzlichen Einheiten dieses Merkmals.

Deutlich wird, daß zur Interpretation hedonischer Preise sowohl die Nachfrage- als auch die Angebotsseite relevant sind; hedonische Preise sind sowohl angebots- als auch nachfragedeterminierte Preise und damit Marktpreise. Es ist das Verdienst *Rosens*, als erster ein ganzheitliches Modell erstellt zu haben, welches im Rahmen der hedonischen Theorie sowohl Angebots- als auch Nachfrageaspekte simultan verarbeitet. Dieses Modell wird im folgenden näher dargestellt (vgl. auch *Rosen*, 1974, S. 34 ff.).

Ausgegangen wird im Modell von *Rosen* von der Annahme, daß jede Produktvariante eines bestimmten Produktmarktes, auf dem viele (kleine) Anbieter und viele (kleine) Nachfrager agieren, durch einen Eigenschaftsvektor l beschrieben werden kann:[3]

(4.1) $l = (l_1, \ldots, l_j, \ldots, l_J)$

mit: l_j = Ausprägung der j-ten Eigenschaft der betrachteten Produktvariante

J = Anzahl der relevanten Produkteigenschaften.

---

2) Vgl. hierzu i. e. die Ausführungen zur empirischen Berechnung hedonischer Preise im Unterabschnitt B.I.2.ac. in diesem Teil.

3) Zur Identifikation und Abgrenzung von Produktmärkten vgl. auch die Ausführungen im Unterabschnitt B.I.2.aa. in diesem Teil.

Hierbei handelt es sich um objektiv meßbare Eigenschaften, die von allen Konsumenten **identisch perzipiert**, aber durchaus **unterschiedlich bewertet** werden können; die objektiven Eigenschaftsausprägungen eines Produkts als solche werden also von allen Konsumenten erkannt, die Bewertung dieses Produkts bzw. der Produkteigenschaften durch die einzelnen Konsumenten kann jedoch aufgrund unterschiedlicher Bewertungsmuster verschieden sein. Zur Vereinfachung wird angenommen, daß ein weites Spektrum unterschiedlicher Produktalternativen in dem betrachteten Produktmarkt herrscht, so daß eine **stetige** Variation der Ausprägungen der einzelnen Eigenschaften möglich ist; der durch die objektiv meßbaren Produktmerkmale aufgespannte Eigenschaftsraum ist also vollständig besetzt. Außerdem wird eine **statische** Betrachtung vorgenommen; zur Ableitung von hedonischen Preisen wird daher nur auf die laufende Periode abgestellt, so daß die Zeit keine Rolle spielt. Auch bestehen auf der Nachfrageseite **keinerlei Präferenzen** hinsichtlich bestimmter Produkte bzw. Anbieter; von zwei Produkten, die objektiv absolut identisch sind, wählen die Konsumenten also stets die billigere Variante, die sie aufgrund der Annahme **vollkommener Markttransparenz** auch kennen. Diese Annahmen führen dazu, daß für ein bestimmtes Produkt nur ein einziger (Markt-)Preis existiert.

Als hedonische Preisfunktion, welche die Preise der auf diesem Markt gehandelten Produkte zu ihren Eigenschaftsausprägungen in Beziehung setzt, resultiert damit:

(4.2) $P(l) = P(l_1,...,l_j,...,l_J)$

mit: $P(l)$ = (Markt-)Preis der jeweiligen durch den Eigenschaftsvektor charakterisierten Produktvariante.

Sie gibt einerseits den Preis einer Produktvariante mit bestimmten Eigenschaftsausprägungen an, den ein Konsument für diese Variante mindestens zu zahlen hat, andererseits bestimmt sie den Preis, den ein Produzent für diese Variante maximal erzielen kann; dies resultiert aus den hinsichtlich der Marktform getroffenen Prämissen sowie der Annahme, daß die hedonische Preisfunktion einen **Marktgleichgewichtszustand** repräsentiert, d. h. sämtliche angebotenen Produktvarianten werden zum herrschenden Preis auch nachgefragt. Die hedonische Preisfunktion selbst muß nicht unbedingt linear sein. Dies bedeutet, daß der hedonische Preis einzelner Eigenschaften in Abhängigkeit von den Eigenschaftsausprägungen variieren kann und somit nicht notwendigerweise konstant sein muß.[4] Die Abkehr von der Notwendigkeit der Linearität der hedonischen Preisfunktion folgt aus der Annahme, daß die Güter nicht - wie sonst in der klassischen Preistheorie üblich - beliebig teilbar sind, d. h. daß Produkte als Bündel objektiver Eigenschaften nicht "auseinanderdividiert" bzw. partielle Produktvarianten nicht beliebig zu neuen Produktvarianten kombiniert werden können (vgl. *Rosen*, 1974, S. 37 f.).

Herangezogen wird zur Herleitung der hedonischen Preisfunktion im folgenden zunächst die **Nachfrageseite**. Zur Vereinfachung wird unterstellt, daß die Konsumenten jeweils nur eine Einheit einer Variante auf dem betrachteten Produktmarkt in dem untersuchten Zeitraum nachfragen.[5] Jeder Konsument q handelt dabei nach seiner Nutzenfunktion U_q

(4.3) $U_q = U_q(x_q, l_q) = U_q(x_q, l_{1q},...,l_{jq},...,l_{Jq})$ für alle $q = 1,...,Q$,

welche jeweils unter Einhaltung der Budgetrestriktion

(4.4) $B_q \geq P(x_q) + P(l_q)$

bzw. $B_q \geq P(x_q) + P(l_{1q},...,l_{jq},...,l_{Jq})$ für alle $q = 1,...,Q$

zu maximieren ist.

Hierbei bedeuten:

U_q = Nutzen des Konsumenten q
l_q = Vektor, der alle Eigenschaftsausprägungen der von q erworbenen Produktvariante umfaßt
l_{jq} = Ausprägung der j-ten Eigenschaft der von q erworbenen Produktvariante
x_q = Vektor aller sonstigen von Konsument q nachgefragten Güter
B_q = zur Verfügung stehendes Budget von Konsument q
$P(l_q)$ = Preis der von Konsument q auf dem betrachteten Produktmarkt erworbenen Variante
$P(x_q)$ = Ausgaben für die sonstigen von Konsument q konsumierten Güter.

4) Vgl. hierzu i. e. die Ausführungen zur konkreten Berechnung hedonischer Preise im Unterabschnitt B.I.2.ac. in diesem Teil.

5) Diese Annahme kann problemlos dahingehend erweitert werden, daß von einer Variante auch größere Mengen nachgefragt werden. Da diese Erweiterung für die hier verfolgten Zwecke ohne Belang ist, wird auf sie im folgenden verzichtet; vgl. hierzu i. e. *Rosen*, 1974, S. 40 f.

Normiert man den Preis von x_q auf Eins und mißt das zur Verfügung stehende Budget in Einheiten dieser Güter, so gilt folgende Lagrange'sche Funktion:

$$(4.5)\quad L_q(x_q,l_{1q},...,l_{jq},...,l_{Jq},\gamma) = U_q(x_q,l_{1q},...,l_{jq},...,l_{Jq}) - \gamma(x_q + P(l_{1q},...,l_{jq},...,l_{Jq}) - B_q) \longrightarrow \max! \quad \text{für alle } q = 1,...,Q.$$

Die Bedingungen 1. Ordnung für ein Maximum der Lagrange'schen Funktion lauten:[6)]

$$(4.6)\quad \frac{\partial L_q}{\partial x_q} = \frac{\partial U_q}{\partial x_q} - \gamma = 0 \qquad \text{für alle } q = 1,...,Q$$

$$(4.7)\quad \frac{\partial L_q}{\partial l_{jq}} = \frac{\partial U_q}{\partial l_{jq}} - \gamma \cdot \frac{\partial P}{\partial l_{jq}} = 0 \qquad \text{für alle } j = 1,...,J;\ q = 1,...,Q$$

$$(4.8)\quad \frac{\partial L_q}{\partial \gamma} = -(x_q + P(l_{1q},...,l_{jq},...,l_{Jq}) - B_q) = 0 \qquad \text{für alle } q = 1,...,Q.$$

Anhand des von diesen drei Bedingungen aufgestellten Gleichungssystems lassen sich die Optimalwerte $x_q^*, l_{1q}^*,...,l_{jq}^*,...,l_{Jq}^*$ für alle $q = 1,...,Q$ und $j = 1,...,J$ errechnen.[7)]

Aus (4.6) und (4.7) folgt:

$$(4.9)\quad \frac{\partial U_q}{\partial l_{jq}} : \frac{\partial U_q}{\partial x_q} = p_j(l_{jq}) \qquad \text{mit: } p_j(l_{jq}) = \frac{\partial P}{\partial l_{jq}} \qquad \text{für alle } j = 1,...,J;\ q = 1,...,Q.$$

(4.8) und (4.9) müssen im Optimum erfüllt sein, d. h. daß im Nutzenmaximum neben der Einhaltung der Budgetrestriktion der hedonische Preis der Produkteigenschaft j, $p_j(l_{jq})$, gleich dem Verhältnis des Grenznutzens aus dieser Eigenschaft j und des Grenznutzens aus der Menge der anderen konsumierten Güter sein muß.

Deutlich wird die enge Verwandtschaft zu traditionellen haushaltstheoretischen Modellen der Mikroökonomie; zu beachten ist jedoch, daß hier neben

6) Es wird davon ausgegangen, daß die Bedingungen zweiter Ordnung erfüllt sind; vgl. hierzu auch *Rosen*, 1974, S. 38.

7) Optimalwerte werden im folgenden mit "*" gekennzeichnet.

den in den ursprünglichen Modellen ausschließlich betrachteten Güter**mengen** auch deren Eigenschaften explizit berücksichtigt werden.[8)]

Aus der Nutzenfunktion (4.3) und der Budgetrestriktion (4.4) läßt sich zur anschaulicheren graphischen Darstellung der Optimalbedingungen eine Nachfragefunktion nach Produkteigenschaften, N_q, ableiten (vgl. *Rosen*, 1974, S. 38). Diese Funktion lautet:

$$(4.10)\quad N_q = N_q(l_q,\bar{U}_q,\bar{B}_q) = N_q(l_{1q},...,l_{jq},...,l_{Jq},\bar{U}_q,\bar{B}_q) \qquad \text{für alle } q = 1,...,Q.$$

N_q gibt den Betrag an, den Konsument q bei gegebenem Nutzenniveau und gegebenem Budget für alternative Bündel von Produkteigenschaften zu zahlen bereit ist. Ableiten von N_q nach den einzelnen Produkteigenschaften zeigt, daß N_q unter den üblichen an eine Nutzenfunktion gestellten Annahmen eine degressiv steigende Funktion dieser Produkteigenschaften ist (vgl. *Rosen*, 1974, S. 38 f.). Graphisch ergibt sich somit im Falle der Betrachtung einer einzigen Produkteigenschaft l_1 für unterschiedliche Nutzenniveaus ein Indifferenzkurvensystem, welches in *Abbildung 4.1* gezeigt wird.

Die Steigung von N_q an der jeweils betrachteten Stelle in *Abbildung 4.1* gibt an, wieviel Konsument q für eine weitere (infinitesimale) Einheit der Produkteigenschaft l_1 bei gegebenem Nutzenniveau und gegebenem Budget zu zahlen bereit ist. Somit gilt also allgemein:

$$(4.11)\quad n_{jq}(l_{jq}) = \frac{\partial N_q}{\partial l_{jq}} \qquad \text{für alle } j = 1,...,J;\ q = 1,...,Q$$

mit: n_{jq} = Zahlungsbereitschaft des Konsumenten q für eine weitere (infinitesimale) Einheit des Merkmals j bei gegebenem Budget und Nutzenniveau (marginaler Nachfragepreis).

Gleichzeitig entspricht n_{jq} der Grenzrate der Substitution zwischen Geld und der betrachteten Eigenschaft, d. h. n_{jq} gibt an, auf wieviel Geldeinheiten Konsument q für den Erwerb einer weiteren Einheit dieser Produkteigenschaft zu verzichten bereit ist, ohne daß sich sein Nutzenniveau ändert. Der degressive

8) Eine gelungene Einführung in die Haushaltstheorie bietet z. B. *Herberg*, 1985, S. 56 ff. Die explizite Berücksichtigung von Gütereigenschaften findet sich auch in der Nachfragetheorie von *Lancaster* (1966) und (1971). Im Gegensatz zum hedonischen Ansatz stellt *Lancaster* jedoch nur das Nachfragerverhalten dar; Austauschbeziehungen über den Markt finden daher keine Berücksichtigung.

Verlauf von N_q verdeutlicht, daß Konsument q für weitere Einheiten der Produkteigenschaft l_j für alle j = 1,...,J bei gegebenem Budget und gegebenem Nutzenniveau immer weniger zu zahlen bereit ist. Auch hier zeigen sich wiederum deutliche Parallelen zur traditionellen Haushaltstheorie (vgl. z. B. *Herberg*, 1985, S. 76 ff.).

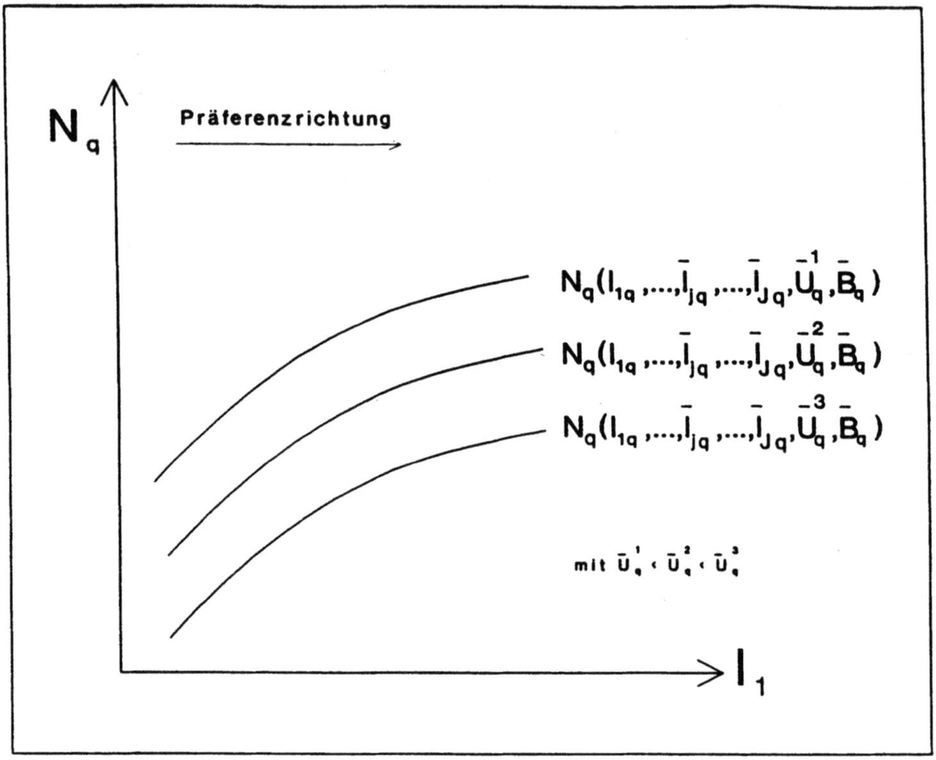

Abb. 4.1: Nachfragekurven nach Produkteigenschaft l_1 für alternative Nutzenniveaus

Wie sich Konsument q schließlich zur Maximierung seines Nutzens zu verhalten hat, kann anhand von *Abbildung 4.2* verdeutlicht werden; zur übersichtlicheren Darstellung wird wiederum nur eine einzige Produkteigenschaft betrachtet. Die aus Sicht des Konsumenten nutzenmaximalen Ausprägungen aller anderen Eigenschaften lassen sich analog herleiten und werden als bereits optimiert angenommen. Abgetragen sind je vier Nachfragefunktionen zweier Konsumenten nach der Produkteigenschaft l_1, die für unterschiedliche Nutzenniveaus bei jeweils gleichbleibendem Budget gelten, sowie die hedonische Preisfunktion. Während $N_{1(2)}$ den Betrag angibt, den Konsument 1 (2) bei ge-

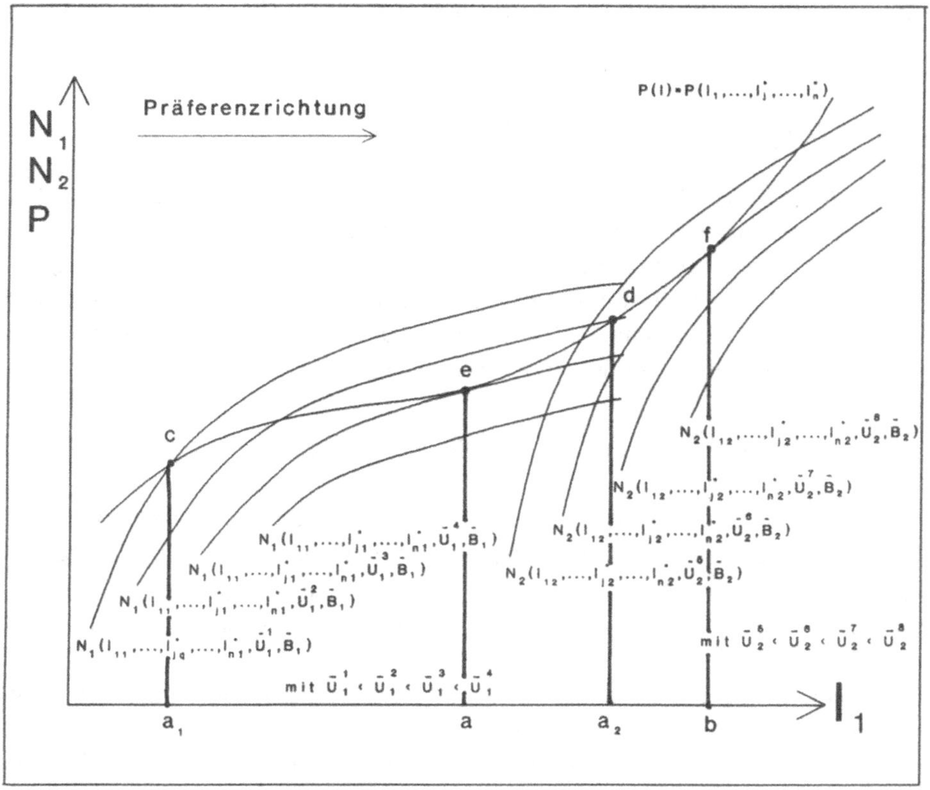

Quelle: In Anlehnung an *Weber*, 1986, S. 17.

Abb. 4.2: Der Zusammenhang zwischen individuellen Nachfragefunktionen und der hedonischen Preisfunktion

gebenem Nutzenniveau und gegebenem Budget für eine bestimmte Produktvariante auszugeben bereit ist, stellt die - aus Sicht der Konsumenten gegebene - hedonische Preisfunktion P(l) den tatsächlich für diese Produktvariante zu zahlenden Preis dar. Betrachten wir zunächst die Ausprägung des Merkmals l_1 in Höhe a_1. Hier realisiert Konsument 1 das Nutzenniveau U^1. Gleichzeitig ist in Punkt c der marginale Nachfragepreis für die Eigenschaft l_1, d. h. die Zahlungsbereitschaft für eine weitere Einheit dieser Eigenschaft, größer als der hedonische Preis, d. h. den marginalen Kosten des Erwerbs einer zusätzlichen Einheit, da die Steigung von N_1 in c größer ist als die Steigung der hedonischen Preisfunktion P(l) in diesem Punkt; Konsument 1 kann sich also besser stellen, wenn er mehr Einheiten von l_1 nachfragt. Umgekehrt verhält es sich im Punkt d. Das Optimum wird also dort realisiert, wo sich der hedonische Preis einer

Eigenschaft und der marginale Nachfragepreis entsprechen, d. h. im Optimum gilt allgemein:

$$(4.12)\quad n_{jq}(l_{jq}^{*}, U_{q}^{*}, \bar{B}_{q}) = p_{j}(l_{jq}^{*}) \quad \text{für alle } j = 1,...,J;\ q = 1,...,Q.$$

Diese Bedingung gilt für Konsument 1 dort, wo sich N_1 und P(l) tangieren, d. h. im Punkt e; dort wird der für Konsument 1 maximal erreichbare Nutzen realisiert. Gleichzeitig folgt hieraus die Übereinstimmung von dem Preis, den ein Konsument für eine bestimmte Produktvariante zu zahlen bereit ist, und dem Preis, den die hedonische Preisfunktion für diese Produktvariante vorsieht, d. h. dem Marktpreis. Somit gilt im Optimum also auch:

$$(4.13)\quad N_{q}(l_{q}^{*}, U_{q}^{*}, \bar{B}_{q}) = P(l_{q}^{*})^{9)} \quad \text{für alle } q = 1,...,Q.$$

In gleicher Weise ist für Konsument 2 vorzugehen. Aufgrund unterschiedlicher Präferenzstrukturen und/oder eines unterschiedlichen zur Verfügung stehenden Budgets wählt Konsument 2 im Vergleich zu Konsument 1 eine Produktvariante, die (b-a) Einheiten des Produktmerkmals l_1 mehr aufweist.

Analog zur Nachfrageseite läßt sich die Entscheidungssituation auf der **Angebotsseite** darstellen. Festzulegen ist hier vom Produzenten, welche Ausprägungen von Produkteigenschaften zu einer Produktvariante zu bündeln sind und in welcher Menge diese Variante anzubieten ist, um den maximal möglichen Gewinn zu erreichen. Unterstellt wird, daß jeder Anbieter r nur eine Produktvariante herstellt.

Die Anbieter sehen sich folgender Kostenfunktion gegenüber:

$$(4.14)\quad K_{r} = K_{r}(x_{r}, l_{r}, \beta_{r}) = K_{r}(x_{r}, l_{1r}, ..., l_{jr}, ..., l_{Jr}, \beta_{r}) \quad \text{für alle } r = 1,...,R.$$

Hierbei bedeuten:

K_r = Produktionskosten des Anbieters r

x_r = Produzierte (und verkaufte) Stückzahl der von Anbieter r hergestellten Produktvariante

l_r = Vektor der Eigenschaftsausprägungen der von Anbieter r angebotenen Produktvariante

---

9) Diese Erkenntnis wird insbesondere dann deutlich, wenn man ein Produkt mit nur einer einzigen relevanten Eigenschaft, z. B. l_1, heranzieht. Neben der Übereinstimmung der Steigungen der Nachfragefunktion und der hedonischen Preisfunktion in Punkt e gilt dort nämlich auch für beide Funktionen derselbe Funktionswert, d. h. derselbe Preis.

l_{jr} = Ausprägung der j-ten Eigenschaft der von Anbieter r angebotenen Variante

β_r = Vektor, der die spezifischen Produktionsbedingungen des Anbieter r wie z. B. die verwendete Produktionstechnologie charakterisiert.

Für die Grenzkosten der Produktion gilt annahmegemäß:

(4.15) $$\frac{\partial K_r}{\partial x_r} > 0 \qquad \text{für alle } r = 1,...,R$$

(4.16) $$\frac{\partial^2 K_r}{\partial x_r^2} > 0 \qquad \text{für alle } r = 1,...,R$$

(4.17) $$\frac{\partial K_r}{\partial l_{jr}} > 0 \qquad \text{für alle } j = 1,...,J;\ r = 1,...,R$$

(4.18) $$\frac{\partial^2 K_r}{\partial l_{jr}^2} \geq 0 \qquad \text{für alle } j = 1,...,J;\ r = 1,...,R.$$

Unterstellt wird außerdem, daß eine kontinuierliche Variation der Produktionsmenge möglich ist; die als optimal ermittelte Produktionsmenge ist damit auch grundsätzlich realisierbar.[10] Als Gewinnfunktion des Anbieters r resultiert somit:

(4.19) $$G_r = P(l_r) \cdot x_r - K_r(x_r, l_r, \beta_r) = P(l_{1r},...,l_{jr},...,l_{Jr}) \cdot x_r - K_r(x_r, l_{1r},...,l_{jr},...,l_{Jr}, \beta_r)$$

für alle r = 1,...,R.

In (4.19) wird deutlich, daß aufgrund der hinsichtlich der Marktform getroffenen Annahmen der Marktpreis der jeweiligen Produktvariante von einem einzelnen Anbieter durch dessen Produktions(mengen)entscheidungen nicht beeinflußt wird, da alle Anbieter über beschränkte Produktionskapazitäten verfügen und somit einzeln zu unbedeutend sind, um über ihre Produktionsmenge einen Einfluß auf den Preis ausüben zu können; $P(l_r)$ ist damit unabhängig von

10) Aufgrund der - bereits erwähnten - Annahme, daß der Eigenschaftsraum vollständig besetzt ist, sind auch die Eigenschaftsausprägungen kontinuierlich variierbar.

x_r.[11] Zu entscheiden hat der einzelne Anbieter vielmehr über die optimale Ausprägung der jeweiligen Produkteigenschaft und über die zu produzierende Menge dieser sich aus den jeweiligen Eigenschaftsausprägungen ergebenden Produktvariante. Somit ist (4.19) nach l_{jr} für $j = 1,...,J$ und x_r abzuleiten:

$$(4.20) \quad \frac{\partial G_r}{\partial l_{jr}} = \frac{\partial P}{\partial l_{jr}} \cdot x_r - \frac{\partial K_r}{\partial l_{jr}} = 0 \qquad \text{für alle } j = 1,...,J;\ r = 1,...,R$$

$$(4.21) \quad \frac{\partial G_r}{\partial x_r} = P(l_r) - \frac{\partial K_r}{\partial x_r} = 0 \qquad \text{für alle } r = 1,...,R.$$

Aus (4.20) resultiert als Bedingung 1. Ordnung für ein Gewinnmaximum:[12]

$$(4.22) \quad p_j(l_{jr}) = \frac{K_{jr}}{x_r} \quad \text{mit: } p_j(l_{jr}) = \frac{\partial P}{\partial l_{jr}}\ ;\ K_{jr} = \frac{\partial K_r}{\partial l_{jr}}$$
$$\text{für alle } j = 1,...,J;\ r = 1,...,R.$$

(4.22) besagt, daß im Optimum der Erlös aus dem Verkauf einer zusätzlichen Einheit einer Produkteigenschaft pro Produkteinheit mit den Kosten der Produktion dieser zusätzlichen Einheit pro Produkteinheit übereinstimmen muß.

Aus (4.21) ergibt sich:

$$(4.23) \quad P(l_r) = K_{x_r} \quad \text{mit: } K_{x_r} = \frac{\partial K_r}{\partial x_r} \qquad \text{für alle } r = 1,...,R.$$

Im Gewinnmaximum muß also ebenfalls gelten, daß der (Markt-)Preis der - aus den als optimal ermittelten Eigenschaftsausprägungen zusammengesetzten - Produktvariante gleich den Grenzkosten der Produktion dieser Variante ist.

---

11) Wird eine Produktvariante nur von einem einzigen Anbieter hergestellt, so kann sich für diesen Anbieter jedoch ein monopolistischer Spielraum ergeben, der zu Preissetzungszwecken genutzt werden kann. Dies wird insbesondere dann der Fall sein, wenn der Anbieter seine Produkte nicht als anonymes Angebot, sondern markiert auf den Markt bringt und den Absatz dieser Produkte mit Marketing-Instrumenten, insbesondere in Form von kommunikationspolitischen Aktivitäten, unterstützt; vgl. hierzu auch Abschnitt B.I. im 5. Teil. Unmarkierte Produkte oder schwache Marken, welche völlig oder nahezu identisch auch von anderen Anbietern hergestellt werden, führen hingegen nicht zu Preissetzungsspielräumen.

12) Es wird wiederum davon ausgegangen, daß die Bedingungen 2. Ordnung erfüllt sind; vgl. auch *Rosen*, 1974, S. 42.

Auflösen des sich durch (4.20) und (4.21) ergebenden Gleichungssystems führt zu x_r^* für alle r = 1,...,R und l_{jr}^* für alle j = 1,...,J; r = 1,...,R.

Analog zur Nachfragefunktion nach Produkteigenschaften bei der Analyse der Nachfrageseite läßt sich auf der Angebotsseite aus (4.19) eine Angebotsfunktion aufstellen, die die Preise angibt, die ein Anbieter für verschiedene Produktvarianten bei gegebener Produktionstechnologie pro Produkteinheit gerade noch akzeptieren kann, ohne eine Gewinneinbuße hinnehmen zu müssen. Diese Angebotsfunktion lautet:

(4.24) $A_r = A_r(l_r, \bar{G}_r, \bar{\beta}_r) = A_r(l_{1r},...,l_{jr},...,l_{Jr},\bar{G}_r,\bar{\beta}_r)$ für alle r = 1,...,R.

Der von Anbieter r für eine zusätzliche (infinitesimale) Einheit der Eigenschaft j zu fordernde Preis, ohne eine Gewinneinbuße zu erleiden, ist also:

(4.25) $a_{jr}(l_{jr}) = \dfrac{\partial A_r}{\partial l_{jr}}$ für alle j = 1,...,J; r = 1,...,R.

Sofern der hedonische Preis der Eigenschaft j, also der für eine weitere Einheit dieser Eigenschaft am Markt erzielbare Preis, größer (kleiner) ist als der zur Aufrechterhaltung des Gewinns zu fordernde Preis, kann der Gewinn durch Ausstattung des Produktes mit mehr (weniger) Einheiten dieser Eigenschaft gesteigert werden. Im Gewinnmaximum muß also gelten:

(4.26) $a_{jr}(l_{jr}^*, G_r^*, \bar{\beta}_r) = p_j(l_{jr}^*)$ für alle j = 1,...,J; r = 1,...,R.

Da $A_r(l_r)$ derjenige Preis ist, den ein Anbieter für eine bestimmte Produktvariante l_r bei gegebenem Gewinniveau zu akzeptieren bereit ist, und $P(l_r)$ den für diese Variante am Markt erzielbaren Preis darstellt, muß zudem im Gewinnmaximum gelten:

(4.27) $A_r(l_r^*, G_r^*, \bar{\beta}_r) = P(l_r^*)$ für alle r = 1,...,R.

Abbildung 4.3 veranschaulicht die Zusammenhänge für zwei Anbieter graphisch. Unterstellt ist hier, daß die Produktion der Eigenschaft l_1 steigende Grenzkosten verursacht.[13] Für Anbieter 1 stellt g die optimale Menge der Ei-

---

13) Vgl. Bedingung (4.18); in *Abbildung 4.3* gilt: $\partial^2 K_r / \partial l_{jr}^2 > 0$ für alle r = 1,...,R. Die Angebotsfunktionen, die gleichzeitig Isogewinnlinien darstellen, haben also einen konvexen Verlauf.

genschaft l_1 dar, mit der die von ihm angebotene Produktvariante auszustatten ist, für Anbieter 2 hingegen ist es aufgrund anderer Produktionsbedingungen am vorteilhaftesten, eine Variante mit h Einheiten der Produkteigenschaft l_1 anzubieten.

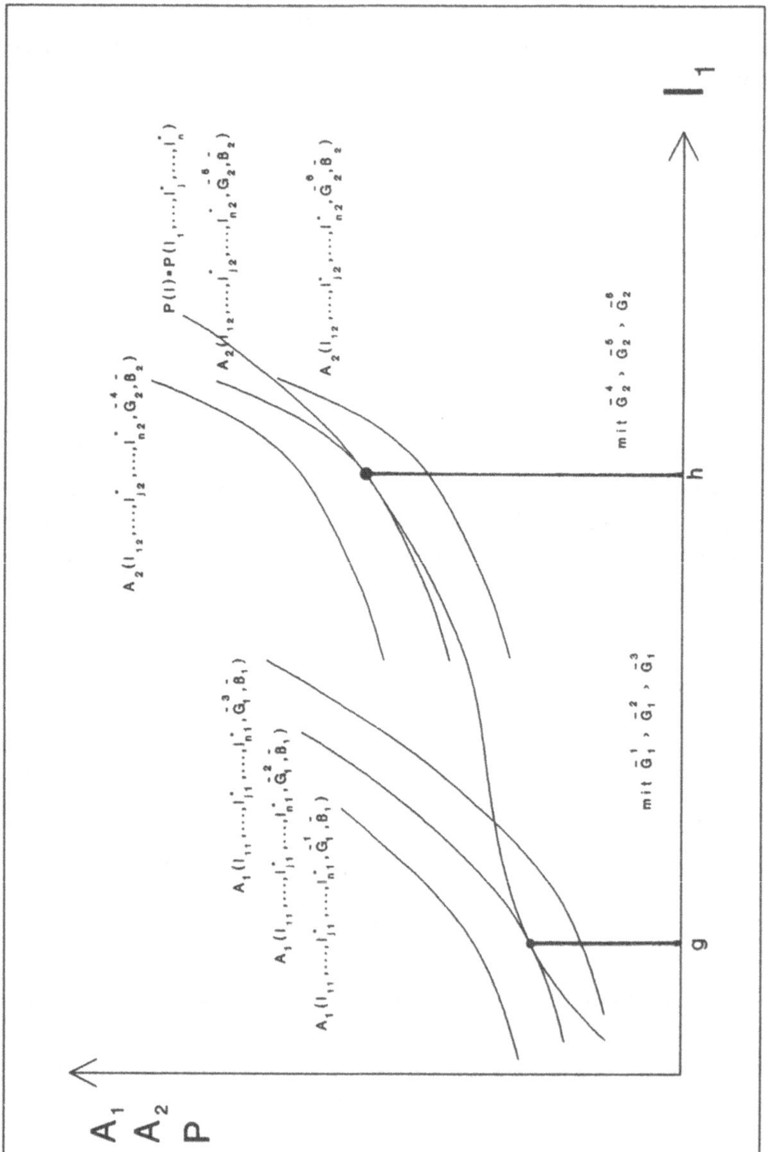

Quelle: In Anlehnung an *Weber*, 1986, S. 20.

Abb. 4.3: Der Zusammenhang zwischen individuellen Angebotsfunktionen und der hedonischen Preisfunktion

Um den von der hedonischen Preisfunktion implizierten Zustand des Marktgleichgewichts herleiten zu können, sind die - soeben dargestellten - Nachfrage- und Angebotsseiten simultan zu betrachten. Das **Marktgleichgewicht** ist dadurch charakterisiert, daß die Angebots- und Nachfragemenge jeder Produktvariante beim für die jeweilige Variante herrschenden Marktpreis übereinstimmen. Dies impliziert, daß der Preis, den die Nachfrager für die jeweilige Produktvariante zu zahlen bereit sind, und der Preis, zu dem die Anbieter diese Variante anzubieten bereit sind, gleich sind und gleich dem Marktpreis sind. Somit gilt also für jede Produktvariante:

$$(4.28)\quad A_r(l_r^*, G_r^*, \bar{\beta}_r) = N_q(l_q^*, U_q^*, \bar{B}_q) = P(l^*) \qquad \text{für alle } q = 1,\dots,Q_l;\ r = 1,\dots,R_l \quad Q_l \in Q;\ R_l \in R$$

mit: Q_l = Anzahl der Nachfrager von Produktvariante l
R_l = Anzahl der Anbieter von Produktvariante l.

Ferner impliziert der Zustand des Marktgleichgewichts, daß die Steigung von Nachfrage- und Angebotsfunktionen, also die monetäre Bewertung einzelner Produkteigenschaften durch Anbieter und Nachfrager, gleich sind und mit dem hedonischen Preis der jeweiligen Produkteigenschaft zusammenfallen:

$$(4.29)\quad a_{jr}(l_{jr}^*, G_r^*, \bar{\beta}_r) = n_{jq}(l_{jq}^*, U_q^*, \bar{B}_q) = p_j(l_j^*) \qquad \text{für alle } j = 1,\dots,J;\ q = 1,\dots,Q_l;\ r = 1,\dots,R_l.$$

Graphisch können (4.28) und (4.29) wie folgt veranschaulicht werden (vgl. *Abbildung 4.4*): In den Punkten i, j und k sind sowohl (4.28) als auch (4.29) erfüllt; sie repräsentieren Zustände des Marktgleichgewichts. Die restlichen Streckenabschnitte der hedonischen Preisfunktion ergeben sich analog durch eine Vielzahl weiterer (nicht in *Abbildung 4.4* eingezeichneter) Angebots- und Nachfragefunktionen. Somit stellt die hedonische Preisfunktion einerseits denjenigen geometrischen Ort dar, der angibt, zu welchen Preisen verschiedene Produktvarianten auf dem Markt gehandelt werden, andererseits lassen sich aus ihr auch die Bewertung **einzelner** Produktmerkmale durch die Anbieter und Nachfrager, also durch den Markt, ableiten. Letztere Eigenschaft der hedonischen Preisfunktion wird im folgenden zur Bewertung von Marken als Produkteigenschaft im Mittelpunkt stehen.

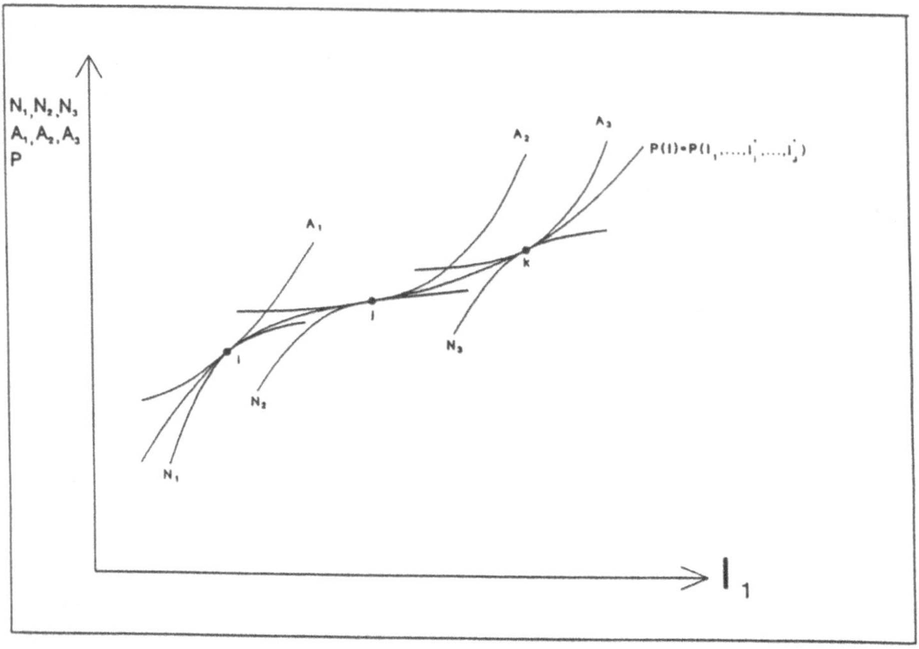

Quelle: *Weber*, 1986, S. 21.

Abb. 4.4: Der Zustand des Marktgleichgewichts im hedonischen Modell

2. Grundsätzliche Anwendbarkeit der hedonischen Theorie im Rahmen der Markenbewertung

Der hedonische Ansatz stellt ein konsistentes, in sich geschlossenes Theoriegerüst dar, mit dessen Hilfe der Marktwert einzelner Produkteigenschaften festgestellt werden kann. Somit ist mit der hedonischen Theorie ein Instrument gegeben, welches ermöglicht, den Wert einer Marke von dem Wert der anderen Produkteigenschaften zu separieren. Durch diese Möglichkeit, den Wert einzelner Produkteigenschaften aus dem Gesamtwert des Produkts herauszulösen, lassen sich unter Berücksichtigung der jeweiligen Absatzmenge die Erlöse bestimmen, die der Markeninhaber durch Anbringung der Marke an seinem Produkt zusätzlich erwirtschaften kann; diese Erlöse resultieren allein aus der Marke als Markenzeichen und entsprechen nach Abzug der auf die Marke zurückzuführenden Kosten dem Markenwert aus Sicht des Markeninhabers.[14)]

Die Güte der Ergebnisse, die der hedonische Ansatz im Falle einer empirischen Anwendung bereitstellen kann, hängt allerdings nicht unwesentlich da-

14) Vgl. Kapitel A. im 3. Teil.

von ab, inwiefern die diesem Ansatz zugrunde liegenden Prämissen in der Realität auch erfüllt sind. Von Interesse ist daher, wie stark die Ergebnisse im Falle der Nichteinhaltung der mit dem hedonischen Ansatz verbundenen Annahmen beeinträchtigt werden. Im folgenden wird kurz darauf eingegangen, inwiefern die Anzahl der vom Konsumenten tatsächlich wahrgenommenen Produkteigenschaften und die Verwendung qualitativer Produktmerkmale im Rahmen der hedonischen Theorie eine Rolle spielen.[15)]

Als wesentlicher Bestandteil des hedonischen Ansatzes fungiert die Annahme, daß **alle** relevanten Produkteigenschaften vom Konsumenten (und Produzenten) wahrgenommen und bewertet werden. Insbesondere bei geringwertigen Produkten kann hiervon nicht unbedingt ausgegangen werden; hier tritt oft ein vereinfachter (limitierter) Kaufentscheidungsprozeß auf, bei dem lediglich wenige Schlüsselvariablen wie z. B. die Marke und die Art der Verpackung bzw. Aufmachung des Produkts aufgenommen und verarbeitet werden. Bei höherwertigen Produkten hingegen, bei denen ein höheres wahrgenommenes Risiko im Rahmen des Kaufentscheidungsprozesses vorliegt, tritt eine aktive Informationssuche auf, bei der möglichst alle relevanten Produktmerkmale erfaßt und vom potentiellen Käufer bewertet werden; die hedonische Theorie scheint daher besonders für Produkte, die einem extensiven Kaufentscheidungsprozeß unterliegen, geeignet zu sein und weniger für Produkte, die nach einem limitierten oder auch impulsiven Kaufverhaltensmuster gekauft werden.[16)] So verwundert es auch nicht, daß hedonische Studien sich fast ausschließlich auf höherwertige Gegenstände wie Automobile oder Immobilien beziehen (vgl. z. B. *Lee/Donelly*, 1988; *Weber*, 1986, S. 138 ff.). Die guten Ergebnisse, die der hedonische Ansatz auch bei geringwertigen Artikeln des Massenbedarfs hervorzubringen vermag, deuten jedoch daraufhin, daß grundsätzlich auch eine Eignung dieses Ansatzes für derartige Waren gegeben ist;[17)] eine Einschränkung der Gültigkeit der hedonischen Theorie allein auf höherwertige Güter, welche sich zudem gegenüber geringwertigen Waren oftmals durch eine größere Anzahl relevanter Produktmerkmale auszeichnen und damit u. U. eine bessere Erklärung des Produktpreises ermöglichen, scheint somit nicht angemessen.

Weiterhin ist zu beachten, daß die Marke als im Mittelpunkt dieser Arbeit stehendes Objekt ein **qualitatives** Produktmerkmal darstellt, wodurch die Prä-

---

15) Zur Diskussion weiterer Prämissen des hedonischen Ansatzes, insbesondere hinsichtlich der Verwendung objektiver Produktmerkmale, der Existenz segregierter und segmentierter Märkte sowie der Unterstellung des Marktgleichgewichts, vgl. i. e. *Weber*, 1986, S. 25 ff. Da sich diese Prämissen auf den hedonischen Ansatz allgemein beziehen und keine markenspezifischen Aspekte umfassen, wird auf sie hier nicht weiter eingegangen.

16) Zu den einzelnen Arten von Kaufentscheidungsprozessen vgl. z. B. *Weinberg*, 1981.

17) Vgl. i. e. die Ausführungen im Abschnitt B.II. in diesem Teil.

misse der stetigen Variierbarkeit einzelner Produkteigenschaftsausprägungen und somit der Existenz eines vollständig besetzten Eigenschaftsraumes verletzt wird. Hinsichtlich der graphischen Analyse zur Bestimmung hedonischer Preise bedeutet dies, daß die in *Abbildung 4.4* dargestellte Marktgleichgewichtssituation auf die Punkte i, j und k degeneriert, wenn auf der Abszisse die Produkteigenschaft "Markenzugehörigkeit" abgetragen wird; diese Punkte stellen Lokalisationen auf der - jetzt unstetigen - hedonischen Preisfunktion für drei verschiedene Marken dar. Sofern ausreichend viele Produktalternativen bzw. Marken auf dem untersuchten Markt vorhanden sind, ist aber davon auszugehen, daß diese Prämissenverletzung nicht zu einer deutlichen Abweichung von hedonischem Preis der Marke und ihrer Bewertung durch die Marktteilnehmer führt, da die "Angebotslücken" in diesem Fall entsprechend klein ausfallen und der Eigenschaftsraum zumindest approximativ vollständig besetzt ist (vgl. *Weber*, 1986, S. 37). Aus der dieser Arbeit zugrunde liegenden Zielsetzung heraus ist zudem allein die Bewertung der Marke durch die Gesamtheit der Marktteilnehmer interessant und nicht die Bewertung von Produkteigenschaften durch einzelne; eine derartige (Durchschnitts-)Bewertung wird jedoch von einer sorgfältig spezifizierten hedonischen Preisfunktion korrekt vollzogen (vgl. *Weber*, 1986, S. 38).

II. Das Modell zur Ermittlung des Markenwerts und seine Varianten

1. Die Grundkonzeption des Modells

Ziel der folgenden Ausführungen ist es, eine allgemeingültige modellmäßige Darstellung der Bestimmung des Wertes einer Marke aus Sicht des Markeninhabers zu geben. Ausgangspunkt hierfür ist der Begriff des Markenwerts, welcher aus Sicht des Markeninhabers als der durch die Anbringung des Markenzeichens am Produkt zusätzlich erwirtschaftbare und auf die Marke zurückzuführende Gewinn festgestellt wurde.[18)] Dieser Gewinn setzt sich einerseits aus den auf die Marke zurückzuführenden Erlösen, andererseits aus den durch die Verwendung eines Markenzeichens entstehenden Kosten zusammen. Mit Hilfe der hedonischen Theorie können dabei die auf die Marke zurückzuführenden Erlöse - also der Marktwert der Marke - festgestellt werden. Dieser Betrag wird - bezogen auf eine einzelne Produkteinheit - im folgenden mit p_M bezeichnet. Er wird berechnet, indem eine Schätzung des Produktpreises mit und ohne Marke vorgenommen wird; für qualitative Produktmerkmale wie die Marke wird also - wie bereits erwähnt - eine Differenzbetrachtung vorgenom-

18) Vgl. Kapitel A. im 3. Teil.

men.[19] Der resultierende Differenzbetrag stellt den Marktwert der Marke pro Produkteinheit p_M dar und entspricht der Bewertung der Marke durch die Marktteilnehmer. Zur Ermittlung des Gesamterlöses, der auf die Marke entfällt, ist p_M mit der Anzahl der mit dieser Marke gekennzeichneten und innerhalb eines bestimmten Zeitraumes abgesetzten Produkte zu multiplizieren. Hiervon sind dann jeweils die auf die Marke entfallenden Kosten abzuziehen. Über die Länge des zu berücksichtigenden Zeitraumes sowie über die Wahl einer zukunfts- oder vergangenheitsorientierten Betrachtung entscheidet allein der **Zweck** der Bewertung.[20] Sofern mehrere Perioden zu berücksichtigen sind, ist eine Ab- bzw. Aufzinsung der auf die Marke zurückzuführenden Gewinne vorzunehmen. In diesem Zusammenhang ist zu berücksichtigen, daß der Wert von p_M im Zeitablauf variieren kann. Er ändert sich insbesondere dann, wenn sich der Preis des betrachteten Produkts ändert und/oder wenn Änderungen im Eigenschaftsbündel dieses Produkts vorgenommen werden, da hierdurch die hedonische Preisfunktion und somit auch die hedonischen Preise der einzelnen Produkteigenschaften berührt werden.[21]

Wird eine Marke im einfachsten Fall nur für **ein** Produkt und nur auf **einem** (homogenen) Markt angeboten, so ergibt sich der Markenwert dieser Marke aus Sicht des Markeninhabers als:

$$(4.30)\quad MW = \sum_{t=1 \cdot z}^{T \cdot z} [p_M{}^t \cdot x^t - K_M{}^t(x^t)](1+i^t)^{-t} \qquad z \in \{-1;1\}$$

mit:

MW	=	Markenwert aus Sicht des Markeninhabers
$p_M{}^t$	=	Marktwert der Marke pro Produkteinheit in der Periode t
x^t	=	Anzahl der in der Periode t mit der Marke versehenen und abgesetzten Produkteinheiten
$K_M{}^t$	=	auf die Verwendung des Markenzeichens zurückzuführende Kosten in der Periode t
i^t	=	Kalkulationszinsfuß für Periode t
T	=	Anzahl der Perioden des zu berücksichtigenden Zeitraumes
z	=	Variable, die je nach Bewertungszweck über Auf- bzw. Abzinsung entscheidet.[22]

19) Vgl. die Ausführungen über hedonische Preise zum Beginn des Unterabschnitts A.I.1. bei der Vorstellung des hedonischen Grundmodells sowie die Ausführungen zur empirischen Ermittlung hedonischer Preise im Unterabschnitt B.I.2.ac. in diesem Teil.

20) Vgl. hierzu auch den folgenden Unterabschnitt A.II.2.

21) Vgl. hierzu auch die Ausführungen zur Steuerung des Markenwerts mit Hilfe preispolitischer Maßnahmen in dem Abschnitt B.II. im 5. Teil.

22) Die Variable z ist eine Hilfsvariable, welche dafür sorgt, daß mittels nur einer Gleichung sowohl vergangenheits- als auch zukunftsorientierte Sichtweisen dargestellt werden können.

Oftmals wird eine Marke nicht nur für ein Produkt verwendet, sondern es existieren **mehrere Varianten** eines Produkts, die mit derselben Marke gekennzeichnet sind; diese Varianten entstammen dabei alle derselben Produktkategorie.[23] In diesem Fall gilt für den Markenwert aus Sicht des Markeninhabers:

$$(4.31)\quad MW = \sum_{j=1}^{J} \sum_{t=1\cdot z}^{T_j \cdot z} [p_{Mj}^{\ t} \cdot x_j^{\ t} - K_{Mj}^{\ t}(x_j^{\ t})](1+i^t)^{-t} \qquad z \in \{-1;1\}$$

mit:[24] $p_{Mj}^{\ t}$ = Marktwert der Marke pro Produkteinheit bei Variante j in der Periode t

$x_j^{\ t}$ = Anzahl der in der Periode t mit der Marke versehenen und abgesetzten Einheiten der Produktvariante j

$K_{Mj}^{\ t}$ = auf die Verwendung des Markenzeichens zurückzuführende Kosten für Produktvariante j in der Periode t

J = Anzahl der Produktvarianten, die unter derselben Marke angeboten werden

T_j = Anzahl der Perioden des für Variante j zu berücksichtigenden Zeitraumes.

Zu beachten ist, daß nicht-lineare hedonische Preisfunktionen zu unterschiedlichen Werten von p_{Mj} für die einzelnen Produktvarianten führen, während sich bei linearen hedonischen Preisfunktionen für alle Produktvarianten derselbe Wert von p_{Mj} ergibt.[25] Um dies bei der Klassifikation der hier vorgestellten Grundmodelle zu berücksichtigen (vgl. auch *Tabelle 4.1*), wird auf diesen wichtigen Sachverhalt bereits an dieser Stelle hingewiesen.

Im Falle einer zukunftsorientierten Sichtweise ist z = 1. Hierdurch wird eine Abzinsung aller in zukünftigen Perioden erwirtschafteten und auf die Marke entfallenden Gewinne erreicht. Die dem Bewertungszeitpunkt direkt nachgelagerte Periode ist in diesem Fall t = 1. Im Falle einer vergangenheitsorientierten Sichtweise ist z = -1. Hierdurch wird eine Aufzinsung aller in vergangenen Perioden erwirtschafteten markenspezifischen Gewinne erreicht. Die dem Bewertungszeitpunkt direkt vorgelagerte Periode ist dann t = -1.

23) Als Beispiel kann hierfür die Produktkategorie "Kondensmilch" herangezogen werden. In dieser Produktkategorie existieren verschiedene Produktvarianten, welche sich z. B. durch unterschiedliche Verpackungen und/oder Fettgehaltsstufen auszeichnen und unter derselben Marke angeboten werden; vgl. hierzu auch den Abschnitt B.II. in diesem Teil. Oftmals werden Produktvarianten auch zu einer Markenfamilie zusammengefaßt. Zum Begriff der Markenfamilie vgl. Abschnitt C.IV. im 2. Teil.

24) Sofern nicht nochmals aufgeführt, besitzen alle Variablen jeweils dieselbe Bedeutung wie in (4.30).

25) Vgl. hierzu i. e. die Ausführungen zur konkreten Berechnung hedonischer Preise im Unterabschnitt B.I.2.ac. in diesem Teil sowie die empirischen Ergebnisse für die hedonischen Preise von Marken im Unterabschnitt B.II.2.bac. in diesem Teil.

Wird eine Marke nicht nur für eine Produktkategorie verwendet, sondern mittels Markentransfer in **mehrere verschiedene** Produktkategorien transferiert, so kann zur Bestimmung des Markenwerts ebenfalls (4.31) angewendet werden; in diesem Fall steht der Index j für die einzelnen Produktkategorien, in denen die Marke Verwendung findet.[26] Im Gegensatz zum Fall verschiedener Produktvarianten, welche alle einer Produktkategorie angehören, resultieren bei Verwendung der Marke in unterschiedlichen Produktkategorien jedoch **auf jeden Fall** unterschiedliche Werte von p_{Mj} für alle $j = 1,...,J$, da hier für jede einzelne Produktkategorie eine spezifische hedonische Preisfunktion aufzustellen ist. Dies resultiert daraus, daß jede Produktkategorie einen eigenen Produktmarkt repräsentiert, auf dem jeweils Produkte mit spezifischen Eigenschaften gehandelt werden; somit verlangt jeder Produktmarkt eine eigene hedonische Preisfunktion.

Ähnlich ist die Situation, wenn anstatt einer produktbezogenen Marktabgrenzung eine **geographische** Marktabgrenzung vorzunehmen ist: Wird eine Marke auf **mehreren, voneinander getrennten** Märkten mit **unterschiedlichen Angebots- und Nachfragestrukturen** angeboten, so ist für jeden einzelnen Markt eine eigene hedonische Preisfunktion zu bestimmen. Von diesem Fall der **Marktsegregation** ist insbesondere dann auszugehen, wenn eine Marke nicht nur national, sondern international angeboten wird.[27] Würde für eine international distribuierte Marke nur eine für alle nationalen und internationalen Märkte gültige hedonische Preisfunktion aufgestellt, so ergäbe sich eine durch-

---

26) Implizit wird dabei unterstellt, daß in jeder Produktkategorie nur **eine** Produktvariante angeboten wird. Andernfalls ist (4.31) um einen weiteren Summenterm und die Modellvariablen in (4.31) um einen weiteren Variablenindex, welcher die Produktvarianten pro Produktkategorie kennzeichnet, zu erweitern. Da diese Erweiterung eine Analogie zum bereits beschriebenen Fall mehrerer Produktvarianten in einer Produktkategorie darstellt, wird sie im folgenden nicht explizit dargestellt.

27) Getrennte Märkte mit unterschiedlichen Angebots- und Nachfragestrukturen können u. U. - je nach analysierter Produktkategorie - auch innerhalb nationaler Märkte identifiziert werden. Von einer derartigen Situation ist beispielsweise dann auszugehen, wenn ein regional unterschiedliches Käuferverhalten, ein unterschiedliches regionales Produktangebot sowie regionenspezifisch unterschiedliche Preise einzelner Produkte zu beobachten sind. Zur Vereinfachung wird hiervon jedoch im folgenden für den nationalen Markt abstrahiert. Von getrennten, unterschiedlich strukturierten Märkten wird hier also nur dann ausgegangen, wenn eine Marke die nationalen Grenzen überschreitet und somit international angeboten wird. Außer einem höheren Analyseaufwand stellt die Aufhebung dieser Prämisse aber kein Problem dar. Zu unterscheiden von diesem Phänomen der Marktsegregation ist die Marktsegmentierung. Marktsegmentierungserscheinungen äußern sich darin, daß Konsumenten mit unterschiedlichem Einkommen und/oder Präferenzstrukturen unterschiedliche Produktvarianten nachfragen. Derartige Marktsegmente können im Rahmen der hedonischen Theorie - im Gegensatz zur Marktsegregation - bereits durch eine einzelne hedonische Preisfunktion abgebildet werden und stellen somit ohnehin kein Problem dar; vgl. hierzu die Ausführungen zum hedonischen Grundmodell im Unterabschnitt A.I.1. in diesem Teil sowie *Weber*, 1986, S. 28 ff.

schnittliche hedonische Preisfunktion, die für keinen der - nationalen und internationalen - Teilmärkte die Verhältnisse adäquat widerspiegelt (vgl. *Weber*, 1986, S. 29 ff.). Wird die Marke zudem auf den einzelnen Märkten in verschiedenen Produktvarianten oder in unterschiedlichen Produktkategorien angeboten, so ergibt sich für ihren Markenwert:

$$(4.32) \quad MW = \sum_{l=1}^{L} \sum_{j=1}^{J} \sum_{t=1\cdot z}^{T_{jl}\cdot z} [p_{Mjl}^{t} \cdot x_{jl}^{t} - K_{Mjl}^{t}(x_{jl}^{t})](1+i_l^t)^{-t} \qquad z \in \{-1;1\}$$

mit:

p_{Mjl}^t = Marktwert der Marke pro Produkteinheit bei Produktvariante j bzw. bei dem in Produktkategorie j angebotenen Produkt in Land l in Periode t

x_{jl}^t = Anzahl der in der Periode t in Land l mit der Marke versehenen und abgesetzten Produkteinheiten der Produktvariante j bzw. des in Produktkategorie j vertretenen Produkts

K_{Mjl}^t = auf die Verwendung des Markenzeichens zurückzuführende Kosten für die in Land l angebotene Produktvariante j bzw. für das in Produktkategorie j vertretene Produkt in Periode t

i_l^t = landesspezifischer Kalkulationszinsfuß für Periode t

T_{jl} = Anzahl der Perioden des für Produktvariante j bzw. für das in Produktkategorie j in Land l vertretene Produkt zu berücksichtigenden Zeitraumes

L = Anzahl der Länder, in denen die Marke angeboten wird.

Tabelle 4.1 stellt die einzelnen Modelle, die sich aus der jeweiligen geographischen Verbreitung sowie dem Ausmaß der Verwendung der Marke für unterschiedliche Produktvarianten bzw. in unterschiedlichen Produktkategorien ergeben, noch einmal im Überblick dar.

2. Die Modellvarianten in Abhängigkeit von den Zwecken der Markenbewertung

Der Wert, welcher einer Marke beizumessen ist, hängt in erster Linie von dem Zweck der Markenbewertung ab. In Anlehnung an Kapitel B. des 3. Teils dieser Arbeit werden im folgenden die allgemeinen Modellformulierungen, welche soeben im vorangegangenen Unterabschnitt A.II.1. dargestellt wurden, für folgende Zwecke der Markenbewertung spezifiziert:

- das Modell im Falle des Kaufs bzw. Verkaufs von Marken,

Anzahl der unter einer Marke zusammengefaßten Produkte			Ausmaß der Distribution der Marke: national	Ausmaß der Distribution der Marke: international
ein Produkt			(1) $MW = \sum_{t=1\cdot z}^{T\cdot z} [p_M^t \cdot x^t - K_M^t(x^t)](1+i^t)^{-t}$	(3) $MW = \sum_{l=1}^{L} \sum_{t=1\cdot z}^{T_l\cdot z} [p_{Ml}^t \cdot x_l^t - K_{Ml}^t(x_l^t)](1+i_l^t)^{-t}$
mehrere Produkte	mehrere Varianten in derselben Produktkategorie	lineare hedonische Preisfunktion	(2a) $MW = \sum_{j=1}^{J} \sum_{t=1\cdot z}^{T_j\cdot z} [p_{Mj}^t \cdot x_j^t - K_{Mj}^t(x_j^t)](1+i^t)^{-t}$ mit: $p_{Mi}^t = p_{Mj}^t$ für alle $i,j = 1,\dots,J;\ i \neq j$	(4a) $MW = \sum_{l=1}^{L} \sum_{j=1}^{J} \sum_{t=1\cdot z}^{T_{jl}\cdot z} [p_{Mjl}^t \cdot x_{jl}^t - K_{Mjl}^t(x_{jl}^t)](1+i_l^t)^{-t}$ mit: $p_{Mil}^t = p_{Mjl}^t$ für alle $i,j = 1,\dots,J;\ i \neq j$
		nicht-lineare hedonische Preisfunktion	(2b) $MW = \sum_{j=1}^{J} \sum_{t=1\cdot z}^{T_j\cdot z} [p_{Mj}^t \cdot x_j^t - K_{Mj}^t(x_j^t)](1+i^t)^{-t}$ mit: $p_{Mi}^t \neq p_{Mj}^t$ für alle $i,j = 1,\dots,J;\ i \neq j$	(4b) $MW = \sum_{l=1}^{L} \sum_{j=1}^{J} \sum_{t=1\cdot z}^{T_{jl}\cdot z} [p_{Mjl}^t \cdot x_{jl}^t - K_{Mjl}^t(x_{jl}^t)](1+i_l^t)^{-t}$ mit: $p_{Mil}^t \neq p_{Mjl}^t$ für alle $i,j = 1,\dots,J;\ i \neq j$
	mehrere Produktkategorien (pro Produktkategorie nur einer Variante)		(2c) $MW = \sum_{j=1}^{J} \sum_{t=1\cdot z}^{T_j\cdot z} [p_{Mj}^t \cdot x_j^t - K_{Mj}^t(x_j^t)](1+i^t)^{-t}$ mit: $p_{Mi}^t \neq p_{Mj}^t$ für alle $i,j = 1,\dots,J;\ i \neq j$	(4c) $MW = \sum_{l=1}^{L} \sum_{j=1}^{J} \sum_{t=1\cdot z}^{T_{jl}\cdot z} [p_{Mjl}^t \cdot x_{jl}^t - K_{Mjl}^t(x_{jl}^t)](1+i_l^t)^{-t}$ mit: $p_{Mil}^t \neq p_{Mjl}^t$ für alle $i,j = 1,\dots,J;\ i \neq j$

Tab. 4.1: Übersicht über die Grundmodelle zur Bestimmung des Wertes einer Marke aus Sicht des Markeninhabers

- das Modell im Falle der Markenführung und -kontrolle,
- das Modell im Falle der Bilanzierung von Marken,
- das Modell im Falle der Schadensbemessung bei mißbräuchlicher Nutzung von Marken und
- das Modell im Falle der Bemessung von Lizenzgebühren.

Entscheidend ist, daß je nach Zweck eine zukunfts- oder vergangenheitsorientierte Betrachtung zu erfolgen hat. Dies beeinflußt die Informationssituation gegenüber den Modellvariablen erheblich: Während bei einer vergangenheitsorientierten Betrachtung die den Modellen zugrunde liegenden Variablen Datencharakter besitzen und somit einwertig und mit Sicherheit bekannt sind, unterliegen die in den zukunftsorientierten Modellansätzen verwendeten Variablen grundsätzlich der Unsicherheit und können daher auch mehrwertig formuliert werden. Als Folge hiervon resultiert bei vergangenheitsorientierten Ansätzen ein einziger - sicherer - Wert für den Markenwert, während sich bei zukunftsorientierter Betrachtung ein Erwartungswert oder eine Dichte- bzw. Verteilungsfunktion für den Markenwert ergibt.

a. Das Modell im Falle des Kaufs bzw. Verkaufs von Marken

Für den Kauf bzw. Verkauf von Marken, insbesondere im Rahmen von Unternehmenstransaktionen, kann eine auf Basis der hedonischen Theorie durchgeführte Markenbewertung wertvolle Erkenntnisse hinsichtlich des für die Marke zu fordernden bzw. zu bezahlenden Preises liefern.[28] Dabei kann auf bestehende Erkenntnisse über die Bewertung von Vermögensgegenständen im Falle ihres Erwerbs bzw. ihrer Veräußerung zurückgegriffen werden (vgl. z. B. *Wöhe*, 1990, S. 789 ff.; *Wagner*, 1979). Wesentlich ist bei diesem Bewertungszweck, daß eine zukunftsorientierte Betrachtungsweise zu erfolgen hat, da die zukünftig mit dem zur Disposition stehenden Objekt - also der Marke - erwirtschaftbaren Erträge relevant sind; an ihnen richtet sich die Entscheidung über Kauf bzw. Verkauf aus.

Zu unterscheiden sind in diesem Zusammenhang Wert und Preis des Objekts bzw. der Marke. Die Entscheidungsregel für den präsumtiven Käufer lautet: Kaufe dann, wenn der Wert des Objekts seinen Preis übersteigt. Für den potentiellen Verkäufer lohnt der Verkauf dann, wenn der Preis über dem Wert

28) Zur Notwendigkeit der Bestimmung des Wertes einer Marke im Rahmen von Unternehmenstransaktionen und den damit verbundenen Problemem vgl. auch Abschnitt B.I. im 3. Teil.

des Objekts liegt. Hier ist darauf hinzuweisen, daß Käufer und Verkäufer dem Objekt in der Regel einen unterschiedlichen Wert beimessen.

Um den Wert einer Marke festzustellen, ist zu bestimmen, welche Gewinne in der Zukunft durch sie erwirtschaftet werden. Der Markenwert ergibt sich daher als die Summe der diskontierten Gewinne, die auf die Marke zurückzuführen sind. Für den Fall einer nur auf **einem** Markt vertriebenen **Einzelmarke** wird der Markenwert wie folgt ermittelt:[29)]

$$(4.33)\quad M\tilde{W} = \sum_{t=1}^{\tilde{T}} [\tilde{p}_M^{\,t} \cdot \tilde{x}^t - \tilde{K}_M^{\,t}(\tilde{x}^t)](1+\tilde{i}^t)^{-t}$$

mit:

	MW	=	Wert einer Marke im Falle ihres Kaufs bzw. Verkaufs
	$p_M^{\,t}$	=	Marktwert der Marke pro Produkteinheit in Periode t
	x^t	=	Anzahl der in Periode t mit der Marke gekennzeichneten und abgesetzten Einheiten
	$K_M^{\,t}$	=	auf die Verwendung des Markenzeichens zurückzuführende Kosten in der Periode t
	i^t	=	Kalkulationszinsfuß für Periode t
	T	=	Lebensdauer der Marke.

Als Kalkulationszinsfuß kann eine Orientierung am internen Zinsfuß der besten Alternativanlage erfolgen; auf diese Weise wird eine individuell richtige Entscheidung über den Kauf bzw. Verkauf der Marke gewährleistet.[30)] Ferner ist zu beachten, daß aufgrund der Zukunftsorientierung und fehlender vollkommener Voraussicht die Modellvariablen der Unsicherheit unterliegen und daher Zufallsvariablen sind; der resultierende Markenwert ist daher ebenfalls mit Unsicherheit behaftet.[31)]

Eine Bewertung der Marke nach Modell (4.33) ist sowohl vom Käufer als auch vom Verkäufer durchzuführen. Der vom präsumtiven Käufer ermittelte Wert der Marke stellt für ihn die oberste Grenze seines Preisgebots dar; einen Preis über diesem Wert wird er nicht akzeptieren. Der vom Verkäufer für die Marke

29) Variablen, welche der Unsicherheit unterliegen, werden im folgenden mit "~" gekennzeichnet.

30) Vgl. hierzu auch das Beispiel in Fußnote 32 sowie die Ausführungen über den Kalkulationszinsfuß im Unterabschnitt B.I.2.b. in diesem Teil. Zu einer kritischen Diskussion des internen Zinsfußes vgl. *Haberstock/Dellmann*, 1971.

31) Zur Berücksichtigung der Unsicherheit im Rahmen der empirischen Umsetzung von Modell (4.33) vgl. auch die Ausführungen im Unterabschnitt B.I.3. in diesem Teil. Eine Anwendung von Modell (4.33) anhand eines konkreten Beispiels findet sich im Unterabschnitt B.II.2. in diesem Teil.

ermittelte Wert stellt für ihn die unterste Preisgrenze dar; einen Preis unter dieser Grenze wird der Verkäufer nicht akzeptieren. Eine Einigung wird daher nur dann zustande kommen, wenn der vom Käufer ermittelte Markenwert größer ist als der vom Verkäufer ermittelte Wert. Der letztlich resultierende Preis für die Marke ist ausschließlich Ergebnis von Verhandlungen zwischen Käufer und Verkäufer und liegt innerhalb der von beiden mittels Modell (4.33) aufgestellten Preisgrenzen.[32)] Somit ist die hedonische Theorie in der Lage, den Wert einer Marke zu objektivieren und von Dritten nachvollziehbare obere und untere Grenzen für Preisverhandlungen vorzugeben.[33)]

Wird die Marke nicht nur für ein Produkt, welches auf einem einzigen Markt abgesetzt wird, verwendet, sondern für mehrere Produktvarianten bzw. in mehreren Produktkategorien und/oder auf mehreren Märkten bzw. in mehreren Ländern, so sind (2a), (2b), (2c) bzw. (3), (4a), (4b), (4c) (vgl. *Tabelle 4.1*) entsprechend (4.33) zu formulieren und zu interpretieren. Auf diesem Wege kann der präsumtive Käufer auch eine von ihm geplante, zukünftige Nutzung der Marke in anderen Produktkategorien bzw. für neue Produktvarianten oder die Ausweitung des Vertriebs der Marke in andere Länder berücksichtigen und somit den für ihn relevanten Wert der Marke feststellen. Derartige Vorhaben wird der präsumtive Käufer dann bei der Bewertung der Marke berücksichtigen, wenn die Potentiale der Marke aus seiner Sicht durch den jetzigen Eigentümer nicht vollständig ausgeschöpft erscheinen.

---

32) Ein kurzes Beispiel verdeutlicht den Sachverhalt. Es wird vereinfachend von einwertigen Erwartungen ausgegangen sowie ein unbegrenzter Betrachtungszeitraum unterstellt: Ein Markeninhaber erwartet, zukünftig aus seiner Marke pro Periode einen Gewinn in Höhe von 180.000 DM erzielen zu können. Dieser Markeninhaber sieht sich einer im Vergleich mit anderen Anlagemöglichkeiten besten Alternativanlage in Form einer Finanzinvestition mit einer Verzinsung von 8% gegenüber. Der Wert der Marke für den Markeninhaber beträgt daher: $MW_{Verkauf}$ = 180.000 DM/0.08 = 2.250.000 DM.
Könnte er die Marke zum Preis von 2.250.000 DM verkaufen, würde ihm die Finanzinvestition pro Periode Einnahmen in gleicher Höhe wie die Marke (180.000 DM) verschaffen. Der Markeninhaber würde die Marke daher (nicht) verkaufen, wenn er mehr (weniger) als 2.250.000 DM erzielt. Bei einem Preis von genau 2.250.000 DM ist er indifferent. Dies ist der sogenannte Grenzpreis des Verkäufers. Ein präsumtiver Käufer der Marke erwartet, eine Gewinn in Höhe von 225.000 DM pro Periode mit der Marke erwirtschaften zu können. Ihm steht als (beste) Alternativanlage eine Finanzinvestition mit einer Verzinsung von 9% zur Verfügung. Für ihn hat die Marke daher den Wert von: MW_{Kauf} = 225.000 DM/0,09 = 2.500.000 DM. Dies ist der Grenzpreis des präsumtiven Käufers, also der Preis, den er maximal zahlen würde. Der Erwerb der Marke lohnt sich für den präsumtiven Käufer also dann (nicht), wenn der zu bezahlende Preis unter (über) 2.500.000 DM liegt. Der letztlich für die Marke zu bezahlende Preis wird demnach zwischen 2.250.000 DM und 2.500.000 DM liegen und das Resultat der zwischen diesen Preisgrenzen stattfindenden Verhandlungen sein.

33) Zu weiteren Vorteilen der Markenbewertung beim Kauf bzw. Verkauf von Marken im Rahmen von Unternehmenstransaktionen vgl. auch die Ausführungen im Abschnitt B.I. im 3. Teil.

b. Das Modell im Falle der Markenführung und -kontrolle

Als Ziel im Rahmen der Markenführung kann u. a. die Steigerung des Wertes der Marke angenommen werden.[34] Von Interesse ist in diesem Zusammenhang, wie die einzelnen Marketing-Instrumente, d. h. produkt-, preis-, distributions- und kommunikationspolitische Maßnahmen, auf den Markenwert wirken und in welchem Umfang sie unter Berücksichtigung der Kosten ihres Einsatzes zur Steigerung des Markenwerts einzusetzen sind. Unter der Annahme eines vorgegebenen Planungshorizonts, welcher im Rahmen des hier unterstellten Bewertungszwecks mehrperiodig formuliert werden sollte,[35] stellt sich das Modell zur Markenführung und -kontrolle im Falle einer auf **einem** Markt vertriebenen **Einzelmarke** wie folgt dar:

$$(4.34)\quad \widetilde{MW}(I_1,...,I_n) = \sum_{t=1}^{T} \Big[\tilde{p}_M^{\,t}(I_1,...,I_n)\cdot \tilde{x}^t(I_1,...,I_n) - \tilde{K}_M^{\,t}(\tilde{x}^t(I_1,...,I_n)) - \sum_{m=1}^{n} I_m^{\,t}\Big](1+\tilde{i}^t)^{-t}$$

mit:

$MW(I_1,...,I_n)$ = Wert einer Marke in Abhängigkeit vom Intensitätsniveau der eingesetzten Marketing-Instrumente $I_1,...,I_n$

$p_M^{\,t}(I_1,...,I_n)$ = Marktwert der Marke pro Produkteinheit in Periode t in Abhängigkeit vom Intensitätsniveau der eingesetzten Marketing-Instrumente $I_1,...,I_n$

$x^t(I_1,...,I_n)$ = Anzahl der in Periode t mit der Marke gekennzeichneten und abgesetzten Einheiten in Abhängigkeit vom Intensitätsniveau der eingesetzten Marketing-Instrumente $I_1,...,I_n$

$K_M^{\,t}$ = auf die Verwendung des Markenzeichens in der Periode t zurückzuführende Kosten

$I_1,...,I_n$ = Intensitätsniveau bzw. Kosten des Einsatzes der Marketing-Instrumente $I_1,...,I_n$ (z. B. Werbebudget)

i^t = Kalkulationszinsfuß für Periode t

T = vorgegebener Planungshorizont.

Modell (4.34) impliziert als Ziel also die Maximierung des auf den Ausgangszeitpunkt diskontierten und auf die Marke zurückzuführenden Gewinns durch den entsprechenden Einsatz des marketingpolitischen Instrumentariums, wobei die Kosten des Einsatzes der Marketing-Instrumente zu berücksichtigen

34) Vgl. Abschnitt B.II. im 3. Teil.
35) Vgl. hierzu Abschnitt B.II. im 3. Teil.

sind.[36] Die Diskontierung ist auf die Tatsache zurückzuführen, daß Markenführung eine zielorientierte und damit zukunftsgerichtete Aktivität ist. Die Zukunftsausrichtung und die damit verbundene unvollkommene Voraussicht führen auch wieder dazu, daß die Ausprägungen von p_M^t, x^t, K_M^t sowie i^t und damit auch MW unsicher sind. Aufgrund der mehrperiodigen Formulierung ist ferner zu beachten, daß u. U. dynamische, d. h. periodenübergreifende Effekte beim Einsatz der Marketing-Instrumente zu berücksichtigen sind.[37] Im Rahmen der Markenkontrolle kann schließlich im nachhinein festgestellt werden, ob der angestrebte Markenwert erreicht worden ist oder nicht.

Wird die Marke nicht nur für ein Produkt, welches auf einem einzigen Markt abgesetzt wird, verwendet, sondern für mehrere Produktvarianten bzw. in mehreren Produktkategorien und/oder auf mehreren Märkten bzw. in mehreren Ländern, so sind wiederum (2a), (2b), (2c) bzw. (3), (4a), (4b), (4c) (vgl. *Tabelle 4.1*) entsprechend Modell (4.34) zu formulieren und zu interpretieren. Dabei ist zu beachten, daß bei der Ausweitung des Modells (4.34) auf mehrere Produktvarianten bzw. -kategorien oder mehrere Märkte nicht nur periodenübergreifende Effekte, sondern u. U. auch Verbundeffekte zwischen den einzelnen Produktvarianten bzw. -kategorien und zwischen den einzelnen Märkten zu berücksichtigen sind.[38]

c. Das Modell im Falle der Bilanzierung von Marken

Hinsichtlich der bilanziellen Behandlung von Marken existiert bisher keine Einigkeit in Expertenkreisen: "Brand evaluation is a relatively new activity and one which has caused a great deal of controversy in accountancy circles particularly when applied to company balance sheets" (*Interbrand*, 1990, S. 20). So wird die Diskussion über die Bilanzierung von Marken sogar als "the major accounting controversy of the last twenty years" (*Murphy*, 1990, S. 162) bezeichnet. Zurückzuführen ist diese bestehende Unsicherheit hinsichtlich der bilanziellen Behandlung von Marken darauf, daß bisher keine einheitliche Bewertungsmethode für Marken existiert, die eine objektive, von Dritten nachvollziehbare Bewertung garantiert; dies gilt insbesondere für originäre Marken. Der Einschluß des Wertes von Marken als "weiche" Daten in die Bilanz würde unter diesen Umständen daher mit einem Verlust an Glaubwürdigkeit und Aussagefähigkeit dieses Rechnungslegungsinstruments einhergehen, da

---

36) Zur Bestimmung des **optimalen** Einsatzes der Marketing-Instrumente im Rahmen der Steuerung des Markenwerts vgl. auch die Ausführungen im 5. Teil.

37) Vgl. hierzu auch die entsprechenden Ausführungen im Abschnitt B.II. im 5. Teil.

38) Vgl. hierzu die Ausführungen in dem Unterabschnitt B.II.2. im 5. Teil.

sich in dieser Situation zweifellos neue Potentiale der Bilanzmanipulation ergeben. Als Folge hiervon hat sich die ursprüngliche Euphorie gegenüber der bilanziellen Aktivierung von Marken z. T. wieder gelegt: "... but there is evidence ... of concern which could lead to a determination to resist the inclusion of brand valuations in the balance sheet in the future" (*Wild/Everitt*, 1989, S. 63).

Sicherlich kann es hier nicht Sinn und Zweck sein, die Problematik der Feststellung eines in bilanztheoretischer Hinsicht angemessenen und auch unter rechtlichen Gesichtspunkten zulässigen Wertes von Marken allgemein und endgültig klären zu wollen; dies scheitert beispielsweise bereits an den unterschiedlichen rechtlichen Regelungen der Aktivierung und Bewertung immaterieller Vermögensgegenstände in verschiedenen Ländern.[39] Der im Rahmen dieser Arbeit verwendete Markenwertbegriff kann allerdings dazu herangezogen werden, den Informationsgehalt des Jahresabschlusses bzw. der Bilanz zu erhöhen. Da der Markenwert hier als der zusätzliche, durch die Anbringung des Markenzeichens am Produkt erwirtschaftbare Gewinn definiert wird, ist derjenige Wert ausweisbar, der allein auf die Marke zurückzuführen ist und welcher, ohne im Besitz der Marke zu sein, nicht hätte erzielt werden können; dies gilt sowohl für originäre als auch für derivative Marken. Der im Jahresabschluß angebbare Wert für den Gewinn einer auf einem **einzigen** Markt vertriebenen **Einzelmarke** kann daher wie folgt bestimmt werden:

$$(4.35) \quad MW = p_M^{\,t} \cdot x^t - K_M^{\,t}(x^t)$$

mit:
- MW = im Jahresabschluß ausweisbarer Wert der Marke für die vergangene Periode
- $p_M^{\,t}$ = Marktwert der Marke pro Produkteinheit in der abgelaufenen Periode t
- x^t = Anzahl der mit der betrachteten Marke versehenen und in der vergangenen Periode t verkauften Einheiten
- $K_M^{\,t}$ = auf die Verwendung des Markenzeichens zurückzuführende Kosten in der abgelaufenen Periode t.

Mittels (4.35) läßt sich also der durch die Anbringung des Markenzeichens an den eigenen Produkten in der vergangenen Periode zusätzlich erwirtschaftete Gewinn und damit die Erhöhung des Jahresüberschusses durch Verwendung des Markenzeichens quantifizieren. Dieser Wert könnte beispielsweise an entsprechender Stelle in der Bilanz oder in der Gewinn- und Verlustrechnung ausgewiesen werden oder - bei Kapitalgesellschaften - im Anhang erläutert

39) Vgl. hierzu Abschnitt B.III. im 3. Teil.

werden. Zu beachten ist, daß der auf die Marke zurückzuführende Gewinn bereits in dem herkömmlich ausgewiesenen Jahresüberschuß enthalten ist; hier darf keine Doppelzählung vorgenommen werden.

Der gesonderte Ausweis des auf die Marke zurückzuführenden Gewinns ermöglicht durch den Vergleich der entsprechenden Werte vergangener Perioden eine sofortige Aussage darüber, ob eine Steigerung des Wertes der Marke gelungen ist. Besitzt das Unternehmen mehrere Marken, so wird auch erkennbar, welche Marke den größten Gewinn auf sich vereint, und wie sich diese Markenwerte im Rahmen einer Längsschnittanalyse im Zeitablauf untereinander verhalten. Hierdurch ergeben sich wichtige Hinweise hinsichtlich der Markenpflege, beispielsweise für die Allokation der verfügbaren Marketing-Budgets auf die verschiedenen Marken.[40)]

Für Marken, welche in mehrere Produktkategorien transferiert wurden bzw. von denen mehrere Varianten existieren oder die in mehreren Märkten bzw. Ländern abgesetzt werden, sind wiederum die Modelle (2a), (2b), (2c), bzw. (3), (4a), (4b), (4c) der *Tabelle 4.1* gemäß (4.35) anzupassen und zu interpretieren.

d. Das Modell im Falle der Schadensbemessung bei mißbräuchlicher Nutzung von Marken

Die mißbräuchliche Nutzung einer Marke impliziert im Rahmen der Markenbewertung zur Schadensbemessung eine vergangenheitsorientierte Betrachtung, da davon auszugehen ist, daß ein Markenmißbrauch bereits stattgefunden hat; andernfalls wäre die Feststellung des Wertes einer Marke aus diesem Grunde rein hypothetischer Natur. Aufgrund der Vergangenheitsorientierung kann in diesem Fall grundsätzlich ein einwertiger und sicherer Wert der Marke ermittelt werden, welcher als Anhaltspunkt zur Bemessung der Schadensersatzforderungen herangezogen werden kann.[41)] Unterliegt nur ein **einziges** mit der Marke versehenes Produkt auf einem **einzigen** Markt der mißbräuchlichen Markennutzung, so ergibt sich der Markenwert als:

$$(4.36)\quad MW = \sum_{t=1}^{T} [p_M{}^t \cdot x^t - K_M{}^t(x^t)](1+i^t)^t$$

40) Vgl. auch Abschnitt B.II. im 3. Teil.

41) Vgl. hierzu auch die Ausführungen im Abschnitt B.IV. im 3. Teil.

mit:

MW	=	Wert der Marke als Anhaltspunkt für die Bemessung einer Schadensersatzforderung
p_M^t	=	Marktwert der Marke pro Produkteinheit in Periode t
x^t	=	Anzahl der mit der Marke versehenen und auf dem betrachteten Markt in Periode t abgesetzten Imitationen
K_M^t	=	mit der Verwendung des Markenzeichens verbundene Kosten für den Imitator in der Periode t
T	=	Anzahl der Perioden der mißbräuchlichen Nutzung der Marke
i^t	=	Kalkulationszinsfuß für Periode t.

Aufgrund der Vergangenheitsorientierung dieses Ansatzes ist bei mehrperiodiger mißbräuchlicher Markennutzung eine Aufzinsung der aus der Marke resultierenden Gewinne vorzunehmen, um einen zum Zeitpunkt der Bewertung adäquaten Wert der Marke zu erhalten. Ferner ist zu beachten, daß zur Ermittlung eines angemessenen Markenwerts, der zur Festsetzung der Schadensersatzforderung herangezogen werden kann, vom Marktwert der Marke des **Originalprodukts** auf dem untersuchten Markt ausgegangen werden sollte, da andernfalls der Wert der Marke des Imitats berechnet werden würde. Aufgrund eines gegenüber dem Original in der Regel niedrigeren Preises des Imitats würde sonst ein zu niedriger Marktwert der Marke pro Produkteinheit, p_M^t, und somit ein zu geringer Markenwert resultieren.[42] Gleichzeitig impliziert eine derartige Vorgehensweise, daß Schadensersatzforderungen vom Imitator zu leisten sind, die über diejenigen Gewinne hinausgehen, die ihm tatsächlich durch Verwendung des Markenzeichens zugeflossen sind; in diesem Fall ist also eine Strafgebühr in der Schadensersatzforderung bereits miteingeschlossen.

Liegt eine mißbräuchliche Nutzung der Marke für mehrere Produktvarianten bzw. in mehreren Produktkategorien und/oder auf mehreren Märkten vor, so sind (2a), (2b), (2c) bzw. (3), (4a), (4b) und (4c) (vgl. *Tabelle 4.1*) in Analogie zu (4.36) anzuwenden und zu interpretieren. Es ist darauf hinzuweisen, daß sich durch die mißbräuchliche Nutzung einer Marke auch **zukünftige** Umsatz- und Gewinneinbußen für diese Marke ergeben können. Diese Verluste sind einerseits auf den durch die Imitation hervorgerufenen Goodwill-Schaden für das Originalprodukt, der mittel- bis langfristig den Ruf einer Marke völlig zerstören kann, zurückzuführen, andererseits resultieren sie aus der Kaufzurück-

42) Teilweise werden allerdings auch Imitate zum Preis des Originals verkauft, um nicht den Eindruck einer Fälschung zu erwecken. In diesem Fall stimmen der hedonische Preis bzw. der Marktwert der Originalmarke und des Imitats bei identischen Produkteigenschaften ohnehin überein.

haltung gegenüber der mißbrauchten Marke, welche aus der Furcht, ein - minderwertiges - Plagiat zu erwerben, herrührt (vgl. *Sandler*, 1986, S. 122); in diesem Fall wird oftmals auf ein Konkurrenzprodukt ausgewichen. Da derartige Effekte schwer meßbar sind, weil sie über einen längeren - zukünftigen - Zeitraum wirken können und kaum exakt von anderen, den Umsatz bzw. Gewinn beeinflussenden Faktoren zu trennen sind, können sie hier nicht weiter berücksichtigt werden. Ferner ist anzumerken, daß Gegenstand der mißbräuchlichen Nutzung in der hier gewählten Modellformulierung allein die Marke als Markenzeichen ist; Schadensersatzforderungen, welche aus der Nachahmung anderweitiger geschützter Eigentumsformen wie z. B. das Produktdesign resultieren, werden durch (4.36) nicht erfaßt.

e. Das Modell im Falle der Bemessung von Lizenzgebühren

Bei der Lizenzierung von Marken ist die Markenbewertung für die Ermittlung einer adäquaten Lizenzgebühr relevant;[43] auch hierfür bietet der mittels der hedonischen Theorie feststellbare Wert einer Marke wertvolle Hinweise. Bei einer in der Praxis weit verbreiteten Orientierung der Lizenzgebühr am Umsatz oder am Gewinn, den der Lizenznehmer mit dem Lizenzobjekt - in diesem Fall die Marke - erzielt, kann die hedonische Theorie sinnvoll eingesetzt werden, da sie die Bestimmung der explizit durch die Marke erwirtschafteten Umsätze bzw. Gewinne ermöglicht; nicht direkt auf das Lizenzobjekt zurückzuführende Umsätze bzw. Gewinne werden dabei automatisch abgetrennt.

Eine Eignung der hedonischen Theorie im Rahmen der Markenbewertung zur Feststellung von Lizenzgebühren ist auch bei Stücklizenzen gegeben. Bei Stücklizenzen hat der Lizenznehmer für jede Produkteinheit, die er aufgrund des Lizenzvertrages hergestellt bzw. verkauft hat, eine Gebühr in bestimmter Höhe für die Überlassung des Lizenzobjekts zu entrichten; auch hier hilft die hedonische Theorie bei der Festsetzung einer angemessenen Lizenzgebühr, da der Wert einer Marke grundsätzlich zunächst pro Produkteinheit festgestellt wird.

Zu berücksichtigen sind bei Lizenzierungsgeschäften auf jeden Fall die Zahlungsmodalitäten. Zu unterscheiden ist hier u. a., ob eine vorschüssige oder nachschüssige Zahlung zu leisten ist, und ob eine laufende Zahlung pro Periode oder eine einmalige Zahlung, welche mehrere Perioden abdeckt, erfolgen soll. Da eine vorschüssige Zahlung, welche am Umsatz bzw. Gewinn oder an der Anzahl der per Lizenz verkauften Produkte ansetzt, auf Schätzungen der

43) Vgl. die Ausführungen im Abschnitt B.V. im 3. Teil.

voraussichtlichen Umsatz- bzw. Gewinn- oder Absatzentwicklung basiert, muß eine Anpassung der gezahlten und der tatsächlich zu leistenden Lizenzgebühr im nachhinein erfolgen; bei einer nachschüssigen Zahlung entfällt eine derartige Anpassung naturgemäß. Bei einer einmaligen Zahlung kann des weiteren eine Diskontierung bzw. Aufzinsung - je nach vor- oder nachschüssiger Zahlung - der zu leistenden Lizenzgebühren berücksichtigt werden; dies ist in den Fällen relevant, in denen Lizenzverträge - wie oftmals üblich - über Laufzeiten von mehreren Jahren abgeschlossen werden (vgl. *Stumpf*, 1984, S. 84).

Wird zunächst unterstellt, daß eine auf einem **einzigen** Markt vertriebene **Einzelmarke** Gegenstand des Lizenzvertrages ist, und wird zudem angenommen, daß eine einmalige nachschüssige Zahlung der Lizenzgebühr am Ende der Vertragsdauer bei gleichzeitiger Orientierung am Gewinn erfolgt, so kann der Wert der Marke als Ausgangspunkt für Lizenzgebührverhandlungen wie folgt bestimmt werden:

$$\text{(4.37)} \quad MW = \sum_{t=1}^{T} [p_M{}^t \cdot x^t - K_M{}^t(x^t)](1+i^t)^t$$

mit:

MW	=	Wert einer Marke als Basis für Lizenzgebührverhandlungen
$p_M{}^t$	=	Marktwert der Marke pro Produkteinheit in Periode t **in dem Produktmarkt, für den die Marke lizenziert wird**
x^t	=	Anzahl der in Periode t mit der lizenzierten Marke gekennzeichneten und vom Lizenznehmer abgesetzten Einheiten
$K_M{}^t$	=	Kosten, die dem Lizenznehmer durch Verwendung des Markenzeichens in der Periode t entstehen
i^t	=	Kalkulationszinsfuß für die Periode t
T	=	Zeitraum der Lizenzierung.

Aufgrund der nachschüssigen Zahlung am Ende des Lizenzierungsverhältnisses ist eine Aufzinsung der aus der Marke resultierenden Gewinne notwendig. Im Fall einer laufenden Zahlung der Lizenzgebühr kann diese Verzinsung entfallen, sofern keine unterjährige Verzinsung berücksichtigt wird. Wichtig ist ferner, daß die hedonische Analyse für denjenigen Produktmarkt zu erfolgen hat, in der das Markenzeichen verwendet werden soll;[44] andernfalls würde ein falscher Wert für den Marktwert der Marke, $p_M{}^t$, ermittelt.

---

44) Zu den rechtlichen Problemen, die die Verwendung einer Marke per Lizenz in anderen Produktmärkten als ihrem angestammten Markt aufwerfen kann, vgl. die Ausführungen im Abschnitt B.V. im 3. Teil.

Erfolgt nicht eine Orientierung am Gewinn, sondern wird die Lizenzgebühr als Prozentsatz vom Umsatz festgelegt, so sind nur die aus der Marke resultierenden Erlöse, d. h. $p_M^t \cdot x^t$ für alle $t = 1,...,T$ zu berücksichtigen; diese sind dann durch die mit dem Produkt insgesamt erwirtschafteten Umsätze zu dividieren. Im Falle von Stücklizenzen hingegen sind die auf die Marke zurückzuführenden Gewinne bzw. Umsätze pro Stück, d. h. $(p_M^t - K_M^t)$ bzw. p_M^t für alle $t = 1,...,T$, als Basis zur Bemessung der Lizenzgebühr heranzuziehen.

Wird die Marke nicht nur für ein Produkt, welches auf einem Markt abgesetzt wird, lizenziert, sondern für mehrere Produktvarianten bzw. in mehreren Produktkategorien und/oder Märkten verwendet, so sind wiederum (2a), (2b), (2c) bzw. (3), (4a), (4b), (4c) (vgl. *Tabelle 4.1*) entsprechend Modell (4.37) zu formulieren und zu interpretieren. Es ist zu beachten, daß die hier gewählte Modellformulierung nur die Marke als Gegenstand des Lizenzvertrages berücksichtigt. Sofern zusätzlich Know-how, spezielle Produktionsanlagen oder Ausrüstungsgegenstände, Patente o. ä. der Lizenzierung unterliegen, sind die mittels der obigen Modelle ermittelten Werte zur Festlegung der Lizenzgebühr entsprechend anzupassen.

B. Die empirische Bestimmung des Wertes von Marken

I. Allgemeine Vorgehensweise zur empirischen Umsetzung des Modells zur Markenbewertung

Die empirische Umsetzung des Modells zur Markenbewertung bzw. seiner Varianten erfolgt in mehreren Ablaufschritten. Dabei kann grundsätzlich wie folgt vorgegangen werden (vgl. *Abbildung 4.5*): Nach der Vorgabe des Bewertungszwecks, der die Wahl der zweckadäquaten Modellvariante zur Bewertung von Marken determiniert, sind die Inputdaten für die Modellvariablen der ausgewählten Modellvariante zu ermitteln. Bei der Bestimmung der Input-Daten ist wiederum zwischen vergangenheits- und zukunftsorientierten Modellvarianten zu unterscheiden. Dies ist insofern relevant, als bei vergangenheitsorientierten Modellvarianten auf sichere, in der Regel vorhandene bzw. vergleichsweise einfach zu beschaffende Daten zurückgegriffen werden kann, während bei zukunftsorientierten Modellen Prognosewerte der Modellvariablen erst generiert werden müssen; auf mögliche Prognoseverfahren wird daher gesondert eingegangen.[45)]

45) Vgl. Unterabschnitt B.I.2.c. in diesem Teil.

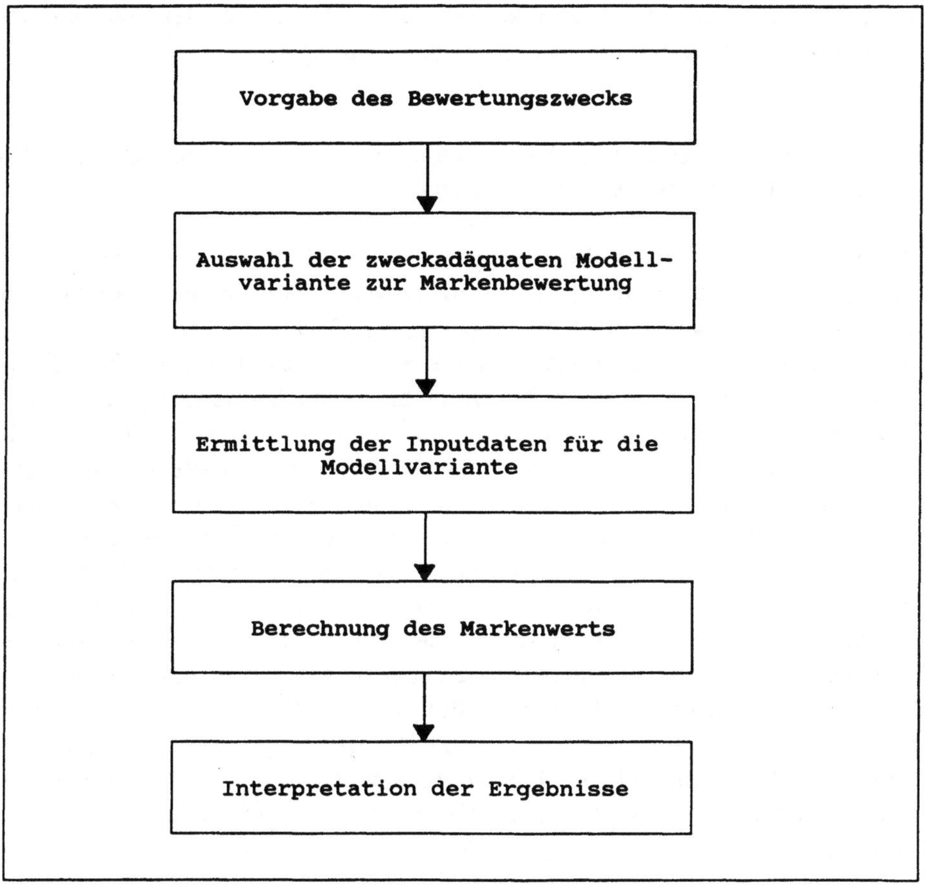

Abb. 4.5: Ablaufschema zur empirischen Ermittlung des Markenwerts

Sind sämtliche Ausprägungen der Modellvariablen festgestellt worden, erfolgt schließlich die konkrete Berechnung des Markenwerts. Vergangenheits- und zukunftsorientierte Modelle erfordern auch hier eine differenzierte Betrachtung: Während sich bei vergangenheitsorientierten Modellen ein einziger sicherer Betrag für den Markenwert ergibt, resultiert bei zukunftsbezogener Betrachtung aufgrund der bestehenden Unsicherheit hinsichtlich der zukünftigen Entwicklung der Modellvariablen ein Erwartungswert oder eine Dichte- bzw. Verteilungsfunktion für den Markenwert.[46] An die Berechnung des Markenwerts schließt sich die Interpretation der Ergebnisse an, die insbesondere in den Fällen relevant ist, in denen ein mehrwertiger Markenwert bestimmt wurde, d. h. eine Dichte- bzw. Verteilungsfunktion für den Markenwert vor-

46) Vgl. hierzu den Unterabschnitt B.I.3. in diesem Teil.

liegt. Auf die einzelnen Schritte der empirischen Ermittlung des Markenwerts wird im folgenden näher eingegangen (vgl. *Abbildung 4.5*).

1. Vorgabe des Bewertungszwecks und Auswahl der zweckadäquaten Modellvariante zur Bewertung von Marken

Ausgangspunkt der Markenbewertung ist die Vorgabe des Zwecks der Bewertung durch den Bewertenden. Grundsätzlich kann zwischen der Bewertung zu Dokumentationszwecken und zur Regelung von Rechtsverhältnissen, wie etwa bei der externen Rechnungslegung im Falle der Bilanzierung von Marken, sowie der entscheidungslogischen Bewertung unterschieden werden (vgl. *Wagner*, 1979, S. 209 ff.). Ziel der entscheidungslogischen Bewertung ist die Feststellung der Richtigkeit einer Entscheidung aus Sicht des Bewertenden im Rahmen des Kaufs oder Verkaufs eines Objektes, in diesem Fall also einer Marke; sie soll Auskunft über die Vorteilhaftigkeit des Kaufs bzw. Verkaufs der Marke geben und impliziert daher immer eine zukunftsorientierte Sichtweise, da die zukünftig mit der Marke erwirtschaftbaren Erträge im Falle des Kaufs der Marke bzw. die zukünftigen Erträge derjenigen finanziellen Mittel, die aus dem Verkauf der Marke resultieren, relevant sind. Wesentliches Ziel der Bewertung zu Zwecken der Dokumentation und der Regelung von Rechtsverhältnissen ist hingegen nicht die Entscheidungsfindung, sondern eine größtmögliche Überprüfbarkeit der Bewertung; sie ist daher vergangenheitsorientiert, da durch die Vergangenheitsorientierung Manipulationsmöglichkeiten hinsichtlich der Bewertung weitgehend ausgeschlossen werden.

Im Rahmen dieser Arbeit sind wesentliche Zwecke der Markenbewertung bereits ausführlich dargestellt worden;[47)] der jeweilige Zweck determiniert die Auswahl der adäquaten Modellvariante zur konkreten Bestimmung des Markenwerts. Für die untersuchten Bewertungszwecke sind die zugehörigen Modellvarianten beschrieben und erläutert worden;[48)] Modellvarianten für anderweitige Zwecke lassen sich aus den Grundmodellen der Markenbewertung herleiten.[49)]

47) Vgl. Kapitel B. im 3. Teil.
48) Vgl. Unterabschnitt A.II.2. in diesem Teil.
49) Vgl. Unterabschnitt A.II.1. in diesem Teil.

2. Ermittlung der Input-Daten für die Modellvarianten

Um mittels der ausgewählten Modellvariante einen konkreten Markenwert berechnen zu können, sind die Ausprägungen der einzelnen Modellvariablen festzustellen. Zu den Modellvariablen gehören:

- der jeweilige Marktwert der Marke pro Produkteinheit (p_M^t bzw. p_{Mj}^t bzw. p_{Mjl}^t für alle t, j, l),
- die jeweilige Absatzmenge (x^t bzw. x_j^t bzw. x_{jl}^t für alle t, j, l),
- die auf die Verwendung der Marke zurückzuführenden Kosten (K_M^t bzw. K_{Mj}^t bzw. K_{Mjl}^t für alle t, j, l),
- der Kalkulationszinsfuß (i^t bzw. i_l^t für alle t, l) sowie
- der unter Berücksichtigung des Bewertungszwecks anzusetzende Zeitraum (T bzw. T_j bzw. T_{jl} für alle j, l).

Da die Bestimmung des Marktwerts der Marke mittels der hedonischen Theorie innerhalb des hier gewählten Ansatzes von zentraler Bedeutung ist, steht sie im folgenden im Mittelpunkt der Ausführungen; ferner wird der Ermittlung und Verarbeitung von Prognosewerten der Modellvariablen besondere Aufmerksamkeit geschenkt, da die Verwendung zukünftig zu erwartender Ausprägungen der Modellvariablen im Rahmen der Berechnung von Markenwerten gegenüber vergangenheitsorientierten Ansätzen zu einem deutlich höherem Aufwand führt.

a. Die Bestimmung hedonischer Preise von Marken

Die Ermittlung hedonischer Preise von Produkteigenschaften vollzieht sich in einem dreistufigen Prozeß. In den ersten beiden Schritten sind zunächst die erforderlichen Grundlagendaten zu beschaffen. Diese Daten bestehen einerseits aus der Menge der in die Untersuchung einzubeziehenden Produkte, welche mittels einer geeigneten Marktabgrenzung im ersten Schritt zu bestimmen sind, andererseits aus den im zweiten Schritt festzulegenden relevanten Produkteigenschaften und deren Ausprägungen bei den einzelnen in die Untersuchung aufgenommenen Produkten. Im dritten Schritt sind schließlich unter Zugrundelegung der in den beiden vorangegangenen Schritten ermittelten Grundlagendaten die hedonischen Preise der Produkteigenschaften, hier insbesondere der Marke, mittels Anwendung statistischer Analyseverfahren zu berechnen. Im folgenden werden die einzelnen Analyseschritte entsprechend ihrer Reihenfolge näher dargestellt. Der Abgrenzung des relevanten Marktes wird dabei neben der konkreten Berechnung des hedonischen Preises der Marke besondere Aufmerksamkeit geschenkt, da unterschiedliche Marktabgrenzungen die hedonischen Preise von Produkteigenschaften erheblich beeinflussen können; außerdem ist in Erinnerung zu rufen, daß eine adäquate Marktabgrenzung auch für andere bereits erläuterte Ansätze der Markenbewertung von besonderer Bedeutung ist.[50)]

aa. Abgrenzung des relevanten Marktes

Hedonische Analysen beziehen sich jeweils auf einen bestimmten Produktmarkt; unterschiedliche Produktmärkte erfordern daher unterschiedliche hedonische Analysen. So ist beispielsweise unmittelbar einsichtig, daß Fernsehgeräte und Videorecorder zwei völlig unterschiedliche Produkte mit völlig unterschiedlichen Produkteigenschaften darstellen und daher unterschiedlichen Produktmärkten angehören. Ein und derselben Marke, welche auf beiden Produktmärkten Verwendung findet, ist somit im Rahmen marktspezifischer hedonischer Analysen ein unterschiedlicher Wert für die einzelnen Produktmärkte beizumessen. Hier wird die Notwendigkeit einer adäquaten Marktabgrenzung im Rahmen hedonischer Analysen deutlich, um aussagefähige Ergebnisse zu erhalten. Dies bedeutet, daß die Qualität der Untersuchungsergebnisse u. a. von der Güte der Marktabgrenzung determiniert wird.

Als wesentliche Abgrenzungskriterien zur Bestimmung des relevanten Marktes werden in der Literatur die räumliche, zeitliche und sachliche Marktabgrenzung genannt (vgl. z. B. *Dichtl/Schobert*, 1979, S. 90; *Busse von Colbe/ Hammann/Laßmann*, 1990, S. 5). Diese Kriterien sind unter Berücksichtigung des jeweiligen Analysezwecks in der Regel **kombinativ** zur Marktabgrenzung einzusetzen; erst durch die **simultane** Einbeziehung aller relevanten Abgrenzungskriterien läßt sich dann ein aussagefähiger Markt bestimmen. Ferner ist zu berücksichtigen, daß die einzelnen Abgrenzungskriterien einen unterschiedlich hohen Analyseaufwand hinsichtlich der Bestimmung des relevanten Marktes implizieren: Während die Marktabgrenzung in räumlicher und zeitlicher Hinsicht in der Regel weitgehend aus dem Zweck der Untersuchung abgeleitet werden kann und daher wenig Freiheitsgrade und Ermessensspielräume zuläßt, bereitet eine adäquate sachliche Marktabgrenzung weit mehr Probleme; ihr kommt daher im Rahmen dieser Ausführungen besonderes Gewicht zu.

Betrachtet man zunächst die **räumliche** Dimension, so lassen sich erste Anhaltspunkte für die Marktabgrenzung durch Zugrundelegung des vom jeweili-

50) Vgl. die in den Abschnitten C.I. und C.II. dargestellten Markenbewertungsmodelle im 3. Teil.

gen analysierenden Unternehmen bedienten Absatzmarktes gewinnen. Hierbei ist zu beachten, daß der vom betrachteten Unternehmen bediente Gesamtmarkt u. U. in Teilmärkte, für welche separate hedonische Analysen durchzuführen sind, aufzuspalten ist. Dies ist insbesondere dann der Fall, wenn auf den einzelnen (Teil-)Märkten unterschiedliche Angebots- und Nachfragestrukturen herrschen, d. h. wenn neben dem eigenem Produkt jeweils unterschiedliche Produkte mit unterschiedlichen Eigenschaften zu unterschiedlichen Preisen gehandelt werden und die Austauschbeziehungen zwischen den Märkten nur schwach sind.[51)] Von dieser Situation ist in erster Linie bei länderübergreifender Aktivität des betrachteten Unternehmens auszugehen. Als Folge derartiger getrennter Märkte mit unterschiedlichen Angebots- und Nachfragestrukturen resultieren auf den jeweiligen Märkten unterschiedliche hedonische Preise für die einzelnen Produkteigenschaften und somit auch für die Marke. Für verschiedene Märkte muß der Marke daher in der Regel ein jeweils anderer Wert zugeschrieben werden. Durch eine entsprechende Aufspaltung des vom analysierenden Unternehmen bedienten Gesamtmarktes in homogene Teilmärkte ist diesen marktspezifisch differierenden Bewertungen der Marke Rechnung zu tragen. Welche räumliche Ausdehnung für den in die Untersuchung einzubeziehenden Markt schließlich zugrunde zu legen ist, ist letztendlich eine Frage des Untersuchungszwecks. Als Obergrenze fungiert hierbei der - je nach zeitlicher Abgrenzung des Marktes - bisher bediente bzw. zukünftig zu bedienende Gesamtmarkt des betrachteten Unternehmens; eine Untergrenze existiert - zumindest theoretisch - nicht.

Ähnlich wie für die räumliche Dimension der Marktabgrenzung gilt für die Abgrenzung des Marktes in **zeitlicher** Hinsicht, daß der Zweck der Untersuchung ausschlaggebend ist; die zeitliche Marktabgrenzung wird also von der Interessenlage des analysierenden Unternehmens bestimmt. Wesentlich ist in diesem Zusammenhang, daß hedonische Analysen jeweils nur **zeitpunktbezogene** Analyseergebnisse liefern; für unterschiedliche Zeitpunkte bzw. mehrperiodige Betrachtungen sind daher mehrere hedonische Analysen auf Basis der zu den jeweiligen Zeitpunkten relevanten Produkte und ihrer Eigenschaftsausprägungen durchzuführen. Im Rahmen langfristiger, zukunftsorientierter Untersuchungszwecke sollte dabei eine weiter gefaßte Marktdefinition zugrunde gelegt werden, da potentielle, in geographischer Hinsicht bisher noch nicht bediente Märkte sowie Produktmärkte, die z. B. durch tiefgreifende technologische Änderungen oder durch drastische Preissenkungen bei den auf diesen Märkten gehandelten Produkten zu Substitutionsmärkten werden können, zu berücksichtigen sind.

---

51) Vgl. hierzu auch die Ausführungen im Unterabschnitt A.II.1. in diesem Teil.

Bedeutendere Schwierigkeiten der Marktabgrenzung ergeben sich schließlich bei der Frage, welche konkreten Produkte bzw. Produktvarianten überhaupt in die Analyse miteinzubeziehen sind, d. h. bei der Abgrenzung des Marktes in **sachlicher** Hinsicht. Zurückzuführen ist dies im wesentlichen darauf, daß bei der sachlichen Marktabgrenzung gegenüber der zeitlichen oder räumlichen Abgrenzung des Marktes größere Ermessens- und Interpretationsspielräume vorhanden sind. Dies manifestiert sich beispielsweise darin, daß in der Literatur zahlreiche Ansätze für die Marktabgrenzung in sachlicher Hinsicht existieren, welche je nach Untersuchungszweck unterschiedlich geeignet sind und daher innerhalb derselben Untersuchung in der Regel zu unterschiedlichen Ergebnissen führen.[52] Daher gibt es keine generell gültige Marktabgrenzungsmethodik zur Bestimmung des relevanten Marktes in sachlicher Hinsicht, sondern nur hinsichtlich eines bestimmten Untersuchungszwecks mehr oder weniger geeignete Ansätze. Im Rahmen des hier verfolgten Untersuchungszwecks erscheint es sinnvoll, nur diejenigen Produkte bzw. Produktvarianten in die Analyse miteinzubeziehen, welche **aus Sicht der Konsumenten** hinsichtlich ihrer Gebrauchseignung und hinsichtlich der ihnen zugedachten Verwendungszwecke substituierbar sind. Eine derartige **nachfrageorientierte** Marktabgrenzung erschient deswegen angemessen, weil Ausgangspunkt jeglicher Markenwertentstehung die Wahrnehmung und Beurteilung von Produkten durch den Konsumenten ist;[53] insofern sollten nur diejenigen Produkte bzw. Produktvarianten berücksichtigt werden, welche von den Konsumenten als Alternativangebote angesehen werden und daher eine mehr oder weniger ausgeprägte, subjektiv empfundene Substituierbarkeit aufweisen. Anbieterorientierte Marktabgrenzungen sind somit für die hier verfolgten Zwecke wenig sinnvoll.[54]

Für nachfrageorientierte Ansätze der Marktabgrenzung, welche auf der wahrgenommenen Substituierbarkeit von Produkten beruhen, existiert in der Literatur wiederum ein recht breites Spektrum. Relevante Ansätze sind beispielsweise (vgl. *Herp*, 1982, S. 97 f.; *Day/Shocker/Srivastava*, 1979, S. 11 ff.):

- die generische Marktabgrenzung,
- die Marktabgrenzung auf Basis des manifestierten Konsumentenverhaltens sowie
- die Abgrenzung des Marktes auf Basis von Konsumentenurteilen.

---

52) Vgl. hierzu die folgenden Ausführungen in diesem Unterabschnitt sowie *Bauer* (1989).

53) Vgl. Kapitel A. im 3. Teil.

54) Zu den anbieterorientierten Marktabgrenzungen gehören beispielsweise das Konzept der Wirtschaftspläne (vgl. *Oberender*, 1975, S. 576) bzw. die Marktabgrenzung auf Basis der Antizipation des Konkurrentenverhaltens (vgl. *Dicht/Schobert*, 1979, S. 91) sowie das Industrie-Konzept, welches auf die technisch-objektiven Produkteigenschaften und die zur Herstellung von Produkten verwendeten Produktionsverfahren abstellt (vgl. *Berg*, 1985, S. 280).

Generische Marktabgrenzungen versuchen, mittels der allgemeinen Produktbezeichnung eine Bestimmung des relevanten Marktes vorzunehmen. Ausgegangen wird zunächst von einer Produktkategorie, deren zugehörige Produkte in der Lage sind, ein bestimmtes fundamentales Bedürfnis der Konsumenten zu befriedigen.[55] Dabei wird unterstellt, daß die gleiche Produktbezeichnung ein gewisses Ausmaß an Substituierbarkeit zwischen den Produkten, welche diese Produktbezeichnung tragen, impliziert. Sofern grundlegende Unterscheidungsmerkmale bei den einzelnen so identifizierten Produkten dazu führen, daß die Annahme der hinreichenden Substituierbarkeit als verletzt anzusehen ist, ist eine weitere Unterteilung des Marktes vorzunehmen.[56] Dies ist soweit fortzuführen, bis eine weitgehende Homogenität der Produkte hinsichtlich ihrer prinzipiellen Gebrauchs- und Verwendungsmöglichkeiten aus Sicht der Konsumenten gegeben ist. Auf diesem Wege entsteht also eine Produkthierarchie mit mehreren Hierarchieebenen, bei welcher das Ausmaß der Substituierbarkeit mit weiterer Unterteilung des Marktes innerhalb der einzelnen Ebenen immer weiter zunimmt.[57]

Offensichtlich räumt eine derartige generische Marktabgrenzung z. T. erhebliche Ermessens- und Interpretationsspielräume ein, da sie in der Regel nicht unwesentlich auf Plausibilitätsüberlegungen beruht. Im Mittelpunkt stehen dabei die Fragen (vgl. *Bauer*, 1989, S. 169),

- in welcher Reihenfolge welche Kriterien, die die Austauschbarkeit von Produkten determinieren, herangezogen werden sollen, so daß die Substituierbarkeit der Produkte von der Spitze zum Boden der Produkthierarchie ständig zunimmt, und
- welche Ausprägungen eines Merkmals zur Bildung wievieler Teilmengen innerhalb derselben Hierarchieebene verwendet werden sollen.

Trotzdem erscheint eine derartige Vorgehensweise geeignet, einen Markt in sachlicher Hinsicht zumindest grob abzugrenzen. Außerdem ist zu berücksichtigen, daß viele weitere Verfahren zur Marktabgrenzung, von denen einige im folgenden dargestellt werden, von einem bereits vorgegebenen "Set" von Produkten bzw. Produktvarianten ausgehen. Zur Ermittlung dieses "Set" erscheint die generische Marktabgrenzung grundsätzlich geeignet. Ferner ist die ver-

55) So kann in generischer Hinsicht beispielweise vom Markt für Kühlschränke (Bedürfnis: Kühlung von verderblicher Ware) oder vom Markt für Autoradios (Bedüfnis: mobile Information bzw. Unterhaltung) gesprochen werden. Zur Anwendung einer generischen Marktabgrenzung vgl. z. B. *Herp*, 1982, S. 96 ff.

56) So ist beispielweise der Markt für Autoradios u. U. zu unterteilen in den Markt für Autoradios mit ausschließlicher Rundfunkempfangsmöglichkeit, in den Markt für Autoradios mit Cassettenabspielmöglichkeit sowie in den Markt für Autoradios mit Compact-Disc(CD)-Eignung.

57) Zum Konzept der Produkthierarchie vgl. auch *Bauer*, 1989, S. 162 ff.

gleichsweise Einfachheit gegenüber anderen Verfahren und die damit verbundene Kostengünstigkeit der generischen Marktabgrenzung positiv hervorzuheben.

Als weiterer Ansatz zur Identifizierung von Märkten ist die **Marktabgrenzung auf Basis des manifestierten Konsumentenverhaltens** genannt worden. Wesentliche Verfahren, welche hierunter zu subsumieren sind, sind das Konzept der Kreuz-Preis-Elastizität der Nachfrage, die Marktabgrenzung auf Basis des Markenwahlverhaltens sowie die Analyse des Nutzungsverhaltens der Konsumenten gegenüber einzelnen Produkten bzw. Produktvarianten (vgl. *Day/Shocker/Srivastava*, 1979, S. 11).

Das **Konzept der Kreuz-Preis-Elastizität der Nachfrage** geht von der Vorstellung aus, daß Güter mit hohen und symmetrischen Werten dieses Koeffizienten demselben Markt angehören (vgl. *Berg*, 1985, S. 280).[58] In diesem Fall führt eine Preisänderung von Gut 1 (2) zu einer merklichen Nachfrageänderung von Gut 2 (1); ein positives Vorzeichen des Koeffizienten deutet dabei auf eine substitutive Beziehung zwischen den beiden Gütern hin, ein negatives Vorzeichen hingegen impliziert ein komplementäres Verhältnis. Für die hier gegebenen Zwecke interessiert allein die Substituierbarkeit von Gütern bzw. Produkten. Je größer demnach der Wert der Kreuz-Preis-Elastizität ist, desto stärker ist die nachfragemäßige Interdependenz zwischen den beiden betrachteten Produkten. Trotz der großen Bedeutung, die dieses Konzept in der Literatur erlangt hat, sind mit der Marktabgrenzung auf Basis der Kreuz-Preis-Elastizität erhebliche Nachteile verbunden, welche insbesondere deren empirische Umsetzbarkeit stark beeinträchtigen (vgl. auch *Berg*, 1985, S. 280 f.; *Day/Shocker/Srivastava*, 1979, S. 11; *Dichtl/Schobert*, 1979, S. 91):

- Ungeklärt ist, ab welchem konkreten Wert der Kreuz-Preis-Elastizität der Zustand einer hinreichenden Substituierbarkeit und damit der Konkurrenz gegeben sein soll. Sämtliche Festlegungen dieses Schwellenwertes des Koeffizienten sind daher mehr oder weniger willkürlich.
- Das Konzept der Kreuz-Preis-Elastizität geht davon aus, daß die ceteris-paribus-Bedingung erfüllt ist, d. h. daß ausschließlich der Preis des betrachteten Produkts variiert wird und sämtliche anderen beeinflussenden Faktoren wie insbesondere die Preise der Konkurrenzprodukte konstant bleiben. Dies impliziert auch, daß weitere Aktionsparameter der Marktteilnehmer, welche die Nachfrage determinieren wie Werbung, Qualität der Produkte, Service usw., in dem Analysezeitraum, in dem die Nachfrageänderungen

58) Die Kreuz-Preis-Elastizität der Nachfrage ϵ_{ji} ist definiert als $\epsilon_{ji} = (\partial x_j / \partial p_j) \cdot (p_j / x_i)$ und gibt die prozentuale Änderung der Nachfrage nach Gut i bei einprozentiger Änderung des Preises von Gut j an.

auf eine Preisvariation festgestellt werden sollen, keinen Schwankungen unterworfen sind.

- Das Konzept der Kreuz-Preis-Elastizität ist statischer Natur. Markteinund -austritte im Zeitablauf führen in der Regel dazu, daß sich die Kreuz-Preis-Elastizitäten zwischen den sich auf dem Markt befindlichen Produkten verändern. Kreuz-Preis-Elastizitäten geben also jeweils nur die Verhältnisse innerhalb eines bestimmten (kurzen) Analysezeitraumes der Vergangenheit wieder und können nicht ohne weiteres auf die Zukunft übertragen werden.
- Valide statistische Schätzungen von Kreuz-Preis-Elastizitäten stoßen in denjenigen Märkten auf Probleme, die sich durch eine relative Preisstarrheit auszeichnen oder in denen Preisänderungen von den Anbietern gleichzeitig vollzogen werden.
- Kreuz-Preis-Elastizitäten lassen sich nur dann errechnen, wenn a priori Informationen darüber zur Verfügung stehen, welche Produkte in Substitutionskonkurrenz zueinander stehen bzw. stehen könnten. Dies bedeutet, daß die Konkurrenzbeziehungen, welche mit Hilfe der Kreuz-Preis-Elastizität ermittelt werden sollen, vorab bereits bekannt sein müssen bzw. zumindest Vermutungen hierüber vorhanden sind. Das Konzept der Kreuz-Preis-Elastizität stellt also lediglich ein strukturprüfendes, nicht ein strukturermittelndes Verfahren dar.
- Ferner bereitet die Festlegung eines adäquaten Analysezeitraumes Probleme. Einerseits muß der Analysezeitraum derartig ausgelegt sein, daß sämtliche Anpassungsprozesse (Nachfrageverlagerungen) nach einer Preisänderung vollständig stattgefunden haben und erfaßt worden sind; andererseits wächst durch Ausdehnung des Analysezeitraumes die Gefahr, daß die ceteris-paribus-Bedingung verletzt wird, weil beispielsweise Konkurrenten zwischenzeitlich auf die Preisänderung reagieren.

Insgesamt wird deutlich, daß das Konzept der Kreuz-Preis-Elastizität der Nachfrage mit erheblichen Problemen verbunden ist; zumindest eine empirische Eignung für Zwecke der Marktabgrenzung muß ihr daher weitgehend abgesprochen werden.

Auf Basis des **Markenwahlverhaltens** lassen sich Märkte dann abgrenzen, wenn man die Prämisse akzeptiert, daß verschiedene Marken bzw. Produkte in einem umso engeren Substitutionsverhältnis zueinander stehen, je öfter zwischen ihnen gewechselt wird. Dies bedeutet, daß Produkte umso eher einem Produktmarkt zugehörig anzusehen sind, je größer die (bedingten) Markenwechselwahrscheinlichkeiten zwischen den betrachteten Marken bzw. Produkten sind.[59] Auch im Rahmen dieses Konzepts treten einige Schwierigkeiten auf (vgl. auch *Day/Shocker/Srivastava*, 1979, S. 12):

- Wiederum ergibt sich das Problem der Festlegung eines kritischen Schwellenwertes für die Markenwechselwahrscheinlichkeit, welcher angibt, ab welchem Wert Marken bzw. Produkte demselben Produktmarkt zuzurechnen sind.
- Wesentlicher weiterer Kritikpunkt dieses Konzepts ist die Notwendigkeit einer bestimmten Anzahl von Wiederholungskäufen innerhalb eines überschaubaren Zeitraumes, um valide Messungen und statistische Auswertungen vornehmen zu können; für selten gekaufte Gebrauchsgüter ist dieses Konzept daher weitgehend ungeeignet.
- Zudem müssen wie beim Konzept der Kreuz-Preis-Elastizität die in die Untersuchung miteinzubeziehenden Produkte bestimmt werden; es sind also wiederum vorab Informationen über die untersuchungsrelevanten Produkte notwendig.
- Die valide Schätzung von Markenwechselwahrscheinlichkeiten wird erschwert, wenn Mehrfachmarkenkäufe zum selben Zeitpunkt durchgeführt werden, da in diesem Fall die Kauffolge schwer nachvollziehbar ist, d. h. es ist schwierig zu bestimmen, ob auf den Kauf von Marke A der Kauf von Marke B folgte oder umgekehrt. Weitere Probleme ergeben sich, wenn die einzelnen Marken in unterschiedlichen Packungsgrößen angeboten werden, da hierdurch die Kaufhäufigkeit beeinflußt wird. Ist dieselbe Marke in verschiedenen Packungsgrößen erhältlich, stellt sich schließlich die Frage der Vergleichbarkeit des (einmaligen) Kaufs einer großen Packung mit dem Kauf mehrerer kleinerer Packungen im Zeitablauf.
- Außerdem wird davon ausgegangen, daß das Markenwahlverhalten als ein stabiler, gleichgewichtiger Prozeß angesehen werden kann. Insbesondere bei Untersuchungen über einen längeren Zeitraum ist diese Voraussetzung oftmals nicht gewährleistet; Markenwechselwahrscheinlichkeiten dürfen daher zumindest mittel- bis langfristig nicht als konstant unterstellt werden.

Insgesamt sind bei der Marktabgrenzung auf Basis des Markenwahlverhaltens deutliche Defizite, welche insbesondere aus den vergleichsweise restriktiven Prämissen dieses Ansatzes resultieren, erkennbar; für die Bestimmung von Produktmärkten erscheint dieses Konzept daher weniger geeignet.

Die explizite **Analyse des Nutzungsverhaltens von Konsumenten** gegenüber verschiedenen Produkten bzw. Produktvarianten ermöglicht schließlich eine detaillierte Aufteilung eines mittels generischer Abgrenzung zunächst grob

59) Zu den stochastischen Ansätzen der Marktabgrenzung auf Basis des Wahl- bzw. Wechselverhaltens der Nachfrager vgl. auch *Bauer*, 1989, S. 178 ff.

ermittelten Produktmarktes. Voraussetzung hierfür ist, daß verschiedene Produkte für unterschiedliche Verwendungszwecke herangezogen werden. Starke Substituierbarkeit zwischen einzelnen Produkten herrscht in diesem Fall lediglich dann, wenn diese Produkte für denselben Verwendungszweck herangezogen werden. Unterschiedliche Verwendungszwecke für einzelne Produkte führen also zu eingeschränkter Substituierbarkeit und implizieren somit unterschiedliche Märkte.[60)] Dies bedeutet beispielsweise, daß der Markt für Compact-Disc(CD)-Abspielgeräte zu unterteilen ist in den Markt für stationäre CD-Spieler und in den Markt für tragbare CD-Spieler, da für beide Gerätearten aufgrund der stark unterschiedlichen Gehäuseform und -abmessungen sowie dem stark divergierenden Gewicht der Geräte grundsätzlich andere Nutzungsverhalten unterstellt werden können. Die Substituierbarkeit zwischen beiden Gerätearten darf daher als gering eingeschätzt werden. Innerhalb dieser beiden Märkte ist die Konkurrenzintensität daher zweifelsohne größer als zwischen den beiden Märkten. Marktabgrenzungen auf Basis des tatsächlichen Nutzungsverhaltens der Konsumenten können somit wertvolle Anregungen für eine weitere Unterteilung generisch gewonnener Märkte liefern und stellen daher ein nützliches Instrument zur detaillierteren Offenlegung von Wettbewerbs- bzw. Substitutionsbeziehungen zwischen einzelnen Produkten dar.

Neben den Verfahren der Marktabgrenzung auf Basis des manifestierten Konsumentenverhaltens können auch Abgrenzungsverfahren auf Basis von Konsumentenurteilen herangezogen werden. Als **Marktabgrenzungsverfahren auf Basis von Konsumentenurteilen** sind insbesondere die Entscheidungsnetzanalyse und Verfahren auf der Basis von Wahrnehmungsräumen zu nennen (vgl. *Day/Shocker/Srivastava*, 1979, S. 13 ff.).

Im Rahmen der **Entscheidungsnetzanalyse**[61)] kann die Reihenfolge festgestellt werden, in welcher Konsumenten Produkteigenschaften heranziehen, um aus dem Spektrum der zur Verfügung stehenden Produktalternativen letztlich diejenige Alternative auszuwählen, welche ihre Bedürfnisse am besten befriedigt. Mittels Protokollen, die während des Kaufentscheidungsprozesses von ei-

60) Vgl. hierzu z. B. die Untersuchung von *Dichtl/Andritzky/Schobert* (1977), in welcher das Perzeptionsverhalten von Ärzten auf Basis der subjektiv empfundenen Substituierbarkeit gegenüber Psychopharmaka untersucht wurde. Von den Ärzten wurde einerseits Auskunft darüber verlangt, für welche Indikationen sie gewisse Präparate anwenden würden, andererseits mußten sie festlegen, welche Präparate sie für gewisse Indikationen für geeignet hielten. Als Ergebnis konnten durch Anwendung der Multidimensionalen Skalierung zwei deutlich voneinander getrennte Gruppen von Medikamenten, also zwei Märkte identifiziert werden.

61) Zur Entscheidungsnetzanalyse vgl. insbesondere *Bettman*, 1970, und *Bettman*, 1979, S. 229 ff.

nem Interviewer auf Basis verbaler Äußerungen des Probanden erstellt werden, lassen sich so individuelle Entscheidungsbäume aufstellen, welche den Kaufentscheidungsprozeß des Probanden detailliert wiedergeben. Je später eine Produktalternative ausgesondert wird, desto größer ist ihre Substituierbarkeit gegenüber der letztlich ausgewählten Produktvariante. Diese individuell erstellten Entscheidungssequenzen sind schließlich zu aggregieren, um Aussagen über eine Mehrzahl von Personen treffen zu können. Entscheidungsbäume mit gleichartigen Strukturen können dann zu Segmenten von Konsumenten mit ähnlichen Entscheidungsmustern zusammengefaßt werden. Bei der empirischen Umsetzung der Entscheidungsnetzanalyse können allerdings erhebliche Probleme auftauchen (vgl. auch *Bauer*, 1989, S. 172 f.; *Day/Shocker/Srivastava*, 1979, S. 14):

- Die Entscheidungsnetzanalyse stellt an die Probanden hohe kognitive Anforderungen, da eine explizite Verbalisierung des Kaufentscheidungsprozesses zu erfolgen hat. Die Versuchspersonen können überfordert sein, ihre Gedanken entsprechend zu verbalisieren.
- Die Künstlichkeit der Versuchssituation kann dazu führen, daß das Kaufentscheidungsverhalten der Probanden - bewußt oder unbewußt - dahingehend verzerrt wird, daß beispielsweise ein besonders rationales oder sozial erwünschtes Verhalten an den Tag gelegt wird.
- Das Ausmaß, in welchem die Probanden durch den Interviewer beeinflußt werden und somit der Kaufentscheidungsprozeß verzerrt wird, läßt sich in der Regel nicht hinreichend genau bestimmen.
- Methodische Probleme können sich dann ergeben, wenn komplexe Produkte mit einer Vielzahl relevanter Produkteigenschaften Gegenstand der Untersuchung sind, da sich in diesem Fall unter Berücksichtigung der Anzahl der Probanden eine enorme Anzahl unterschiedlich strukturierter Entscheidungsbäume ergeben kann. Der Einsatz multivariater statistischer Analyseverfahren wie z. B. der Cluster-Analyse[62)] ist dann unumgänglich, um individuelle Entscheidungsbäume zu Segmenten ähnlicher Entscheidungsbäume zusammenzufassen; optische Analysen führen dann auf keinen Fall mehr zu befriedigenden Ergebnissen. Um clusteranalytisch verarbeitet werden zu können, müssen die Entscheidungsbäume zudem inhaltlich vergleichbar sein; da die Entscheidungsbäume auf freien, unstandardisierten Äußerungen basieren, führt dies jedoch u. U. zu Standardisierungsproblemen.
- Kaufentscheidungsprozesse für höherwertige Gebrauchsgüter erstrecken sich oftmals über einen längeren Zeitraum. Die Interviews sind daher entweder auf den entsprechenden Zeitraum auszudehnen, oder es muß eine

---

62) Zum Begriff und zur Funktionsweise der Cluster-Analyse vgl. z. B. *Backhaus et al.*, 1987, S. 115 ff.; *Green/Tull*, 1982, S. 411 ff.

Aufzeichnung bisheriger Überlegungen des Probanden im Rahmen des Kaufentscheidungsprozesses im nachhinein erfolgen. Beeinträchtigungen der Qualität der Analyseergebnisse können sich in diesem Fall dann ergeben, wenn Probanden zwischenzeitlich relevante Entscheidungskriterien vergessen haben oder Ermüdungseffekte, welche beispielsweise die Auskunftsbereitschaft der Probanden einschränken, auftreten.

- Neben dem u. U. hohen Zeitaufwand stellt die Entscheidungsnetzanalyse auch wegen der Notwendigkeit des Einsatzes eines geschulten Interviewerstabes ein recht kostspieliges Verfahren dar, weshalb auf repräsentative Untersuchungen, welche auf eine entsprechende Anzahl von Probanden zurückgreifen, in der Regel verzichtet werden muß.

Neben dem Entscheidungsnetzansatz stellen **Wahrnehmungsräume** eine weitere Alternative dar, um auf Konsumentenurteilen basierend Produktmärkte zu identifizieren. Abgestellt wird hier auf die **Ähnlichkeit** von Produkten. Je ähnlicher Produktalternativen aus Sicht des Konsumenten sind, desto geringer ist ihre relative Distanz im Wahrnehmungsraum. Zur Aufstellung derartiger Wahrnehmungsräume ist zunächst grundsätzlich zu unterscheiden, ob die Beurteilungsdimensionen, d. h. die Dimensionen, die den Wahrnehmungsraum aufspannen, vorgegeben sind oder erst im nachhinein als Ergebnis der Analyse resultieren. Im ersten Fall kann der Wahrnehmungsraum mittels direkter Skalierung per Rating-Skala, bei welcher die Probanden konkret nach der Ähnlichkeit verschiedener Produktalternativen hinsichtlich vorgegebener Produkteigenschaften befragt werden, aufgespannt werden; die einzelnen Dimensionen des Wahrnehmungsraumes entsprechen dann den vorgegebenen Produkteigenschaften.[63] Bei dieser Vorgehensweise ist zu beachten, daß die Vorauswahl der Beurteilungsdimensionen zu Verzerrungen der Analyseergebnisse führen kann, beispielsweise weil nicht alle relevanten Produkteigenschaften berücksichtigt werden. Werden die einzelnen Produkteigenschaften daher nicht vorgegeben, sondern erfolgt lediglich eine Beurteilung der globalen Ähnlichkeit von Objekten bzw. Produktalternativen, so kann zur Aufstellung von Wahrnehmungsräumen die Multidimensionale Skalierung herangezogen werden. Ziel der Multidimensionalen Skalierung ist es, "Objekte in einem mehrdimensionalen Raum räumlich zu positionieren, und zwar so, daß die Positionen der Objekte und ihre gegenseitigen räumlichen Entfernungen mit den

63) Sofern die Produkteigenschaften in inhaltlicher Hinsicht nicht völlig disjunkt sind, kann zur Erreichung von inhaltlicher Überschneidungsfreiheit eine Faktorenanalyse durchgeführt werden, welche zu orthogonalen Dimensionen führt. Auf diese Weise wird die Anzahl der Dimensionen des Wahrnehmungsraumes reduziert. Die Interpretation der resultierenden Dimensionen kann dann aber problematisch sein. Zur Faktorenanalyse vgl. z. B. *Backhaus et al.*, 1987, S. 67 ff.; *Berekoven/Eckert/Ellenrieder*, 1986, S.195 ff.; *Green/Tull*, 1982, S. 392 ff.

tatsächlichen Entfernungen bzw. Unterschieden dieser Objekte weitestgehend übereinstimmen" (*Berekoven/Eckert/Ellenrieder*, 1986, S. 208). Die Rangfolge der Distanzen der Objekte im - möglichst niedrig dimensionierten - Wahrnehmungsraum soll also so weit wie möglich der Rangfolge der wahrgenommenen Affinitäten bzw. Ähnlichkeiten der einzelnen Produkte zueinander entsprechen (vgl. *Dichtl/Schobert*, 1979, S. 1). Entscheidend ist jeweils, daß unabhängig von der Art der Erhebung der Ähnlichkeitsdaten die Ähnlichkeit von Produktalternativen als Maß für ihre Substituierbarkeit herangezogen wird. Sofern die Aufstellung eines lediglich zwei oder drei Dimensionen umfassenden Wahrnehmungsraumes möglich ist, können Produktmärkte also bereits auf optischem Wege durch Zusammenfassung räumlich benachbarter Produktalternativen erkannt werden.

Problematisch ist die Abgrenzung von Produktmärkten auf Basis von Wahrnehmungsräumen in folgender Hinsicht (vgl. *Day/Shocker/Srivastava*, 1979, S. 14 f.):

- Unterschiedliche Verfahren zur Aufstellung von Wahrnehmungsräumen führen in der Regel zu unterschiedlichen Ergebnissen und damit zu unterschiedlichen Produktmarktabgrenzungen. Es ist daher vorab zu klären, welches Verfahren für den jeweiligen Zweck das geeignetste ist.
- Auf Basis von Ähnlichkeitsurteilen aufgestellte Wahrnehmungsräume enthalten keine wertenden, sondern lediglich beschreibende Aussagen der Probanden. Substitutionsprozesse implizieren jedoch Produktbewertungen, die der letztendlichen Kaufentscheidung vorausgehen. Die Interpretation der relativen Distanz im Wahrnehmungsraum als Grad der Substituierbarkeit ist daher nicht unumstritten. Ein Lösungsansatz hierfür stellt die Konstruktion eines sogenannten Joint Space dar, welcher neben Wahrnehmungsurteilen auch Präferenzurteile verarbeitet.[64)]
- Voraussetzung für valide Ergebnisse bei der Erstellung von Wahrnehmungsräumen ist die Wahrnehmungshomogenität der Probanden. Legen unterschiedliche Probanden verschiedene Wahrnehmungsdimensionen zugrunde oder gewichten sie einzelne Wahrnehmungsdimensionen unterschiedlich, so dürfen individuelle Analyseergebnisse nicht zu einem gemeinsamen Wahrnehmungsraum aggregiert werden. Vielmehr sind in diesem Fall - beispielsweise mittels clusteranalytischer Verfahren - diejenigen Probanden zu einer gemeinsamen Gruppe zusammenzufassen, für die - weitgehende - Wahrnehmungshomogenität postuliert werden kann. Für jede Gruppe sind dann separate Analysen durchzuführen. Als Folge können sich für die einzelnen Gruppen unterschiedliche Produktmarktabgrenzungen ergeben.

---

64) Zum Joint Space vgl. z. B. *Green/Tull*, 1982, S. 438 ff.

- Die Aufstellung von Wahrnehmungsräumen muß sich auf eine relativ geringe Anzahl von Produkten beschränken, um der Gefahr der Überforderung der Probanden mit der Folge einer eingeschränkten Validität und Reliabilität der Untersuchungsergebnisse vorzubeugen. So sind im Falle einer direkten Skalierung, die beispielsweise 50 Produkte mit je 15 relevanten Eigenschaften umfaßt, 750 Produkteinstufungen auf Rating-Skalen vorzunehmen; bei der Aufstellung von Wahrnehmungsräumen auf Basis globaler Ähnlichkeitsurteile ergeben sich in diesem Falle sogar 1225 Paarvergleiche.[65] Als möglicher Ausweg bietet sich hier an, nicht alle existierenden Produktalternativen (einer Produktkategorie) zu berücksichtigen, sondern lediglich die den Probanden bekannten oder die von ihnen in die nähere Auswahl gezogenen Produktalternativen heranzuziehen.

Wie deutlich wurde, können sich bei der Abgrenzung des relevanten Marktes nicht unerhebliche Ermessens- und Interpretationsspielräume ergeben. Diese Erkenntnis ist umso bedeutender, als eine geeignete Marktabgrenzung im Rahmen hedonischer Analysen sehr wichtig ist, da eine nicht zweckadäquate Abgrenzung des relevanten Marktes zu verzerrten Ergebnissen führen kann; diesem Analyseschritt ist daher im Rahmen hedonischer Analysen besondere Aufmerksamkeit zu widmen. Allerdings wurde deutlich, daß eine generelle Vorteilhaftigkeit eines Marktabgrenzungsverfahrens gegenüber anderen Verfahren nicht existiert; je nach Untersuchungszweck und anderen die Wahl des Marktabgrenzungsverfahrens determinierenden Faktoren wie Kosten des Verfahrens, für die Analyse benötigter Zeitraum, Vorhandensein von statistischen Softwareprogrammen und zugehöriger Hardware usw. können unterschiedliche Methoden zur Abgrenzung des relevanten Marktes vorteilhaft sein. Die Auswahl der "richtigen" Methode kann daher nur im Einzelfall, beispielsweise anhand von typischen Ansätzen zur Entscheidungsfindung bei mehrfacher Zielsetzung wie z. B. Scoring-Modellen oder lexikographischen Vorgehensweisen (vgl. z. B. *Berndt*, 1992b, S. 53 ff.; *Bamberg/Coenenberg*, 1992, S. 49 ff.), erfolgen.

ab. Ermittlung untersuchungsrelevanter Produkteigenschaften

Ziel hedonischer Analysen ist es, einzelnen Produkteigenschaften monetäre (Teil-)Beträge, welche den Marktwert dieser Produkteigenschaften repräsentieren, zuzuweisen; es wird also eine Dekomposition des Produktpreises auf

65) Diese Zahl ergibt sich aus der Tatsache, daß bei N Produkten insgesamt $N \cdot (N-1)/2$ Paarvergleiche möglich sind; vgl. hierzu auch *Backhaus et al.*, 1987, S. 324.

die einzelnen Produkteigenschaften vorgenommen.[66] Offenbar ist hierzu die Kenntnis der relevanten Produkteigenschaften notwendig. Von Interesse ist in diesem Zusammenhang einerseits, welchen Anforderungen diese Produkteigenschaften aus theoretischer Sicht genügen müssen, andererseits wie diese Produkteigenschaften aufgefunden werden können. Hinsichtlich der **Anforderungen an die Produkteigenschaften** gilt folgendes:

- Es muß eine Diskriminierungsfähigkeit der Eigenschaften zwischen den Produkten vorliegen.
- Die Eigenschaften müssen für die Konsumenten grundsätzlich von Bedeutung sein.
- Die Eigenschaften müssen durch den Hersteller des jeweiligen Produkts beeinflußbar sein.
- Die Eigenschaften sollten unabhängig voneinander sein.
- Es sind alle relevanten Eigenschaften zu erfassen.

Unterschiedliche Produkte zeichnen sich durch unterschiedliche Produkteigenschaften bzw. deren Ausprägungen aus. Die Forderung nach **Diskriminierungsfähigkeit** der Eigenschaften zwischen verschiedenen Produkten wird damit bereits durch die Berücksichtigung unterschiedlicher Produkte bzw. Produktvarianten erfüllt. Produkteigenschaften, welche nicht zur Diskriminierung von Produkten beitragen, können ohne Informationsverlust aus der Analyse ausgeschlossen werden können (vgl. *Weber*, 1986, S. 75).

Diskriminierungsfähigkeit der Eigenschaften ist auch wichtig für die Kaufrelevanz von Eigenschaften aus Sicht der Konsumenten; Eigenschaften erlangen nur dann Kaufrelevanz, wenn sie einerseits für die Konsumenten von Bedeutung sind, andererseits aber nicht bei allen auf dem Markt angebotenen Produkten in gleichem Maße vorhanden sind (vgl. *Pras*, 1975, S. 73; *Alpert*, 1971, S. 185). Dies bedeutet, daß Produkteigenschaften, welche ursprünglich für die Kaufentscheidung relevant waren, dann bedeutungslos werden, wenn sich die auf dem jeweiligen Markt gehandelten Produkte hinsichtlich dieser Produkteigenschaften im Zeitablauf immer mehr angleichen. So ist beispielsweise zu erwarten, daß die Ausstattung eines Autos mit einem Airbag heute noch ein Kaufargument darstellt, in absehbarer Zukunft aufgrund des zunehmenden serienmäßigen Einbaus dieses Teils diese Funktion jedoch verlorengehen wird. Im Mittelpunkt steht damit die Forderung, daß Produkteigenschaften aus Sicht der Konsumenten **für die Bewertung des Produkts von Bedeutung** sind; es sind daher alle charakteristischen Eigenheiten des Produkts zu erfassen, die die Kaufentscheidung determinieren und somit auf den Markterfolg des Produkts Einfluß nehmen.

---

66) Vgl. Abschnitt A.I sowie den folgenden Unterabschnitt B.I.2.ac. in diesem Teil.

Daß konkrete Marketing-Maßnahmen, welche an den Produkteigenschaften anknüpfen, auch durchführbar sind, setzt die **Beeinflußbarkeit von Produkteigenschaften** durch den Hersteller voraus (vgl. *Backhaus et al.*, 1987, S. 348). Diese Forderung erscheint zunächst selbstverständlich; Produkteigenschaften, welche beispielsweise im Rahmen von Konsumentenbefragungen durch Anwendung der Multidimensionalen Skalierung oder faktorenanalytisch gewonnen wurden,[67] erfüllen diese Forderung jedoch nicht, da es sich bei diesen Eigenschaften in der Regel um abstrakte Bezeichnungen für kauf- bzw. einstellungsrelevante Dimensionen handelt. Sie können daher keine konkreten Anhaltspunkte für Marketing-Aktivitäten bieten (vgl. *Shocker/Srinivasan*, 1974, S. 922). Weiterhin ist notwendig, daß die Eigenschaften bzw. deren Ausprägungen auch technisch realisierbar sind; diese Anforderung ist dann von Interesse, wenn neben real existierenden Produktalternativen auch hypothetische Produkte oder Produktkonzepte in die Analyse miteinbezogen werden sollen.

Als weitere wichtige Forderung an die zugrunde zu legenden Eigenschaften wird häufig die **Unabhängigkeit** der Eigenschaften genannt. Im Rahmen hedonischer Analysen ist diese Forderung allerdings nur dann relevant, wenn hedonische Preisfunktionen verwendet werden, die Unabhängigkeit der Eigenschaften auch unterstellen; dies ist beispielsweise bei linear-additiven Funktionsformen der Fall. Mit Hilfe spezieller Techniken kann jedoch die für das vorliegende Datenmaterial jeweils geeignete Funktionsform aufgedeckt werden.[68] Ist diese nicht-additiver bzw. nicht-linearer Natur, werden bestehende Interaktionen zwischen den Eigenschaften berücksichtigt. Da im Rahmen hedonischer Analysen im Regelfall auf real existierende Produkte zurückgegriffen wird, welche den durch die objektiven Produkteigenschaften aufgespannten Eigenschaftsraum zumeist nicht vollständig besetzen, weil nur bestimmte Eigenschaftskombinationen bzw. Kombinationen von Eigenschaftsausprägungen aus Sicht der Konsumenten sinnvoll bzw. vorteilhaft erscheinen und somit zum Markterfolg führen, ist die Gefahr der Abhängigkeit einzelner Eigenschaften bzw. deren Ausprägungen jedoch hoch; die Positionierung von Produkten im Eigenschaftsraum ist also nicht zufällig, und die Produkteigenschaften sind damit voneinander abhängig. Oftmals führen daher hedonische Preisfunktionen, welche keine Unabhängigkeit der Produkteigenschaften unterstellen, zu besseren Ergebnissen.[69]

---

67) Zu diesen und weiteren Verfahren zur Auffindung von relevanten Produkteigenschaften vgl. die folgenden Ausführungen in diesem Unterabschnitt.

68) Ein hilfreiches Instrument hierfür ist die Box-Cox-Technik. Vgl. hierzu i. e. die Ausführungen im folgenden Unterabschnitt B.I.2.ac. zur Berechnung hedonischer Preise.

69) Vgl. hierzu die empirische Untersuchung im Abschnitt B.II. in diesem Teil, insbesondere den Unterabschnitt B.II.2.bac.

Von besonderer Bedeutung für hedonische Analysen ist auch die Forderung nach **vollständiger Erfassung** aller relevanten Eigenschaften; werden nicht alle relevanten Eigenschaften erfaßt, so werden den berücksichtigten Eigenschaften im Rahmen hedonischer Analysen falsche monetäre Werte zugeordnet.

Zur **Aufdeckung** der für hedonische Zwecke zu berücksichtigenden Eigenschaften können grundsätzlich mehrere Verfahren herangezogen werden. Hierzu zählen die Sammlung von Produktdaten auf Basis verschiedener Informationsquellen, konsumentenorientierte Verfahren sowie die Einholung von Expertenurteilen. Die Ermittlung von Produkteigenschaften durch **Sammlung von Produktdaten** kann durch das Studium von Prospekten, Katalogen, Testberichten usw. sowie durch Gespräche mit Verkäufern erfolgen (vgl. auch *Herp*, 1982, S. 102); diese Informationsquellen sind in erster Linie bei höherwertigen Gebrauchsgütern relevant. Bei geringwertigen Verbrauchsgütern kann insbesondere auf die auf der Verpackung angegebenen Informationen zurückgegriffen werden. Generell sind in diesem Zusammenhang intrinsische und extrinsische Eigenschaften zu unterscheiden (vgl. auch *Weber*, 1986, S. 73 ff.). Während unter **intrinsischen** Produkteigenschaften alle physikalisch-technischen Attribute wie Gewicht, Form, Ausstattung, Material usw. zu verstehen sind, umfassen die **extrinsischen** Eigenschaften Attribute, die zwar keine Eigenschaften im physikalisch-technischen Sinne sind, trotzdem aber die Beurteilung eines Produkts durch den Konsumenten beeinflussen. Hierzu zählen beispielsweise die mit einem Produkt verbundene Garantieleistung, die Produkterhältlichkeit im Handel, der Lieferservice oder die Beratungsqualität des Handels beim Verkauf des Produkts (vgl. *Herp*, 1982, S. 103 ff.). Tendenziell ist davon auszugehen, daß die Bedeutung extrinsischer Produkteigenschaften mit dem Wert des Produkts zunimmt.

Als weitere Möglichkeit zur Ermittlung relevanter Produkteigenschaften können **konsumentenorientierte Verfahren** herangezogen werden. Diese auf Konsumentenurteilen basierenden Techniken können in direkte und indirekte Methoden unterteilt werden (vgl. i. e. *Alpert*, 1971, S. 184 f.; *Myers/Alpert*, 1968, S. 15 ff.).[70] Zu den **direkten** Methoden, bei denen die Konsumenten unmittelbar nach den kaufrelevanten Produkteigenschaften befragt werden, zählen z. B. die Simple-Questioning-Technik (vgl. *Pras*, 1975, S. 73), das Dual-Questioning-Verfahren (vgl. *Alpert*, 1971, S. 185; *Pras*, 1975, S. 73 ff.), die Protokoll- bzw.

70) Auf eine explizite Darstellung der einzelnen im folgenden genannten Verfahren kann im Rahmen dieser Arbeit verzichtet werden, da diese Verfahren in der einschlägigen Literatur bereits ausführlich dargestellt und diskutiert wurden; vgl. hierzu die jeweils bei den einzelnen Verfahren angegebenen Literaturhinweise.

Entscheidungsnetzanalyse[71] und die Repertory-Grid-Methode (vgl. *Müller-Hagedorn/Vornberger*, 1979, S. 189 ff.). Unverzerrte Ergebnisse bei Anwendung direkter Methoden sind allerdings nur dann zu erwarten, wenn die Versuchspersonen ihre kaufdeterminierenden Faktoren kennen, diese adäquat artikulieren können und bereit sind, hierüber wahrheitsgemäß Auskunft zu geben (vgl. *Alpert*, 1971, S. 184 f.; *Müller-Hagedorn/Vornberger*, 1979, S. 189).

Zur Umgehung dieser Probleme kann auf **indirekte** Verfahren zurückgegriffen werden. Hierunter sind alle Verfahren zu subsumieren, bei denen die Auskunftspersonen nicht direkt hinsichtlich ihrer Kaufmotive bzw. hinsichtlich der für sie kaufrelevanten Eigenschaften befragt werden. Hierzu gehören z. B. die Elicitation-Technik als assoziatives Verfahren (vgl. *Böhler*, 1979, S. 270 ff.), projektive Techniken wie das Third-Person-Questioning (vgl. *Alpert*, 1971, S. 185), informationsprozessuale Ansätze wie die Blickaufzeichnung oder die Informationsdisplaymatrix (vgl. *Bauer*, 1989, S. 173 ff.) sowie statistische Analyseverfahren wie die Multidimensionale Skalierung (vgl. *Böhler*, 1979, S. 272 ff.), die multiple Regressionsanalyse (vgl. *Alpert*, 1971, S. 185; *Pras*, 1975, S. 73) oder die Faktorenanalyse (vgl. *Böhler*, 1979, S. 280 ff.).

Neben der Sammlung von Produktdaten auf Basis verschiedener Informationsquellen als induktives Verfahren und den konsumentenorientierten Techniken als deduktive Verfahren können auch **Experten** zur Ermittlung untersuchungsrelevanter Produkteigenschaften herangezogen werden; im Prinzip können alle soeben dargestellten konsumentenorientierten Verfahren auch mit Experten durchgeführt werden. Dies setzt allerdings voraus, daß die Experten in hohem Maße mit dem Kaufentscheidungsprozeß der Konsumenten für die betrachteten Produkte vertraut sind, da andernfalls die Gefahr hoch ist, daß redundante Produkteigenschaften in die Untersuchung mitaufgenommen werden bzw. relevante Produktmerkmale vergessen werden.

Welches Verfahren im konkreten Fall anzuwenden ist, ist jeweils hinsichtlich untersuchungsrelevanter Kriterien wie Art und Umfang des bereits vorhandenen Datenmaterials, geforderte Genauigkeit der Analyseergebnisse, zeitlicher Analyseaufwand, mit der Durchführung der Analyse verbundene Kosten usw. im Einzelfall zu überprüfen. Zur Auswahl eines Verfahrens können wiederum wie bei der Bestimmung der zur Abgrenzung des relevanten Marktes anzuwendenden Methode typische Ansätze der Entscheidungsfindung bei mehrfacher Zielsetzung herangezogen werden, da auch hier von einer generellen Vorteilhaftigkeit eines Verfahrens zur Aufdeckung von relevanten Pro-

71) Dieses Verfahren wurde bereits bei der Abgrenzung des relevanten Marktes angeführt; vgl. hierzu die Ausführungen im vorangegangenen Unterabschnitt B.I.2.aa.

dukteigenschften nicht ausgegangen werden kann; sowohl direkte als auch indirekte Verfahren sind mit verfahrensspezifischen Nachteilen behaftet (vgl. z. B. *Böhler*, 1979, S. 280; *Pras*, 1975, S. 73). Auch ist darauf hinzuweisen, daß unterschiedliche Verfahren zur Ermittlung relevanter Produkteigenschaften zu unterschiedlichen Ergebnissen kommen können (vgl. *Böhler*, 1979, S. 279 f.).

Besteht Unsicherheit hinsichtlich der Brauchbarkeit bzw. Angemessenheit der mit Hilfe eines der genannten Verfahren ermittelten Produkteigenschaften, so kann unter Berücksichtigung von Zeit- und Kostenrestriktionen die **kombinative** Anwendung der Verfahren vorteilhaft sein. Beispielsweise kann im ersten Schritt durch die Sammlung von Produktdaten eine umfangreiche Itembatterie aufgestellt werden, die im zweiten Schritt durch Heranziehung von Produkteigenschaften, welche auf Basis von Konsumenten- oder Expertenurteilen ermittelt wurden, auf Redundanz überprüft wird. Da die in den beiden Schritten ermittelten Eigenschaften inhaltlich kaum übereinstimmen dürften, ist eine Verknüpfung der auf beiden Wegen herausgefundenen Produktattribute notwendig, d. h. es ist festzustellen, welcher Zusammenhang zwischen den jeweils ermittelten Eigenschaften besteht. Hierzu kann die kanonische Korrelationsanalyse verwendet werden (vgl. *Weber*, 1986, S. 79). Dabei werden die gesammelten (objektiven) Produktdaten als Prädiktorvariablen zur Erklärung der auf Basis von Konsumenten- oder Expertenurteilen ermittelten Produkteigenschaften eingesetzt. An der Größe der kanonischen Koeffizienten der objektiven Produktdaten läßt sich dann ablesen, wie stark diese mit den durch Experten- oder Konsumentenbefragung festgestellten Attributen zusammenhängen.

Ist der Aufwand, der die Feststellung relevanter Produktmerkmale mittels Konsumenten- bzw. Expertenbefragung zweifelsohne mit sich bringt, nicht vertretbar, so kann im Rahmen hedonischer Analysen auf folgende heuristische Vorgehensweise zurückgegriffen werden (vgl. auch *Weber*, 1986, S. 81 f.): Ausgehend von der Gesamtheit der gesammelten objektiven Produktdaten werden zunächst die monetären Teilbeträge für die einzelnen Produkteigenschaften bestimmt.[72] Diejenigen Eigenschaften, welche keinen signifikant von Null verschiedenen monetären Betrag aufweisen, werden aus der weiteren Untersuchung ausgeschlossen. Da von einer gänzlichen Unabhängigkeit der Eigenschaften nicht ausgegangen werden kann, ist die Schätzung der monetären Teilbeträge auf Basis der verringerten Itembatterie zu wiederholen bis alle Attribute signifikant von Null verschiedene monetäre Gewicht aufweisen. Problematisch ist bei dieser Vorgehensweise allerdings, daß die monetären Teilbeträge der Attribute sowohl von der Attributeauswahl als auch von der Spezi-

72) Vgl. zur Vorgehensweise hierzu den folgenden Unterabschnitt B.I.2.ac.

fikation der konkreten hedonischen Preisfunktion abhängen. Daher gilt in diesem Zusammenhang: "...one must make certain, that the technique used to select the determinant attributes is unrelated to the models which subsequently use them. Otherwise, the effects of the models and those of the attribute identification technique are confounded" (*Pras*, 1975, S. 73). Im Prinzip ist deshalb eine **simultane** Bestimmung der Form der hedonischen Preisfunktion und der zu berücksichtigenden Produkteigenschaften notwendig.

Abschließend ist kurz auf eine Produkteigenschaft einzugehen, welche im Rahmen hedonischer Analysen eine besondere Stellung einnimmt: der Produktpreis. Als einzige Eigenschaft ist der Produktpreis in hedonischen Untersuchungen **immer** zu berücksichtigen. Hier ergibt sich die Frage, welcher Preis eines Produkts heranzuziehen ist. Beispielsweise kann die Analyse auf den Fabrikabgabepreis, den Großhandelspreis oder den Endverbraucherpreis eines Produkts abgestellt werden. Da für die Entstehung eines Markenwerts in erster Linie der Konsument relevant ist, da seine Wertschätzung der Marke schließlich die Quelle des Markenwerts darstellt und über den Kauf des Produktes auch zum Markenwert für den Markeninhaber führt,[73)] erscheint es am sinnvollsten, für die hier verfolgten Zwecke den Endverbraucherpreis zu verwenden. Seit der Aufhebung der Preisbindung der zweiten Hand im Jahre 1974 liegt die Preisfestsetzung auf mehrstufigen Märkten für die meisten Produkte allerdings nicht mehr allein in Händen des Herstellers; der Preis eines Produkts kann daher sowohl im Zeitablauf bei einer bestimmten Handelsorganisation als auch zu einem konkreten Zeitpunkt zwischen verschiedenen Handelsorganisationen variieren. Es stellt sich somit die Frage, welcher konkrete Endverbraucherpreis in die Analyse aufzunehmen ist, wenn mehrere Preisbeobachtungen für ein Produkt vorliegen. In diesem Fall kommen das arithmetische Mittel, der Modus oder der Median in Frage.[74)] Diese Lagemaßzahlen weisen jeweils unterschiedliche Vorzüge bzw. Nachteile auf. Während eine leichte Interpretierbarkeit bei allen drei Maßzahlen gegeben ist, verarbeitet allein das arithmetische Mittel sämtliche Daten. Der Modus berücksichtigt nur den am häufigsten genannten Preis, der Median hingegen teilt die Preisbeobachtungen derart auf, daß mindestens die Hälfte aller Werte kleiner oder gleich dem Median sind; es wird also nur die untere (bzw. obere) Hälfte der Merkmalswerte explizit berücksichtigt. Vorteilhaft sind Modus und Median gegenüber dem arithmetischen Mittel dahingehend, daß sie den Einfluß extremer Werte ausschalten; diese können das arithmetische Mittel stark beeinflussen, da sie mit gleichem Gewicht wie die anderen Preisbeobachtungen in die Berechnung miteingehen. Für die Berechnung des

73) Vgl. Kapitel A. im 3. Teil.
74) Zu diesen Lagemaßzahlen vgl. z. B. *Hartung*, 1986, S. 31 ff.

Medians bzw. Modus' ist es hingegen gleichgültig, wie stark diese Werte von den anderen Beobachtungswerten abweichen. Hinsichtlich der Eindeutigkeit ist wiederum das arithmetische Mittel positiv hervorzuheben, da mehrere verschiedene Preise Modus sein können, wenn sie gleich häufig auftreten, und hinsichtlich des Medians vor- und nachgelagerte Preisbeobachtungen mit dem Median übereinstimmen können. Unabhängig davon, welche konkrete Lagemaßzahl verwendet wird, sollte auf jeden Fall eine Gewichtung der Preisbeobachtungen in Abhängigkeit von der Umsatzstärke der jeweiligen Handelsbetriebe bzw. durch Berücksichtigung der zum jeweiligen Preis verkauften Menge vorgenommen werden, sofern derartige Daten vorliegen (vgl. *Herp*, 1982, S. 109). Hierdurch wird den Marktverhältnissen adäquat Rechnung getragen.

ac. Bestimmung des hedonischen Preises von Marken mittels statistischer Analyseverfahren

Sind die in die Untersuchung einzubeziehenden Produkte sowie ihre relevanten Produkteigenschaften ermittelt worden, können die hedonischen Preise der einzelnen Eigenschaften, hier insbesondere der Marke, berechnet werden. Die bei hedonischen Analysen vorgenommene Dekomposition des Produktpreises in Preise bzw. monetäre Werte für die einzelnen Produkteigenschaften stellt eine typische dependenzanalytische Aufgabe dar, da der Produktpreis in Beziehung zu den einzelnen Eigenschaften des jeweiligen Produkts gesetzt wird; daher können mehrere statistische Analyseverfahren zur Ermittlung hedonischer Preise herangezogen werden.

Von Bedeutung ist zunächst, ob der Produktpreis als abhängige Variable als ordinal oder metrisch skaliert anzusehen ist, da hiervon die Art des einzusetzenden Analyseverfahrens sowie die Art der Berechnung der hedonischen Preise abhängt. Welche Skalierung des Produktpreises zu unterstellen ist, wird in erster Linie von der Preiswahrnehmung der Konsumenten bestimmt. Gegen eine metrische Skalierung des Produktpreises spricht folgendes: Bekanntlich wird eine gegebene absolute Differenz zwischen zwei Preisen je nach Höhe dieser beiden Preise unterschiedlich wahrgenommen, d. h. eine gegebene absolute Preisdifferenz wird nicht intervallskaliert, sondern - je nach Höhe der beiden Preise - in bestimmter Weise transformiert wahrgenommen und interpretiert. Von Relevanz ist in diesem Zusammenhang das **Webersche Gesetz.**[75] Es besagt, daß die Wahrnehmbarkeit des Unterschiedes zweier Reizintensitä-

75) Zur Bedeutung des Weberschen Gesetzes vgl. auch z. B. *Schmalen*, 1982, S. 8 ff.; *Kaas*, 1977, S. 10 f.; *Diller*, 1985, S. 101 ff.; *Beeskow et al.*, 1983, S. 539 ff.

ten proportional zum Niveau dieser Reize ist, d. h. daß eine gegebene absolute Preisdifferenz aus Sicht des Konsumenten als umso kleiner (größer) wahrgenommen wird, je höher (niedriger) die beiden Preise sind. Als Folge hiervon ist denkbar, daß Preise zumindest in relativer Form aus Sicht des Konsumenten als intervallskaliert angesehen werden können, eine Preisänderung von 5 DM auf 5,50 DM also genauso wahrgenommen wird wie eine Preisänderung von 1000 DM auf 1100 DM. Da das Webersche Gesetz - ebenso wie das **Fechnersche Gesetz**, welches auf dem Weberschen Gesetz basiert und unterstellt, daß Preise logarithmisch transformiert wahrgenommen werden[76] - nicht unumstritten ist, ist jedoch auch diese Annahme nicht unproblematisch.

Konsequent erscheint es daher, lediglich davon auszugehen, daß Preisunterschiede von den Konsumenten wahrgenommen werden, hinsichtlich der Art der subjektiven Wahrnehmung jedoch keine Annahmen zu treffen; folglich sind die Preise als ordinal skalierte Größen anzusehen (vgl. *Herp*, 1982, S. 72). Das zur Bestimmung monetärer Werte einzelner Produkteigenschaften bei ordinal skalierten Produktpreisen in der Regel angewendete Verfahren, das Conjoint Measurement, weist jedoch gegenüber Verfahren, welche bei metrisch skalierten Produktpreisen eingesetzt werden können, erhebliche Nachteile auf.[77] Diese Nachteile lassen es angeraten erscheinen, von der Annahme ordinal skalierter Produktpreise abzugehen; unterstellt wird daher im folgenden eine metrische Skalierung des Produktpreises.

Wird der Produktpreis als metrische Variable interpretiert, so bieten sich mehrere statistische Analyseverfahren zur Bestimmung hedonischer Preise an. Zu nennen sind hier die (multiple) Regressionsanalyse, die Kontrastgruppen- bzw. Baumanalyse,[78] die multiple Klassifikationsanalyse (MCA) sowie die Varianzanalyse (vgl. *Dichtl*, 1984, S. 124; *Weber*, 1986, S. 86 ff.).[79] Da bei näherer Analyse das Kontrastgruppen- bzw. Baumverfahren ungeeignet zur Schätzung von hedonischen Preisen erscheint (vgl. *Weber*, 1986, S. 94 f.), und alle anderen genannten Verfahren Spezialfälle der Regressionsanalyse darstellen, kann sich die weitere Vorgehensweise auf die Darstellung und Anwendung der Regres-

---

76) Zum Fechnerschen Gesetz vgl. z. B. *Beeskow et al.*, 1983, S. 542 f.; *Schmalen*, 1982, S. 9 f.; *Diller*, 1985, S. 102 f.

77) Eine ausführliche Diskussion diesbezüglich findet sich bei *Weber*, 1986, S. 86 ff.; hier kann deshalb auf einen nochmaligen expliziten Vergleich verzichtet werden.

78) Die Kontrastgruppen- bzw. Baumanalyse wird auch Automatic Interaction Detector (AID) genannt.

79) Da diese Analyseverfahren bereits weiten Eingang in die einschlägige Marketing-Literatur gefunden haben, kann auf eine explizite formale Darstellung verzichtet werden. Vgl. zur Regressions- und Varianzanalyse z. B. *Backhaus et al.* 1987, S. 1 ff. sowie die dort angegebene Literatur, zur Kontrastgruppen- bzw. Baumanalyse vgl. z. B. *Green/Tull*, 1982, S. 375 ff.; zur multiplen Klassifikationsanalyse vgl. z. B. *Andrews et al.*, 1973.

sionsanalyse zur Ermittlung monetärer Werte von Produkteigenschaften beschränken.

Die Regressionsanalyse hat im Rahmen der Ermittlung hedonischer Preise eine weite Verbreitung gefunden.[80)] Ursächlich hierfür dürfte insbesondere die Tatsache sein, daß mit der Regressionsanalyse ein sehr vielseitiges Instrument zur Verfügung steht: Einerseits können sowohl metrische als auch ordinal und nominal skalierte unabhängige Variablen verwendet werden; zur Berücksichtigung von nominal oder ordinal skalierten exogenen Variablen müssen diese lediglich in Dummy-Variablen transformiert und in die Regressionsgleichung integriert werden.[81)] Andererseits ist die Regressionsanalyse nicht auf eine spezifische Funktionsform angewiesen; entgegen der weit verbreiteten Annahme, daß die Regressionsanalyse auf linearen bzw. linearisierbaren Funktionsformen beschränkt ist, kann sie durch Heranziehung iterativer Techniken auch auf nicht linearisierbare Funktionstypen angewendet werden. Welche konkrete Funktionsform zu verwenden ist, ist in jedem Einzelfall festzustellen, da es keine generell geeignete bzw. "beste" Funktionsform gibt; so ist nicht verwunderlich, daß in unterschiedlichen hedonischen Studien völlig verschiedene Funktionstypen als optimal erachtet wurden.[82)]

Da die Güte der Ergebnisse hedonischer Untersuchungen entscheidend von der Angemessenheit des zugrunde gelegten Funktionstyps der Regressionsgleichung abhängt, ist auf die Wahl der Funktionsform besonderes Augenmerk zu richten. Ein besonders nützliches Instrument, welches für hedonische Zwecke häufig eingesetzt wird, ist die **Box-Cox-Technik**.[83)] Die Box-Cox-Technik stellt ein mächtiges statistisches Verfahren dar, mit dessen Hilfe durch kontinuierliche Variablentransformation ein umfangreiches Spektrum von Funktionstypen hinsichtlich ihrer Eignung für das jeweils vorliegende Datenmaterial im Rahmen von Regressionsanalysen getestet werden kann. Ausgangspunkt der Box-Cox-Technik war zunächst die ausschließliche Transformation der abhängigen Variable (vgl. i. e. *Box/Cox*, 1964, S. 214 ff.). Wird die abhängige Variable als y bezeichnet, so erfolgt die Transformation folgendermaßen:

80) Jüngere hedonische Studien, welche auf die Regressionsanalyse als Analyseinstrument zurückgreifen, sind z. B. die Untersuchungen von *Cassel/Mendelsohn*, 1985; *Lee/Donnelly*, 1988; *Jain/Vilcassim*, 1989; *Rasmussen/Zuehlke*, 1990.

81) Zur Regressionsanalyse mit qualitativen Variablen vgl. z. B. *Egle*, 1975; *Green/Tull*, 1982, S. 306 ff.; *Suits*, 1957; *Hüttner*, 1979, S. 261 ff.

82) Vgl. hierzu die in Fußnote 80 aufgeführten hedonischen Untersuchungen, welche die Regressionsanalyse als statistisches Analyseinstrument verwenden.

83) Vgl. hierzu z. B. die Aufzählung von Studien, welche die Box-Cox-Techniken verwenden, bei *Cassel/Mendelsohn*, 1985, S. 135.

$$(4.38)\quad y(\lambda) = \begin{cases} \frac{y^{\lambda}-1}{\lambda} & \text{für } \lambda \neq 0 \\ \ln y & \text{für } \lambda = 0 \end{cases}$$

mit: λ = Transformationsparameter
y = abhängige Variable.

Besteht die Regressionsfunktion ausschließlich aus metrisch skalierten unabhängigen Variablen, so können auch diese entsprechend transformiert werden (vgl. z. B. *Zarembka*, 1968, S. 503 f.). Im Falle des allgemeinen linear-additiven Modells ergibt sich also:

$$(4.39)\quad \frac{y^{\lambda_0}-1}{\lambda_0} = \alpha_0 + \alpha_1 \cdot \frac{x_1^{\lambda_1}-1}{\lambda_1} + \alpha_2 \cdot \frac{x_2^{\lambda_2}-1}{\lambda_2} + \ldots + \alpha_m \cdot \frac{x_m^{\lambda_m}-1}{\lambda_m} + \varepsilon$$

mit: α_0 = Absolutglied
α_i = Regressionskoeffizient; $i = 1,\ldots,m$
x_i = (metrische) unabhängige Variable; $i = 1,\ldots,m$
λ_i = Transformationsparameter; $i = 0,\ldots,m$
ε = Störterm

bzw.

$$(4.40)\quad \frac{y^{\lambda_0}-1}{\lambda_0} = \alpha_0 + \sum_{i=1}^{m} \alpha_i \cdot \frac{x_i^{\lambda_i}-1}{\lambda_i} + \varepsilon \,.$$

Ziel des Box-Cox-Verfahrens ist es nun, eine simultane Schätzung der Regressionskoeffizienten α_i und der Transformationsparameter λ_i durchzuführen. Hierfür wird auf die Maximum-Likelihood-Technik zurückgegriffen.[84] Unter der bei Regressionsanalysen üblichen Annahme, daß die Störgrößen einen Erwartungswert von Null haben, unabhängig voneinander und normalverteilt sind sowie eine konstante Streuung aufweisen, ist für (4.39) bzw. (4.40) die logarithmierte Likelihood-Funktion aufzustellen, die es zu maximieren gilt (vgl. *Box/Cox*, 1964, S. 215 u. S. 241; *Zarembka*, 1974, S. 85 f.). Für gegebene Werte von λ_i ($i = 0,\ldots,m$) ergibt sich hierfür:[85]

$$(4.41)\quad L(\lambda_0,\ldots,\lambda_m) = -\frac{1}{2} \cdot K \cdot \ln \hat{\sigma}^2(\lambda_0,\ldots,\lambda_m) + (\lambda_0 - 1) \sum_{k=1}^{K} \ln y_k$$

84) Zur Maximum-Likelihood-Technik vgl. z. B. *Frohn*, 1980, S. 81 ff.

85) In (4.41) wird eine Konstante unterdrückt, die für die Bestimmung der optimalen Transformationsparameter unwichtig ist; vgl. *Box/Cox*, 1964, S. 215.

mit:	$L(\lambda_0,...,\lambda_m)$	=	Wert der logarithmierten Likelihood-Funktion in Abhängigkeit von den Transformationsparametern λ_i (für i = 0,...,m)
	y_k	=	k-ter Wert der abhängigen Variable
	K	=	Anzahl der Beobachtungen
	$\hat{\sigma}^2(\lambda_0,...,\lambda_m)$	=	Schätzwert für die Varianz der Residuen in Abhängigkeit von den Transformationsparametern λ_i (für i = 0,...,m).

Zur Berechnung der optimalen Transformationsparameter λ_i kann nun wie folgt vorgegangen werden: Da die Maximum-Likelihood-Methode und die Methode der kleinsten Quadrate unter den getroffenen Annahmen zu identischen Ergebnissen führen, kann (4.41) auch mittels Durchführung einer herkömmlichen Regressionsanalyse für jeweils vorgegebene Transformationsparameter λ_i berechnet werden. Durch die systematische Variation der Transformationsparameter λ_i kann dann diejenige Konstellation der Transformationsparameter herausgefunden werden, die zum größten Wert der logarithmierten Likelihood-Funktion führt. Ob sich die als optimal ermittelten Transformationsparameter $\lambda^* = (\lambda_0^*, \lambda_1^*,...,\lambda_m^*)$ signifikant von anderen Parameterkonstellationen $\lambda = (\lambda_0, \lambda_1,...,\lambda_m)$ unterscheiden, läßt sich mittels der Prüfgröße

(4.42) $D(\lambda) = 2 \cdot [L(\lambda^*) - L(\lambda)]$

feststellen, da diese annähernd χ^2 verteilt ist (vgl. *Box/Cox*, 1964, S. 216; *Zarembka*, 1968, S. 505). Die Anzahl der Freiheitsgrade für diese Prüfgröße wird durch die Anzahl der Transformationskoeffizienten bestimmt. Ist also die Prüfgröße $D(\lambda)$ kleiner als der entsprechende Tabellenwert der χ^2-Verteilung bei vorgegebener Irrtumswahrscheinlichkeit, so unterscheiden sich die Transformationsparameterkonstellationen nicht signifikant voneinander.

Ohne weiteres ist auch eine Berücksichtigung nicht-metrischer, insbesondere nominal skalierter unabhängiger Variablen möglich (vgl. z. B. *Jain/Vilcassim*, 1989, S. 97). Da eine Transformation dieser Variablen nicht sinnvoll ist, werden sie in die Box-Cox-Transformation nicht miteinbezogen (vgl. auch *Cassel/Mendelsohn*, 1985, S. 138). In diesem Fall folgt also statt (4.39) bzw. (4.40):

(4.43) $$\frac{y^{\lambda_0}-1}{\lambda_0} = \alpha_0 + \sum_{i=1}^{m} \alpha_i \cdot \frac{x_i^{\lambda_i}-1}{\lambda_i} + \sum_{i=m+1}^{n} \sum_{j=1}^{k_i-1} \alpha_{ij} \cdot x_{ij} + \varepsilon$$ [86)]

mit:
- $n\text{-}m$ = Anzahl nicht-metrischer unabhängiger Variablen
- x_{ij} = $\begin{cases} 1, & \text{wenn die nicht-metrische unabhängige Variable i in Ausprägung j vorhanden ist} \\ 0 & \text{sonst} \end{cases}$
- α_{ij} = Regressionskoeffizient für Ausprägung j der nicht-metrischen unabhängigen Variablen i
- k_i = Anzahl der Ausprägungen der nicht-metrischen unabhängigen Variable i.

Somit gilt allgemein:

(4.44) $$y(\lambda_0) = \alpha_0 + \sum_{i=1}^{m} \alpha_i \cdot x_i(\lambda_i) + \sum_{i=m+1}^{n} \sum_{j=1}^{k_i-1} \alpha_{ij} \cdot x_{ij} + \varepsilon \ .$$

Wird statt (4.38) Transformation (4.45) herangezogen,

(4.45) $$z(\lambda) = \begin{cases} \dfrac{z^{\lambda}-1}{\lambda \cdot g^{\lambda-1}} & \text{für } \lambda \neq 0 \\ g \cdot \ln z & \text{für } \lambda = 0 \end{cases}$$

mit: g = geometrisches Mittel der Variablen z
$z \in \{y; x_i\} \quad i = 1,\ldots,m,$

so vereinfacht sich (4.41) zu (vgl. *Box/Cox*, 1964, S. 216):

(4.46) $$L(\lambda_0,\ldots,\lambda_m) = -\frac{1}{2} \cdot K \cdot \ln \hat{\sigma}^2 (\lambda_0,\ldots,\lambda_m,z) \ .$$

Die Maximierung von (4.46) wird dann einfach dadurch erreicht, indem λ_i (i = 0,...,m) so gewählt wird, daß die Varianz der Residuen $\hat{\sigma}^2 (\lambda_0,\ldots,\lambda_m,z)$ minimiert

86) Weil bei der Verwendung nicht-metrischer unabhängiger Variablen jeweils eine Ausprägung dieser Variablen zur Vermeidung linearer Abhängigkeiten in der Datenbasis unterdrückt wird, sind nicht k_i, sondern nur k_i-1 Ausprägungen jeder nicht-metrischen unabhängigen Variablen im Modell enthalten (vgl. hierzu z. B. *Egle*, 1975, S. 85; *Green/Tull*, 1982, S. 310 f.). Hierdurch wird dem Regressionskoeffizienten der nicht berücksichtigten Ausprägung der Wert "Null" zugeordnet. Zur Bedeutung dieser Vorgehensweise für die nicht-metrische Variable "Markenzugehörigkeit" vgl. auch die Ausführungen im Kapitel C. in diesem Teil.

wird. Auch dies kann mittels Mehrfachdurchrechnung mit herkömmlichen Regressionsanalysen für unterschiedliche Transformationsparameterkonstellationen vorgenommen werden.

Problematisch ist in diesem Zusammenhang allerdings, daß die Anzahl denkbarer Konstellationen der Transformationsparameter - unabhängig davon, ob (4.38) oder (4.45) herangezogen wird - selbst bei wenigen Variablen in der Regressionsfunktion schnell explodiert; so ergeben sich bei nur vier zu transformierenden Variablen bereits 14641 ($=11^4$) durchzuführende Regressionsschätzungen, wenn die Transformationsparameter mit einer Schrittweite von 0,2 zwischen den Werten -1 und +1 variiert werden. Daher wird in der Regel auf die Transformation jeder einzelnen Variablen verzichtet und in Anlehnung an (4.44) auf folgende "Grundmodelle" zurückgegriffen (vgl. z. B. *Weber*, 1986, S. 130):

(4.47) $$y(\lambda) = \alpha_0 + \sum_{i=1}^{m} \alpha_i \cdot x_i + \sum_{i=m+1}^{n} \sum_{j=1}^{k_i-1} \alpha_{ij} \cdot x_{ij} + \varepsilon \,,$$

(4.48) $$y(\lambda) = \alpha_0 + \sum_{i=1}^{m} \alpha_i \cdot x_i(\lambda) + \sum_{i=m+1}^{n} \sum_{j=1}^{k_i-1} \alpha_{ij} \cdot x_{ij} + \varepsilon \,,$$

(4.49) $$y(\lambda_0) = \alpha_0 + \sum_{i=1}^{m} \alpha_i \cdot x_i(\lambda_1) + \sum_{i=m+1}^{n} \sum_{j=1}^{k_i-1} \alpha_{ij} \cdot x_{ij} + \varepsilon \,.$$

Während in (4.47) nur die abhängige Variable transformiert wird, werden in (4.48) und (4.49) sowohl die abhängige als auch die (metrischen) unabhängigen Variablen einer Transformation unterzogen; in (4.48) wird dabei für die abhängige Variable und für die (metrischen) unabhängigen Variablen derselbe Transformationsparameterwert angesetzt, in (4.49) hingegen wird eine unterschiedliche Transformation der abhängigen Variable und der (metrischen) unabhängigen Variablen vorgenommen. Für alle metrischen unabhängigen Variablen gilt jedoch derselbe Transformationsparameterwert. Um den Rechenaufwand zu begrenzen, gleichzeitig aber möglichst gute Ergebnisse zu erzielen, wird in dieser Untersuchung das Modell (4.49) verwendet.[87] Zu beachten ist, daß (4.49) sowohl die Möglichkeit einer linear-additiven Regressionsfunktion ($\lambda_0=1$; $\lambda_1=1$), als auch eine semi-logarithmische Modellformulierung ($\lambda_0=0$; $\lambda_1=1$ oder $\lambda_0=1$; $\lambda_1=0$) und das doppelt-

87) Vgl. auch Unterabschnitt B.II.2.bac. in diesem Teil.

logarithmische Modell ($\lambda_0=0$, $\lambda_1=0$) umfaßt.[88] Mit Hilfe der Box-Cox-Technik ist es also möglich, eine Vielzahl von Funktionstypen zu testen, wobei neben additiven auch multiplikative Verknüpfungsformen überprüft werden; ferner können neben der allgemeinen Modellformulierung (4.43) auch aufwendigere Funktionsformen, welche z. B. Interaktionsterme berücksichtigen, getestet werden (vgl. z. B. *Cassel/Mendelsohn*, 1985, S. 138 ff.).

Bezogen auf die konkrete Fragestellung der Ermittlung des Marktwertes der Produkteigenschaft "Marke" ergibt sich somit folgendes: Zunächst ist auf Basis des vorliegenden Datenmaterials in Form der in die Untersuchung einbezogenen Produkte und ihrer Eigenschaften die adäquate Funktionsform der hedonischen Preisfunktion zu ermitteln. Da Fragestellungen im Rahmen der Bewertung von Marken in der Regel periodenübergreifenden Charakter haben,[89] wird gegenüber den bisherigen Darstellungen an dieser Stelle zusätzlich ein Zeitindex t in die hedonische Preisfunktion eingeführt. In Anlehnung an (4.49) ist für eine bestimmte Periode t demnach folgende Modellspezifikation zu schätzen:

$$(4.50)\ p^t(\lambda_0^t) = \alpha_0^t + \sum_{i=1}^{m} \alpha_i^t \cdot x_i^t(\lambda_1^t) + \sum_{i=m+1}^{n} \sum_{j=1}^{k_i-1} \alpha_{ij}^t \cdot x_{ij}^t + \varepsilon^t$$

mit:
- p^t = Produktpreis in Periode t
- m = Anzahl relevanter metrischer Produkteigenschaften
- (n-m) = Anzahl relevanter nicht-metrischer Produkteigenschaften
- k_i = Anzahl der Ausprägungen der nicht-metrischen Produkteigenschaft i
- t = Periodenindex.

Dabei ist die Marke eine der (n-m) nicht-metrischen Eigenschaften. Stellt man sie im Modell (4.50) explizit heraus, so ergibt sich folgende hedonische Preisfunktion:

$$(4.51)\ p^t(\lambda_0^t) = \alpha_0^t + \sum_{i=1}^{m} \alpha_i^t \cdot x_i^t(\lambda_1^t) + \sum_{i=m+1}^{n-1} \sum_{j=1}^{k_i-1} \alpha_{ij}^t \cdot x_{ij}^t + \sum_{j=1}^{k_m-1} \alpha_{ij}^{M,t} \cdot x_{ij}^{M,t} + \varepsilon^t$$

mit: k_m = Anzahl berücksichtigter Marken

88) Sofern qualitative Variablen verwendet werden, bleiben diese - wie erwähnt und (4.49) auch zeigt - von der Transformation ausgeschlossen.

89) Vgl. hierzu Kapitel B. im 3. Teil sowie die zugehörigen Modellformulierungen im Unterabschnitt A.II.2. in diesem Teil.

$\alpha_{ij}^{M,t}$ = Regressionskoeffizient für Marke j in Periode t

$x_{ij}^{M,t} = \begin{cases} 1, & \text{wenn Marke j in Periode t am betrachteten Produkt vorhanden ist} \\ 0 & \text{sonst.} \end{cases}$

Sind die Regressionskoeffizienten und die Transformationsparameter geschätzt worden, kann der hedonische Preis bzw. der Marktwert der Marke berechnet werden. Hierzu wird eine Differenzbetrachtung angestellt, d. h. es wird der Preis für das betrachtete Produkt mit und ohne Marke geschätzt. Erweist sich eine linear-additive Funktionsform als optimal ($\lambda_0 = 1$; $\lambda_1 = 1$), so entspricht der Regressionskoeffizient für die Markenzugehörigkeit dem hedonischen Preis bzw. dem Marktwert der Marke:

(4.52) $p_{Mj}^{\ t} = \alpha_{ij}^{M,t}\ ; \quad j = 1,\dots,k_m$

mit : $p_{Mj}^{\ t}$ = hedonischer Preis bzw. Marktwert der Marke j in Periode t.

Dies gilt auch, wenn sich die optimale Konstellation der Transformationsparameter als $\lambda_0 = 1$ und $\lambda_1 \neq 1$ ergibt, da die Marke als nicht-metrische unabhängige Variable nicht der Box-Cox-Transformation unterliegt. Stellt sich ein $\lambda_0 \neq 1$ als optimal heraus, so kann der hedonische Preis der Marke nicht direkt anhand des Regressionskoeffizienten abgelesen werden; vielmehr ergibt sich in diesem Fall ein nach (4.38) bzw. (4.45) transformierter Preis mit bzw. ohne Marke, der erst durch Umrechnung in p^t und anschließender Differenzbetrachtung den hedonischen Preis der Marke offenbart.[90)]

Diese Ergebnisse lassen sich auch auf den Fall übertragen, wenn in **derselben** Produktkategorie, d. h. unter Verwendung einer einzigen hedonischen Preisfunktion, **mehrere** Produktvarianten unter demselben Markennamen angeboten werden. So wird im (Spezial-)Fall der linear-additiven Verknüpfung ($\lambda_0 = 1$; $\lambda_1 = 1$) jedem Produkt, welches unter der betrachteten Marke angeboten wird, derselbe hedonische Preis für die Marke in Höhe des jeweiligen Regressionskoeffizienten für die Markenzugehörigkeit zugeordnet; gleiches gilt aufgrund des Ausschlusses nicht-metrischer unabhängiger Variablen von der Box-Cox-Transformation, wenn sich die Konstellation $\lambda_0 = 1$ und $\lambda_1 \neq 1$ als optimal erweist. Den einzelnen Produktvarianten werden allerdings dann unterschiedliche hedonische Preise für die Marke zugewiesen, wenn sich die Konstellation $\lambda_0 \neq 1$ und $\lambda_1 = 1$ oder $\lambda_0 \neq 1$ und $\lambda_1 \neq 1$ als optimal herausstellt; in diesen Fällen

90) Vgl. hierzu auch das empirische Beispiel im Unterabschnitt B.II.2.bac. in diesem Teil.

entspricht der hedonische Preis der Marke nicht dem Regressionskoeffizienten für die Markenzugehörigkeit, da sich ein nach (4.38) bzw. (4.45) transformierter Preis mit bzw. ohne Marke ergibt. Erst nach Umrechnung von (4.38) bzw. (4.45) in p^t und anschließender Differenzbetrachtung erhält man den hedonischen Preis der Marke.

Wird die betrachtete Marke in **mehreren** Produktkategorien oder **mehreren** Märkten verwendet,[91)] so ist für jede Produktkategorie bzw. für jeden Markt eine eigene hedonische Preisfunktion nach Modell (4.51) aufzustellen; dies bedeutet auch, daß jeweils die optimalen Transformationsparameter bestimmt werden müssen. Gleiches gilt, wenn aus der Zielsetzung der Markenbewertung heraus eine mehrperiodige Betrachtung zu erfolgen hat, und sich die Preise oder Produkteigenschaften der auf dem Markt gehandelten Produkte im Zeitablauf geändert haben; auch in diesem Fall ist für jede Periode eine gesonderte Schätzung des hedonischen Preises bzw. des Marktwertes der Marke nach (4.51) vorzunehmen.

b. Weitere Input-Daten

Um den konkreten Wert einer Marke berechnen zu können, ist die Ermittlung weiterer Input-Daten notwendig. Diese Input-Daten beziehen sich auf die Absatzmenge der mit der Marke gekennzeichneten Produkte, auf die mit der Verwendung des Markenzeichens verbundenen Kosten, auf den Kalkulationszinsfuß sowie auf die Länge des für die Bewertung anzusetzenden Zeitraumes.[92)]

Hinsichtlich der **Absatzmenge** der mit der Marke gekennzeichneten Produkte gilt folgendes: Je nachdem, in wievielen Produktkategorien und in wievielen Produktvarianten pro Produktkategorie eine Marke vertreten ist, gestaltet sich die Feststellung der innerhalb eines Zeitraumes abgesetzten bzw. zukünftig voraussichtlich absetzbaren Menge - je nach Zeitbezug der herangezogenen Modellvariante - unterschiedlich aufwendig; von einem erheblichen Informationsbeschaffungsaufwand ist daher dann auszugehen, wenn die Marke für viele Produkte verwendet wird. Zusätzlicher Erhebungs- bzw. Prognoseaufwand ergibt sich, wenn die mit der jeweiligen Marke gekennzeichneten Produkte nicht nur national, sondern international vertrieben werden. Außerdem ist zu beachten, daß eine Verfälschung der Ergebnisse eintritt, wenn nicht von den tatsächlich am Markt, d. h. gegenüber den Endverbrauchern abgesetzten Ein-

91) Vgl. hierzu auch die Ausführungen im Unterabschnitt A.II.1. in diesem Teil.
92) Vgl. die einleitenden Ausführungen im Unterabschnitt B.I.2. in diesem Teil.

heiten ausgegangen wird, sondern die an den Handel verkauften Stückzahlen, welche vergleichsweise einfach festzustellen sind, zugrunde gelegt werden. Da der Konsument als Ausgangpunkt der Markenwertentstehung anzusehen ist,[93] ist ausschlaggebend, wieviele Einheiten gegenüber dem Endverbraucher innerhalb eines bestimmten Zeitraumes abgesetzt wurden bzw. zukünftig abgesetzt werden. Der Absatz der mit der Marke gekennzeichneten Produkte an den Handel stellt hingegen nur eine "Proxi-Variable" dar, da aufgrund der Pufferwirkung der Lagerbildung beim Handel die mengenmäßige Nachfrage der Endverbraucher und die des Handels in der Regel auseinanderfallen.

Zur exakten Berechnung des Wertes einer Marke ist weiterhin notwendig, daß die gegenüber den Endverbrauchern abgesetzten Mengen **einzelner Produktvarianten** ermittelt werden. Aggregierte Größen wie z. B. Marktanteil und Marktvolumen zur Berechnung der Absatzmenge, welche eine Marke innerhalb einer Produktkategorie erzielt, ohne daß auf einzelne Produktvarianten eingegangen wird, erlauben nur eine näherungsweise Berechnung des tatsächlichen Wertes einer Marke, da in der Regel der Marktwert einer Marke für unterschiedliche Produktvarianten - auch innerhalb derselben Produktkategorie - unterschiedlich hoch ist.[94]

Neben der Absatzmenge spielen auch die **durch die Verwendung der Marke induzierten Kosten** eine besondere Rolle. Hierbei handelt es sich um diejenigen Kosten, welche nicht auftreten würden, wenn die Produkte als unmarkierte Waren angeboten werden würden. Zu diesen Kosten zählen daher zunächst diejenigen Aufwendungen, welche aus dem Aufbau und der Geltendmachung der mit einer Marke verbundenen Schutzrechte resultieren. Hierzu gehören Kosten der Anmeldung der Marke bzw. des Warenzeichens beim Patentamt, Kosten der Verlängerung von Schutzrechten sowie Aufwendungen, die durch Verfolgung von Markenrechtsverletzern wie z. B. Markenpiraten entstehen. Ferner müssen Kosten der Produktion von Markenzeichen, Markenemblemen, Etiketten etc. berücksichtigt werden, die beim Angebot von no-name-Ware nicht anfallen würden. Existiert die Marke noch nicht, so können zusätzlich noch (einmalige) Kosten für die Entwicklung eines Markenzeichens sowie Kosten der Markennamensfindung hinzu kommen. Die auf die Marke zurückzuführenden (Gesamt-)Kosten können dabei in fixe (mengenunabhängige) und variable (mengenabhängige) Kosten eingeteilt werden. So ist beispielsweise davon auszugehen, daß diejenigen Kosten, die aus dem Markenschutz resultieren, weitgehend Fixkostencharakter haben, weil oftmals eine eigene innerbe-

93) Vgl. Kapitel A. im 3. Teil.

94) Vgl. hierzu die Ausführungen im vorangegangenen Unterabschnitt B.I.2.ac. sowie die Ergebnisse der empirischen Untersuchung im Unterabschnitt B.II.2.bac. in diesem Teil.

triebliche Stelle oder Abteilung zur Bekämpfung von Markenrechtsverletzungen existiert, während Kosten der Markenzeichenproduktion mengenabhängig sind und daher große variable Kostenbestandteile aufweisen können. Im folgenden wird jeweils davon ausgegangen, daß eine konkrete Kostenfunktion, welche die markenspezifischen Kosten in Abhängigkeit von der produzierten Stückzahl der mit der Marke versehenen Produkte angibt, für jede Periode und für jedes unter der Marke vertriebene Produkt aufgestellt werden kann.

Eine weitere wichtige Größe, welche bei mehrperiodiger Betrachtung bei der Bewertung von Marken ins Kalkül zu ziehen ist, ist der **Kalkulationszinsfuß**. Wesentliche Aufgabe des Kalkulationszinsfußes im Rahmen der Markenbewertung ist es, monetäre Ströme, welche auf die Marke zurückzuführen sind und in unterschiedlichen Perioden anfallen, auf den Zeitpunkt der Bewertung bezogen vergleichbar zu machen. Ferner kann der Kalkulationszinsfuß die Aufgabe übernehmen, eine Vergleichbarkeit zwischen verschiedenen Anlagealternativen herzustellen, um beispielsweise eine Entscheidung hinsichtlich des Kaufs bzw. Verkaufs von Marken bzw. markenführenden Unternehmen herbeizuführen.[95)]

Hinsichtlich der Höhe des anzusetzenden Kalkulationszinsfußes gilt folgendes: Grundsätzlich besteht diesbezüglich in der Literatur keine Einigkeit.[96)] So kann nicht verwundern, daß unterschiedliche Konstruktionen zur Bestimmung eines adäquaten Kalkulationszinsfußes vorgenommen werden. In der Regel wird von einem Basiszinsfuß ausgegangen, dessen Höhe durch Berücksichtigung von Korrekturgrößen adjustiert wird. Als Basiszinsfuß werden in erster Linie der landesübliche Zinsfuß als Durchschnittsrendite verschiedener risikoarmer Kapitalmarktpapiere, der Branchenzinsfuß, die Aktienrendite oder der interne Zinsfuß einer Alternativanlage genannt (vgl. z. B. *Münstermann*, 1970, S. 63 ff.). Insbesondere der landesübliche Zinsfuß sowie der interne Zinsfuß haben weite Verbreitung gefunden (vgl. z. B. *Ballwieser*, 1981; *Jaensch*, 1966, S. 26 ff.); während der landesübliche Zinsfuß überwiegend in der Bewertungspraxis Verwendung findet, greift die Theorie der entscheidungsorientierten Bewertung von Vermögensgegenständen auf den internen Zinsfuß zurück. Als Korrekturgrößen sind in erster Linie Risikozuschläge zum bzw. Geldentwertungsabschläge vom Basiszinsfuß zu berücksichtigen;[97)] bei international angebotenen Marken sind diese landesspezifisch differenziert zu gestalten. Von be-

95) Vgl. hierzu Unterabschnitt A.II.2.a. in diesem Teil.

96) Die - oft kontrovers geführte - Diskussion über den jeweils anzusetzenden Kalkulationszinsfuß, insbesondere bei Fragen der Unternehmensbewertung, nimmt im Schrifttum bereits seit längerer Zeit breiten Raum ein; vgl. hierzu z. B. *Ballwieser*, 1981; *Jaeckel*, 1988 sowie die Aufzählung von Abhandlungen bei *Jaensch*, 1966, S. 27.

97) Vgl. hierzu insbesondere *Ballwieser*, 1981.

sonderer Bedeutung ist in diesem Zusammenhang die Tatsache, daß im Rahmen der Markenbewertung je nach Bewertungszweck sowohl vergangenheits- als auch zukunftsorientierte Modellvarianten zur Bewertung von Marken herangezogen werden können. Bei vergangenheitsorientierten Ansätzen besteht gegenüber dem Kalkulationszinsfuß zwar **Einwertigkeit** aufgrund der Sicherheitssituation, wegen der vielfachen Konstruktionsmöglichkeiten des Zinsfußes jedoch keine **Eindeutigkeit**. Hieraus kann sich ein Wahl- bzw. Verhandlungsproblem ergeben, da die Interessen der an der Markenbewertung Beteiligten - z. B. dem geschädigten Markeninhaber und dem Markenrechtsverletzer bei der Bemessung der Schadensersatzforderung[98] oder bei der Feststellung einer angemessenen Lizenzgebühr im Rahmen der Lizenzierung einer Marke[99] - in der Regel divergieren. Bei zukunftsorientierten Modellansätzen besteht hingegen zusätzlich das Problem der Unsicherheit, so daß im Prinzip von einer Mehrwertigkeit des Kalkulationszinsfußes ausgegangen werden muß.[100] Oft wird diese Situation allerdings durch eine - der Einfachheit halber unterstellte - Sicherheitssituation ersetzt, oder es wird ein "repräsentativer" Kalkulationszinsfuß, welcher für alle Perioden gelten soll, unterstellt.[101] Daß die Wahl des Kalkulationszinsfußes - unabhängig davon, ob eine Zukunfts- oder Vergangenheitsorientierung zu erfolgen hat - sorgfältig vorgenommen werden sollte, zeigt *Tabelle 4.2*. In *Tabelle 4.2* wird von einem durchschnittlich aus der Marke resultierenden Gewinn von 1.000.000 DM pro Periode ausgegangen. Die Wertdifferenz für den Wert der Marke beträgt dann bei einem Kalkulationszinsfuß von 4 % gegenüber einem Kalkulationszinsfuß von 10 % nach 30 Perioden bereits 7.865.119 DM.

Als letzte relevante Input-Größe für die Modelle der Markenbewertung ist der jeweils **zu berücksichtigende Zeitraum** festzulegen. Hier ergeben sich wenig Handlungsspielräume, da die Bestimmung der Anzahl der Perioden ausschließlich vom Zweck der Bewertung abhängt und somit von der Interessenlage des Bewertenden bestimmt wird; für vorgegebene Zwecke ist somit der einzubeziehende Zeitraum weitgehend vorbestimmt. Für die im Rahmen dieser Arbeit dargestellten Zwecke der Markenbewertung wurde der jeweils anzusetzende Zeitraum konkret angegeben.[102]

98) Vgl. hierzu Abschnitt B.IV. im 3. Teil und Unterabschnitt A.II.2.d. in diesem Teil.
99) Vgl. hierzu Abschnitt B.V. im 3. Teil und Unterabschnitt A.II.2.e. in diesem Teil.
100) Zur Generierung eines mehrwertigen Kalkulationszinsfußes vgl. auch *Bretzke*, 1975, S. 91 ff.
101) *Jaeckel* (1988) zeigt allerdings, daß für zukunftsorientierte Modellansätze auch die Verwendung des - sicheren - Basiszinsfußes am Bewertungsstichtag sinnvoll sein kann.
102) Vgl. Unterabschnitt A.II.2. in diesem Teil.

Kalkulations-zinsfuß (in Prozent)	Perioden					
	5	10	15	20	25	30
2	4.713.459,5	8.982.585,0	12.849.263,5	16.351.433,3	19.523.456,5	22.396.455,6
4	4.451.822,3	8.110.895,8	11.118.387,4	13.590.326,3	15.662.079,9	17.292.033,3
6	4.212.363,8	7.360.087,1	9.712.249,0	11.469.921,2	12.783.356,2	13.764.831,2
8	3.992.710,0	6.710.081,4	8.559.478,7	9.818.147,4	10.674.776,2	11.257.783,3
10	3.790.786,8	6.144.567,1	7.606.079,5	8.513.563,7	9.077.040,0	9.426.914,5
12	3.604.776,2	5.650.223,0	6.810.864,5	7.469.443,6	7.843.139,1	8.055.184,0

Tab. 4.2: Der Wert einer Marke in Abhängigkeit vom Kalkulationszinsfuß und vom berücksichtigten Zeitraum

c. Prognoseverfahren zur Bestimmung der Input-Daten bei zukunftsorientierten Modellvarianten

Sieht der Zweck der Bewertung von Marken eine zukunftsorientierte Sichtweise vor, so ist eine Prognose der zukünftigen Ausprägungen der Modellvariablen vorzunehmen. Unter einer **Prognose** kann "eine aus einem Modell der Realität abgeleitete überprüfbare Aussage über ein zukünftiges Ereignis oder eine zukünftige Folge von Ereignissen" (*Bretzke*, 1975, S. 118) verstanden werden.

Prognosen lassen sich nach einer Vielzahl von Kriterien systematisieren. So kann beispielsweise nach dem Zeitraum, auf den sich die Prognose bezieht, zwischen kurz-, mittel- und langfristigen Prognosen, nach dem Gegenstand der Prognose zwischen wirtschaftlichen und technologischen Prognosen, nach der Art der unabhängigen Variable zwischen Wirkungs- und Entwicklungsprognosen, nach der Konditionalität zwischen bedingten und unbedingten Prognosen sowie nach dem Grad der Bestimmtheit in klassifikatorische, komparative und quantitative Prognosen unterschieden werden (vgl. z. B. *Berndt*, 1992a, S. 190 ff.; *Bretzke*, 1975, S. 118 ff.). Hinsichtlich der Bewertung von Marken im Rahmen dieser Arbeit sind ausschließlich quantitative Prognosen, welche die Bestimmung konkreter zukünftiger Ausprägungen der Modellvariablen implizieren, von Bedeutung. Je nach Bewertungszweck sind dabei unterschiedliche Prognosezeiträume zu berücksichtigen. Auch hängt vom Bewertungszweck ab, ob Wirkungs- oder Entwicklungsprognosen vorzunehmen sind; während beim Kauf oder Verkauf von Marken Entwicklungsprognosen von Bedeutung sind, sind für den Zweck der Markenführung (und -kontrolle) Wirkungsprognosen hinsichtlich des Einflusses der Marketing-Instrumente auf die Modellvariablen vorzunehmen. Ob jeweils bedingte oder unbedingte Prognosen anzustellen sind und ob die zukünftige Entwicklung in anderen - außerwirtschaftlichen - Bereichen wie z. B. dem Technologiesektor oder der Politik bzw. Gesetzgebung bei der Bewertung von Marken zu berücksichtigen ist, hängt vom konkreten Einzelfall ab.

Zur Ermittlung konkreter zukünftiger Ausprägungen der Modellvariablen stehen verschiedene Arten von **Prognoseverfahren** zur Verfügung, welche sich wiederum nach verschiedenen Gliederungskriterien einordnen lassen (vgl. z. B. *Hammann/Erichson*, 1990, S. 297 f.; *Berndt*, 1992a, S. 191 f.). Eine wesentliche Einteilung der Prognoseverfahren besteht in der Unterscheidung zwischen quantitativen (mathematischen, statistischen) und qualitativen (subjektiven, heuristischen) Verfahren. Bedeutende **quantitative** Verfahren sind beispielsweise die exponentielle Glättung, Verfahren auf Basis (gewogener) gleitender

Durchschnitte, das arithmetische Mittel, Prognosen mittels des Box/Jenkins-Verfahrens oder auf Basis von Wachstumsfunktionen, Trendextrapolationen mit Hilfe der Methode der kleinsten Quadrate sowie Prognosen anhand ökonometrischer Modelle; wesentliche **qualitative** Verfahren bestehen in der Auswertung von Konsumenten-, Experten- und Außendienstmitarbeiterbefragungen, der Indikator-Methode sowie der Szenario-Technik und der Cross-Impact-Analyse.[103)]

Um zu entscheiden, welches konkrete Verfahren letztlich verwendet werden soll, kann eine Vielzahl von Entscheidungskriterien herangezogen werden; diese Kriterien sind aus den mit der Prognose und ihrer Durchführung verbundenen Zielen abzuleiten. Denkbare Kriterien sind beispielsweise
- die mit dem Einsatz der einzelnen Verfahren verbundenen Kosten,
- die Reliabilität und Validität der Verfahren,
- das notwendige Ausmaß an computermäßiger Unterstützung zur Berechnung der Prognosewerte,
- die Komplexität bzw. Benutzerfreundlichkeit anzuwendender EDV-Programme,
- der notwendige Umfang der Datenbasis,
- die (vermutete) Schätzgenauigkeit der Verfahren für die vorgegebene Prognoseaufgabe sowie
- der mit der Durchführung der Prognose verbundene Zeitaufwand.

Von besonderer Bedeutung für eine möglichst exakte Bewertung von Marken ist naturgemäß die Schätzgenauigkeit der Verfahren; sie kann anhand von Fehlermaßen im Rahmen von ex-post-Prognosen festgestellt werden (vgl. z. B. *Hüttner*, 1986, S. 257 ff.). Eine Verbesserung der Schätzgenauigkeit kann durch die Kombination verschiedender Prognoseverfahren erreicht werden (vgl. z. B. *Hüttner*, 1986, S. 286 ff.).

Sind mehrere Entscheidungskriterien bei der Auswahl eines Verfahrens von Bedeutung, so können wiederum wie bei der Entscheidung über die im Rahmen der Abgrenzung des relevanten Marktes oder bei der Aufdeckung relevanter Produkteigenschaften einzusetzenden Verfahren die einschlägigen Mo-

103) Auf eine nähere formale und inhaltliche Darstellung der einzelnen Verfahren kann an dieser Stelle verzichtet werden, da die genannten Verfahren weite Verbreitung in der einschlägigen Literatur gefunden haben und dort bereits ausführlich diskutiert worden sind; vgl. hierzu z. B. *Hüttner*, 1986; *Hüttner*, 1989; *Meffert/Steffenhagen*, 1977; *Hammann/Erichson*, 1990; S. 298 ff.; *Brockhoff*, 1987; *Berndt*, 1992a, S. 193 ff.; *Berndt*, 1991, S. 36 ff.; *Makridakis/Wheelwright*, 1989 sowie die dort jeweils angegebene Literatur. Um Verwechslungen vorzubeugen, wird darauf hingewiesen, daß mit qualitativen Verfahren natürlich quantitative Prognosen möglich sind.

delle zur Entscheidungsfindung bei mehrfacher Zielsetzung herangezogen werden.[104] Im Falle der Kombination von Prognoseverfahren verlagert sich das Problem von der Auswahl eines konkreten Verfahrens auf die adäquate Verknüpfung und Gewichtung der Prognoseergebnisse mehrerer Verfahren.

Relevant hinsichtlich der Berechnung des konkreten Wertes einer Marke ist die Unterscheidung zwischen einwertigen Prognosen und mehrwertigen Aussagen (Wahrscheinlichkeiten) über das Eintreten bestimmter Umweltzustände in der Zukunft.[105] Einwertige Prognosen stellen Punktschätzungen der zukünftigen Ausprägung einer zu prognostizierenden Variable dar. Im Falle mehrwertiger Aussagen ist zwischen **objektiven** und **subjektiven Wahrscheinlichkeiten** zu unterscheiden, wobei die objektiven Wahrscheinlichkeiten in logische Wahrscheinlichkeiten und in Wahrscheinlichkeiten als Grenzwerte relativer Häufigkeiten unterteilt werden können (vgl. z. B. *Pfohl*, 1977, S. 24 ff.). Die **logische Wahrscheinlichkeit** entspricht dem klassischen Wahrscheinlichkeitsbegriff, welcher die Wahrscheinlichkeit eines Ereignisses als das Verhältnis der Anzahl der in diesem Ereignis enthaltenen gleich möglichen Elementarereignisse zur Gesamtzahl aller gleich möglichen Elementarereignisse definiert; Elementarereignisse stellen dabei nicht weiter zerlegbare, sich gegenseitig ausschließende Ereignisse dar. Voraussetzung für die Verwendung dieses Wahrscheinlichkeitsbegriffs ist die Gleichwahrscheinlichkeit des Auftretens der Elementarereignisse.

Wahrscheinlichkeiten als Grenzwerte relativer Häufigkeiten lassen sich ermitteln, wenn ein Zufallsexperiment unter gleichbleibenden Bedingungen häufig wiederholt wird; die relative Häufigkeit des Auftretens eines Ereignisses konvergiert dann auf einen bestimmten Grenzwert hin. Da in der betrieblichen Realität jedoch weder von einer Gleichwahrscheinlichkeit des Auftretens von Elementarereignissen, noch von gleichbleibenden Rahmenbedingungen, unter denen ein Zufallsexperiment mehrfach durchgeführt werden könnte, ausgegangen werden kann, sind objektive Wahrscheinlichkeiten für die hier interessierenden Zwecke nicht von Bedeutung. Im Rahmen der Markenbewertung sind damit allein subjektive Meinungen über die Glaubwürdigkeit des Eintretens unsicherer Ereignisse relevant. Hierbei handelt es sich um personengebundene Wahrscheinlichkeitsurteile, die auf Erfahrung, Intuition oder Überzeugungen beruhen. Im Gegensatz zu objektiven Wahrscheinlichkeiten ist die personengebundene Zuordnung von Wahrscheinlichkeiten zu bestimmten Ereignissen intersubjektiv nicht überprüfbar.

104) Vgl. die Unterabschnitte B.I.2.aa. und B.I.2.ab. in diesem Teil.
105) Zur Berechnung des Wertes einer Marke vgl. auch die Ausführungen im folgenden Unterabschnitt B.I.3.

Zur Ermittlung derartiger subjektiver Wahrscheinlichkeitsurteile existiert eine Reihe von Verfahren, welche sich insbesondere in direkte und indirekte Verfahren einteilen lassen. Während bei **direkten** Verfahren eine Person direkt nach den Eintrittswahrscheinlichkeiten möglicher Ereignisse gefragt wird, wird bei den **indirekten** Methoden der Befragte vor eine mehrwertige Entscheidungssituation gestellt; von seinem Entscheidungsverhalten wird dann auf die Wahrscheinlichkeitsurteile bezüglich des Eintretens zukünftiger Ereignisse geschlossen.[106)] Sind die Wahrscheinlichkeitsurteile mit Hilfe eines dieser Verfahren ermittelt worden, so sind sie in die Berechnung des Wertes einer Marke miteinzubeziehen.[107)] Auf diese Weise kann der Unsicherheit im Rahmen der Ermittlung des Wertes einer Marke bei zukunftsorientierter Betrachtung adäquat Rechnung getragen werden.

3. Berechnung des Markenwerts und Interpretation der Ergebnisse

Hinsichtlich der konkreten Berechnung des Wertes einer Marke ist zunächst zu unterscheiden, ob vergangenheits- oder zukunftsorientierte Modellvarianten vorliegen. Von besonderer Bedeutung ist dabei die weitere Unterscheidung bei den zukunftsorientierten Ansätzen, ob auf einwertige (Punkt-) Prognosen zurückgegriffen wird, oder ob versucht wird, den Wert einer Marke auf Basis von mehrwertigen Prognosen zu erfassen.

Die Ermittlung des Wertes einer Marke bei **vergangenheitsorientierten** Modellansätzen stellt kein besonderes Problem dar, da die Inputvariablen einwertig sind und eine Sicherheitssituation vorliegt.[108)] Anhand der durch die einzelnen Modellvarianten vorgegebenen Verknüpfungsregeln für die Input-Daten läßt sich der Wert der Marke ohne besonderen Aufwand ermitteln.[109)] Da die Input-Daten einwertig und sicher sind, resultiert auch eine einwertige und sichere Aussage über den Wert der Marke, also ein Punktwert. Dieser Punktwert stellt eine eindeutige Aussage über den innerhalb des betrachteten Zeitraums auf die Marke als Markenzeichen zurückzuführenden Gewinn dar.

---

106) Diese Verfahren sind in der einschlägigen Literatur ausführlich erläutert und diskutiert worden und müssen daher hier nicht wiederholt vorgestellt werden; vgl. hierzu z. B. *Hampton/Moore/Thomas*, 1973; *Schütt*, 1976, S. 7 ff.; *Berndt*, 1983; S. 35 ff.; *Cole*, 1970; *Huber*, 1974, S. 433 ff.; *Uebele*, 1980, S. 465 ff.

107) Vgl. hierzu die Ausführungen im folgenden Unterabschnitt B.I.3.

108) Auf das Problem der Einwertigkeit, aber Mehrdeutigkeit des Kalkulationszinsfußes bei vergangenheitsorientierten Modellvarianten wurde bereits im Unterabschnitt B.I.2.b. hingewiesen.

109) Vgl. *Tabelle 4.1* im Unterabschnitt A.II.1. bzw. die spezifischen Modellvarianten für die dargestellten Bewertungszwecke im Unterabschnitt A.II.2. in diesem Teil.

Liegen **einwertige Prognosen** der Modellvariablen als Input-Daten vor, so ändert sich hinsichtlich der Berechnung des Wertes einer Marke gegenüber vergangenheitsorientierten Ansätzen prinzipiell nichts; in beiden Fällen handelt es sich um einwertiges Datenmaterial, welches in analoger Weise in die entsprechenden Modellvarianten einzusetzen ist. Lediglich hinsichtlich der Qualität des Datenmaterials ist zu beachten, daß die Modellvariablen bei zukunftsorientierter Betrachtung im Gegensatz zu den Ausprägungen der Modellvariablen bei vergangenheitsorientierten Ansätzen grundsätzlich unsicher sind, da es sich um erwartete Größen handelt.

Liegen **mehrwertige Prognosen** für die Ausprägungen der Modellvariablen vor, so gestaltet sich die Berechnung des Wertes einer Marke aufwendiger. Möglich ist auch in diesem Fall eine Rückführung mehrwertiger Prognosen auf einwertige Vorhersagen, z. B. mittels des Erwartungswertkriteriums; hierdurch wird jedoch die Qualität des vorhandenen Prognosematerials nicht voll ausgeschöpft. Wird daher die Rückführung mehrwertiger Aussagen auf einwertige Prognosen unterlassen, so kann das Spektrum möglicher Markenwerte als Ergebnis der Vielzahl denkbarer Entwicklungen der einzelnen Modellvariablen explizit aufgezeigt werden; der Unsicherheit wird hier also in besonderer Weise Rechnung getragen.

Als geeignetes Instrument zur Ermittlung denkbarer Ausprägungen des Markenwerts unter Unsicherheit bietet sich in diesem Zusammenhang die **Risikoanalyse** an.[110] Bei der Risikoanalyse handelt es sich um einen Oberbegriff für Verfahren, mit deren Hilfe die Wahrscheinlichkeitsverteilung einer Zielgröße - hier der Wert einer Marke - ermittelt werden kann; dabei wird von zufallsabhängigen Inputvariablen ausgegangen. Folgende drei Verfahren stehen zur Verfügung (vgl. *Berndt*, 1992b, S. 64):

- die Vollenumeration,
- das analytisches Verfahren sowie
- die Monte-Carlo-Simulation.

Bei der **Vollenumeration** werden sämtliche denkbaren Kombinationen der Inputvariablen ermittelt und die aus den einzelnen Kombinationen jeweils resultierende Zielgröße errechnet; unter Berücksichtigung der zu den jeweiligen Kombinationen zugehörigen Wahrscheinlichkeiten wird dann die Wahrscheinlichkeitsverteilung der Zielgröße aufgestellt. Bei dem **analytischen Verfahren** hingegen wird mit Hilfe wahrscheinlichkeitstheoretischer Zusammenhänge die Verteilung der Zielgröße hergeleitet (vgl. z. B. *Blohm/Lüder*, 1991, S. 254 ff.).

110) Zu einer umfassenden inhaltlichen Darstellung der Risikoanalyse vgl. z. B. *Hertz*, 1964; *Köhler/Uebele*, 1983.

Auf analytischem Wege kann so der Bereich bestimmt werden, innerhalb dessen die Zielgröße mit einer Wahrscheinlichkeit von 99,73% liegt; dabei wird von einer Normalverteilung der Zielgröße ausgegangen.

Beide Verfahren sind mit spezifischen Nachteilen behaftet: So ist die Vollenumeration auf diskrete Wahrscheinlichkeitsverteilungen der Input-Daten beschränkt; ferner ist dieses Verfahren mit einem großen Schätzaufwand verbunden, da die Anzahl möglicher Kombinationen der Modellvariablen selbst bei nur wenigen Entwicklungsmöglichkeiten pro Variable und Betrachtung eines überschaubaren Zeitraumes bereits sehr groß ist.[111)] Stark anwachsender Schätz- und Rechenaufwand ist auch bei der analytischen Risikoanalyse gegeben, wenn eine weitgehend realistische Formulierung des zugrunde liegenden Modells erfolgt. Außerdem beinhaltet die analytische Risikoanalyse vergleichsweise restriktive Prämissen wie die Normalverteilung der Zielgröße sowie die stochastische Unabhängigkeit bzw. die vollständige Korreliertheit der Variablen einzelner Perioden (vgl. *Blohm/Lüder*, 1991, S. 254 f.).

Als Alternativlösung bietet sich daher die **Monte-Carlo-Simulation** an, mit deren Hilfe das Spektrum möglicher Markenwerte approximativ ermittelt werden kann. Bei diesem Verfahren werden Zufallsprozesse nachgeahmt, indem eine zufällige Auswahl der stochastischen Input-Größen erfolgt, welche bestimmten, vorzugebenen statistischen Verteilungen unterliegen. Durch Einsetzen der in den einzelnen Iterationen jeweils gezogenen Ausprägungen der Modellvariablen in das zugrunde liegende Modell erhält man dann - unter Berücksichtigung möglicher deterministischer Modellvariablen - die Häufigkeitsverteilung der Zielgröße.

Die Funktionsweise der Monte-Carlo-Simulation im Rahmen der Bewertung von Marken kann wie folgt dargestellt werden (vgl. *Abbildung 4.6*): Nach der Auswahl der zweckadäquaten (zukunftsorientierten) Modellvariante zur Bestimmung des Wertes von Marken wird eine Einteilung der Modellvariablen in sichere und unsichere Einflußgrößen vorgenommen. Diese Einteilung ist notwendig, da einerseits auch bei zukunftsorientierten Modellvarianten deterministisch festgelegte Ausprägungen der Modellvariablen auftreten können,[112)] andererseits der Einfachheit halber oftmals unsichere Variablen wie sichere

111) So ergeben sich beispielsweise bei Zugrundelegung eines Zeitraumes von 10 Perioden und mehrwertiger Formulierung von nur einer Modellvariablen, für die vier Entwicklungsmöglichkeiten pro Periode für möglich gehalten werden, bereits 4^{10} = 1.048.576 mögliche Modellergebnisse.

112) Zu denken ist hier beispielsweise an Produktpreise oder Absatzmengen, die im Rahmen mittel- bis langfristiger Verträge eindeutig vorgegeben sind.

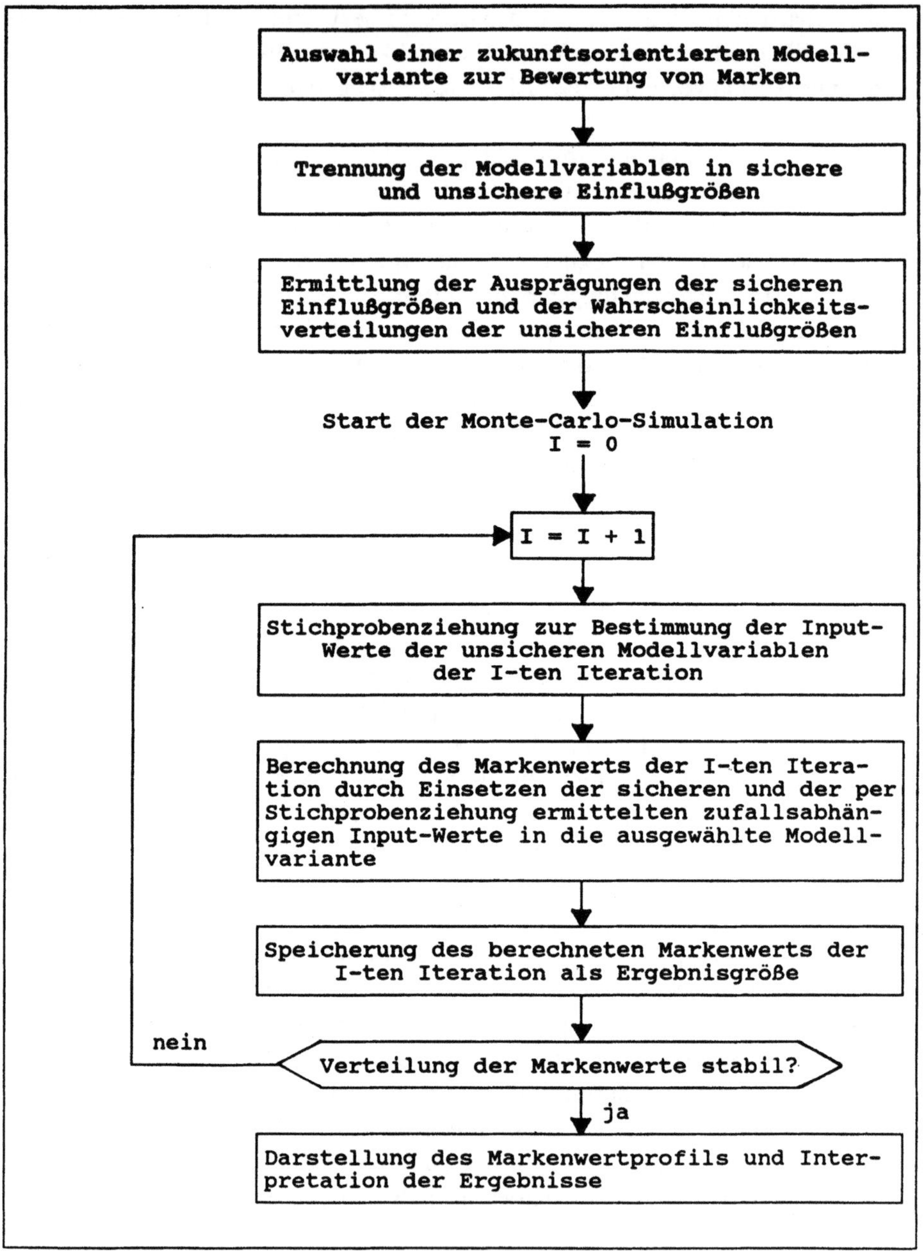

Abb. 4.6: Die Monte-Carlo-Simulation als Instrument zur Generierung von Markenwertprofilen bei Unsicherheit

Variablen behandelt werden. Die Behandlung von unsicheren Variablen wie sichere Einflußgrößen ist dann vertretbar,

- wenn die Bedeutung der Variablen für das Ergebnis, d. h. den Markenwert, gering ist, unterschiedliche Ausprägungen der Variablen also den Markenwert kaum verändern,
- wenn die Streuung der betreffenden Variablen als gering anzusehen ist, oder
- wenn nicht genügend Informationen über die betreffenden Variablen vorhanden sind, die eine mehrwertige Formulierung der jeweiligen Variablen mit zugehörigen Wahrscheinlichkeiten erlauben, und zusätzliche Informationen nur unter nicht vertretbarem Aufwand beschafft werden können.

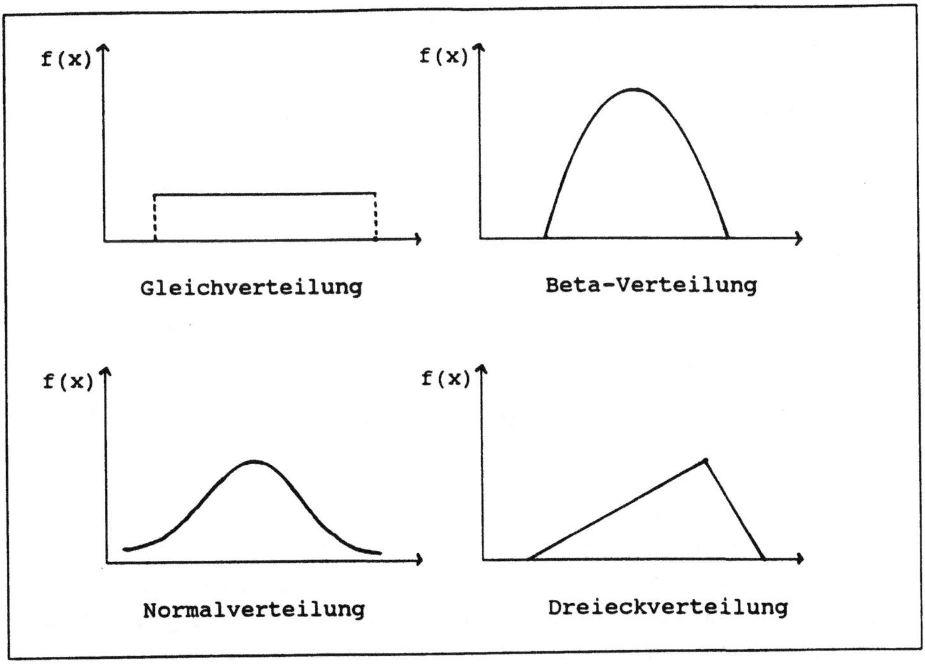

Abb. 4.7: Beispielhafte Dichtefunktionen für unsichere Modellvariablen im Rahmen der Monte-Carlo-Simulation

Ferner ist zu unterscheiden, ob die unsicheren Modellvariablen als unabhängig voneinander angesehen werden können oder nicht. Zu unterscheiden ist hier zwischen der Abhängigkeit bzw. Unabhängigkeit der Modellvariablen **innerhalb** einer Periode und **zwischen** aufeinanderfolgenden Perioden. Ist keine Unabhängigkeit gegeben, so sind bedingte Wahrscheinlichkeiten bzw. Wahrscheinlichkeitsverteilungen zu schätzen. Die jeweiligen - bedingten oder unbedingten - Wahrscheinlichkeitsverteilungen können diskret oder stetig sein. Denkbare Wahrscheinlichkeitsverteilungen für unsichere Modellvariablen im Rahmen der Monte-Carlo-Simulation zeigt *Abbildung 4.7.* Die konkrete Ausprägung einer unsicheren Modellvariablen wird dann durch Ziehung einer Zufallszahl festgelegt. Die Vorgehensweise im diskreten und im stetigen Fall zeigt *Abbildung 4.8.*

mögliche Werte einer stochastischen Inputgröße (Absatzmenge)	zugehörige Wahrscheinlichkeiten	kumulierte Wahrscheinlichkeiten	Zufallszahlenintervall
10	0,1	0,1	1 - 10
20	0,2	0,3	11 - 30
30	0,3	0,6	31 - 60
45	0,25	0,85	61 - 85
50	0,15	1,0	86 - 100

Bsp.: Zufallszahl = 41
⟶ zugehöriger Wert der Inputgröße = 30

Diskreter Fall

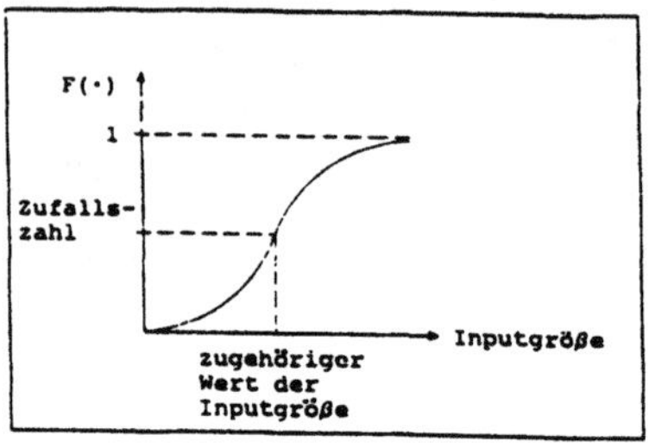

Stetiger Fall
mit F(·)= Verteilungsfunktion der stochastischen Input-Größe

Quelle: *Berndt*, 1992b, S. 66.

Abb. 4.8: Die Bestimmung der Ausprägung einer stochastischen Input-Größe im Rahmen der Monte-Carlo-Simulation

Sind alle Ausprägungen der Modellvariablen einer Iteration bestimmt, wird anhand der durch die ausgewählte Modellvariante vorgegebene Verknüpfungsregel für die Modellvariablen der Markenwert berechnet und gespeichert. Es werden dann soviele Iterationen vorgenommen, bis sich die resultierende Verteilung der Markenwerte stabilisiert hat. Als Maß für die Stabilität dieser Verteilung kann beispielsweise der Variationskoeffizient herangezogen werden.[113] Ändert sich der Wert des Variationskoeffizienten kaum mehr, so ist die Simulation abzubrechen.

113) Der Variationskoeffizient ist definiert als das Verhältnis der Standardabweichung einer Größe zum arithmetischen Mittel dieser Größe (vgl. z. B. *Hartung*, 1986, S. 47).

Als Ergebnis erhält man eine (Quasi-)Dichtefunktion des Markenwerts.[114)] Diese Dichtefunktion gibt an, mit welcher Wahrscheinlichkeit alternative Ausprägungen des Markenwerts auftreten. Um die Aussagefähigkeit der Ergebnisse zu erhöhen, bietet es sich an, Klassen für die Markenwerte zu bilden, da die Wahrscheinlichkeit, daß ein bestimmter Markenwert mehrmals auftritt, sehr gering bzw. nahezu Null ist. Die Darstellung der Ergebnisse kann dann anhand eines Histogramms vorgenommen werden.[115)] In einem Histogramm repräsentieren die Flächen für die Klassen die relativen Häufigkeiten der in die jeweilige Klasse eingeordneten Markenwerte. Diese relativen Häufigkeiten streben im Rahmen der Simulation einem bestimmten Grenzwert zu und können daher als Wahrscheinlichkeiten interpretiert werden.

Der Aussagewert der Dichtefunktion bzw. des Histogramms kann weiter erhöht werden, wenn statt dieser Häufigkeitsverteilungen die Verteilungsfunktion oder die Komplementärfunktion des Markenwerts herangezogen werden. Die Verteilungsfunktion (Komplementärfunktion) des Markenwerts an der Stelle x gibt die Wahrscheinlichkeit an, daß der resultierende Markenwert kleiner oder gleich (größer oder gleich) diesem Wert x ist. Verteilungs- und Komplementärfunktion können als **Markenwertprofile** bezeichnet werden, wobei die Verteilungsfunktion ein Risikoprofil, die Komplementärfunktion hingegen ein Chancenprofil darstellt (vgl. *Berndt*, 1992b, S. 67 f.). Werden Klassen für die Markenwerte gebildet, so ist zudem festzulegen, ob von der Klassenmitte oder den Klassenendpunkten bei der Bestimmung von Verteilungs- und Komplementärfunktion auszugehen ist (vgl. auch *Hartung*, 1986, S. 28 ff.).

Eine beispielhafte Dichtefunktion sowie zugehörige Verteilungs- und Komplementärfunktion des Wertes einer Marke für den Fall ohne Klassenbildung zeigt *Abbildung 4.9*, der Fall mit Klassenbildung ist in *Abbildung 4.10* dargestellt; in letzterem Fall wurde dabei die Klassenmitte als Ausgangspunkt für die Verteilungs- und Komplementärfunktion gewählt.

---

114) Unter einer Quasi-Dichtefunktion versteht man Häufigkeitsverteilungen, die optisch kontinuierlich sind, im strengen analytischen Sinne jedoch keine Dichtefunktion darstellen (vgl. *Köhler/Uebele*, 1983, S. 124).

115) Zur grafischen Darstellung von klassiertem Datenmaterial vgl. z. B. *Hartung*, 1986, S. 27 ff.

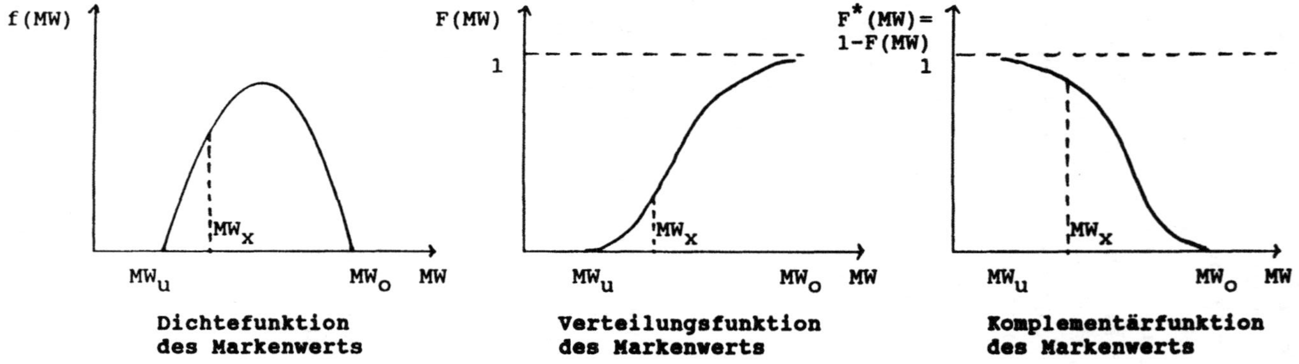

mit: MW : Markenwert

MW_u : kleinster realisierter Wert einer Marke

MW_o : größter realisierter Wert einer Marke

Abb. 4.9: Dichte-, Verteilungs- und Komplementärfunktion des Wertes einer Marke ohne Klassenbildung

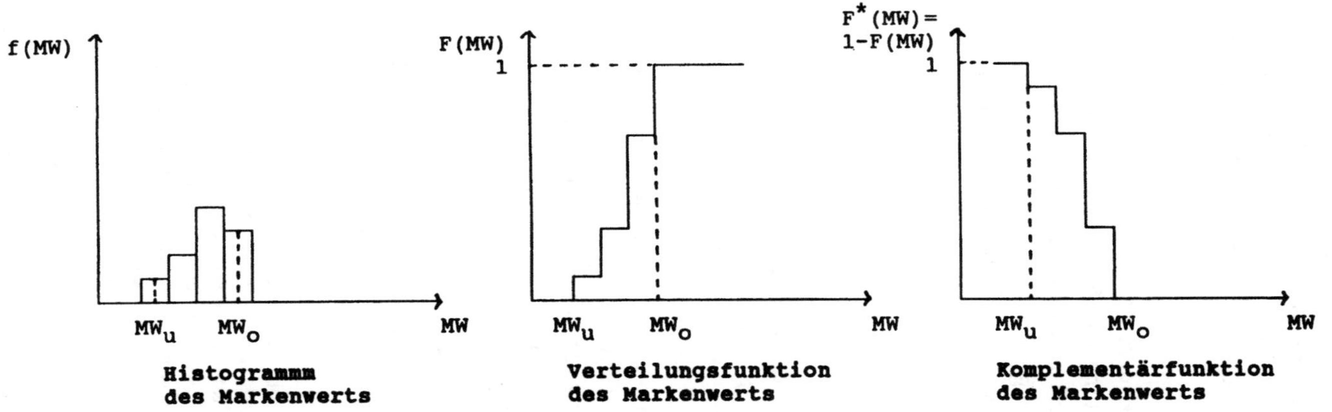

mit: MW : Markenwert

MW_u : Klassenmitte der Klasse mit den kleinsten realisierten Markenwerten

MW_o : Klassenmitte der Klasse mit den größten realisierten Markenwerten

Abb. 4.10: Histogramm, Verteilungs- und Komplementärfunktion des Wertes einer Marke bei Klassenbildung

Sind die Dichtefunktion bzw. das Histogramm und die Verteilungs- bzw. Komplementärfunktionen ermittelt, so können bestimmte Kriterien zur Interpretation dieser Funktionen herangezogen werden. Hierzu zählen z. B. die Schiefe einer Verteilung sowie Kennzahlen wie Erwartungswert, Streuung und das Erreichen bestimmter "kritischer" Ergebniswerte (vgl. *Köhler/Uebele*, 1983, S. 124).

Im folgenden soll anhand eines konkreten Beispiels die Anwendung der Monte-Carlo-Simulation zur Bewertung von Marken verdeutlicht werden.[116)] Ausgegangen wird von einer national vertriebenen Einzelmarke, für die eine zukunftsorientierte Bewertung durchgeführt werden soll, beispielsweise um über Kauf bzw. Verkauf dieser Marke zu entscheiden; es gilt in diesem Fall also folgendes Modell:[117)]

$$(4.53)\quad \tilde{MW} = \sum_{t=1}^{\tilde{T}} [\tilde{p}_M{}^t \cdot \tilde{x}^t - \tilde{K}_M{}^t(\tilde{x}^t)](1+\tilde{i}^t)^{-t} \ .$$

Bei diskreter Betrachtungsweise kann die Darstellung der Entwicklung der unsicheren Variablen von Modell (4.53) im Zeitablauf anhand eines **Zustandsbaumes** erfolgen. Geht man von drei möglichen zukünftigen Entwicklungen - beispielsweise einer pessimistischen, einer wahrscheinlichen oder normalen und einer optimistischen Entwicklung - aus, so ergibt sich der in *Abbildung 4.11* gezeigte Zustandsbaum.[118)] Aus der Entwicklung des Produktpreises läßt sich der zugehörige hedonische Preis bzw. der Marktwert der Marke berechnen. Ferner beeinflußt der Preis die Absatzentwicklung, weshalb für die Absatzentwicklung eine bedingte Schätzung abzugeben ist bzw. bedingte Wahrscheinlichkeiten zu formulieren sind. Die Absatzentwicklung wiederum bestimmt die auf die Verwendung der Marke zurückzuführenden Kosten. Durch Einbezug des Kalkulationszinsfußes und Ausdehnung der Betrachtung auf den gesamten Zeithorizont T kann schließlich der Wert der Marke mittels (4.53) genau

116) Es wird darauf hingewiesen, daß die folgenden Ausführungen lediglich eine von vielen denkbaren Vorgehensweisen der Anwendung der Monte-Carlo-Simulation zur Feststellung des Wertes von Marken darstellen. Individuelle Anpassungen oder Abänderungen der vorgeschlagenen Modellstruktur sind ohne weiteres möglich. Welche Vorgehensweise bzw. Modellstruktur letztlich gewählt wird, hängt vom konkreten praktischen Fall ab. Die folgenden Ausführungen sollen daher in erster Linie Anregungen für die Einbindung der Monte-Carlo-Simulation in die Bewertung von Marken vermitteln.

117) Vgl. Unterabschnitt A.II.2.a. in diesem Teil. Eine empirische Anwendung dieses Modells unter Berücksichtigung der Monte-Carlo-Simulation findet sich im Unterabschnitt B.II.2.c. in diesem Teil.

118) Sofern die vorhandenen Informationen ausreichen bzw. eine differenziertere Betrachtungsweise notwendig erscheint, kann die Anzahl denkbarer Entwicklungen natürlich (beliebig) erhöht werden.

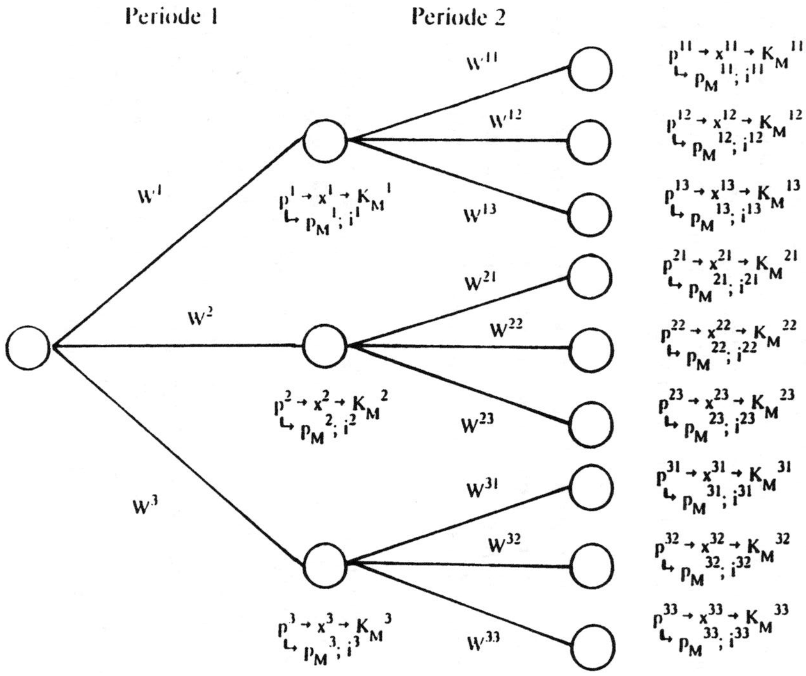

mit:
- W : Wahrscheinlichkeit des Eintretens eines bestimmten Umweltzustandes
- x : Absatzmenge des betrachteten Markenprodukts
- p : Preis des betrachteten Markenprodukts
- p_M: hedonischer Preis bzw. Marktwert der Marke
- K_M: auf die Verwendung der Marke zurückzuführende Kosten
- i : Kalkulationszinsfuß
- 1 : optimistische Entwicklung
- 2 : wahrscheinliche bzw. normale Entwicklung
- 3 : pessimistische Entwicklung

Lesebeispiel: x^{31} = Absatzmenge in der zweiten Periode bei optimistischer Entwicklung in dieser Periode, wenn in der ersten Periode eine pessimistische Entwicklung vorherrschte

Abb. 4.11: Zweiperiodiger Zustandsbaum für die Ermittlung des Wertes einer Marke

bestimmt werden; die konkrete Ausprägung der (Zufalls-)Variablen T bestimmt dabei die Größe des Zustandsbaumes.[119)]

Zu beachten ist, daß der hedonische Preis bzw. der Marktwert der Marke für jede Periode und für jede denkbare Entwicklung des Produktpreises mit Hilfe der hedonischen Theorie berechnet werden muß.[120)] Da zur Berechnung des hedonischen Preises der Marke auf einzelne Produktpreise zurückgegriffen werden muß, kann im Zustandsbaum nicht die Größe "Umsatz" verwendet werden, da in dieser Größe Preis- und Mengeneffekte vermischt werden; die Entwicklung des Produktpreises und der Absatzmenge der betrachteten Marke sind daher separat zu schätzen. Sofern Informationen über die Entwicklung der Produktpreise der Konkurrenzmarken vorliegen, sind auch diese miteinzubeziehen, da sie in die hedonische Preisfunktion, die zur Berechnung des hedonischen Preises bzw. des Marktwertes der betrachteten Marke verwendet wird, eingehen. Sind keine weiteren Informationen vorhanden, so sind vereinfachende Annahmen zu treffen. Ist beispielsweise nicht geplant, die betrachtete Marke im Zeitablauf preislich gegenüber den Marken anders zu positionieren, so kann die für die betrachtete Marke angesetzte Preisentwicklung auch für die Konkurrenzmarken angenommen werden; hierdurch vereinfacht sich auch die Berechnung des hedonischen Preises der betrachteten Marke erheblich.[121)]

Der hedonische Preis einer Marke ist ferner von den Eigenschaften der auf dem jeweiligen Markt gehandelten Produkte abhängig. Geplante eigene Produktveränderungen sind daher ebenso zu berücksichtigen wie Änderungen im Eigenschaftsbündel der Konkurrenzprodukte, soweit Informationen hierüber vorliegen.

Nachteilig wirkt sich der mit dem Zustandsbaumverfahren verbundene hohe Schätzaufwand aus. So sind bereits für den einfachen in *Abbildung 4.11* dargestellten zweiperiodigen Zustandsbaum, bei dem auf eine explizite bedingte stochastische Formulierung der Absatzmenge verzichtet wurde, jeweils 12 Wahrscheinlichkeiten, Produktpreise, Absatzmengen und Kalkulationszinsfüße, also insgesamt 48 Variablenausprägungen zu schätzen. Weitet man den betrachteten Zeithorizont auf ein realistisches Ausmaß aus, so steigt der Schätzaufwand exponentiell an. Dieser Effekt läßt sich nur durch Vereinfachungen in Grenzen halten; beispielsweise kann unterstellt werden, daß die

---

119) Aus darstellungstechnischen Gründen wird in *Abbildung 4.11* nur ein zweiperiodiger Zustandsbaum gezeigt.

120) Vgl. Unterabschnitt B.I.2.ac. in diesem Teil.

121) Vgl. hierzu auch Unterabschnitt B.II.2.c. in diesem Teil.

Struktur der (bedingten) Wahrscheinlichkeiten der zweiten Periode für alle Folgeperioden konstant bleibt, oder daß mit einer bestimmten Umwelt- bzw. Konjunkturentwicklung immer eine bestimmte Preis-, Absatzmengen- bzw. Zinsentwicklung einhergeht.[122] Der Realitätsgehalt des Modells kann hierdurch jedoch wesentlich beeinträchtigt werden; Prognoseaufwand und Realitätsgehalt des Modells stehen also in konfliktärer Beziehung zueinander.

Eng mit dem Vorschlag der Unterstellung einer konstanten Struktur für einzelne Modellvariablen ist die Verwendung zeitabhängiger Funktionen zur Darstellung der Entwicklung der Modellvariablen im Zeitablauf verbunden (vgl. auch *Bretzke*, 1975, S. 194 ff.). Notwendig hierfür sind Hypothesen über den funktionalen Zusammenhang zwischen der Zeit und der jeweiligen Modellvariablen. Auch hier können optimistische, wahrscheinliche bzw. normale und pessimistische Entwicklungen berücksichtigt werden.[123] So könnte beispielsweise von folgenden drei Basishypothesen ausgegangen werden:

Optimistische Entwicklung (exponentielles Wachstum in der Zeit):

(4.54) $y_t = f_j(t) = y_0 \cdot (1 + r_j)^t$

mit:
- y = Modellvariable (z. B. Preis, Absatzmenge)
- y_0 = Ausgangsniveau der jeweiligen Modellvariable
- r_j = Wachstumsrate der jeweiligen Modellvariable pro Periode; $j = 1,\dots,m$
- t = Zeitindex.

Wahrscheinliche bzw. normale Entwicklung (lineares Wachstum in der Zeit):

(4.55) $y_t = f_k(t) = y_0 + a_k \cdot t$

122) Beispielsweise könnte bei einer optimistischen (wahrscheinlichen oder normalen; pessimistischen) Entwicklung immer von einer Preis- bzw. Absatzmengenentwicklung von x% (y%; z%) gegenüber der Vorperiode bzw. einem Zinssatz in bestimmter Höhe ausgegangen werden. Ähnliche Vereinfachungen können für die (bedingten) Wahrscheinlichkeiten getroffen werden, indem beispielsweise angenommen wird, daß die Wahrscheinlichkeit einer bestimmten Entwicklung, die auf eine andere - bestimmte - Entwicklung folgt, immer gleich ist; vgl. hierzu auch das Beispiel im Abschnitt B.II.2.c. in diesem Teil.

123) Wie bei der Zugrundelegung eines Zustandsbaumes können natürlich auch hier weitere Entwicklungspfade der Modellvariablen berücksichtigt werden, soweit Qualität und Quantität der vorhandenen Informationen dies ermöglichen bzw. der Zweck der Analyse dies fordert.

mit: a_k = Steigungsparameter, der die absolute Veränderung der Ausprägung der jeweiligen Modellvariable pro Periode angibt; k = 1,...,n.

Pessimistische Entwicklung (degressives Wachstum in der Zeit):

(4.56) $y_t = f_l(t) = y_l^* - b_l \cdot c_l^t$

mit: y_l^* = Grenzwert der Modellvariablen, dem sich die Modellvariable im Zeitablauf asymptotisch nähert; l = 1,...,o

b_l = Differenz zwischen y_l^* und y_t in t = 0

c_l = Veränderungsrate des Wachstums der Modellvariablen (vorzugeben).

Den einzelnen Hypothesen sind Wahrscheinlichkeiten für das Eintreten der durch sie repräsentierten Entwicklung zuzuordnen; ferner sind Wahrscheinlichkeitsverteilungen für die einzelnen Wachstumsraten r_j (j = 1,...,m), für die Steigungsparameter a_k (k = 1,...,n) und für die Grenzwerte y_l^* (l = 1,...,o) aufzustellen. *Abbildung 4.12* zeigt alternative Entwicklungen einer Modellvariablen für alternative Basishypothesen und alternative Ausprägungen von r_j, a_k und y_l^*. Kommen alle Basishypothesen und alle Ausprägungen der Modellparameter r_j, a_k und y_l^* für alle Modellvariablen in Betracht, so ergeben sich auf diese Weise insgesamt $(m + n + o) \cdot p$ Funktionen, wobei p die Anzahl der Modellvariablen repräsentiert.

Sind die Modellvariablen voneinander abhängig, so sind bedingte Wahrscheinlichkeiten zu formulieren. Hiervon ist - wie bei der Darstellung des Zustandsbaumverfahrens bereits deutlich wurde - bei den hier relevanten Modellvariablen "Preis" und "Absatzmenge" auszugehen. Zieht beispielsweise eine optimistische Absatzentwicklung mit hoher Wahrscheinlichkeit auch eine optimistische Preisentwicklung nach sich, so ist die (bedingte) Wahrscheinlichkeit, daß eine optimistische Preisentwicklung im Falle einer optimistischen Absatzentwicklung eintritt, entsprechend hoch zu schätzen. In gleicher Weise ist für die Modellparameter r_j, a_k und y_l^* vorzugehen, wenn Abhängigkeiten zwischen ihnen zu unterstellen sind.

Im Unterschied zum Zustandsbaum sind die Übergänge zwischen verschiedenen Perioden bei Verwendung zeitabhängiger Funktionen nicht stochastisch, sondern deterministisch, d. h. daß für jede einzelne Modellvariable davon ausgegangen wird, daß **mit Sicherheit** ein Zustand v in t+1 eintritt, wenn in der Vorperiode t ein bestimmter Zustand u eingetreten ist. Die Unvollkommenheit der Information kommt jedoch dadurch zum Ausdruck, daß Unsicherheit darüber besteht, welche Entwicklung, d. h. welche Basishypothese mit welchem Modellparameter r_j, a_k bzw. y_l^*, überhaupt eintritt. *Abbildung 4.13* stellt einen möglichen Ablauf der Simulation bei Verwendung zeitabhängiger Funktionen zusammenfassend dar.

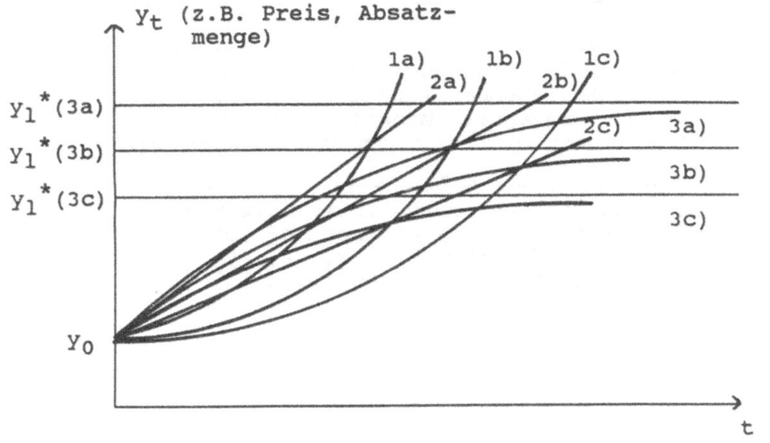

mit: 1a)-1c) : $y_t = y_0(1+r_j)^t$; $r_j(1a) > r_j(1b) > r_j(1c)$

2a)-2c) : $y_t = y_0 + a_k t$; $a_k(2a) > a_k(2b) > a_k(2c)$

3a)-3c) : $y_t = y_l^* - b_l c_l^t$; $y_l^*(3a) > y_l^*(3b) > y_l^*(3c)$

Abb. 4.12: Alternative Entwicklungen einer Modellvariablen im Zeitablauf

Ist die Simulation auf Basis eines Zustandsbaumes oder mittels zeitabhängiger Funktionen vollzogen, so erhält man als Ergebnis eine Dichte- bzw. Verteilungs- oder Komplementärfunktion für den Wert einer Marke. Eine konkrete Entscheidung - hier im Beispiel für den Kauf bzw. Verkauf einer Marke - liefert dieses Simulationsergebnis nicht, da die Risikoanalyse ein Evaluierungsmodell, nicht jedoch ein Entscheidungsmodell darstellt (vgl. *Köhler/Uebele*, 1983, S. 120). Durch die explizite Offenlegung der mit der Entwicklung des Wertes einer Marke verbundenen Chancen und Risiken mit Hilfe der Risikoanalyse wird die Entscheidungssituation jedoch unzweifelhaft transparenter. Zur Entscheidungsfindung selbst sind - aufbauend auf dem resultierenden Markenwertprofil - Entscheidungsprinzipien bzw. -regeln bei Risikosituationen anzuwenden. Zu nennen sind in diesem Zusammenhang Entscheidungsprinzipien wie

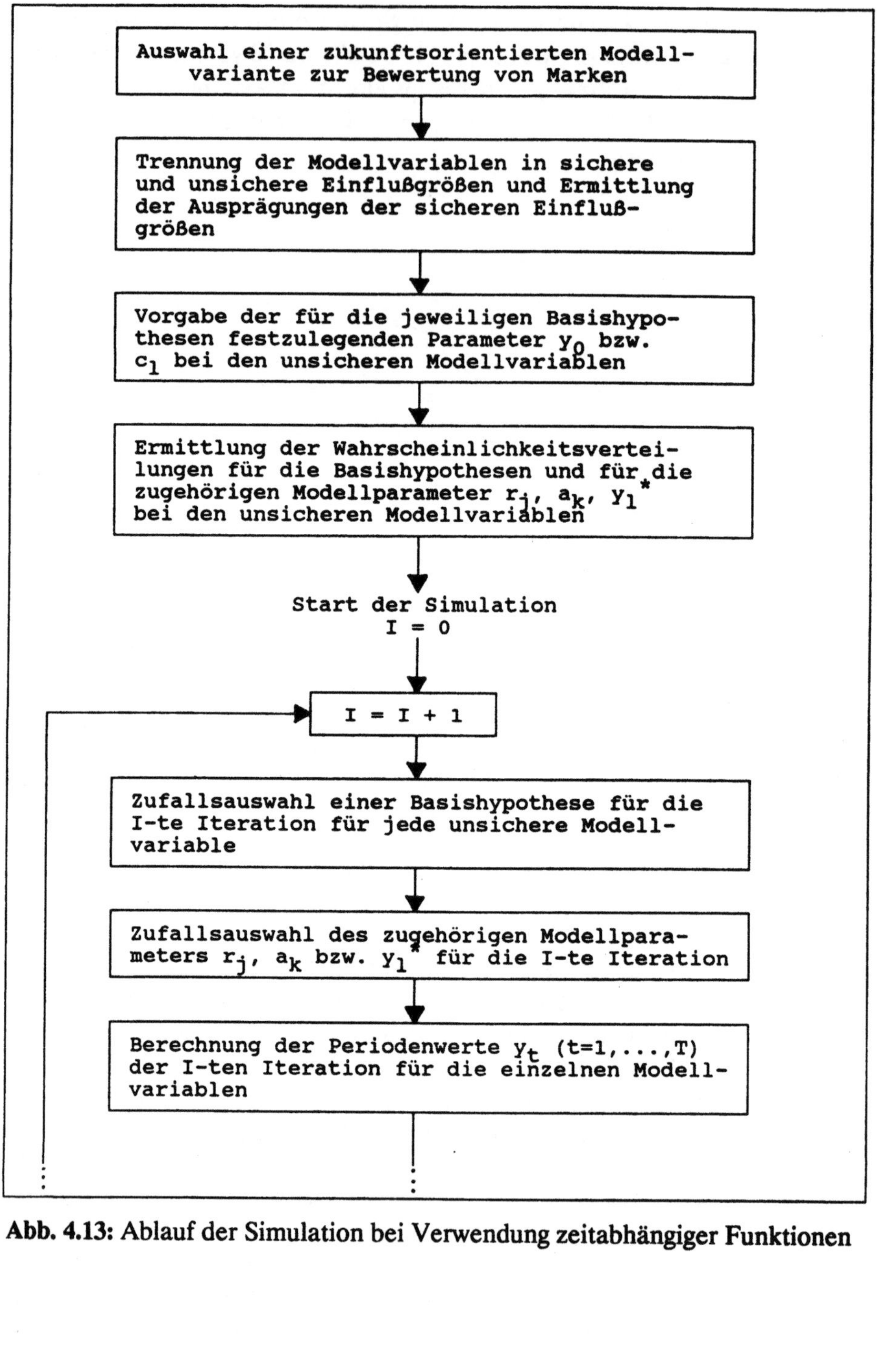

Abb. 4.13: Ablauf der Simulation bei Verwendung zeitabhängiger Funktionen

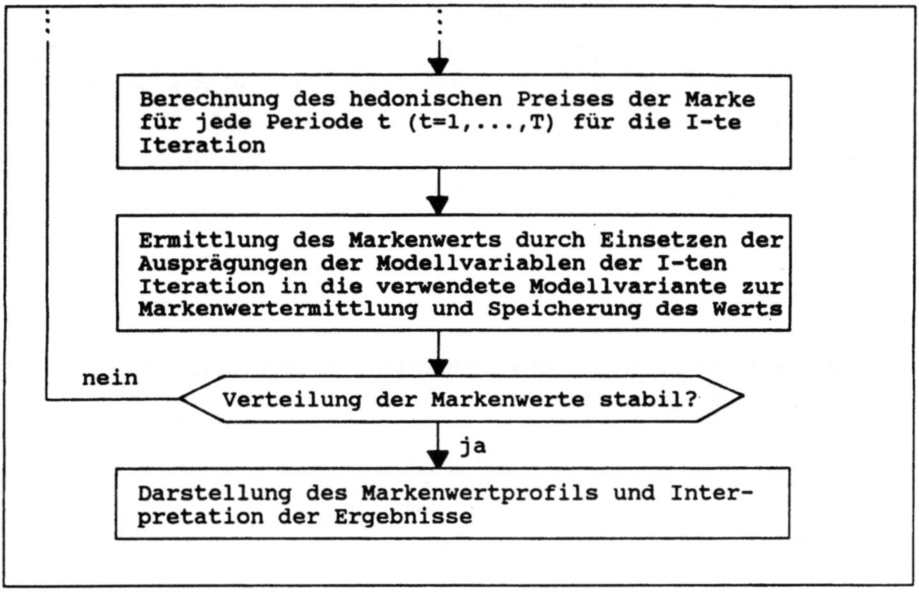

Abb. 4.13 (Forts.)

- das Erwartungswert-Prinzip,
- das Erwartungswert-Standardabweichung-Prinzip,
- das Erwartungswert-Verlustwahrscheinlichkeit-Prinzip sowie
- das Bernoulli-Prinzip.[124]

Anhand dieser Entscheidungsprinzipien kann dann der maximal zu zahlende bzw. minimal zu fordernde Preis für das Bewertungsobjekt bzw. die Marke festgestellt werden (vgl. auch *Bretzke*, 1975, S. 210 ff.).

II. Die empirische Bestimmung des Wertes von Marken am Beispiel des Marktes für Kondensmilch und Kaffeesahne in der Bundesrepublik Deutschland

Im folgenden soll exemplarisch die empirische Bestimmung des Wertes von Marken vorgenommen werden. Zugrunde gelegt wird der bundesdeutsche Markt für Kondensmilch und Kaffeesahne als ein typischer Markt für Güter des täglichen Bedarfs. Dieser Markt ist für die hier verfolgten Zwecke besonders geeignet, da eine Vielzahl unterschiedlicher Produkte und Marken

124) Zu diesen Prinzipien und den dazugehörigen Entscheidungsregeln vgl. i. e. *Bamberg/ Coenenberg*, 1992, S. 70 ff.; *Berndt*, 1983, S. 11 ff.; *Schneeweiß*, 1967, S. 48 ff.

existiert, gleichzeitig jedoch vergleichbare Produkte zu z. T. recht unterschiedlichen Preisen angeboten werden; die Marke spielt also eine besondere Rolle. Bevor auf die konkrete Bestimmung des Wertes ausgewählter Kondensmilch- bzw. Kaffeesahnemarken eingegangen wird, werden zunächst die auf diesem Markt gehandelten Produkte kurz näher charakterisiert und die Entwicklung und Struktur dieses Marktes dargestellt.

1. Grundlagen

a. Charakterisierung der Produkte Kondensmilch und Kaffeesahne als Güter des täglichen Bedarfs

Kondensmilch und Kaffeesahne stellen typische Verbrauchsgüter des kurzfristigen Bedarfs dar. Da beide Produkte aus Milch hergestellt werden, gehören sie zu den Milcherzeugnissen. *Abbildung 4.14* zeigt die einzelnen Verwendungsbereiche von Milch.

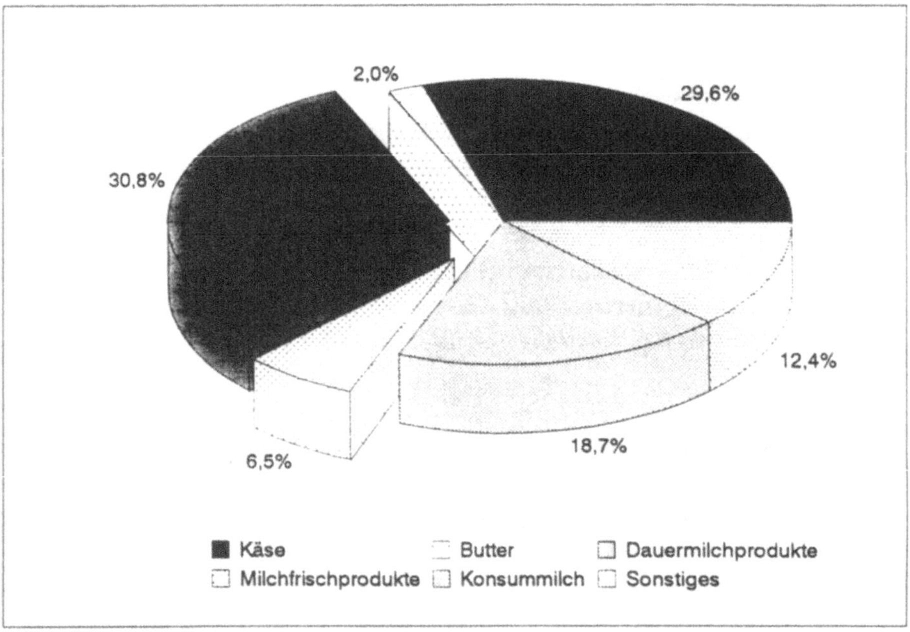

Quelle: *ZMP*, 1992, S. 29.

Abb. 4.14: Verwendungsbereiche von Milch in der Bundesrepublik Deutschland im Jahre 1991

Kondensmilch ist den **Dauermilcherzeugnissen** zuzurechnen, während Kaffeesahne zu den **Milchfrischprodukten** zählt. Neben der Kondensmilch sind auch Trockenmilcherzeugnisse bei den Dauermilcherzeugnissen einzuordnen. Beispielhafte Trockenmilchprodukte sind Magermilchpulver, teilentrahmtes Milchpulver, Vollmilchpulver, Sahnepulver und Buttermilchpulver (vgl. *AID*, 1989, S. 17 f.). Zu den Milchfrischprodukten zählen neben Sahneerzeugnissen auch Buttermilcherzeugnisse, Milchmischgetränke, Dessertspeisen und Sauermilcherzeugnisse wie Dickmilch, Kefir und Joghurt (vgl. *Nickel*, 1991, S. 61 ff.).

Bei den **Kondensmilcherzeugnissen** ist zunächst zwischen ungezuckerter und gezuckerter Kondensmilch zu unterscheiden. Gezuckerte Kondensmilch findet überwiegend in der Süßwarenindustrie Verwendung. Aufgrund deutlich anderer Geschmacks- und damit auch Verwendungseigenschaften ist die Substituierbarkeit zwischen gezuckerter und ungezuckerter Kondensmilch stark begrenzt; gezuckerte Kondensmilch wird daher im folgenden aus der Analyse ausgeschlossen, da davon auszugehen ist, daß diese beiden Produkte unterschiedlichen Märkten angehören.[125)]

Ungezuckerte Kondensmilcherzeugnisse werden in sechs Fettstufen angeboten:
- als teilentrahmte Kondensmilch mit 4% Fettgehalt,
- als Kondensmilch mit 7,5% Fettgehalt,
- als Kondensmilch mit 8% Fettgehalt,
- als Kondensmilch mit 10% Fettgehalt,
- als Kondensmilch mit 12% Fettgehalt und
- als Kondenssahne mit mindestens 15% Fettgehalt.

Hergestellt werden Kondensmilcherzeugnisse aus Milch (bzw. Sahne) durch teilweisen Entzug des Wassers. Nachdem die molkereimäßig vorbereitete Milch in gekühlten Stahltanks zur Einstellung des Fettgehalts (Standardisierung) gebracht wurde, wird die Milch vorerhitzt und dann im Vakuum schonend eingedampft. Durch das Verdampfen des Wassers wird sie ungefähr auf die Hälfte ihres ursprünglichen Volumens eingedickt. Die jetzt konzentrierte Milch wird homogenisiert, nochmals standardisiert und schließlich abgefüllt. Nach dem Verpackungsprozeß erfolgt die Sterilisation in der keimdichten Verpackung.[126)]

125) Zur Bedeutung der Substituierbarkeit von Produkten zur Abgrenzung von Märkten vgl. die Ausführungen im Unterabschnitt B.I.2.aa. in diesem Teil.

126) Zu den Einzelheiten der Herstellung von Kondensmilch vgl. z. B. *Kiermeier/Lechner*, 1973, S. 105 ff.

Bei den **Sahneerzeugnissen** ist zwischen den auf saurer und den auf nicht-saurer Basis angebotenen Produkten zu unterscheiden. Zu ersteren gehören Sauerrahm- und Crème fraiche-Produkte; diese Produkte werden bei den Sauermilcherzeugnissen eingeordnet, da ihnen Milchsäurekulturen zugesetzt werden. Zu den auf nicht-saurer Basis angebotenen Sahneerzeugnissen zählen Schlagsahne und Kaffeesahne (Rahm). Während Kaffeesahne einen Mindestfettgehalt von 10% aufweist, beträgt der Fettgehalt von Schlagsahne mindestens 30%.

Gewonnen wird Sahne durch Entrahmen von Milch. Durch Zentrifugieren wird der Milch soviel Fett entzogen, daß die zurückbleibende Magermilch nur noch bis zu 0,03% Fett, die gewonnene Sahne jedoch mindestens 10% Fett aufweist.

Aufgrund sehr ähnlicher Produkteigenschaften und Verwendungsbereiche stellen Kaffeesahne und Kondensmilch enge Substitute dar. Beispielhafte Anwendungsbereiche dieser beiden Produkte sind das Weißen von Kaffee oder Tee sowie die Zugabe dieser Produkte beim Kochen.

b. Entwicklung und Struktur des Marktes für Kondensmilch und Kaffeesahne in der Bundesrepublik Deutschland seit 1985

Die Produktion von Kaffeesahne in der Bundesrepublik Deutschland zeigt für den Zeitraum von 1985 bis 1991 einen stetigen Aufwärtstrend; innerhalb dieses Zeitraumes konnte mehr als eine Verdoppelung der produzierten Menge realisiert werden. Insgesamt stieg die Produktion um fast 129% von 30.200 t in 1985 auf 69.100 t in 1991. *Abbildung 4.15* zeigt den Verlauf der mengenmäßigen Produktion von Kaffeesahne für diesen Zeitraum.

Die durchschnittliche jährliche Wachstumsrate der Kaffeesahneproduktion beträgt ca. 14,8%; wie *Abbildung 4.16* zeigt, war sie in dem zugrunde gelegten Zeitraum relativ konstant. Die Wiedervereinigung der Bundesrepublik Deutschland mit der ehemaligen Deutschen Demokratischen Republik dürfte mit dazu beigetragen haben, eine Wachstumsrate auf diesem hohen Niveau auch für die letzten Jahre des betrachteten Zeitraumes zu gewährleisten. Der Export in Höhe von 3,7% (1991) - gemessen als Anteil der Ausfuhr aller Sahneerzeugnisse an der Herstellung von Sahneerzeugnissen - ist in diesem Marktsegment weitgehend unbedeutend.

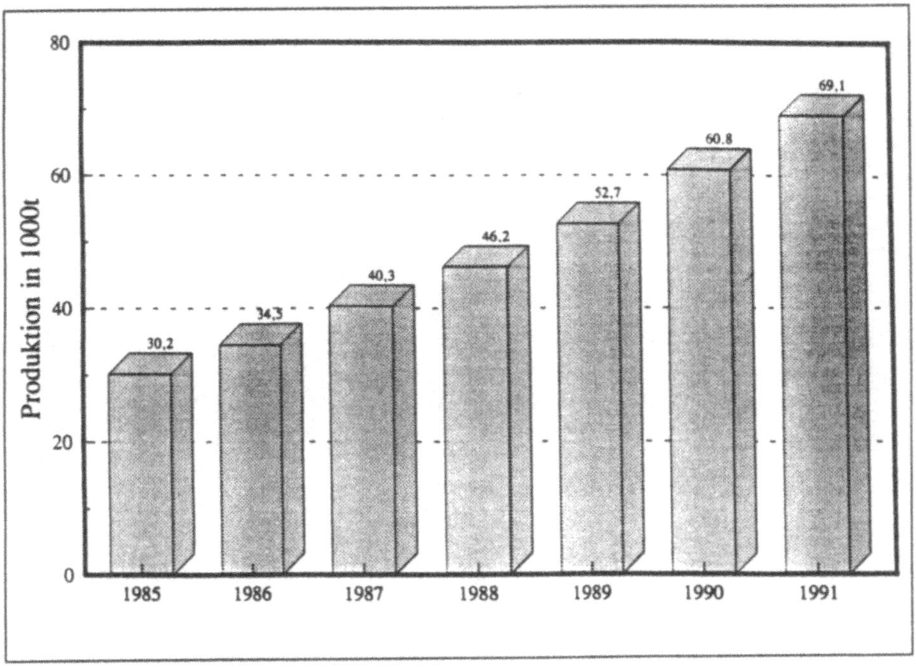

Quellen: *ZMP*, 1992, S. 35; *ZMP*, 1990, S. 35.

Abb. 4.15: Produktion von Kaffeesahne in der Bundesrepublik Deutschland von 1985 - 1991

Eine deutlich andere Entwicklung als beim Markt für Kaffeesahne ist auf dem Markt für Kondensmilcherzeugnisse zu verzeichnen. Das hohe Produktionsniveau, welches Mitte der 80er Jahre vorherrschte, konnte bisher nicht wieder erreicht werden; gegenüber 1985 ging die Produktion von ungezuckerten Kondensmilcherzeugnissen in 1991 um ca. 11,5% zurück. Zu beachten ist allerdings, daß der Kondensmilchmarkt nach wie vor den Markt für Kaffeesahne volumenmäßig deutlich dominiert. Die mengenmäßige Produktionsentwicklung für Kondensmilcherzeugnisse zeigt *Abbildung 4.17.*

Die zugehörigen jährlichen Wachstumsraten der Kondensmilchproduktion stellt *Abbildung 4.18* dar; deutlich wird der stark schwankende Verlauf der Produktion von Kondensmilcherzeugnissen. Der gezeigte Produktionsanstieg in 1990 und insbesondere in 1991 ist vermutlich weitgehend auf die Markterweiterung durch die Wiedervereinigung zurückzuführen; vor der Wiedervereinigung ergab sich für das Jahr 1989 im Vergleich mit dem Jahr 1985 sogar ein Produktionsrückgang in Höhe von 18,9% bei ungezuckerten Kondensmilcherzeugnissen. Neben dem bis 1989 anhaltend rücklaufigen Inlandsverbrauch ist hierfür auch der gesunkene Export, welcher bei Kondensmilcher-

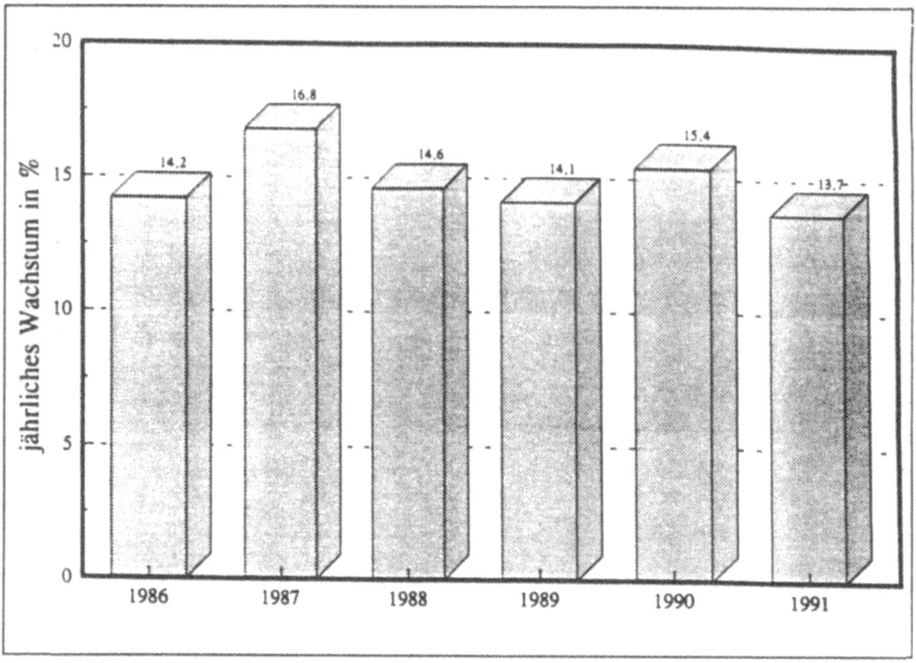

Abb. 4.16: Jährliche Wachstumsraten der Produktion von Kaffeesahne in der Bundesrepublik Deutschland von 1985 - 1991

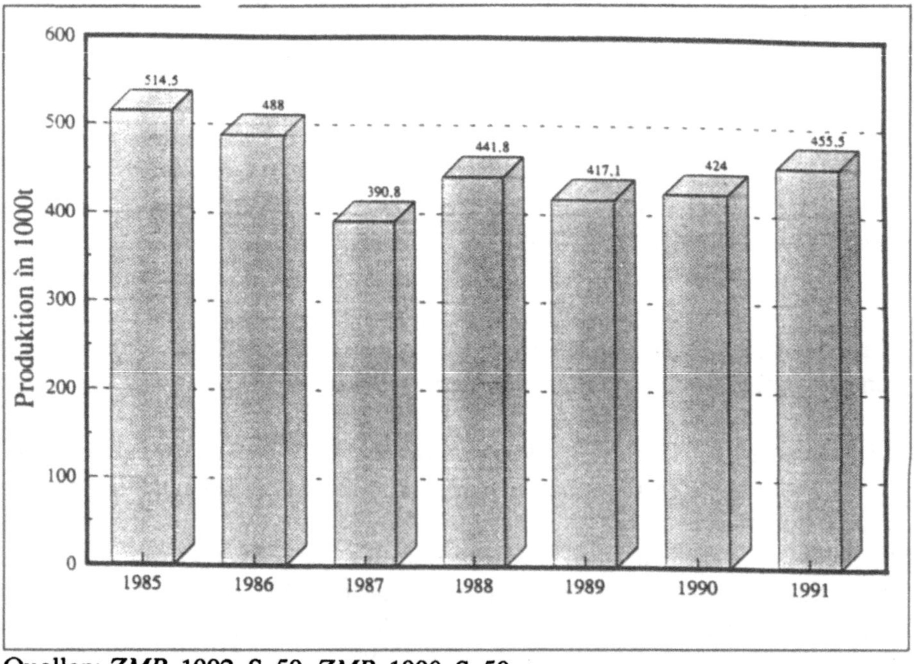

Quellen: *ZMP*, 1992, S. 59; *ZMP*, 1990, S. 50.

Abb. 4.17: Produktion von Kondensmilcherzeugnissen (ungezuckert) in der Bundesrepublik Deutschland von 1985 - 1991

zeugnissen eine größere Rolle als bei Kaffeesahne spielt, verantwortlich; konnten 1985 noch 208.800 t exportiert werden, so lag dieser Wert für 1989 nur noch bei 137.200 t. Der besonders starke Rückgang der Produktion von Kondensmilcherzeugnissen in 1987 (vgl. *Abbildung 4.17* und *4.18*) läßt sich durch den Ausfall von Algerien als größter ausländischer Kunde für Kondensmilchprodukte sowie durch den Abbau von Lagerbeständen erklären (vgl. *Nickel*, 1992, S. 71; *ZMP*, 1990, S. 52). Für den Inlandsverbrauch ist von Bedeutung, daß der Pro-Kopf-Verbrauch von Kondensmilcherzeugnissen in der Bundesrepublik rückläufig ist (vgl. *Abbildung 4.19*); unterstellt man eine weitgehend konstante Einwohnerzahl, so bedeutet dies, daß es sich beim Markt für Kondensmilcherzeugnisse in der Bundesrepublik Deutschland insgesamt um einen stagnierenden bzw. sogar leicht schrumpfenden Markt handelt.

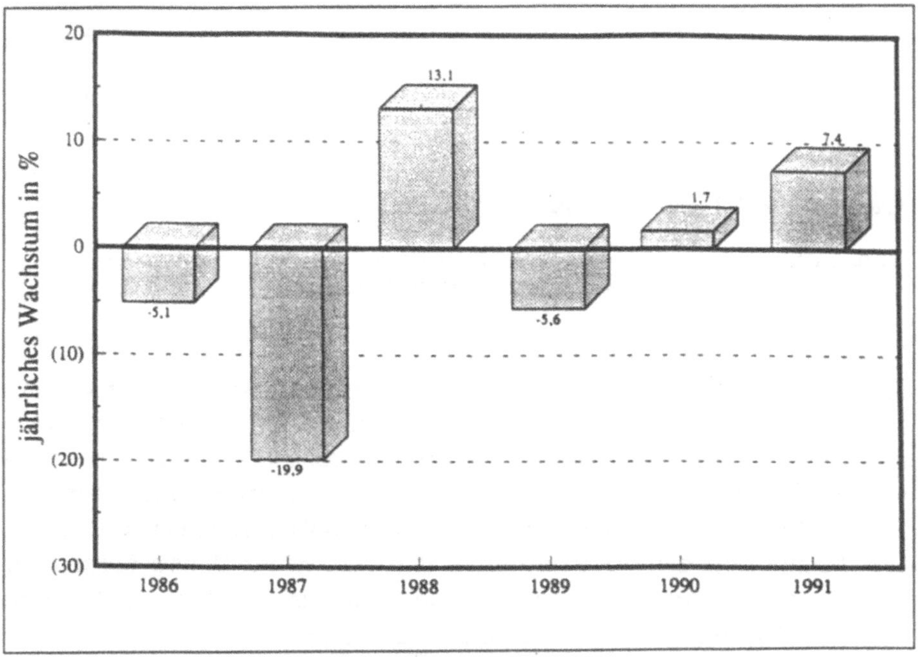

Abb. 4.18: Jährliche Wachstumsraten der Produktion von Kondensmilch (ungezuckert) in der Bundesrepublik Deutschland von 1985 - 1991

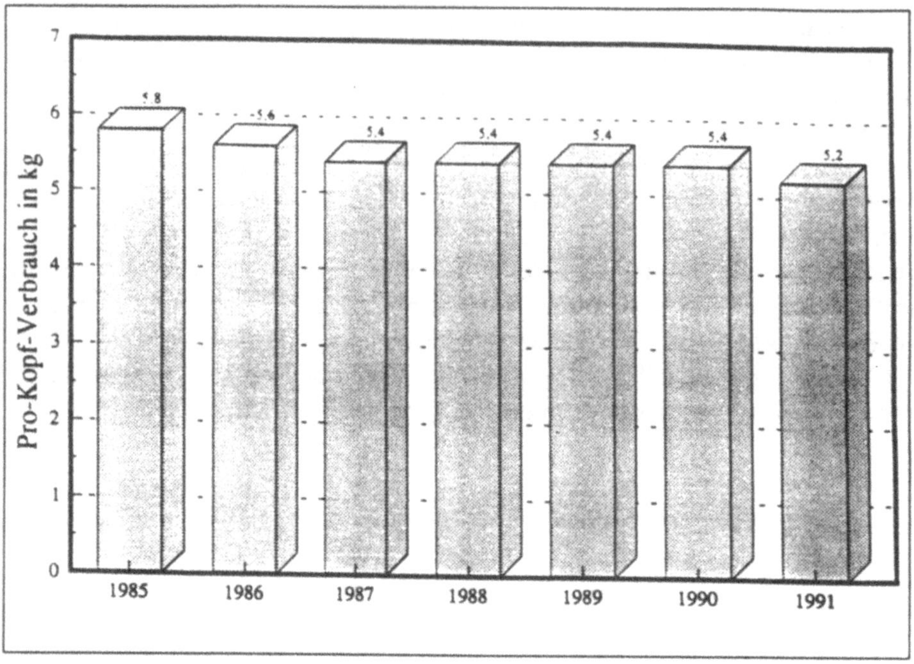

Quellen: *ZMP*, 1992, S. 39; *ZMP*, 1990, S. 35.

Abb. 4.19: Pro-Kopf-Verbrauch von Kondensmilcherzeugnissen in der Bundesrepublik Deutschland von 1985 - 1991

Spaltet man den Markt für ungezuckerte Kondensmilcherzeugnisse in die einzelnen Produktarten bzw. Fettstufen auf, so ergibt sich folgendes differenziertes Bild (vgl. *Abbildung 4.20* und *4.21*):[127] Die Produktion von Kondensmilch mit 10% Fettgehalt entwickelte sich seit 1985 - insbesondere im Zeitraum von 1985 bis 1987 - relativ schwankend. Das hohe Produktionsniveau von 1985 und 1986 konnte trotz der Marktausweitung durch die neuen Bundesländer nicht wieder erreicht werden. Der Produktionsrückgang im Jahr 1991 im Vergleich zum Jahr 1985 liegt bei dieser Fettstufe bei knapp 9%.

Ähnlich sieht die Situation bei Kondensmilch mit 7,5% Fettgehalt aus; hier ist der Produktionsrückgang von 1991 im Vergleich mit 1985 mit über 26% jedoch wesentlich stärker. Zu beachten ist allerdings, daß das Produktionsniveau der 7,5%igen Kondensmilch (noch) fast dreimal so hoch ist wie das der Kondensmilch mit 10% Fettgehalt.

127) Kondensmilchprodukte mit 8% bzw. 12% Fettgehalt sind nicht gesondert ausgewiesen, da lediglich zwei bzw. ein Hersteller diese Produkte anbieten; in quantitativer Hinsicht spielen diese Produkte im Markt für Kondensmilch daher keine Rolle.

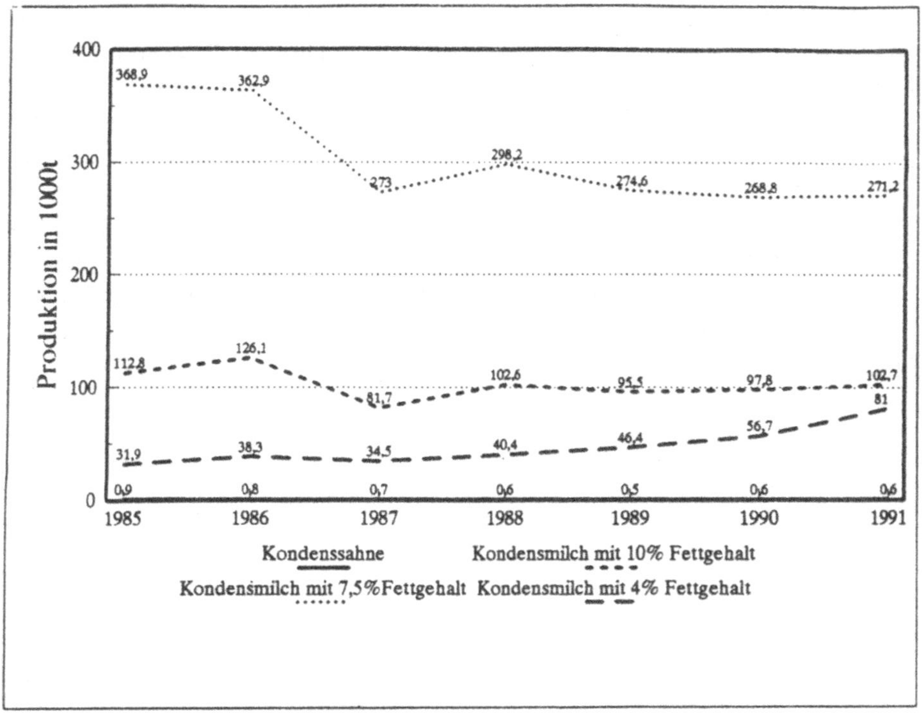

Quellen: *ZMP*, 1992, S. 59; *ZMP*, 1990, S. 50.

Abb. 4.20: Produktion von Kondensmilcherzeugnissen (ungezuckert) in der Bundesrepublik Deutschland von 1985 - 1991 nach Produktarten

Eine durchweg positive Entwicklung zeigen die Kondensmilcherzeugnisse mit 4% Fettgehalt; in diesem Segment konnte die Produktion in 1991 gegenüber 1985 um über das 2,5fache (+ 153,9%) gesteigert werden. Ausschlaggebend für diese Entwicklung dürfte insbesondere der Trend zur bewußten, gesunden und kalorienarmen Ernährung sein, welcher sich auch in dem vermehrten Aufkommen von "Light"-Produkten in anderen Lebensmittelbereichen zeigt. Gleichzeitig ging die Produktion von hochprozentiger Kondenssahne im betrachteten Zeitraum zurück; sie scheint sich inzwischen stabilisiert zu haben, allerdings auf einem niedrigen Niveau, so daß Kondenssahne volumenmäßig keine große Rolle im Markt für Kondensmilcherzeugnisse spielt.

Zusammenfassend ist festzuhalten, daß es sich beim Markt für Kondensmilcherzeugnisse in der Bundesrepublik Deutschland um einen weitgehend ausgereiften Markt ohne große Wachstumspotentiale handelt. Durch die Wiedervereinigung der Bundesrepublik Deutschland mit der ehemaligen Deutschen Demokratischen Republik hat dieser Markt zwar eine Ausweitung erfahren, welche zu einem Nachfrage- und Produktionsschub führte, mittel- bis langfristig ist jedoch zu erwarten, daß das derzeitige hohe Produktionsniveau nicht gehalten bzw. zumindest nicht deutlich gesteigert werden kann. Vor dem Hintergrund dieser Situation versuchen die Hersteller vermehrt, anspruchsvolle Premium-Produkte in bequemen Verpackungen auf dem Markt zu lancieren. Neben diesem Premium-Segment ist durch das Angebot von Kondensmilch in einfachen Kartonverpackungen ein Niedrigpreissegment geschaffen worden, welches das Marktangebot nach unten abrundet. Verstärkte Produktdifferenzierung - wie sie für ausgereifte Märkte typisch ist - prägt somit das derzeitige Bild des Kondensmilchmarktes in der Bundesrepublik Deutschland.

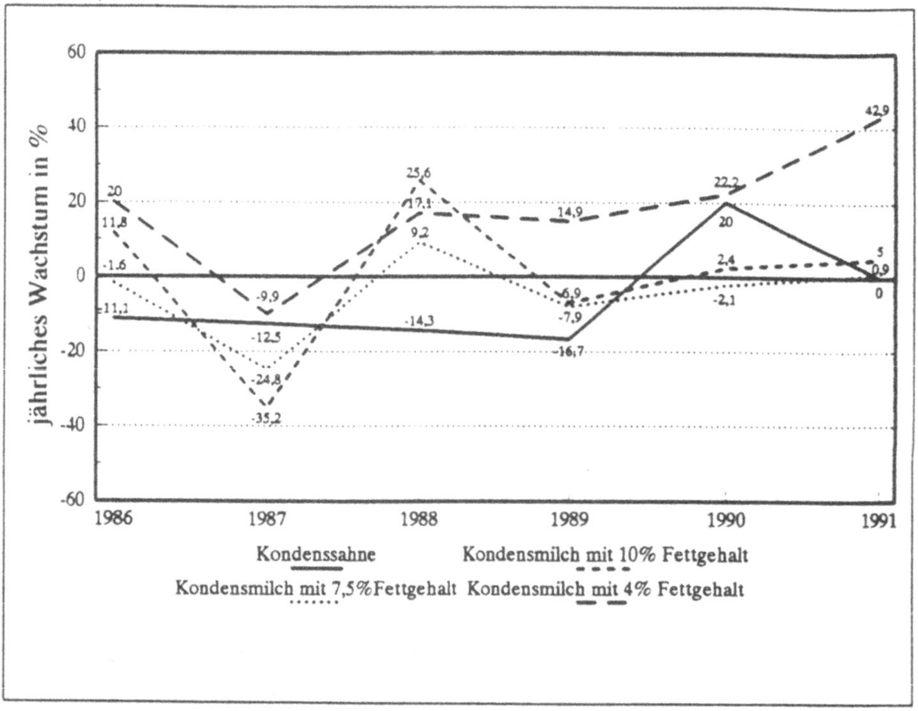

Abb. 4.21: Jährliche Wachstumsraten der Produktion von Kondensmilcherzeugnissen (ungezuckert) in der Bundesrepublik Deutschland von 1985 - 1991 nach Produktarten

2. Die empirische Anwendung des Modells zur Bestimmung des Wertes von Marken am Beispiel des bundesdeutschen Marktes für Kondensmilch und Kaffeesahne

Gegenstand der folgenden Ausführungen ist die konkrete Bestimmung des Wertes ausgewählter Marken von Kondensmilch- bzw. Kaffeesahneprodukten. Die Vorgehensweise hierfür entspricht genau der bereits vorgenommenen allgemeinen Darstellung der empirischen Umsetzung des hier vorgeschlagenen Modells zur Bewertung von Marken.[128)]

a. Vorgabe von Bewertungszwecken, Bestimmung der zu analysierenden Marken und Auswahl der zweckadäquaten Modellvarianten zur Bewertung der Marken

Jede Bewertung eines Vermögensgegenstandes und somit auch einer Marke folgt einem bestimmten Zweck. Da unterschiedliche Zwecke der Markenbewertung in der Regel zu unterschiedlichen Markenwerten führen, hängt der Wert einer Marke vom jeweiligen Zweck der Markenbewertung ab. Für die vorliegende Untersuchung bedeutet dies, daß insgesamt 1210 unterschiedliche Markenwerte existieren; diese Zahl ergibt sich, wenn für jedes in die Untersuchung aufgenommene Produkt der Wert der Marke für alle im Rahmen dieser Arbeit näher dargestellten Markenbewertungszwecke bestimmt wird.[129)] Da die Berechnung aller Markenwerte den Rahmen dieser Arbeit bei weitem sprengen würde, soll im folgenden die Bestimmung des Wertes von Marken am Beispiel von zwei ausgesuchten Marken des Kaffeesahne- bzw. Kondensmilchmarktes jeweils für einen unterschiedlichen Zweck durchgeführt werden, um die generelle Funktionsweise der empirischen Markenbewertung anhand des hier vorgeschlagenen Modells zu demonstrieren. Hierzu wurden sowohl die Marken als auch die zugrunde zu legenden Zwecke zufällig ausgewählt. Grundlage für die Auswahl der zu analysierenden Marken war die Gesamtheit der auf dem bundesdeutschen Kondensmilch- bzw. Kaffeesahnemarkt gehandelten Marken, die Zwecke wurden aus den in dieser Arbeit näher behandelten Zwecken der Bewertung von Marken ausgewählt.[130)] Als Ergebnis dieser Zufallsauswahl ergab sich, daß

- der Wert der Marke *Wöhrmann* für den (hypothetischen) Zweck der Lizenzierung dieser Marke und

---

128) Vgl. Abschnitt B.I. in diesem Teil.

129) Die Zwecke der Markenbewertung werden im Kapitel B. im 3. Teil erläutert; zu den in die Untersuchung aufgenommenen Produkten vgl. Unterabschnitt B.II.2.baa. in diesem Teil.

130) Die Auswahl selbst erfolgte durch Zuordnung von Zahlen zu den einzelnen Marken und Zwecken und Ziehung einer Zufallszahl per Urnenmodell.

- der Wert der Marke *Family* für den (hypothetischen) Kauf bzw. Verkauf dieser Marke

festzustellen ist.

Die Auswahl dieser Markenbewertungszwecke ist insofern interessant, als mit dem Kauf bzw. Verkauf der Marke *Family* ein Zweck gegeben ist, welcher auf jeden Fall eine zukunftsorientierte Betrachtung erfordert; somit können auch die im Rahmen dieser Arbeit dargestellten Simulationstechniken zur adäquaten Berücksichtigung der bei diesem Markenbewertungszweck bestehenden Unsicherheit Anwendung finden.[131)]

Mit dem Zweck der Bewertung von Marken ist auch die zugrunde zu legende Modellvariante zur Markenbewertung vorgegeben. Konstitutive Elemente dieser Modellvarianten sind:[132)]

- die Anzahl der unter einer Marke geführten Produkte;
- die Anzahl der Märkte bzw. Länder, in denen die Marke vertrieben wird, sowie
- die Länge des zu berücksichtigenden Bewertungszeitraumes.

Für die Auswahl der adäquaten Modellvariante für die Marke *Family* bedeutet dies folgendes: Da es sich bei dieser Marke um eine Einzelmarke handelt und die Analyse auf die Bundesrepublik Deutschland beschränkt ist, ist für den Zweck des Kaufs bzw. Verkaufs dieser Marke die Modellvariante

$$(4.57)\quad \widetilde{MW}_{Family} = \sum_{t=1}^{\tilde{T}} [\tilde{p}_M^{\,t} \cdot \tilde{x}^t - \tilde{K}_M^{\,t}(\tilde{x}^t)](1+\tilde{i}^t)^{-t}$$

anzuwenden.[133)]

Unter der Marke *Wöhrmann* hingegen werden mehrere verschiedene Kaffeesahne- bzw. Kondensmilchprodukte angeboten; für den Zweck der Lizenzierung dieser Marke für die unter dieser Marke angebotenen Produkte innerhalb der Bundesrepublik Deutschland gilt daher bei identischem Lizenzierungszeitraum für alle Produktvarianten folgende Modellvariante:[134)]

$$(4.58)\quad MW_{Wöhrmann} = \sum_{j=1}^{J} \sum_{t=1}^{T} [p_{Mj}^{\,t} \cdot x_j^t - K_{Mj}^{\,t}(x_j^t)](1+i^t)^t \ .$$

131) Vgl. hierzu Unterabschnitt B.I.3. in diesem Teil.
132) Vgl. hierzu Unterabschnitt A.II.2. in diesem Teil.
133) Vgl. auch Unterabschnitt A.II.2.a. in diesem Teil.
134) Vgl. auch Unterabschnitt A.II.2.e. in diesem Teil.

Auf Basis dieser Modellvarianten ist im folgenden der Wert der Marke *Family* für den Kauf bzw. Verkauf dieser Marke bzw. für die Marke *Wöhrmann* für die Lizenzierung dieser Marke zu bestimmen.

b. Ermittlung der Input-Daten für die Modellvarianten

Im nächsten Schritt sind die Ausprägungen der Modellvariablen der zugrunde gelegten Modellvarianten zu bestimmen. Zu den Modellvariablen zählen neben dem hedonischen Preis bzw. Marktwert der jeweiligen Marke bei den einzelnen mit der Marke gekennzeichneten Produkten die Absatzmengen dieser Produkte, die jeweiligen auf die Verwendung der Marke zurückzuführenden Kosten, der anzusetzende Kalkulationszinsfuß sowie der zu berücksichtigende Zeitraum.[135)] Im Vordergrund steht zunächst die Bestimmung der hedonischen Preise der zu analysierenden Marken; auf die Ausprägungen der anderen Modellvariablen wird anschließend eingegangen.

ba. Die Bestimmung der hedonischen Preise der analysierten Marken

Wie bereits im Rahmen der Ausführungen über die generelle empirische Umsetzung des hier vorgeschlagenen Markenbewertungsansatzes dargelegt wurde,[136)] vollzieht sich die Ermittlung hedonischer Preise von Marken in einem dreistufigen Prozeß:

- Abgrenzung des relevanten Marktes,
- Ermittlung untersuchungsrelevanter Produkteigenschaften,
- Berechnung des hedonischen Preises von Marken.

Entsprechend gliedern sich die folgenden Ausführungen.

baa. Abgrenzung des Marktes für Kondensmilch und Kaffeesahne im Rahmen der Untersuchung

Die Abgrenzung des relevanten Marktes beinhaltet drei Dimensionen:[137)]

- die räumliche Abgrenzung,
- die zeitliche Abgrenzung und
- die sachliche Abgrenzung.

---

135) Vgl. auch die Unterabschnitte B.I.2.a. und B.I.2.b. in diesem Teil.
136) Vgl. Unterabschnitt B.I.2.a. in diesem Teil.
137) Vgl. Unterabschnitt B.I.2.aa. in diesem Teil.

Hinsichtlich der **räumlichen** Abgrenzung des relevanten Marktes gilt, daß sie durch den Zweck der Untersuchung vorgegeben ist; Gegenstand der Markenbewertung in der vorliegenden Untersuchung ist die Bundesrepublik Deutschland. Für die hedonische Analyse ist in räumlicher Hinsicht zu beachten, daß auf dem betrachteten Produktmarkt auch Produkte vertreten sind, welche nur regional angeboten werden; dies legt eine Aufspaltung des nationalen Gesamtmarktes in Teilmärkte nahe, für die separate hedonische Analysen durchzuführen sind.[138] Eine derartige Aufspaltung des Gesamtmarktes in Teilmärkte konnte im Rahmen der vorliegenden Untersuchung jedoch nicht vorgenommen werden, da Informationen über den regionenspezifischen Absatz einzelner Marken nicht zur Verfügung standen; im folgenden wird daher der nationale Gesamtmarkt als homogener Markt angenommen und der Untersuchung zugrunde gelegt.

Durch die Festlegung der räumlichen Marktabgrenzung auf die Bundesrepublik Deutschland ist ferner zu beachten, daß auch der Wert derjenigen Marken, welche über die Landesgrenzen hinaus vertrieben werden, nur für diesen Markt bestimmt wird. Soll der **Gesamtwert** dieser Marken, z. B. im Falle ihres Kaufs bzw. Verkaufs, bestimmt werden, sind auch die anderen Länder, in denen die Marke angeboten wird, im Rahmen seperater hedonischer Analysen entsprechend zu berücksichtigen.

Neben der Abgrenzung des relevanten Marktes in räumlicher Hinsicht ist auch die Abgrenzung in **zeitlicher** Hinsicht in erster Linie durch den Untersuchungszweck bestimmt. Für den Kauf bzw. Verkauf der Marke *Family* ist eine zukunftsorientierte Betrachtung einzuschlagen. Der Zeithorizont ist dabei aufgrund der mit der Zukunftsorientierung verbundenen Unsicherheit als Zufallsvariable zu definieren; die konkrete Länge des zu berücksichtigenden Zeitraumes wird durch die erwartete Lebensdauer der Marke bestimmt. Ausgangsperiode in dieser Untersuchung ist der Zeitraum, aus dem die für die hedonische Analyse zur Verfügung stehenden Marktdaten stammen. Diese Daten beziehen sich auf den Zeitraum Juni/Juli 1992 und sind damit sehr aktuell. Da zur Ermittlung hedonischer Preise allein die gehandelten Produkte und deren Produkteigenschaften von Bedeutung sind, können diese Daten unter der Annahme weitgehend stabiler Marktverhältnisse als Repräsentant für das gesamte Jahr 1992 gelten.

Entgegen dem Bewertungszweck des Kaufs bzw. Verkaufs der Marke *Family* ist bei der Bestimmung des Wertes der Marke *Wöhrmann* zum Zwecke der Li-

138) Zur dieser Problematik der Marktsegregation vgl. auch die Ausführungen im Unterabschnitt A.II.1. in diesem Teil.

zenzierung dieser Marke eine Vergangenheitsorientierung angebracht.[139] Da hedonische Analysen im strengen Sinne lediglich zeitpunktbezogene Aussagen ermöglichen, und Daten über den untersuchten Produktmarkt zu verschiedenen Zeitpunkten nicht zur Verfügung standen, wird die Bestimmung des Wertes der Marke *Wöhrmann* auf diejenige Periode, aus welcher die Daten stammen bzw. welche sie repräsentieren, also auf das Jahr 1992, beschränkt.[140]

Nachdem die Marktabgrenzung in räumlicher und zeitlicher Hinsicht eindeutig festgelegt ist, verbleibt die **sachliche** Abgrenzung des relevanten Marktes. Diese ist durch die Auswahl der Produkte Kaffeesahne und Kondensmilch bereits vorgegeben. Eine alleinige Ausrichtung der Untersuchung auf den Markt für Kondensmilch **oder** auf den Markt für Kaffeesahne erscheint inadäquat, da aufgrund eindeutiger Überschneidungen der Verwendungsbereiche und ähnlicher Produkteigenschaften von einer stark substitutiven Beziehung zwischen diesen beiden Produkten ausgegangen werden muß; beide Produkte gehören also demselben Markt an. Die Berücksichtigung nur eines Produktes im Rahmen der hedonischen Analyse würde dann zu verzerrten hedonischen Preisen führen. Andererseits erscheint es nicht gerechtfertigt, eine Ausdehnung der Untersuchung auf weitere Produkte wie beispielsweise pulverförmigen Kaffeeweißer, Vollmilch oder auf pflanzlicher Basis bestehenden Imitaten durchzuführen, da diese aufgrund deutlich verschiedener Produkteigenschaften nicht als enge Substitute zu Kondensmilch oder Kaffeesahne gelten können; diese Produkte bleiben daher aus der Untersuchung ausgeschlossen.

Insgesamt konnten im Rahmen der vorliegenden Untersuchung 242 verschiedene Kondensmilch- und Kaffeesahneprodukte auf dem bundesdeutschen Markt identifiziert werden (vgl. *Nielsen*, 1992). Auch wenn kein Anspruch auf Vollständigkeit erhoben werden kann, so darf doch davon ausgegangen werden, daß ein derartiger Datenumfang den bundesdeutschen Kondensmilch- und Kaffeesahnemarkt sehr gut repräsentiert; diese breite Datenbasis wird dem Demonstrationscharakter dieser Untersuchung daher in besonderem Maße gerecht.

In diesem Zusammenhang ist darauf hinzuweisen, daß der Wert von Marken, welche neben dem betrachteten Markt auch auf anderen Produktmärkten Verwendung finden, in seiner Gesamtheit nur durch die Einbeziehung auch

139) Vgl. auch Unterabschnitt A.II.2.e. in diesem Teil.

140) Unter der Annahme periodenübergreifend stabiler Marktverhältnisse, d. h. daß sich die auf dem betrachteten Markt gehandelten Produkte und deren Produkteigenschaften auch im Zeitablauf kaum ändern, lassen sich natürlich auch hinreichend genaue Aussagen über mehrere Perioden treffen.

dieser Produktmärkte erfaßt werden kann; so werden einige der in dieser Untersuchung aufgenommenen Marken neben den Produkten Kondensmilch und Kaffeesahne auch für andere Milcherzeugnisse wie beispielsweise Buttermilch- oder Joghurtprodukte verwendet. Für diese Produktmärkte sind gesonderte hedonische Analysen notwendig, da sie eigenständige Märkte repräsentieren.

bab. Erhebung untersuchungsrelevanter Produkteigenschaften

Nachdem die einzelnen Produkte des bundesdeutschen Kondensmilch- und Kaffeesahnemarktes ermittelt worden sind, sind im nächsten Schritt die preisdeterminierenden Eigenschaften dieser Produkte abzuleiten. Hierbei sind die Anforderungen, welche an Produkteigenschaften im Rahmen hedonischer Analysen zu stellen sind, wie Diskriminierungsfähigkeit, Relevanz, Beeinflußbarkeit, Unabhängigkeit und Vollständigkeit, zu berücksichtigen.[141)] Unter Beachtung dieser Anforderungen können neben dem Preis folgende untersuchungsrelevante Produkteigenschaften auf dem Markt für Kaffeesahne und Kondensmilch identifiziert werden:

- der Fettgehalt der Produkte,
- die Verpackung der Produkte,
- die jeweilige Menge pro Produkteinheit,
- die Zugehörigkeit des jeweiligen Produkts zu Kondensmilch- oder Kaffeesahneerzeugnissen sowie
- die Markenzugehörigkeit.

Hinsichtlich des Fettgehalts der Produkte existiert ein vergleichsweise stark differenziertes Angebot;[142)] es reicht von 4% Fettgehalt bei fettarmer Kondensmilch bis zu 18%iger Kaffeesahne. Hinsichtlich der Verpackung existieren inzwischen neben den traditionellen Dosenverpackungen weitere Verpackungsalternativen; hierzu gehören Brikverpackungen, Kännchen, Flaschen (Glas/Plastik) sowie Portionspackungen. Ein breites Spektrum findet sich auch bei den Mengeneinheiten pro Produkteinheit; es reicht von 7,5 - 10 g bei den Portionspackungen über Flaschen mit 100 - 500 g und Kännchen mit 125 - 200 g bis zu Dosen mit 80 - 410 g und Brikverpackungen mit 160 - 340 g Inhalt. Hinsichtlich der Zugehörigkeit der Produkte zu den Produktarten Kaffeesahne bzw. Kondensmilch zeigte sich, daß 89 von den 242 in die Untersuchung aufgenommenen Produkten Kaffeesahneerzeugnisse sind. Angeboten werden die auf diesem Markt gehandelten Produkte unter insgesamt 60 verschiedenen

---

141) Vgl. Unterabschnitt B.I.2.ab. in diesem Teil.
142) Vgl. auch die Ausführungen im Unterabschnitt B.II.1.a. in diesem Teil.

Marken; dabei existieren sowohl Einzelmarken als auch Markenfamilien, welche z. T. sowohl Kaffeesahne- als auch Kondensmilchprodukte umfassen.

Keine Berücksichtigung fand die Produkteigenschaft "Anteil fettfreier Milchtrockenmasse", welche auf den Verpackungen der Kondensmilcherzeugnisse jeweils angegeben ist; dies war möglich, da der Fettgehalt und der Anteil fettfreier Milchtrockenmasse in fester Relation zueinander stehen. Diese Variable beinhaltet also keine neuen Informationen und kann daher aus der Untersuchung ausgeschlossen werden. Auch wurde die Haltbarkeit der Produkte als weitere Variable nicht berücksichtigt, da die Haltbarkeit von der Art der Verpackung sowie von der Zugehörigkeit zu Kondensmilch- oder Kaffeesahneprodukten abhängt. Da beide Variablen bereits Eingang in die Untersuchung gefunden haben, beinhaltet auch die Variable "Haltbarkeit" keine neuen Informationen, so daß auch sie nicht weiter berücksichtigt werden muß.

Bei allen letztendlich in die Untersuchung aufgenommenen Produkteigenschaften kann davon ausgegangen werden, daß sie die Anforderungen an Diskriminierungsfähigkeit, Relevanz und Beeinflußbarkeit erfüllen. Zur Feststellung der Anforderung der Unabhängigkeit der Eigenschaften wurde eine Korrelationsanalyse vorgenommen; verwendet wurde hierfür der Spearman'sche Rangkorrelationskoeffizient, welcher für ordinal skaliertes Datenmaterial geeignet ist.[143)] Da dieser Korrelationskoeffizient invariant gegenüber streng monotonen Transformationen, wie sie die Box-Cox-Transformation beispielsweise darstellt, ist, ermöglicht er auch eine sinnvolle Aussage für den Zusammenhang zwischen den beiden metrischen Merkmalen "Fettgehalt" und "Menge". Zusätzlich wurde für diese beiden Merkmale jedoch auch der Produkt-Moment-Korrelationskoeffizient berechnet, welcher für metrisch skalierte Variablen geeignet ist.[144)] Wie aus *Tabelle 4.3* ersichtlich ist, zeigten sich bis auf einen stärkeren Zusammenhang zwischen den Variablen Fettgehalt und der Zugehörigkeit zu der jeweiligen Produktart Kondensmilch bzw. Kaffeesahne keine nennenswerten Korrelationen. Der Zusamenhang zwischen dem Fettgehalt und der Zugehörigkeit zur jeweiligen Produktart ist plausibel, da Kaffeesahneerzeugnisse gegenüber Kondensmilcherzeugnissen fast ausnahmslos einen mindestens gleich hohen, in der Regel aber höheren Fettgehalt aufweisen. Da aber sowohl die Unterscheidung der Produkte in Kondensmilch- und Kaffeesahneerzeugnisse, als auch der Fettgehalt bedeutende Variablen zur Erklärung des Produktpreises sind, kann keine der beiden Variablen aus der Untersuchung ausgeschlossen werden. Bereits hier zeichnet sich ab, daß eine linear-additive Funktionsform der hedonischen Preisfunktion, welche Un-

143) Zum Spearman'schen Rangkorrelationskoeffizienten vgl. z. B. *Hartung*, 1986, S. 79 f.
144) Zum Produkt-Moment-Korrelationskoeffizient vgl. z. B. *Berndt*, 1992a, S. 154 ff.

abhängigkeit der Produkteigenschaften unterstellt, mit hoher Wahrscheinlichkeit nicht die ideale Funktionsform zur Erklärung des Produktpreises darstellt.[145]

	Fettgehalt	Menge	Verpakkung	Produktartzug.	Markenzug.
Fettgehalt	1	-0,29 (-0,22)*	0,26	0,76	0,18
Menge		1	-0,18	-0,42	0,09
Verpackung			1	0,30	0,19
Produktartzugehörigkeit				1	0,20
Markenzugehörigkeit					1

*: Produkt-Moment-Korrelationskoeffizient

Tab. 4.3: Korrelationskoeffizienten für die im Rahmen der empirischen Untersuchung berücksichtigten Produkteigenschaften

Da Korrelationsanalysen nur paarweise Abhängigkeiten messen, Abhängigkeiten zwischen den unabhängigen Variablen (Multikollinearität) aber auch trotz durchgängig niedriger Korrelationskoeffizienten bestehen können, wurden zusätzlich die Toleranzen jeder unabhängigen Variablen berechnet, um genauere Aussagen über Abhängigkeiten zwischen den unabhängigen Variablen treffen zu können.[146] Den Toleranzwert einer unabhängigen Variablen erhält man, indem eine Regression dieser Variablen auf die restlichen unabhängigen Variablen durchgeführt wird; der Toleranzwert ergibt sich dann aus dem Wert des Bestimmtheitsmaßes dieser Regression, welcher von dem Wert 1 abgezogen wird. Ist das Bestimmtheitsmaß hoch, z. B. 1, so kann die betreffende Variable durch eine Linearkombination der restlichen Variablen erzeugt werden; diese Variable enthält damit keine zusätzlichen Informationen und kann daher eliminiert werden. Niedrige Toleranzwerte deuten also auf starke Multikolli-

145) Vgl. hierzu auch die Ausführungen zur Berechnung der hedonischen Preise der analysierten Marken im folgenden Unterabschnitt B.II.2.bac.

146) Zum Problem und der Behandlung von Multikollinearität bei hedonischen Studien vgl. auch *Weber*, 1986, S. 103 ff.

nearität hin, hohe Toleranzwerte hingegen bedeuten weitgehende Unabhängigkeit der Variablen.

In der vorliegenden Untersuchung liegen die Toleranzwerte bei 0,8 und höher; dies deutet auf zu vernachlässigende Multikollinearität hin. Lediglich bei den Variablen Fettgehalt und Zugehörigkeit des Produkts zu Kaffeesahne oder Kondensmilchprodukten betragen die Toleranzwerte 0,51 bzw. 0,44. In beiden Fällen ist der überaus größte Anteil an dem relativ hohen Bestimmtheitsmaß, welches zu diesen Toleranzwerten führt, auf die jeweils andere Variable zurückzuführen. Dieses Ergebnis ist konsistent mit dem Ergebnis der Korrelationsanalyse, welche bei den beiden Variablen Fettgehalt und Zugehörigkeit des Produkts zu Kondensmilch- bzw. Kaffeesahneerzeugnissen vergleichsweise hohe Korrelationskoeffizienten ausgewiesen hat. Aus den genannten Gründen kann jedoch keine der beiden Variablen aus der Untersuchung ausgeschlossen werden. *Tabelle 4.4* zeigt die einzelnen Toleranzwerte der berücksichtigten Produkteigenschaften.

Unabhängige Variable	Toleranzwert
Fettgehalt	0,51
Menge	0,80
Verpackung	0,93
Produktartzugehörigkeit	0,44
Markenzugehörigkeit	0,90

Tab. 4.4: Toleranzwerte für die im Rahmen der empirischen Untersuchung berücksichtigten Produkteigenschaften

Neben den erläuterten und in die Untersuchung aufgenommenen Produkteigenschaften ist als weitere besonders wichtige Produkteigenschaft im Rahmen hedonischer Analysen der **Produktpreis** miteinzubeziehen.[147)] Hinsichtlich der Qualität der in der vorliegenden Untersuchung zugrunde gelegten Preisinformationen sind zwei Aspekte bemerkenswert: Erstens stammen die Pro-

147) Vgl. hierzu auch die diesbezüglichen Ausführungen im Unterabschnitt B.I.2.ab. in diesem Teil.

duktpreise aus den Monaten Juni/Juli 1992 und stellen somit eine besonders aktuelle Datenbasis dar. Zweitens handelt es sich bei diesen Daten um sehr aussagekräftige Preisinformationen, da sie im Rahmen eines repräsentativen Handelspanels ermittelt wurden und sowohl Sonderangebots- als auch Normalpreise für jedes Produkt umfassen; diese Preise sind zusätzlich mengengewichtet, d. h. daß im Falle größerer Absatzmengen bei Sonderangebotspreisen diese Tatsache bei der Ermittlung des durchschnittlichen Preises des jeweiligen Produkts entsprechend berücksichtigt wird. Ein Beispiel hierzu zeigt *Abbildung 4.22.*

Verkauf von 150 Einheiten des Produkts A in Geschäft X zum Preis von 0,99 DM (Normalpreis)

Verkauf von 250 Einheiten des Produkts A in Geschäft Y zum Preis von 0,89 DM (Sonderpreis)

Im Rahmen der Untersuchung zugrunde gelegter Preis für Produkt A:

$$\frac{150 \text{ Stück} \cdot 0{,}99 \text{ DM} + 250 \text{ Stück} \cdot 0{,}89 \text{ DM}}{150 \text{ Stück} + 250 \text{ Stück}} = \frac{371 \text{ DM}}{400 \text{ Stück}} =$$

$$= 0{,}9275 \text{ DM/Stück} \approx 0{,}93 \text{ DM/Stück}$$

Abb. 4.22: Ermittlung des im Rahmen der Untersuchung zugrunde gelegten empirischen Produktpreises

Sämtliche in die Untersuchung aufgenommenen Produkte sind also durch insgesamt je sechs Merkmale gekennzeichnet: dem Preis sowie den anderen im einzelnen erläuterten fünf Eigenschaften. *Abbildung 4.23* zeigt ein typisches Beispiel für die Einordnung eines auf dem betrachteten Markt gehandelten Produkts anhand dieser sechs Merkmale.

Produkt: BÄRENMARKE Kaffeetraum	
Merkmal	**Beobachtete Merkmalsausprägung**
Fettgehalt	8 %
Verpackung	Flasche
Menge	170 g
Produktzugehörigkeit	Kondensmilch
Markenzugehörigkeit	Bärenmarke
Empirischer Preis	1,18 DM

Abb. 4.23: Im Rahmen der Untersuchung zugrunde gelegte Produkteigen-Produkteigenschaften mit je einer Ausprägung anhand eines empirischen Beispiels

bac. Berechnung der hedonischen Preise der analysierten Marken

Nach Feststellung der auf dem bundesdeutschen Markt für Kondensmilch und Kaffeesahne gehandelten Produkte wie auch derer relevanten Produkteigenschaften können die hedonischen Preise der Marken berechnet werden. Im Vordergrund steht daher die Ermittlung derjenigen monetären Beträge, welche bei den Produkten der Marken *Family* und *Wöhrmann* auf die Marke zurückzuführen sind. Zur Berechnung dieser Beträge ist Gleichung (4.59) anzuwenden:[148)]

$$(4.59)\ p^t(\lambda_0^t) = \alpha_0^t + \sum_{i=1}^{m} \alpha_i^t \cdot x_i^t(\lambda_1^t) + \sum_{i=m+1}^{n-1} \sum_{j=1}^{k_i-1} \alpha_{ij}^t \cdot x_{ij}^t + \sum_{j=1}^{k_m-1} \alpha_{ij}^{M,t} \cdot x_{ij}^{M,t} + \varepsilon^t .$$

Ziel ist es nun, mit Hilfe der Box-Cox-Technik die für das vorliegende Datenmaterial optimalen Transformationsparameter λ_i $(i = 0,1)$ zu ermitteln und die Regressionskoeffizienten zu schätzen; gleichzeitig ist damit die für den vorliegenden Fall adäquate Funktionsform bestimmt. Die Transformation des Datenmaterials, konkret der Produktpreise und der Ausprägungen der metrischen Produkteigenschaften, erfolgt hierfür in folgender Weise:

148) Vgl. hierzu sowie zu den folgenden Ausführungen auch Unterabschnitt B.I.2.ac. in diesem Teil.

$$(4.60)\qquad z(\lambda) = \begin{cases} \dfrac{z^{\lambda}-1}{\lambda \cdot g^{\lambda-1}}\ , & \text{für } \lambda \neq 0 \\[2ex] g \cdot \ln z\ , & \text{für } \lambda = 0\ . \end{cases}$$

Die optimale Konstellation der Transformationsparameter ergibt sich durch Maximierung der logarithmierten Likelihood-Funktion :

$$(4.61)\qquad L(\lambda_0,...,\lambda_m) = -\frac{1}{2} \cdot K \cdot \ln \hat{\sigma}^2 (\lambda_0,...,\lambda_m,z)\ .$$

Die Maximierung von (4.61) wird durch Minimierung der Varianz der Residuen $\hat{\sigma}^2$ erreicht. Welche konkrete Transformationsparameterkonstellation für den vorliegenden Fall optimal ist, wird mittels systematischer Variation der Transformationsparameter und Berechnung der zugehörigen Varianz der Residuen im Rahmen herkömmlicher Regressionsanalysen bestimmt. Um den Analyseaufwand zu begrenzen, wird hier in zwei Schritten vorgegangen (vgl. auch *Weber*, 1986, S. 164 f.): Zunächst wird mittels eines Grobrasters, bei welchem die Transformationsparameter mit der Schrittweite 0,25 variiert werden, die optimale Transformationsparameterkonstellation näher eingekreist. Im zweiten Schritt erfolgt dann durch Reduktion der Schrittweite auf 0,05 die genaue Bestimmung der optimalen Transformationsparameter. *Abbildung 4.24* stellt Grob- und Feinraster zur Ermittlung der Transformationsparameter sowie die zugehörigen Werte der logarithmierten Likelihoodfunktion dar. Auf die Angabe weiterer negativer Transformationsparameter über die dargestellten hinaus wird verzichtet, da diese durchweg zu eindeutig schlechteren Werten der logarithmierten Likelihoodfunktion führten.

Als optimale Konstellation ergibt sich ein Transformationsparameterwert für die abhängige Variable von 0,15 und für die unabhängigen Variablen von -0,05. Zu beachten ist, daß sich alle anderen Parameterkonstellationen, deren Maximum-Likelihoodwerte um nicht mehr als 3 (2,3) vom Optimum abweichen, bei einer Irrtumswahrscheinlichkeit von 5% (10%) nicht signifikant von der optimalen Transformationsparameterkonstellation unterscheiden. Wie bereits vermutet,[149] erweist sich die linear-additive Funktionsform ($\lambda_0 = \lambda_1 = 1$) in statistischer Hinsicht als unterlegen; zum Vergleich sollen jedoch im folgenden auch die Ergebnisse, die bei dieser Funktionsform resultieren, angegeben werden.

---

149) Vgl. den vorangegangenen Unterabschnitt B.II.2.bab.

Grobraster

λ_1 \ λ_0	-0,25	0	0,25	0,5	0,75	1
-0,25	493,60	507,06	490,83	463,92	433,78	401,98
0	447,66	503,84	518,94	503,19	473,15	437,61
0,25	370,67	441,68	489,33	506,09	495,22	466,99
0,5	318,46	387,26	441,45	475,10	484,54	471,84
0,75	290,16	355,48	408,75	446,31	464,67	462,76
1	275,25	338,08	389,77	427,83	449,54	453,24

Fein-raster

λ_1 \ λ_0	0	0,05	0,1	0,15	0,2	0,25	0,3	0,35
-0,1	514,85	517,32	518,20	517,68	515,94	513,17	509,54	505,21
-0,05	511,03	515,41	518,08	519,19*	518,89	517,34	514,74	511,25
0	503,84	510,13	514,69	517,60	518,98	518,94	517,66	515,29
0,05	493,84	501,84	508,19	512,91	516,05	517,68	517,93	516,94

Abb. 4.24: Grob- und Feinraster zur Bestimmung der optimalen Transformationsparameter im Rahmen der Box-Cox-Transformation

Bei dem transformierten Modell ergibt sich ein Bestimmtheitsmaß von 0,91, d. h. daß 91 % der gesamten Streuung der Preisbeobachtungswerte um ihren Mittelwert durch das Modell erklärt werden. Dieser hohe Wert wird durch das linear-additive Modell nicht erreicht; hier liegt das Bestimmtheitsmaß bei 0,82, also 9 Prozentpunkte unter dem Bestimmtheitsmaß des transformierten Modells. Daß das transformierte Modell zu besseren Preisschätzungen führt als die linear-additive Version, wird auch bereits bei einer optischen Analyse deutlich, wenn die tatsächlichen und die mittels des jeweiligen Modells geschätzten Preise einander gegenübergestellt werden; *Abbildung 4.25* zeigt, daß die Abweichungen zwischen tatsächlichem und geschätztem Preis bei dem transformierten Modell eindeutig geringer sind.

Das Bestimmtheitsmaß des transformierten Modells läßt allerdings ausschließlich eine Aussage darüber zu, wie gut sich die **transformierten** Preise erklären lassen; dies wird auch an der Skalierung des rechten Schaubildes in *Abbildung 4.25* ersichtlich. Da jedoch allein die Prognosegüte für die tatsächlichen Preise interessiert, werden die transformierten Preise rücktransformiert und den tatsächlichen Preisen gegenübergestellt. Die Rücktransformation erfolgt dabei gemäß (4.62):

$$(4.62)\quad p_i^{\text{rück}} = (0{,}15 \cdot g_p^{-0{,}85} \cdot p_i^{\text{trans}} + 1)^{6{,}67}$$

mit: $p_i^{\text{rück}}$ = rücktransformierter Preis von Produkt i
g_p = geometrisches Mittel der beobachteten Preise
p_i^{trans} = mittels des transformierten Modells geschätzter Preis für Produkt i.

Gleichung (4.62) ergibt sich, indem die Transformation der Preise nach (4.60) mit einem Wert von $\lambda = 0{,}15$ rückgängig gemacht wird, d. h. (4.60) nach z bzw. p aufgelöst wird.

Das Bestimmtheitsmaß kann in diesem Fall gemäß (4.63) berechnet werden:

$$(4.63)\quad r^2 = 1 - \frac{\sum_{i=1}^{n}(p_i^{\text{beob}} - p_i^{\text{rück}})^2}{\sum_{i=1}^{n}(p_i^{\text{beob}} - \bar{p}^{\text{beob}})^2}$$

mit: r^2 = Bestimmtheitsmaß
p_i^{beob} = beobachteter Preis von Produkt i
$\bar{p}^{\text{beob}}$ = Durchschnittswert der beobachteten Preise.

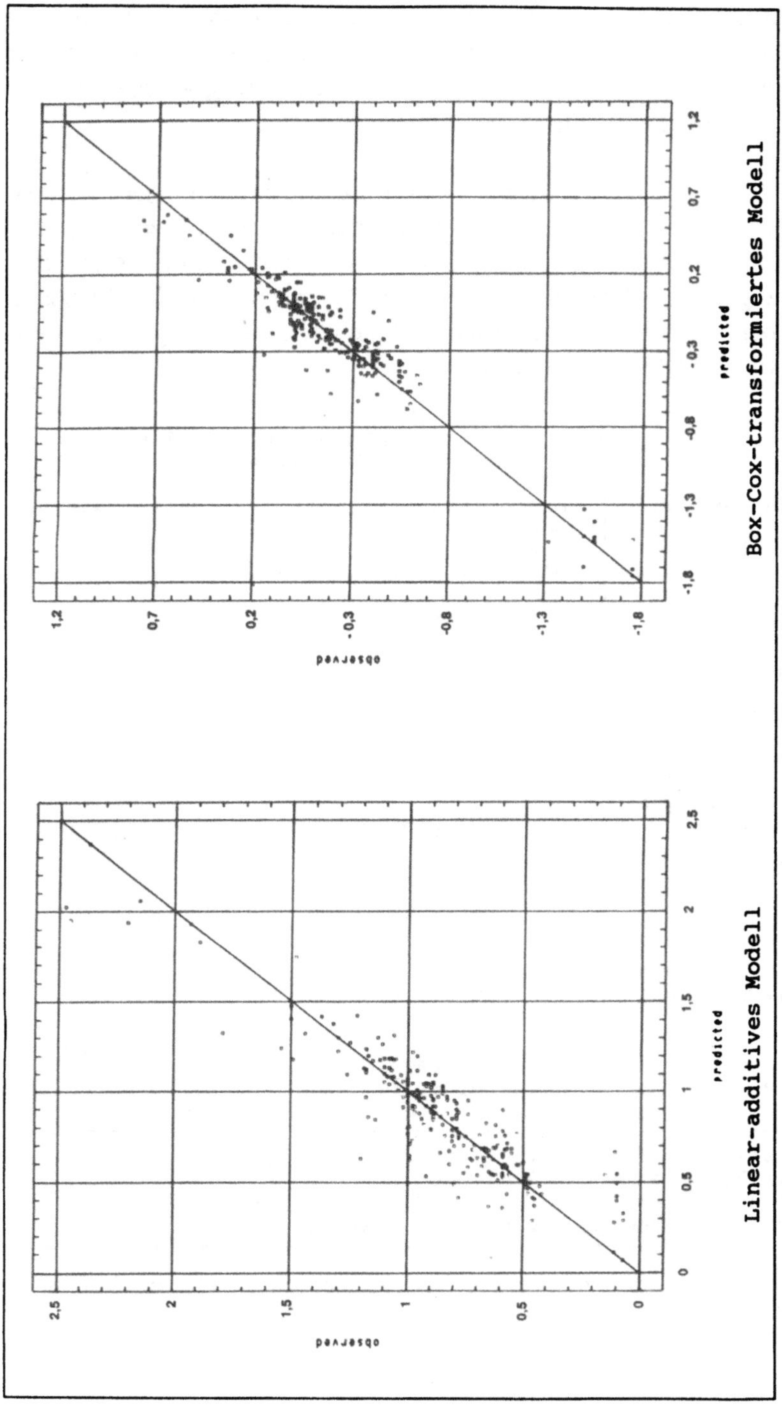

Abb. 4.25: Abweichungen der beobachteten von den geschätzten Preisen im linear-additiven Modell und im transformierten Modell

Für die rücktransformierten Preise ergibt sich ein Bestimmtheitsmaß von 0,87; die rücktransformierten Preise werden also etwas schlechter prognostiziert als die transformierten Preise. Trotzdem liegt die Prognosegüte nach wie vor deutlich über dem linear-additiven Modell.

Sowohl das linear-additive als auch das transformierte Modell liefern hoch signifikante Werte für die Regressionskoeffizienten. *Tabelle 4.5* zeigt die Regressionskoeffizienten für die einzelnen Produkteigenschaften bei beiden Modellen und zugehörige Signifikanzniveaus. Die Vorzeichen der Koeffizienten stimmen in beiden Fällen überein; auch sind die Größenordnungen der Koeffizienten in vielen Fällen sehr ähnlich.

	Regressionskoeffizienten (Werte gerundet)	
Produkteigenschaft	Box-Cox-transformiertes Modell (λ_0=0,15; λ_1=-0,05)	Linear-additives Modell (λ_0=λ_1=1)
Konstante	-3,916[1)]	-0,425[3)]
Fettgehalt	0,021[1)]	0,036[1)]
Menge pro Produkteinheit	0,003[1)]	0,003[1)]
Zugehörigkeit des Produkts (Kaffeesahne)	-0,081[2)]	-0,115[2)]
Verpackung		
Dose[4)]	0	0
Flasche	0,240[1)]	0,279[1)]
Kännchen	0,171[1)]	0,179[1)]
Portionspackung	0,378[1)]	0,221[1)]
Brikverpackung	-0,029[3)]	-0,144[1)]
Marke		
Wöhrmann	0,164[1)]	0,185[1)]
Family	0,080[1)]	0,068[1)]

1) Signifikant auf dem 1 %-Niveau
2) Signifikant auf dem 5 %-Niveau
3) Nicht signifikant
4) Als Basisausprägung gleich Null gesetzt

Tab. 4.5: Regressionskoeffizienten der Produkteigenschaften für das linear-additive Modell und für das transformierte Modell

Mit Hilfe der in *Tabelle 4.5* angegebenen Regressionskoeffizienten lassen sich nun die konkreten monetären Beträge errechnen, die pro Produkteinheit auf die Marke entfallen. Im Falle des linear-additiven Modells entsprechen diese Beträge genau dem jeweiligen Regressionskoeffizienten. Dies bedeutet, daß bei der Marke *Wöhrmann* bei jedem unter dieser Marke geführten Produkt 0,185 DM auf die Marke entfallen; der entsprechende Wert für die Marke *Family* beträgt 0,068 DM. Daß insbesondere der Wert für die Marke *Wöhrmann* unrealistisch ist, wird deutlich, wenn man beachtet, daß die Marke *Wöhrmann* keine Einzelmarke ist. Unter dieser Marke werden Produkte angeboten, welche preislich weit auseinanderklaffen; so liegt der Preis für das teuerste unter dieser Marke angebotene Produkt um über 70 % über dem billigsten Produkt dieser Marke. Daß für beide Produkte derselbe monetäre Betrag auf die Marke entfällt, erscheint daher sehr unrealistisch.

Das transformierte Modell hingegen liefert produktspezifisch unterschiedliche monetäre Beträge für die Marke. Entgegen dem linear-additiven Modell sind zur Berechnung des Wertes der Marke allerdings alle Produkteigenschaften und deren Ausprägungen relevant. *Tabelle 4.6* zeigt die Ausprägungen der Produkteigenschaften für die unter den Marken *Wöhrmann* bzw. *Family* angebotenen Produkte.

Produkt	**Produkteigenschaften**			
	Fettgehalt	Menge pro Einheit	Zugehörigkeit des Produkts	Verpackung
Wöhrmann				
Produkt 1	7,5 %	170 g	KD[1]	Dose
Produkt 2	7,5 %	340 g	KD	Brik
Produkt 3	7,5 %	340 g	KD	Dose
Produkt 4	7,5 %	160 g	KD	Brik
Produkt 5	10 %	340 g	KD	Brik
Produkt 6	10 %	340 g	KD	Dose
(Produkt 7)[2]	7,5 %	7,5 g	KS[3]	Portionspackung
(Produkt 8)[2]	12 %	165 g	KS	Kännchen
Family				
Produkt	10 %	250 g	KS	Flasche

1) Kondensmilch
2) nicht mehr am Markt
3) Kaffeesahne

Tab. 4.6: Produkteigenschaften der unter den analysierten Marken angebotenen Produkte

Beispielhaft wird hier der Wert der Marke *Wöhrmann* für das Produkt 2 explizit berechnet. Unter Berücksichtigung von (4.59) und (4.60) sowie den Eigenschaftsausprägungen dieses Produkts ergibt sich:[150)]

$$(4.64)\quad \frac{p^{0,15}-1}{0,15 \cdot g_p^{-0,85}} = -3,915999 + 0,020977 \cdot \frac{7,5^{-0,05}-1}{-0,05 \cdot g_f^{-1,05}}$$

$$+ 0,003024 \cdot \frac{340^{-0,05}-1}{-0,05 \cdot g_m^{-1,05}} - 0,028942 + 0,164422 = -0,087908845$$

mit: g_p = geometrisches Mittel der beobachteten Preise
g_f = geometrisches Mittel des Fettgehalts
g_m = geometrisches Mittel der Menge pro Produkteinheit
p = geschätzter Preis des Produkts.

Auflösen von (4.64) nach p erbringt einen Produktpreis von 0,89 DM. Zur Ermittlung des Wertes der Marke bei diesem Produkt wird nochmals der Preis dieses Produkts, jetzt ohne Marke, geschätzt:

$$(4.65)\quad \frac{p_o^{0,15}-1}{0,15 \cdot g_p^{-0,85}} = -0,087908845 - 0,164422 = -0,252330845$$

mit: p_o = geschätzter Preis ohne Marke.

Aus (4.65) resultiert ein geschätzter Produktpreis für das Produkt ohne Marke von 0,72 DM. Der Wert der Marke pro Produkteinheit ergibt sich dann aus der Differenzbetrachtung des geschätzten Preises mit und ohne Marke:

$$(4.66)\quad p_M = p - p_o = 0,89 \text{ DM} - 0,72 \text{ DM} = 0,17 \text{ DM}$$

mit: p_M = Wert der Marke pro Produkteinheit .

Pro Produkteinheit ist also ein Betrag von 0,17 DM direkt der Marke zuzuordnen. Der Wert der Marke pro Produkteinheit für die anderen hier näher analysierten Produkte bzw. Marken, welche analog zu ermitteln sind, zeigt *Tabelle 4.7*.

---

150) Hier werden keine gerundeten Werte verwendet, da sich bei Beschränkung auf beispielsweise drei Nachkommastellen bereits deutliche Rundungsfehler ergeben. Um keine Verwechslungen mit den Exponenten hervorzurufen, wird ferner in (4.64), (4.65) und (4.66) gegenüber (4.59) auf die Angabe des Periodenindex t verzichtet.

Produkt	Wert der Marke pro Produkteinheit (gerundet)
Wöhrmann	
Produkt 1	0,12 DM
Produkt 2	0,17 DM
Produkt 3	0,18 DM
Produkt 4	0,11 DM
Produkt 5	0,18 DM
Produkt 6	0,19 DM
(Produkt 7)[1]	(0,02 DM)
(Produkt 8)[1]	(0,14 DM)
Family	
Produkt	0,09 DM
1) nicht mehr am Markt	

Tab. 4.7: Wert der Marke pro Produkteinheit bei den analysierten Produkten

bb. Ausprägungen weiterer Input-Daten

Neben den hedonischen Preisen der Marken *Wöhrmann* und *Family* sind zur Berechnung des Wertes dieser Marken für die vorgegebenen Zwecke weitere Input-Daten notwendig. Hierzu gehören:[151]

- die Absatzmengen der einzelnen unter diesen beiden Marken angebotenen Produkte,
- der in Abhängigkeit des Bewertungszwecks zugrunde zu legende Bewertungszeitraum,
- der anzusetzende Kalkulationszinsfuß sowie
- die auf die Verwendung der Marke zurückzuführenden Kosten.

Empirische Werte für die Absatzmengen der einzelnen Produkte der betrachteten Marken konnten im Rahmen dieser Untersuchung nicht beschafft werden, da die angesprochenen Marktforschungsinstitute nicht zu einer Bereitstellung dieser Daten unter annehmbaren Bedingungen bewegt werden konnten. Um dem Demonstrationszweck, welcher der vorliegenden Untersuchung in erster Linie zugrunde liegt, gerecht zu werden, besteht in dieser Hinsicht jedoch auch gar keine Notwendigkeit, da dieser Zweck auch mit fiktiven Absatzdaten erfüllt ist; ohne einen Einfluß auf die Aussagefähigkeit der Untersu-

151) Vgl. auch Unterabschnitt B.I.2.b. in diesem Teil.

chungsergebnisse in Kauf nehmen zu müssen, können daher hypothetische Werte für die jeweiligen Absatzmengen angenommen werden.

Hinsichtlich der Länge des zugrunde zu legenden Bewertungszeitraumes ist aufgrund seiner Abhängigkeit vom Bewertungszweck zwischen den beiden analysierten Marken wie folgt zu differenzieren: Für die Marke *Wöhrmann* wird ausschließlich auf die Periode, aus welcher die dieser Untersuchung zugrunde gelegten Daten stammen, d. h. also auf das Jahr 1992, Bezug genommen; dies ist plausibel, da Lizenzgebühren im Regelfall jährlich entrichtet werden. Eine mehrperiodige Betrachtung, für die zudem Marktdaten aus den einzelnen Perioden hätten vorliegen müssen, da hedonische Analysen an sich nur zeitpunktbezogene Aussagen zulassen, kann daher entfallen. Für den Zweck des Kaufs bzw. Verkaufs der Marke *Family* hingegen ist in jedem Falle eine mehrperiodige und gleichzeitig zukunftsorientierte Betrachtungsweise einzuschlagen. Der hiermit verbundenen Unsicherheit hinsichtlich der konkreten Länge des anzusetzenden Zeitraumes, welcher hier die Lebensdauer der Marke widerspiegelt, wird durch eine stochastische Formulierung des Zeithorizonts Rechnung getragen.

Eng verbunden mit dem Ausmaß des zugrunde zu legenden Zeithorizonts ist die Festlegung des Kalkulationszinsfußes. Da auf eine unterjährige Verzinsung verzichtet werden soll, wird für die Bewertung der Marke *Wöhrmann* kein Zinsfuß angesetzt. Für die Bewertung der Marke *Family* hingegen kann aufgrund der mehrperiodigen Modellformulierung auf die Berücksichtigung eines Kalkulationszinsfußes nicht verzichtet werden. Da einerseits fundierte Informationen über denkbare zukünftige Ausprägungen des Kalkulationszinsfußes fehlen, andererseits sich auch die einschlägige Literatur überwiegend auf deterministisch vorgegebene Zinsfüße beschränkt, wird im folgenden auf eine stochastische Formulierung dieser Modellvariable verzichtet.

Valide Informationen über die auf die Verwendung der untersuchten Marken zurückzuführenden Kosten konnten im Rahmen der vorliegenden Untersuchung nicht beschafft werden; dies ist umso verständlicher, als davon auszugehen ist, daß derartige Informationen auch bei den betreffenden Unternehmen nicht bereits vorliegen, sondern erst generiert werden müssen. Analog zur Informationssituation bezüglich der Absatzmengen der einzelnen hier interessierenden Produkte resultiert hieraus jedoch keine wesentliche Einbuße hinsichtlich der Qualität der Untersuchungsergebnisse, da die Unterstellung hypothetischer markenspezifischer Kosten bestimmter Höhe auf jedem Fall dem Anspruch genügt, dem Demonstrationscharakter dieser Untersuchung gerecht zu werden. Im vorliegenden Fall wird davon ausgegangen, daß diese markenspezifischen Kosten für die beiden analysierten Marken unterschiedlich, für unterschiedliche Produkte unter derselben Marke aber einheitlich sind. Auch wird auf die explizite Angabe markenspezifischer Fixkosten für jedes Produkt derselben Marke verzichtet; vielmehr wird von allgemeinen Fixkosten, welche auf die Verwendung der Marke zurückzuführen sind, ausgegangen. Diese Annahmen erscheinen unter Berücksichtigung der diesbezüglich vorliegenden Informationen plausibel.

Tabelle 4.8 zeigt die angenommenen Ausprägungen der einzelnen Modellvariablen, welche der Berechnung des Wertes der Marken *Wöhrmann* bzw. *Family* zugrunde gelegt werden.

c. Berechnung des Markenwerts der analysierten Marken und Interpretation der Ergebnisse

Die Berechnung des Wertes der Marke *Wöhrmann* für den vorgegebenen Zweck der Lizenzierung dieser Marke gestaltet sich recht einfach, da die Input-Daten vergangenheitsorientiert und somit einwertig sind. Der konkrete Wert der Marke wird festgestellt durch die Heranziehung der Verknüpfungsregel (4.58). Durch Einsetzen der hedonischen Preise der Marke für die unter dieser Marke vertriebenen Produkte sowie Berücksichtigung der weiteren im vorangegangenen Unterabschnitt dargestellten Input-Daten kann eine einwertige Aussage über den Wert der Marke für den vorgegebenen Zweck der Lizenzierung dieser Marke abgeleitet werden. Als Wert der Marke *Wöhrmann* resultiert damit konkret:

$$
\begin{aligned}
MW_{\text{Wöhrmann}} = \; & (0{,}12\text{ DM} - 0{,}05\text{ DM}) \cdot 200.000 \\
& + (0{,}17\text{ DM} - 0{,}05\text{ DM}) \cdot 440.000 \\
& + (0{,}18\text{ DM} - 0{,}05\text{ DM}) \cdot 600.000 \\
& + (0{,}11\text{ DM} - 0{,}05\text{ DM}) \cdot 240.000 \\
& + (0{,}18\text{ DM} - 0{,}05\text{ DM}) \cdot 360.000 \\
& + (0{,}19\text{ DM} - 0{,}05\text{ DM}) \cdot 400.000 \\
& - 30.000 = \\
& = \underline{232.000\text{ DM}}\;.
\end{aligned}
$$

Produkt	Weitere Input-Daten zur Berechnung des Wertes der Marken Family und Wöhrmann				
	Absatzmenge (in Stück)	Länge des Bewertungszeitraumes	Kalkulationszinsfuß	Höhe der markenspezifischen Kosten je Produkteinheit	Markenspezifische Fixkosten je Periode
Wöhrmann					
Produkt 1	200.000	Einheitlich eine Periode	Kein Kalkulationszinsfuß berücksichtigt	Einheitlich 0,05 DM	30.000 DM
Produkt 2	440.000				
Produkt 3	600.000				
Produkt 4	240.000				
Produkt 5	360.000				
Produkt 6	400.000				
(Produkt 7) 1)	--				
(Produkt 8) 1)	--				
Family					
Produkt	500.000 (Ausgangsperiode)	20, 25 bzw. 30 Perioden (Zufallsvariable)	5 %	0,03 DM (Ausgangsperiode)	15.000 DM (Ausgangsperiode)

1) Produkt nicht mehr am Markt

Tab. 4.8: Weitere Input-Daten zur Berechnung des Wertes der Marken Family und Wöhrmann

Der Wert von $MW_{Wöhrmann}$ sagt aus, daß dem Lizenznehmer durch Verwendung der Marke ein Gewinn von 232.000 DM entsteht; dies entspricht einem Anteil am Umsatz von 12,1 %. Dieser Gewinn ist explizit auf die Marke zurückzuführen und kann daher als Ausgangspunkt für Lizenzgebührverhandlungen herangezogen werden. Dabei ist zu beachten, daß sich dieser Wert allein auf die Marke bezieht; durch die Lizenzierung weiterer materieller und immaterieller Vermögensgegenstände wie Know-how, Patente, spezielle Produktionsanlagen usw. ist dieser Wert entsprechend zu korrigieren. Auch ist darauf hinzuweisen, daß sich der ermittelte Wert ausschließlich auf die Lizenzierung der Marke in ihrem angestammten Produktbereich, also dem Kaffeesahne- bzw. Kondensmilchmarkt, und auf das Gebiet der Bundesrepublik Deutschland bezieht; bei Lizenzierung der Marke für andere Produkte z. B. im Rahmen einer Markentransfer-Strategie oder bei Vergabe der Lizenz ins Ausland sind separate hedonische Studien durchzuführen, und die Input-Daten für die anderen Modellvariablen der Verknüpfungsregel (4.58) entsprechend anzupassen. Für derartige Situationen besitzt der ermittelte Wert der Marke keine Aussagekraft.

Die Ermittlung des Wertes der Marke *Family* gestaltet sich gegenüber der Bestimmung des Wertes der Marke *Wöhrmann* deutlich aufwendiger. Zurückzuführen ist diese Tatsache auf den unterstellten Zweck des Kaufs bzw. Verkaufs dieser Marke, welcher eine zukunftsorientierte Betrachtungsweise impliziert. Dies bedeutet erstens, daß Prognosedaten für die Modellvariablen zu generieren sind, und zweitens, daß für eine entsprechende Aufbereitung und Verarbeitung dieser Prognosedaten zu sorgen ist.

In der vorliegenden Untersuchung soll auf mehrwertige Prognosen zurückgegriffen werden. Hierdurch wird der Einsatz der Monte-Carlo-Simulation ermöglicht, mit deren Hilfe das gesamte Spektrum möglicher Werte der Marke *Family* mit den zugehörigen Eintrittswahrscheinlichkeiten explizit aufgezeigt werden kann; die Monte-Carlo-Simulation wird zu diesem Zweck mit dem Zustandsbaumverfahren verknüpft.[152)] Zur Berechnung des Wertes der Marke *Family* ist Verknüpfungsregel (4.57) heranzuziehen.

Der konkrete Ablauf der Simulation kann verdeutlicht werden, indem eine Iteration der Simulation stellvertretend für alle im Rahmen der Simulation durchgeführten Iterationen dargestellt wird; sie läßt sich wie folgt charakterisieren: Im ersten Schritt wird der für die Iteration geltende Zeithorizont per Zufallsauswahl festgelegt; damit steht die Anzahl der im Rahmen dieser Itera-

152) Zur Anwendung der Monte-Carlo-Simulation in Verbindung mit dem Zustandsbaumverfahren vgl. auch die Ausführungen im Unterabschnitt B.I.3. in diesem Teil.

tion einzubeziehenden Perioden fest. Im nächsten Schritt wird der Wert der Marke *Family* für die Ausgangsperiode berechnet; dieser Wert ist durch die in den *Tabellen 4.7* und *4.8* vorgegebenen Daten bereits bestimmt. Für die nächste Periode wird zufallsbedingt die Preisentwicklung für die Marke festgelegt; dabei wird von drei denkbaren Entwicklungen (optimistisch bzw. positiv, wahrscheinlich bzw. normal, pessimistisch bzw. negativ) ausgegangen. Die Entwicklungen sind als prozentuale Veränderung des in der Ausgangsperiode bzw. in der jeweiligen Vorperiode geltenden Preises formuliert; bei optimistischer bzw. positiver (pessimistischer bzw. negativer) Entwicklung werden dementsprechend höhere (niedrigere) prozentuale Preisaufschläge bezogen auf den Vorperiodenpreis realisiert. Mangels weiterer Informationen wird unterstellt, daß die jeweilige Preisentwicklung für **alle** auf dem Markt gehandelten Produkte gilt.

Durch die Preisentwicklung ist auch der für diese Periode geltende hedonische Preis der Marke *Family* bestimmt. Im vorliegenden Fall ändert sich der hedonische Preis der Marke *Family* im gleichen prozentualen Ausmaß wie der Produktpreis. Dies ist durch die gleiche prozentuale Veränderung aller Preise der auf dem Markt gehandelten Produkte bedingt; Regressionsanalysen für jede Periode zur Bestimmung des hedonischen Preises der Marke *Family* können daher entfallen. Implizit wird dabei unterstellt, daß keine Produktinnovationen, -variationen, -differenzierungen und -eliminationen auf dem betrachteten Produktmarkt, welche zu Veränderungen der hedonischen Preise der Produkteigenschaften und somit auch der Marke führen, während des betrachteten Zeitraumes vollzogen werden; diese Annahme stellt zwar eine erhebliche Abstraktion gegenüber den Verhältnissen der Realität dar, aufgrund fehlender Informationen erscheint sie jedoch akzeptabel.

Es wird weiterhin unterstellt, daß mit der Preisentwicklung gleichzeitig die Entwicklung der auf die Verwendung der Marke zurückzuführenden (Stück-) Kosten für die jeweilige Periode bestimmt ist. Ein relativ starker (schwacher) Preisanstieg führt somit inflationsbedingt zu einem relativ starken (schwachen) Anstieg dieser Kosten; diese Annahme erscheint realistisch, da in Zeiten mit vergleichsweise hohen (niedrigen) Inflationsraten auch die Kosten im Regelfall vergleichsweise stark (schwach) steigen. Dieser Zusammenhang zwischen Preis- und Kostenentwicklung wird als deterministisch unterstellt.

Ferner hat die Preisentwicklung der Periode Einfluß auf die realisierte Absatzmenge dieser Periode. Die Mengenentwicklung ist daher über eine bedingte Wahrscheinlichkeit mit der Preisentwicklung verbunden, d. h. eine optimistische bzw. positive (pessimistische bzw. negative) Preisentwicklung fällt mit hoher Wahrscheinlichkeit auch mit einer optimistischen bzw. positiven (pessimistischen bzw. negativen) Mengenentwicklung zusammen. Der Zusammenhang zwischen Preis und Absatzmenge wird nicht als deterministisch unterstellt, da in Zeiten des wirtschaftlichen Aufschwungs (Abschwungs) hohe (niedrige) Preis- und Mengensteigerungen gleichzeitig auftreten können, ein starker (schwacher) Preisanstieg über den Preis-Mengenzusammenhang u. U. aber auch noch in derselben Periode zu rückläufigen (steigenden) Absatzmengen führen kann. Die konkrete Entwicklung der Absatzmenge wird dabei als prozentuale Veränderung gegenüber der Absatzmenge der Vorperiode formuliert; wie bei der Preisentwicklung werden die drei Möglichkeiten einer optimistischen bzw. positiven, einer wahrscheinlichen bzw. normalen und einer pessimistischen bzw. negativen Entwicklung angenommen. Entgegen der Preisentwicklung werden bei pessimistischer bzw. negativer Entwicklung jedoch auch reale Absatzrückgänge gegenüber der Vorperiode berücksichtigt.

Sind auf diese Weise alle Ausprägungen der Modellvariablen für die der Ausgangsperiode nachfolgenden Periode bestimmt, so wird der für diese Periode realisierte Markenwert berechnet, abgezinst, zum Markenwert der Ausgangsperiode hinzuaddiert und zur nächsten Periode übergegangen. Dabei wird die Preisentwicklung ab dieser dritten Periode in Abhängigkeit von der Vorperiode formuliert; unterstellt wird, daß auf eine optimistische bzw. positive (pessimistische bzw. negative) Preisentwicklung mit einer vergleichsweise hohen Wahrscheinlichkeit wieder eine optimistische bzw. positive (pessimistische bzw. negative) Entwicklung folgt. Dies erscheint plausibel, da die Wahrscheinlichkeit, daß auf einen starken (schwachen) Preisanstieg bereits in der nächsten Periode ein starker Preisrückgang (Preisanstieg) erfolgt, relativ gering sein dürfte. Durch den Einbezug bedingter Wahrscheinlichkeiten wird also eine derartige sprunghafte Entwicklung der Preise der auf dem Markt gehandelten Produkte weitgehend verhindert und der Realitätsgehalt des Modells erhöht.

Sind schließlich die Markenwerte aller Perioden dieser Iteration berechnet und durch Abzinsung in einem Wert zusammengefaßt, wird zur nächsten Iteration übergegangen und für diese Iteration in der gleichen Weise der Wert der Marke berechnet. *Abbildung 4.26* stellt den Ablauf einer Iteration zusammenfassend dar und zeigt die im Rahmen der Simulation angenommenen Prognosedaten für die Modellvariablen sowie die verwendeten Werte für die bedingten und unbedingten Wahrscheinlichkeiten auf.

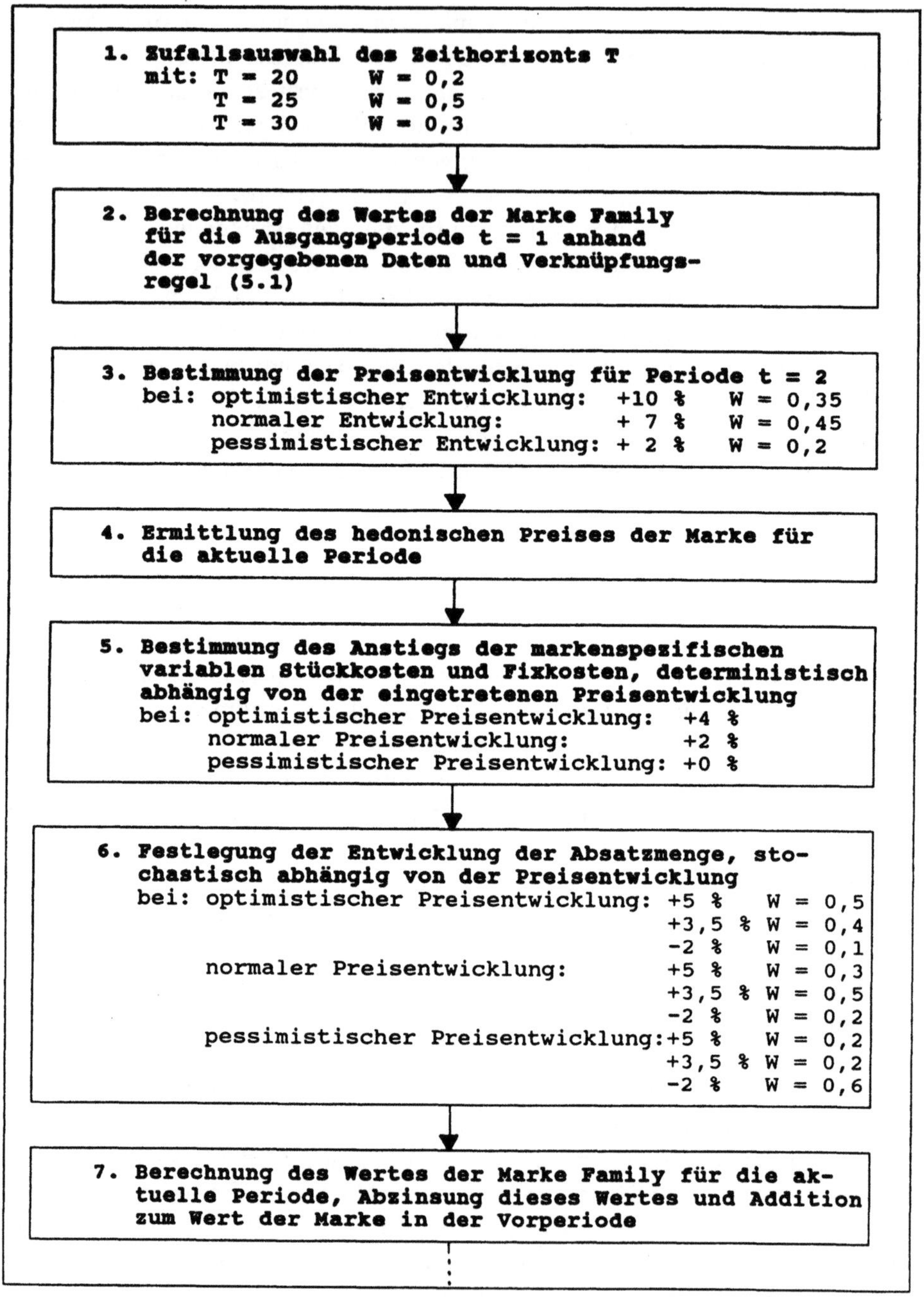

Abb. 4.26: Ablauf einer Iteration im Rahmen der Simulation zur Berechnung des Wertes der Marke Family

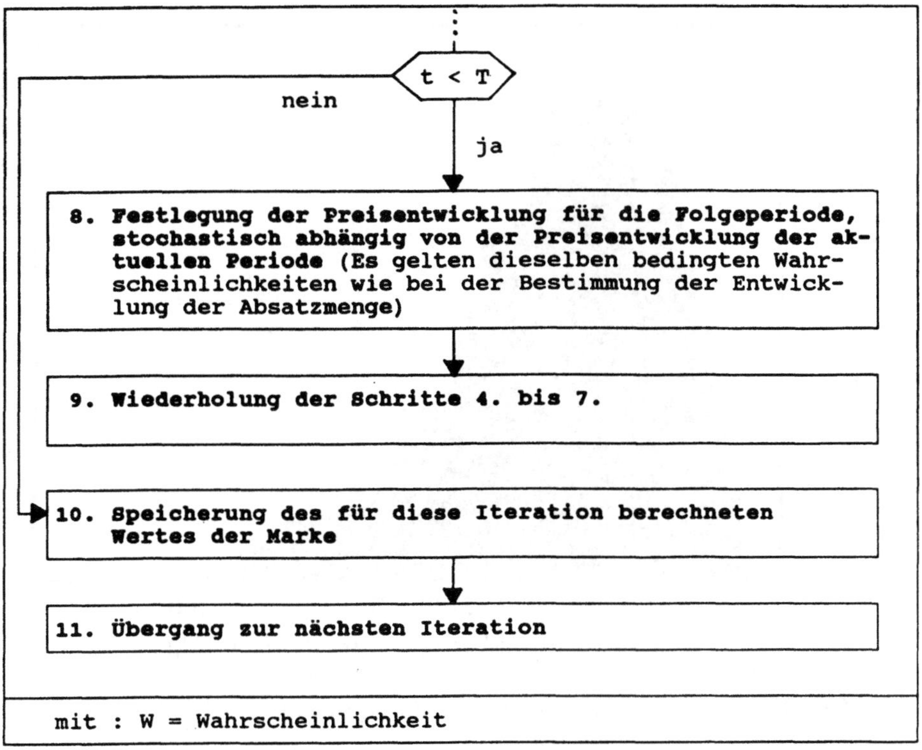

Abb. 4.26 (Forts.)

Die Anzahl der zu durchlaufenden Iterationen wurde in der vorliegenden Simulation auf 10.000 festgelegt. Programmiert wurde die Simulation in der Programmiersprache TURBO PASCAL mit Hilfe des Programms TURBO PASCAL Version 6.0 von *Borland*. Dabei wurden die sich für die Marke *Family* ergebenden Werte in 50 äquidistante Klassen eingeteilt. *Abbildung 4.27* zeigt die Ergebnisse der Simulation in Form der relativen Häufigkeiten der in die jeweilige Klasse fallenden Markenwerte; die relativen Häufigkeiten können hier als Wahrscheinlichkeiten dafür interpretiert werden, daß der Wert der Marke *Family* in die jeweilige Klasse fällt.

Die oberen und unteren Klassengrenzen sind bestimmt durch die Spannweite der resultierenden Markenwerte, d. h. der Differenz zwischen dem größten und dem kleinsten im Rahmen der Simulation ermittelten Wert für die Marke *Family*; wird die Spannweite durch 50 dividiert, liegen die Klassengrenzen fest.

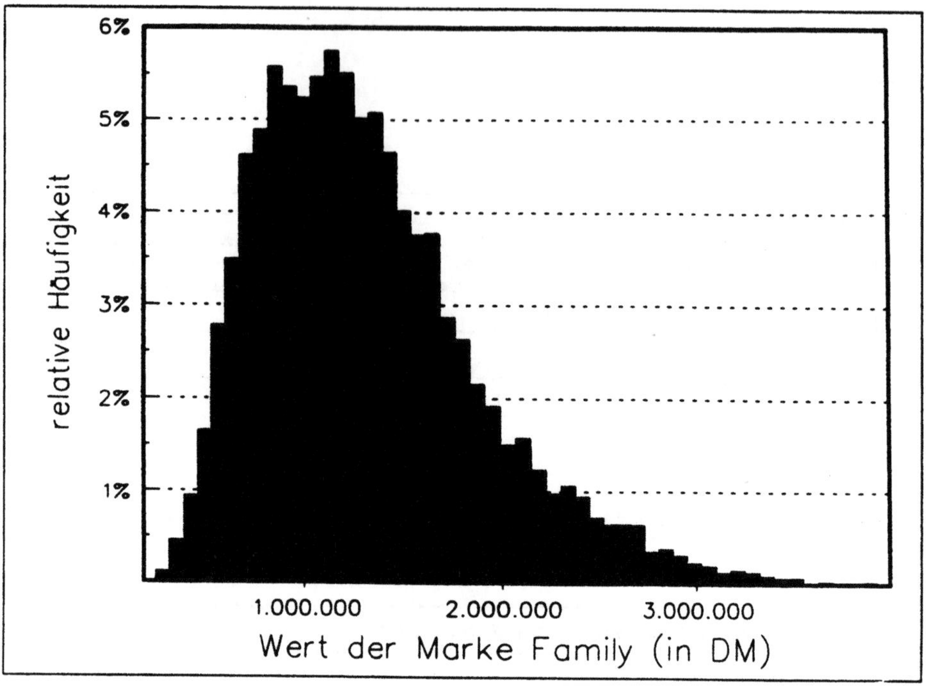

Abb. 4.27: Histogramm für den Wert der Marke Family

Die vorliegende Simulation erbrachte folgende Ergebnisse: Als Mittelwert ergab sich ein Wert für die Marke *Family* in Höhe von 1.298.353 DM, die Standardabweichung der realisierten Markenwerte betrug 51.049.766. Als Spannweite wurde ein Wert von 3.309.349 DM festgestellt; dieser vergleichsweise hohe Wert verdeutlicht das breite Spektrum von Werten, die die Marke *Family* annehmen kann, und macht gleichzeitig die große Unsicherheit hinsichtlich einer konkreten Aussage über den Wert dieser Marke im Falle ihres Kaufs bzw. Verkaufs bewußt. Als kleinster realisierter Wert der Marke *Family* wurde ein Wert von 314.598 DM ermittelt, als größte Ausprägung ergab sich ein Wert von 3.623.947 DM.

Bildet man aus den in *Abbildung 4.27* dargestellten relativen Häufigkeiten der Klassen die zugehörige Verteilungs- und Komplementärfunktion, so lassen sich genauere Aussagen über den maximal zu bietenden bzw. minimal zu fordernden Preis für den Kauf bzw. Verkauf der Marke *Family* treffen; *Abbildung 4.28* zeigt die zugehörige Verteilungsfunktion, *Abbildung 4.29* stellt die Komplementärfunktion dar. Um Aussagen auch an den durch die Klassenbildung bedingten Unstetigkeitsstellen ableiten zu können, werden die Verteilungs- und die Komplementärfunktion durch stetige Funktionen angenähert. Da in den *Abbildungen 4.28 und 4.29* die Klassenmitten die Sprungstellen darstellen, können die stetigen Funktionen durch die Mitten der "Stufen" der Verteilungs- bzw. Komplementärfunktion geführt werden; implizit wird damit von der Annahme der Gleichverteilung der realisierten Markenwerte innerhalb einer Klasse ausgegangen.

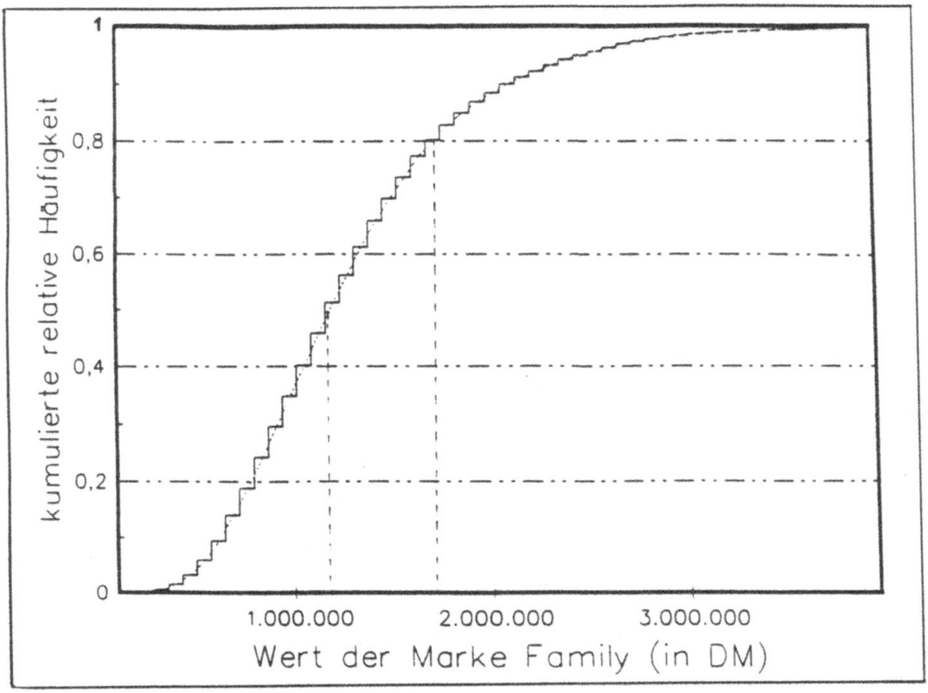

Abb. 4.28: Verteilungsfunktion des Wertes der Marke Family

Möchte beispielsweise der präsumtive Käufer mit einer Wahrscheinlichkeit von 80 % vermeiden, daß er einen zu hohen Preis für die Marke bezahlt, so darf er maximal ein Preisgebot für die Marke in Höhe von 856.193 DM abgeben. Ist er risikofreudiger und setzt die Wahrscheinlichkeit einer richtigen Entscheidung nur mit 50 % an, so darf er maximal einen Preis von 1.218.513 DM für die Marke bieten. Analog gilt die Argumentation für den Verkäufer; wird für ihn von derselben Verteilungs- und Komplementärfunktion des Markenwerts ausgegangen und möchte er mit einer Wahrscheinlichkeit von 80 % (50 %) eine Fehlentscheidung vermeiden, so muß er mindestens einen Preis von 1.679.704 DM (1.218.513 DM) fordern. Während der präsumtive Käufer seine Entscheidung also an der Komplementärfunktion des Markenwertes ausrichtet, legt der Verkäufer die Verteilungsfunktion für seine Entscheidung zugrunde.[153] Eine Einigung über den Kauf bzw. Verkauf der Marke wird nur dann zustande kommen, wenn der maximal zu bietende Preis des präsumtiven Käufers über dem mindestens zu fordernden Preis des Verkäufers liegt.[154]

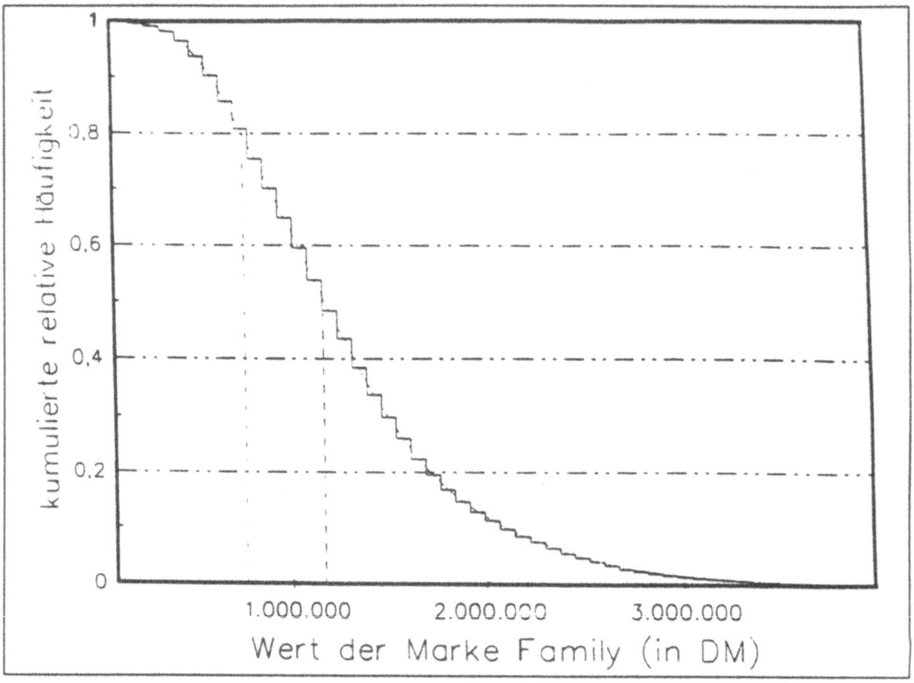

Abb. 4.29: Komplementärfunktion des Wertes der Marke Family

Zu beachten ist wiederum, daß sich alle aus der Simulation ableitbaren Aussagen nur auf die Verwendung der Marke *Family* für das der Analyse zugrunde gelegte Kaffeesahneprodukt beziehen; auch wird lediglich auf den Kaffeesahne- bzw. Kondensmilchmarkt der Bundesrepublik Deutschland Bezug genommen. Wird die Marke *Family* also auf weitere Produkte übertragen oder die Analyse auf das Ausland erweitert, sind neue hedonische Analysen not-

153) Ohne weiteres können natürlich die aus der Verteilungsfunktion (Komplementärfunktion) ableitbaren Aussagen für den Verkäufer (Käufer) der Marke auch aus der Komplementärfunktion (Verteilungsfunktion) abgeleitet werden, wenn mit den entsprechenden Gegenwahrscheinlichkeiten argumentiert wird.

154) In diesem Zusammenhang ist darauf hinzuweisen, daß Käufer und Verkäufer der Marke im Regelfall einen unterschiedlichen Wert beimessen; für sie gelten daher unterschiedliche Datenkonstellationen im Rahmen der Simulation, die zu unterschiedlichen Verteilungs- und Komplementärfunktionen des Wertes der Marke führen.

wendig und entsprechende Änderungen bei den anderen Input-Daten der Simulation vorzunehmen.

C. Beurteilung des Modells zur Bewertung von Marken

Die vorangegangenen Ausführungen haben gezeigt, daß eine theoretisch fundierte Bewertung einer Marke als immaterieller Vermögensgegenstand vorgenommen werden kann. Die theoretische Basis hierfür stellt die hedonische Theorie dar; mit ihrer Hilfe kann der auf die Marke als Markenzeichen zurückzuführende Gewinn berechnet werden, welcher den Wert einer Marke aus Sicht des Markeninhabers bestimmt.

Der vorgestellte Ansatz ist in der Lage, eine derart differenzierte Bestimmung des Wertes einer Marke vorzunehmen, daß produktspezifische Markenwerte berechnet werden können; verschiedenen Produkten, welche mit derselben Marke gekennzeichnet sind, können also produktspezifisch unterschiedliche durch die Marke induzierte Gewinne zugeordnet werden. Ferner ermöglicht der Ansatz, den Besonderheiten der Markenwertermittlung im Falle einer auf mehreren Märkten angebotenen, insbesondere international vertriebenen Marke Rechnung zu tragen, indem der Wert einer Marke marktspezifisch, also unter Berücksichtigung der auf dem jeweiligen Markt herrschenden Angebots- und Nachfragestrukturen, berechnet wird.

Deutlich wurde zudem, daß der Wert einer Marke insbesondere vom Zweck der Bewertung abhängt. Wird der Bewertungszweck bei der Modellformulierung zur Berechnung des Wertes einer Marke entsprechend berücksichtigt, kann eine detaillierte, bewertungszweckadäquate Aussage über den Wert einer Marke getroffen werden.

Hinzuweisen ist in diesem Zusammenhang allerdings auch auf die mit dem vorgeschlagenen Ansatz verbundenen **Nachteile**. Hierzu gehört zunächst der vergleichsweise hohe Analyse- und Rechenaufwand. Hinsichtlich des Analyseaufwandes wurde deutlich, daß die Anwendung der hedonischen Theorie eine sorgfältig durchgeführte Marktabgrenzung sowie die Existenz detaillierter Informationen über Preise, Eigenschaften und Absatzmengen für die auf dem jeweils untersuchten Produktmarkt gehandelten Produkte voraussetzt; auch ist eine genaue Ermittlung der mit der Verwendung einer Marke verbundenen Kosten notwendig. Ist eine zukunftsorientierte Betrachtung zugrunde zu legen, so kommt zusätzlich ein u. U. hoher Prognoseaufwand zur Bestimmung zukünftiger Ausprägungen der Modellvariablen hinzu. Der hohe Rechenaufwand resultiert in erster Linie aus der Ermittlung der hedonischen Preisfunktion mit Hilfe der Box-Cox-Technik; die Bestimmung der optimalen Transformationsparameter im Rahmen der Box-Cox-Technik ist - abhängig vom Bewertungszweck und von der jeweils analysierten Marke - u. U. mehrmals, d. h. jeweils für mehrere Perioden, Produktkategorien und/oder Märkte durchzuführen, da sich in unterschiedlichen Perioden, Produktkategorien und/oder Märkten in der Regel unterschiedliche hedonische Preisfunktion als optimal erweisen.[155] Ferner werden Rechenkapazitäten beansprucht, wenn Markenwertprofile auf Basis von Simulationen bei zukunftsorientierter Bewertung einer Marke erstellt werden.[156]

Probleme können auch dann auftreten, wenn auf dem analysierten Produktmarkt keine No-Name-Produkte (Gattungsmarken) existieren. Dies hängt mit der Art der Berechnung hedonischer Preise sowie des hierfür verwendeten statistischen Analyseverfahrens - in diesem Fall die Regressionsanalyse - zusammen. Die Regressionsanalyse mit Dummy-Variablen, welche sich für die hier verfolgten Zwecke als das vergleichsweise geeignetste Verfahren herausgestellt hat, führt - wie dargestellt - nur dann zu einer Lösung, wenn von k Ausprägungen einer nicht-metrischen Variablen nur k-1 Ausprägungen berücksichtigt werden;[157] andernfalls verhindert vollständige Multikollinearität eine Lösung. Die nicht explizit berücksichtigte Ausprägung der jeweiligen qualitativen Variablen fungiert damit quasi als Referenzkategorie; ihre Ausprägung ist implizit in dem Absolutglied der Regressionsgleichung enthalten. Die Regressionskoeffizienten der anderen Ausprägungen der jeweiligen Variablen stellen daher **Differential-Beiträge** gegenüber dieser "Basisausprägung" dar (vgl. *Green/Tull*, 1982, S. 308). Für die Marke bedeutet dies, daß der Wert einer Marke immer dann falsch geschätzt würde, wenn die Zuordnung des Wertes Null zur Basisausprägung der Variablen "Markenzugehörigkeit" nicht gerechtfertigt wäre. Sinnvoll ist es daher, ein No-Name-Produkt als Referenzkategorie heranzuziehen und diesem den Wert Null zuzuordnen. Hinter dieser Vorgehensweise steckt der - plausible - Gedanke, daß nur dann ein Markenwert entstehen kann, wenn eine Marke auch vorhanden ist; ein unmarkiertes Produkt hat also den Markenwert von Null. Die relative Wirkung einer Marke in Form der Differential-Beiträge gegenüber einer Basisausprägung entspricht in diesem Fall der absoluten Wirkung; der (absolute) Wert einer Marke wird dann also korrekt wiedergegeben.

155) Vgl. hierzu die Ausführungen im Unterabschnitt B.I.2.ac. in diesem Teil.
156) Vgl. hierzu die Ausführungen im Unterabschnitt B.I.3. in diesem Teil.
157) Vgl. Unterabschnitt B.I.2.ac. in diesem Teil.

Existieren auf dem analysierten Produktmarkt keine No-Name-Produkte, so kann ein Ausweg darin gesehen werden, daß fiktive No-Name-Produkte zu Analysezwecken eingeführt werden. Hierfür kann entweder von einem real existierenden, bisher markiert angebotenen Produkt ausgegangen werden, welches aufgrund seiner Produkteigenschaften auch als No-Name-Produkt geeignet erscheint,[158)] oder ein völlig fiktives, bisher nicht im Markt befindliches Produkt in die Analyse eingeführt werden. Auf Basis von Expertenschätzungen ist dann im ersten Fall nur ein geeigneter bzw. realistischer Produktpreis für das bisher in markierter Form angebotene Produkt festzulegen; im Falle des völlig fiktiven Produkts sind darüber hinaus auch die - einem No-Name-Produkt angemessenen - Produkteigenschaften festzulegen.

Soll auf die Einführung fiktiver Produkte in die Analyse verzichtet werden, so ist auf jeden Fall darauf zu achten, daß insbesondere auch schwache Marken in die Untersuchung einbezogen werden. Wird eine schwache Marke als Basisausprägung der Variablen "Markenzugehörigkeit" verwendet, so wird der Wert der anderen Marken unterschätzt. Dabei ist die Unterschätzung umso geringer, je schwächer die als Basisausprägung herangezogene Marke ist, ihr also gerechtfertigter Weise ein Wert von Null bzw. nahe Null zugeordnet wird. Die Einführung fiktiver No-Name-Produkte erübrigt sich jedoch ohnehin in den meisten Fällen, da kaum noch Konsumgütermärkte existieren, auf denen keine No-Name-Produkte bzw. Gattungsmarken angeboten werden.

Weitere Analyseprobleme ergeben sich dann, wenn eine Markenbewertung auf Basis der hedonischen Theorie für ein Produkt durchgeführt werden soll, welches eine Produktinnovation im Sinne einer echten Marktneuheit darstellt und Konkurrenzprodukte (noch) nicht existieren. Charakteristisch für eine echte Marktneuheit ist, daß dieses Produkt sich derart stark von anderen bestehenden Produkten unterscheidet, daß der relevante Markt nur durch dieses Produkt aufgespannt wird; aus rein statistischen Gründen können dann keine validen Ergebnisse berechnet werden, da nur eine einzige Beobachtung in Form dieses neuen Produkts vorliegt. Diese Situation stellt jedoch einen äußersten Spezialfall dar und dürfte daher bei praktischen Markenbewertungsfragen kaum relevant sein. Aufgrund einer hohen Wettbewerbsintensität auf fast allen Märkten ist außerdem damit zu rechnen, daß in absehbarer Zeit Konkurrenzprodukte auftauchen; in diesem Fall löst sich das Problem von selbst.

---

158) Zu den mit No-Name-Produkten verbundenen charakteristischen Produkteigenschaften vgl. *Tabelle 2.1* im Abschnitt C.II. im 2. Teil.

5. Teil: Die Steuerung des Wertes von Marken unter besonderer Berücksichtigung des Markengewinns

In den vorangegangenen Ausführungen wurde eine zielgerichtete Beeinflussung des Wertes einer Marke durch den Markeninhaber weitgehend vernachlässigt; es wurde lediglich die Bewertung einer Marke unter besonderer Berücksichtigung des zugrunde zu legenden Bewertungszeitraumes vorgenommen, ohne aber auf den Einfluß des Einsatzes von Marketing-Instrumenten auf den Markenwert näher einzugehen. Im folgenden soll untersucht werden, wie der Wert einer Marke mittels des Einsatzes von Marketing-Instrumenten aktiv gesteuert werden kann und in welchem Umfang bzw. in welcher Intensität die Marketing-Instrumente einzusetzen sind, um eine optimale Zielerreichung zu gewährleisten; dabei wird auch auf den Markengewinn, d. h. auf den durch den Verkauf des markierten Produkts erzielbaren Gewinn, eingegangen, um den Zusammenhang zwischen Markenwert und Markengewinn aufzuzeigen.

A. Ziele des Markeninhabers im Rahmen der Markenführung

Ausgegangen wird von zwei alternativen Zielsetzungen, welche im Rahmen der Markenführung verfolgt werden können:[1)]

- die Maximierung des Markenwerts und
- die Maximierung des Markengewinns.

Beide Zielsetzungen werden im folgenden näher erörtert.

I. Maximierung des Markenwerts

Die Maximierung des Markenwerts bedeutet nach der hier verwendeten Auffassung des Markenwertbegriffs die Maximierung des auf die Marke als Markenzeichen zurückzuführenden Gewinns durch den entsprechenden Einsatz des Marketing-Instrumentariums;[2)] dabei sind die Kosten des Einsatzes der

---

1) Vgl. auch Abschnitt B.II. im 3. Teil.
2) Zum Begriff des Markenwerts vgl. Kapitel A. im 3. Teil.

Marketing-Instrumente zu berücksichtigen. Grundlage dieser Zielsetzung ist also nicht die Marke als physisches Objekt, sondern die Marke als Markenzeichen. Ziel ist damit die Stärkung der Marke als immaterieller Vermögensgegenstand.

Von Bedeutung ist eine derartige Zielsetzung beispielsweise bei der Lizenzierung von Marken. Hier wird gegen eine entsprechende Gebühr Dritten die Nutzung eines Markenzeichens gestattet.[3)] Offensichtlich ist, daß eine starke Marke im Sinne einer Marke mit hohem Markenwert größere Lizenzeinnahmen zu erwirtschaften vermag als eine schwache Marke, da einerseits die Forderung für die Lizenzgebühr - beispielsweise als Prozentsatz vom Umsatz, den die mit der Lizenzmarke versehenen Produkte erzielen - entsprechend höher angesetzt werden kann, andererseits der mit den Lizenzprodukten erwirtschaftete Umsatz selbst höher liegt als bei Produkten, welche mit einer schwachen Lizenzmarke gekennzeichnet werden. Auch ist die Maximierung des Wertes einer Marke bei einem geplanten Verkauf der Marke sinnvoll, da auf diese Weise ein höheres Entgelt für die Marke gefordert werden kann. Unter der Zielsetzung der Markenwertmaximierung sind also die Marketing-Anstrengungen als Investitionen in den immateriellen Vermögensgegenstand "Marke" zu verstehen, welche zum maximalen Markenwert am Ende der Planungsperiode führen sollen.

Daß Aufbau und Pflege von Marken im Sinne einer Maximierung ihres Wertes von besonderer Praxisrelevanz sind, beweist die Tatsache, daß Marken als immaterielle Vermögensgegenstände oftmals als das größte Kapital von Unternehmen bezeichnet werden (vgl. *Kaas*, 1990, S. 48; *Lang/Döbel*, 1990, S. 26; *Kapferer*, 1992, S. 285); dieses Kapital gilt es zu erhalten bzw. zu steigern. Dabei kann das Ziel der - kurzfristigen - Gewinnmaximierung durch "Ausverkauf" einer Marke über eine entsprechende Preis-Mengenstrategie oder durch Kürzung der Werbeinvestitionen einer langfristig orientierten Steigerung des Wertes einer Marke entgegenstehen; dies ist insbesondere dann der Fall, wenn Preissenkungen nur zu vorübergehenden Absatzsteigerungen führen und nachfolgende Preisanhebungen am Markt nicht durchgesetzt werden können. Der hohe Markenwert einer erfolgreichen Marke kann auf diese Weise schnell heruntergewirtschaftet werden.

In diesem Zusammenhang ist auch zu erwähnen, daß starke Marken im Sinne von Marken mit einem hohen Markenwert nicht notwendigerweise einen hohen Gewinn erwirtschaften; so wurden für die Übernahme der Unternehmen *Jaguar* (Automobile), *Bremshey* (Regenschirmmarke *Knirps*) und *Look*

3) Vgl. Abschnitt B.V. im 3. Teil.

(Skibindungen; Fahrradteile), bei denen vermutet werden darf, daß insbesondere der (starke) Markenname eine besondere Rolle gespielt hat, enorme Summen trotz ihrer maroden finanziellen Situation gezahlt (vgl. *o. V.*, 1989e, S. 192; *Kapferer*, 1992, S. 286 ff.). Andererseits können schwache Marken u. U. gleich hohe Gewinne wie starke Marken erzielen (vgl. *Penrose*, 1989, S. 33); insbesondere die deutlich geringeren Marketing-Investitionen, die einer schwachen Marke im Vergleich mit einer starken Marke zukommen, können zu einer derartigen Situation führen. Einsparungen im Produktionsbereich, welche sich bei schwachen Marken oftmals leichter realisieren lassen, da schwache Marken im Regelfall keine derart qualitativ hochwertigen Produkte wie marktführende Marken darstellen und Konsumenten gegenüber diesen Marken tendenziell weniger qualitätssensitiv sind, wirken in dieselbe Richtung.

Eine starke Marke zeichnet sich also nicht unbedingt durch hohe Gewinne aus, sondern insbesondere dadurch, daß Konsumenten für sie gegenüber vergleichbaren Marken einen höheren Preis zu zahlen bereit sind.[4] Letztendlich entscheidet der Konsument über den Wert einer Marke, da Ausgangspunkt für die Entstehung eines Markenwerts die Assoziationen, Vorstellungen und somit die Wertschätzung des Konsumenten gegenüber einer Marke sind;[5] originärer Ort der Markenwertentstehung ist also die Psyche der Verbraucher. Unzulänglichkeiten hinsichtlich der unternehmensinternen Kostensituation im Sinne suboptimaler Kostenstrukturen führen damit zu einem geringerem Markengewinn, nicht jedoch zu einem geringeren Wert der Marke.

II. Maximierung des Markengewinns

Notwendige Voraussetzung für die andauernde Existenz einer Marke am Markt ist die - zumindest langfristige - Erwirtschaftung von Gewinn. Dieser Gewinn resultiert aus der Veräußerung des Produkts als Ganzes, ist also sowohl auf den auf das Markenzeichen zurückzuführenden Gewinn als auch auf den durch Produktion und Verkauf des eigentlichen Markenprodukts erzielten Gewinn zurückzuführen. Im Gegensatz zum Ziel der Markenwertmaximierung liegt dem Ziel der Maximierung des Markengewinns also eine objektspezifische Sichtweise der Marke zugrunde.

Wie wichtig der Markengewinn im Rahmen der Bewertung von Marken ist, zeigt sich auch daran, daß Markenbewertungsmodelle zur finanziellen Bewer-

---

4) Hiermit können jedoch auch höhere Gewinne einhergehen, diese ergeben sich allerdings nicht zwangsläufig; vgl. hierzu auch den nächsten Abschnitt A.II.

5) Vgl. hierzu die Ausführungen über den Markenwert im Kapitel A. im 3. Teil.

tung einer Marke z. T. auf diese Größe zurückgreifen.[6)] Diese Vorgehensweise ist allerdings nur dann angemessen, wenn die Marke als (physisches) Investitions- oder Anlageobjekt angesehen wird; für spezifische Markenbewertungszwecke, welche auf die Marke als immateriellen Vermögensgegenstand abheben, ist diese Vorgehensweise inadäquat.[7)]

Markengewinn und Markenwert im hier verstandenen Sinne stehen damit in folgendem Verhältnis zueinander: Eine starke Marke im Sinne einer Marke mit hohem Markenwert muß nicht notwendigerweise mit einem hohen Gewinn einhergehen; gleichzeitig kann der Wert einer Marke über einen längeren Zeitraum nur dann erhalten werden, wenn die Marke einen ausreichenden Gewinn erwirtschaftet, da sie andernfalls vom Markt genommen würde. Im Rahmen der Markenbewertung bzw. der Steuerung des Wertes von Marken sind daher beide Zielsetzungen relevant und werden im folgenden separat behandelt.[8)]

B. Der optimale Einsatz ausgewählter Marketing-Instrumente zur Steuerung von Markenwert und Markengewinn

Im Rahmen der Markenführung ergibt sich grundsätzlich die Frage, in welcher Intensität Marketing-Instrumente einzusetzen sind, um vorgegebene Ziele zu erreichen. Die Bestimmung des optimalen Einsatzes der Marketing-Instrumente zur (bestmöglichen) Erreichung dieser Ziele ist Gegenstand der folgenden Ausführungen.

I. Modellprämissen

Zur modellhaften Bestimmung des optimalen Einsatzes der Marketing-Instrumente für die Zielsetzung der Markenwert- bzw. Markengewinnmaximierung wird von folgenden Prämissen ausgegangen:

- Es existieren **einwertige** Erwartungen hinsichtlich der Ausprägungen der Modellvariablen, es wird also von einer deterministischen Modellstruktur ausgegangen.
- Als mathematisches Lösungsverfahren zur Bestimmung der Optimalintensität der berücksichtigten Marketing-Instrumente wird die **Marginalana-**

6) Vgl. hierzu die Ausführungen zum Nielsen-Modell im Unterabschnitt C.II.1. im 3. Teil.
7) Vgl. hierzu auch die Kritik am Nielsen-Modell im Unterabschnitt C.II.2. im 3. Teil.
8) Um die Unterschiedlichkeit der Wirkung von Marketing-Instrumenten auf den Markenwert und den Markengewinn besser herausarbeiten zu können, erfolgt eine getrennte Behandlung beider Zielgrößen; auf eine Kombination beider Zielgrößen wird daher verzichtet.

lyse herangezogen. Sämtliche mathematisch-funktionalen Zusammenhänge zwischen den Modellvariablen werden als stetig und (mehrfach) differenzierbar unterstellt.

- Die Betrachtung wird auf die Marketing-Instrumente **Preis** und **Werbung** beschränkt. Dabei wird eine **simultane** Optimierung dieser beiden Variablen angestrebt. Alle anderen Marketing-Instrumente werden als konstant angesehen und daher nicht explizit in die Analyse miteinbezogen.
- Hinsichtlich der Intensität des Einsatzes bzw. der Ausprägung der explizit berücksichtigten Marketing-Instrumente werden **keine Restriktionen** unterstellt; die als optimal ermittelte Lösung ist damit auch stets realisierbar.
- Es werden lediglich **nationale**, d. h. auf einem Markt angebotene Marken berücksichtigt. Verbundeffekte zwischen einzelnen Märkten, welche sich beim Absatz einer Marke auf mehreren Märkten, d. h. bei internationaler Distribution, ergeben können, werden daher nicht beachtet.
- Es wird jeweils nur **ein** Ziel angestrebt. Dabei handelt es sich entweder um die Maximierung des Markenwerts oder um die Maximierung des Markengewinns.
- Als Marktform wird das **unvollkommene Polypol** unterstellt. Typisches Kennzeichen eines unvollkommenen Polypols ist die Existenz vieler (kleiner) Anbieter und vieler (kleiner) Nachfrager auf dem jeweils betrachteten Produktmarkt, wobei jeder Anbieter eine eigene Produktvariante anbietet, welche sich von den Varianten der anderen Anbieter unterscheidet, d. h. es werden heterogene Produkte gehandelt.[9)] Heterogenität von Produkten ist ein typisches Kennzeichen von Märkten, auf denen markierte Waren gehandelt werden, da durch Anbringung eines Markenzeichens an einem Produkt die Produkte individualisiert und somit heterogenisiert werden; die gegenseitige Austauschbarkeit der Produkte aus Sicht der Konsumenten nimmt also ab. Ferner wird durch die Kennzeichnung von Produkten der Einsatz kommunikationspolitischer Maßnahmen erst ermöglicht bzw. sinnvoll;[10)] hierdurch können Präferenzen für das eigene Produkt aufgebaut bzw. verstärkt und somit eine weitere Heterogenisierung des Angebots erreicht werden. Diese durch die Markierung von Waren im Verbund mit einer entsprechenden werblichen Unterstützung des Absatzes der Produkte erreichte Heterogenisierung führt

---

9) Auch dem hedonischen Grundmodell kann die Marktform des unvollkommenen Polypols bzw. der monopolistischen Konkurrenz zugrunde liegen, sofern jede Produktvariante nur von einem einzigen Anbieter angeboten wird, oder durch den Einsatz des marketingpolitischen Instrumentariums eine Heterogeniserung der Produkte erreicht wird (vgl. zum hedonischen Grundmodell den Unterabschnitt A.I.1. im 4. Teil). Zur Marktform des unvollkommenen Polypols bzw. der monopolistischen Konkurrenz vgl. z. B. *Herberg*, 1985, S. 335 ff.

10) Vgl. Abschnitt A.I. im 2. Teil.

dazu, daß preispolitische Spielräume entstehen; damit wird eine aktive Preispolitik - zumindest innerhalb gewisser preislicher Grenzen - möglich.[11] Charakteristisch für eine polypolistische Marktstruktur ist außerdem, daß auf eigene (marketingpolitischen) Aktionen eines Anbieters keine (marketingpolitischen) Reaktionen der Konkurrenten erwartet werden, da sich die Wirkungen dieser Aktionen auf soviele andere Anbieter verteilen, daß sie für den einzelnen nicht fühlbar sind. Formalanalytisch bedeutet dies, daß sich keine Änderungen gegenüber dem Fall des Monopols ergeben, Marketing-Instrumentvariablen der Konkurrenten also nicht explizit berücksichtigt werden müssen (vgl. *Simon*, 1982, S. 59; *Edler*, 1966, S. 112 f.).[12]

Im folgenden wird die zielgerichtete Bestimmung optimaler Preise und Werbebudgets sowohl für Einzelmarken als auch für Markenfamilien, Dachmarken und Globalmarken durchgeführt; auch steht die Ermittlung der jeweils optimalen Werberate, d. h. des optimalen Verhältnisses des Werbebudgets zum Umsatz im Vordergrund der Betrachtung. Unterschieden wird dabei jeweils, ob ein statischer oder dynamischer Response der Marketing-Instrumente vorliegt, d. h. ob die Marketing-Instrumente Wirkungen nur innerhalb einer Periode entfalten (statischer Response) oder ob sie periodenübergreifende Effekte hervorrufen (dynamischer Response).

Die Betrachtung wird zunächst ausschließlich auf das Ziel der Markenwertmaximierung konzentriert; anschließend wird das Ziel der Maximierung des Markengewinns betrachtet und schließlich ein Vergleich der optimalen Preis- und Werbestrategie bei diesen beiden Zielsetzungen anhand einer konkreten Planungssituation vorgenommen. Einen Überblick über die im folgenden analysierten Modellvarianten gibt *Abbildung 5.1.*

---

11) Oftmals wird für die Marktform des unvollkommenen Polypols eine doppelt-geknickte Preis-Absatz-Funktion unterstellt, die dem Erfordernis eines preispolitischen Spielraumes Rechnung trägt. Zur Bedeutung und Interpretation der doppelt-geknickten Preis-Absatz-Funktion im unvollkommenen Polypol vgl. z. B. *Schmalen*, 1982, S. 73 ff.; *Diller*, 1985, S. 178 ff. Eine derartige Preis-Absatz-Funktion ist für das unvollkommene Polypol zwar typisch, aber nicht zwingend (vgl. *Herberg*, 1985, S. 338 f.). Wesentlich ist vielmehr, daß gegenüber dem vollkommenen Polypol ein Preissetzungsspielraum existiert; dies bedeutet, daß die Preis-Absatz-Funktion gegenüber dem vollkommenen Polypol - zumindest innerhalb eines bestimmten Bereichs - einen negativ geneigten Verlauf aufweist und daher nicht vollkommen elastisch ist. Besitzen alle Anbieter große akquisitorische Potentiale, so weitet sich dieser Preissetzungsspielraum aus, und es resultiert eine herkömmliche lineare Preis-Absatz-Funktion (vgl. *Schmalen*, 1982, S. 75).

12) In Verbindung mit der Annahme über die zugrunde zu legende Preis-Absatz-Funktion (vgl. Fußnote 11) kann daher auf eine herkömmliche monopolistische Preis-Absatz-Funktion zurückgegriffen werden; vgl. hierzu auch Abschnitt B.IV. in diesem Teil.

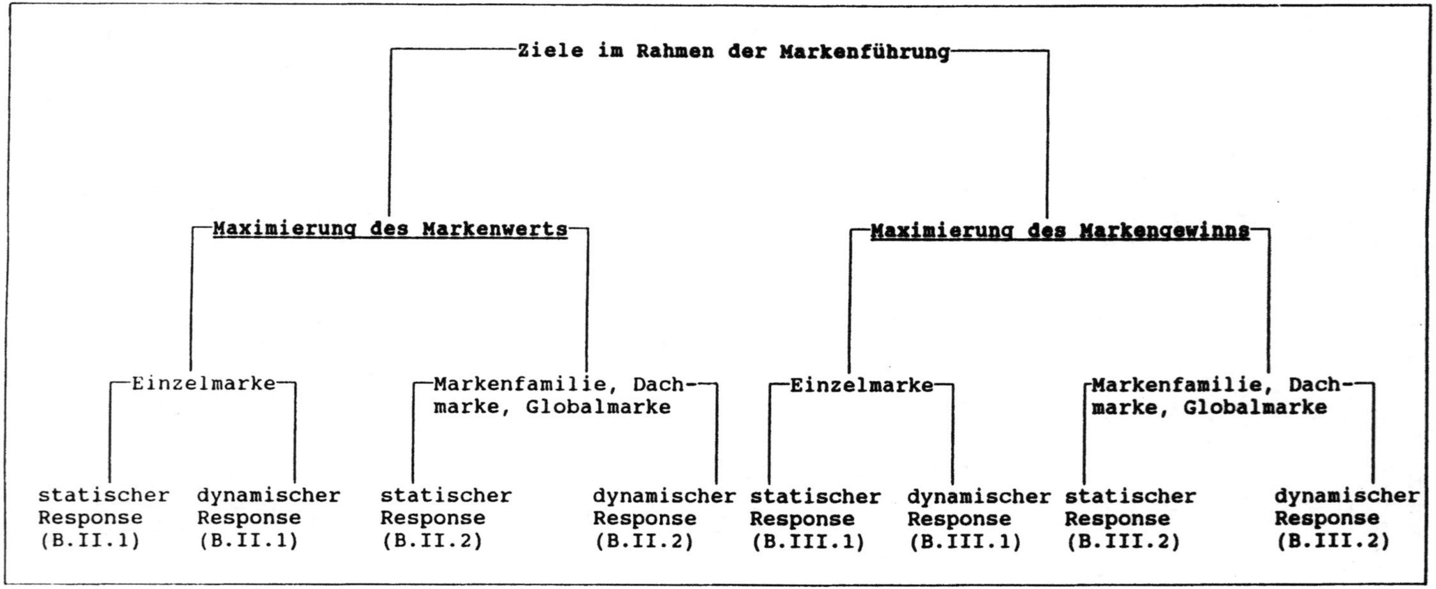

Abb. 5.1: Überblick über die analysierten Modelle im Rahmen der Markenführung

II. Die Bestimmung der optimalen Preis- und Werbestrategie zur Maximierung des Markenwerts

1. Optimale Preis- und Werbestrategie bei Einzelmarken

Das Modell, welches den Einfluß des Einsatzes von Marketing-Instrumenten auf den Wert einer Marke unter gleichzeitiger Berücksichtigung der Kosten ihres Einsatzes abbildet, wurde bereits vorgestellt.[13] Konkret ergibt sich im Falle einer - hier per Prämisse auf einen einzigen Markt beschränkten - Einzelmarke:

$$(5.1)\quad \widetilde{MW}(I_1,...,I_n) = \sum_{t=1}^{T} [\tilde{p}_M^{\,t}(I_1,...,I_n) \cdot \tilde{x}^t(I_1,...,I_n) - \tilde{K}_M^{\,t}(\tilde{x}^t(I_1,...,I_n)) - \sum_{m=1}^{n} I_m^{\,t}](1+\tilde{i}^t)^{-t}$$

mit:

$MW(I_1,...,I_n)$	=	Wert einer Marke in Abhängigkeit vom Intensitätsniveau der eingesetzten Marketing-Instrumente $I_1,...,I_n$
$p_M^{\,t}(I_1,...,I_n)$	=	Marktwert der Marke pro Produkteinheit in Periode t in Abhängigkeit vom Intensitätsniveau der eingesetzten Marketing-Instrumente $I_1,...,I_n$
$x^t(I_1,...,I_n)$	=	Anzahl der in Periode t mit der Marke gekennzeichneten und abgesetzten Einheiten in Abhängigkeit vom Intensitätsniveau der eingesetzten Marketing-Instrumente $I_1,...,I_n$
$K_M^{\,t}$	=	auf die Verwendung des Markenzeichens in der Periode t zurückzuführende Kosten
$I_1,...,I_n$	=	Intensitätsniveau bzw. Kosten des Einsatzes der Marketing-Instrumente $I_1,...,I_n$ (z. B. Werbebudget)
i^t	=	Kalkulationszinsfuß für Periode t
T	=	vorgegebener Planungshorizont.

Zu untersuchen ist zunächst, ob und wie die Marketing-Instrumente Preis und Werbung die Modellvariablen in (5.1) beeinflussen. Im Vordergrund steht dabei ihre Wirkung auf die Absatzmenge sowie auf den hedonischen Preis bzw. den Marktwert der Marke. Im ersten Schritt wird zunächst die Instrument-Variable **Werbung** betrachtet.

---

13) Vgl. Unterabschnitt A.II.2.b. im 4. Teil.

Im Rahmen der Werbetheorie wird der Einfluß des Einsatzes werblicher Maßnahmen auf die Absatzmenge eines Produkts mittels Werbewirkungsfunktionen abgebildet:[14)]

(5.2) $x = x(W)$

mit: W = eingesetztes Werbebudget

und: $\frac{dx}{dW} > 0$.

Wird nur von einem zur Verfügung stehenden Werbeverfahren ausgegangen, so ist (5.2) eindeutig definiert; den für dieses Werbeverfahren ausgegebenen finanziellen Mitteln wird eine eindeutige Absatzmenge zugeordnet. Existieren hingegen mehrere Werbeverfahren, so wird in (5.2) unterstellt, daß eine optimale Aufteilung der für werbliche Maßnahmen eingesetzten Mittel auf die einzelnen Werbeverfahren bereits gegeben ist; durch Umverteilung der finanziellen Mittel kann also keine größere Werbewirkung erreicht werden. Die Werbewirkungsfunktion ordnet damit einem gegebenem Werbebudget die jeweils maximal erreichbare Absatzmenge zu.

Werbewirkungsfunktionen können unterschiedliche Verläufe aufweisen. Da davon auszugehen ist, daß bei verstärktem Werbemitteleinsatz immer resistentere Käuferschichten angetroffen werden, ist eine Werbewirkungsfunktion ohne Sättigungsgrenze wenig sinnvoll. In der Literatur haben daher vorwiegend S-förmige und degressive Werbewirkungsfunktionen weite Anerkennung gefunden (vgl. z. B. *Schmalen*, 1992, S. 48 ff.).

Betrachtet man den Einfluß der Werbung auf den Marktwert bzw. den hedonischen Preis einer Marke p_M, so kann von einem Zusammenhang zwischen W und p_M nicht ausgegangen werden, da unterschiedliche Intensitätsniveaus der Werbung unter sonst gleichen Bedingungen nicht zur Veränderung von p_M führen. Zurückzuführen ist dies auf die Tatsache, daß es sich bei der hedonischen Preisfunktion, welche zur Bestimmung hedonischer Preise von Produkteigenschaften heranzuziehen ist, um einen Zusammenhang zwischen dem Preis eines Produkts und den objektiven Produkteigenschaften handelt;[15)] zu diesen objektiven Produkteigenschaften kann das Ausmaß, mit dem ein Produkt beworben wird, jedoch nicht gezählt werden. Somit geht die Werbung

14) Werbewirkungsfunktionen werden auch als Werbe-Response-Funktionen (vgl. *Schmalen*, 1992, S. 48 ff.) oder Werbeerfolgsfunktionen (vgl. *Berndt*, 1992b, S. 245) bezeichnet. Die Ermittlung derartiger Funktionen kann beispielsweise auf Basis einer regressionsanalytischen Auswertung von Vergangenheitsdaten, durch Marktexperimente oder durch Expertenschätzungen erfolgen (vgl. i. e. *Berndt*, 1992a, S. 193 ff.).

15) Vgl. hierzu die Ausführungen im Unterabschnitt A.I.1. im 4. Teil.

nicht in die hedonische Preisfunktion ein und beeinflußt den hedonischen Preis der Marke daher nicht.

Anders sieht es hingegen aus, wenn der Einfluß des **Preises** als Marketing-Instrumentvariable auf den hedonischen Preis einer Marke analysiert wird. Offensichtlich steigt (sinkt) der pro Produkteinheit auf die Marke zurückzuführende Erlös p_M unter sonst gleichen Bedingungen, wenn der Preis des Produkts erhöht (gesenkt) wird, da ein höherer (niedrigerer) Produktpreis auf die einzelnen - in ihren Ausprägungen unveränderten - Produkteigenschaften "aufgeteilt" werden muß. Wie sich eine Variation des Produktpreises auf den hedonischen Preis einer Marke konkret auswirkt, kann anhand von Sensitivitätsanalysen ermittelt werden. Durch systematische Variation des Produktpreises und Berechnung der zugehörigen hedonischen Preise der Marke kann ein Zusammenhang zwischen diesen beiden Variablen ermittelt werden, welcher anschließend regressionsanalytisch ausgewertet werden kann. Hierdurch ergibt sich eine funktionale Abhängigkeit des hedonischen Preises bzw. Marktwerts einer Marke vom Produktpreis:

$$(5.3) \quad p_M = p_M(p)$$

$$\text{mit: } \frac{dp_M}{dp} > 0 .$$

Sensitivitätsanalysen für den hier vorliegenden Fall der Einzelmarke zeigten, daß eine Erhöhung (Senkung) des Produktpreises zu einer Erhöhung (Verringerung) des hedonischen Preises der Marke in gleicher Höhe führt; dieses Ergebnis ist unmittelbar einsichtig und nachvollziehbar, da die anderen Eigenschaften des betrachteten Produkts und auch die Eigenschaften aller anderen auf dem jeweiligen Markt gehandelten Produkte unverändert bleiben, und sich eine Preisänderung somit voll auf den hedonischen Preis der betrachteten Marke auswirken muß.

Ferner ist der Einfluß des Produktpreises auf den Absatz des betrachteten Produkts zu berücksichtigen. Dieser Einfluß wird mittels Preis-Absatz-Funktionen dargestellt, welche angeben, wieviele Einheiten des betrachteten Produkts zu alternativen Preisen dieses Produkts abgesetzt werden können:[16)]

16) Preis-Absatz-Funktionen werden auch - analog zu den Werbewirkungsfunktionen - Preis-Response-Funktionen genannt (vgl. *Simon*, 1982, S. 21). Zur Bestimmung derartiger Preis-Absatz-Funktionen können wiederum mehrere Verfahren herangezogen werden. Hierzu zählen i. e. die Ermittlung von Preis-Absatz-Funktionen auf Basis von Expertenschätzungen, durch Marktexperimente, mittels Konsumentenbefragungen und auf Basis von Gesamtmarktdaten der Vergangenheit (vgl. i. e. *Simon/Kucher*, 1988; *Simon*, 1982, S. 21 ff.)

(5.4) $x = x(p)$

mit: $\frac{dx}{dp} < 0$.

Für den Wert einer Einzelmarke in Abhängigkeit von den Marketing-Instrumenten Preis und Werbung ergibt sich somit unter Berücksichtigung der Kosten des Einsatzes dieser Marketing-Instrumente allgemein:[17)]

$$(5.5)\ MW(p,W) = \sum_{t=1}^{T} [p_M{}^t(p) \cdot x^t(p,W) - K_M{}^t(x^t(p,W)) - W^t](1 + i^t)^{-t}.$$

Als Kosten der Markenwertsteigerung sind also die für Werbung eingesetzten finanziellen Mittel zu berücksichtigen; der Einsatz des Preises als Marketing-Instrument wird - wie in der Literatur üblich - vereinfachend als nicht mit Kosten verbundene Marketingmaßnahme unterstellt.

Anhand von (5.5) können nun die optimalen Ausprägungen für den Preis bzw. das Werbebudget bestimmt werden. Dies wird im folgenden gezeigt, wobei zwischen statischer und dynamischer Response dieser Marketing-Instrumente unterschieden wird.

Statischer Response:

Der statische Fall ist dadurch gekennzeichnet, daß die Marketing-Instrumentvariablen nur Wirkungen innerhalb **einer** Periode entfalten; periodenübergreifende Effekte sind daher ausgeschlossen. (5.5) konkretisiert sich damit zu:

$$(5.5a)\ MW = \sum_{t=1}^{T} [p_M{}^t(p^t) \cdot x^t(p^t,W^t) - K_M{}^t(x^t(p^t,W^t)) - W^t](1 + i^t)^{-t} \rightarrow \max!$$

Um den optimalen Preis und das optimale Werbebudget bestimmen zu können, ist (5.5a) partiell nach den beiden unabhängigen Variablen abzuleiten; die resultierenden Ableitungen sind gleich Null zu setzen:[18)]

---

17) Da eine deterministische Modellformulierung unterstellt wird (vgl. die Modellprämissen im Abschnitt B.I. in diesem Teil), taucht "~" zur Kennzeichnung von Zufallsvariablen in (5.5) im Gegensatz zur Darstellung in (5.1) bzw. in (4.34) im Unterabschnitt A.II.2.b. im 4. Teil jetzt nicht mehr auf.

18) Die Ableitungen erster Ordnung und Nullsetzen dieser Ableitungen stellen die notwendigen Bedingungen für einen Extremwert dar. Als zusätzlich zu überprüfende - hinreichende -

$$(5.6)\ \frac{\partial MW}{\partial p^t} = \left[\frac{dp_M{}^t}{dp^t} \cdot x^t + p_M{}^t \cdot \frac{\partial x^t}{\partial p^t} - \frac{dK_M{}^t}{dx^t} \cdot \frac{\partial x^t}{\partial p^t}\right](1 + i^t)^{-t} = 0$$

für alle t = 1,...,T

$$(5.7)\ \frac{\partial MW}{\partial W^t} = \left[p_M{}^t \cdot \frac{\partial x^t}{\partial W^t} - \frac{dK_M{}^t}{dx^t} \cdot \frac{\partial x^t}{\partial W^t} - 1\right](1 + i^t)^{-t} = 0$$

für alle t = 1,...,T .

Aus (5.6) folgt:

$$(5.6a)\ \frac{dp_M{}^t}{dp^t} \cdot x^t + p_M{}^t \cdot \frac{\partial x^t}{\partial p^t} = \frac{dK_M{}^t}{dx^t} \cdot \frac{\partial x^t}{\partial p^t} \qquad \text{für alle } t = 1,...,T\ .$$

Aus (5.6a) wird deutlich, daß **bei gegebenem Werbebudget** im Optimum die Erlöswirkungen, die sich durch eine Veränderung des hedonischen Preises der Marke aufgrund einer (infinitesimalen) Variation des Produktpreises bei gegebener Absatzmenge ergeben, und die Erlöswirkungen, die durch die Veränderung der Absatzmenge aufgrund der (infinitesimalen) Variation des Produktpreises bei gegebenem hedonischen Preis der Marke resultieren, gleich den durch die Produktions- bzw. Absatzmengenänderung entstandenen und auf die Verwendung der Marke zurückzuführenden Kostenwirkungen sein müssen. (5.6a) stellt damit nichts anderes dar als die klassische "Grenzerlös gleich Grenzkosten"-Bedingung. Eine Preisänderung führt bei gegebenem Werbebudget also nur dann zur Steigerung des Markenwerts, wenn die Erlöswirkungen die Kostenwirkungen überkompensieren. Dies zeigt (5.6b).

$$(5.6b)\ \frac{\partial MW}{\partial p^t} \geq 0 \qquad \text{für } dp_M{}^t \cdot x^t + p_M{}^t \cdot \partial x^t \geq dK_M{}^t \qquad \text{für alle } t=1,...,T\ .$$ [19]

Bedingung für einen Extremwert an der Stelle $(W_0;\ p_0)$ ergibt sich im Fall einer Funktion mit zwei unabhängigen Variablen:

$$\frac{\partial^2 MW(W_0,p_0)}{\partial p^2} \cdot \frac{\partial^2 MW(W_0,p_0)}{\partial W^2} > \left[\frac{\partial^2 MW(W_0,p_0)}{\partial p \partial W}\right]^2$$

(vgl. hierzu *Schwarze*, 1978, S. 76 ff.). Zu den hinreichenden Bedingungen bei Funktionen mit mehr als zwei Unabhängigen vgl. *Schwarze*, 1978, S. 84 f. Es wird hier und im folgenden davon ausgegangen, daß die hinreichenden Bedingungen jeweils erfüllt sind; auf sie wird daher nicht explizit eingegangen.

19) In (5.6b) ist zu beachten, daß $dp_M{}^t$ das entgegengesetzte Vorzeichen von ∂x^t hat.

Aus (5.7) folgt:

$$(5.7a)\ p_M{}^t \cdot \frac{\partial x^t}{\partial W^t} = \frac{dK_M{}^t}{dx^t} \cdot \frac{\partial x^t}{\partial W^t} + 1 \qquad \text{für alle } t = 1,...,T\ .$$

(5.7a) besagt, daß im Optimum **bei gegebenem Preis** die durch eine (infinitesimale) Änderung des Werbebudgets ausgelösten Erlöswirkungen der Marke, welche aus einer Absatzmengenvariation herrühren, gleich den (Gesamt-)Kostenwirkungen, d. h. der Summe aus Grenzwerbe- und markenspezifischen Grenzkosten sein müssen. Auch hier wird wieder die Notwendigkeit der Übereinstimmung von Grenzkosten und Grenzerlösen im Optimum sichtbar. Sind also die durch Ausdehnung (Einschränkung) des Werbebudgets erzielbaren Erlöszuwächse (hinzunehmenden Erlösrückgänge) bei gegebenem Preis größer (kleiner) als die zusätzlich entstehenden Kosten (Kosteneinsparungen), so lohnt es sich, die werblichen Maßnahmen auszudehnen (einzuschränken). Dies zeigt (5.7b).

$$(5.7b)\ \frac{\partial MW}{\partial W^t} \geq 0 \quad \text{für } p_M{}^t \cdot \partial x^t \geq dK_M{}^t + \partial W^t \qquad \text{für alle } t = 1,...,T\ .$$

Durch simultanes Auflösen von (5.6) und (5.7) bzw. (5.6a) und (5.7a) ergeben sich der optimale Preis und das optimale Werbebudget und somit auch - über den Zusammenhang des Preises und der Werbung mit der absetzbaren Menge - die optimale Absatzmenge. Es ist ersichtlich, daß sich für jede Periode dieselben optimalen Ausprägungen für den Preis und das Werbebudget ergeben, sofern sich die Struktur der funktionalen Zusammenhänge im Zeitablauf nicht ändert.

Löst man (5.6a) und (5.7a) nach $dK_M{}^t/dx^t$ auf und setzt die resultierenden Gleichungen gleich, so erfolgt nach Multiplikation mit $x^t/(W^t \cdot p^t)$:

$$(5.8)\ \frac{W^t}{p^t \cdot x^t} = a^t \cdot \frac{\beta^t}{\alpha^t} \qquad \text{für alle } t = 1,...,T$$

mit: $\alpha^t = -\frac{\partial x^t}{\partial p^t} \cdot \frac{p^t}{x^t}$ Preiselastizität (Absolutbetrag)

$\beta^t = \frac{\partial x^t}{\partial W^t} \cdot \frac{W^t}{x^t}$ Werbeelastizität

$a^t = \frac{dp_M{}^t}{dp^t}\ (= 1)\ .$

Das Werbebudget sollte also einen Anteil am Umsatz haben, der dem mit a^t gewichteten Verhältnis der Werbeelastizität zur Preiselastizität entspricht. Für den hier vorliegenden Einzelmarkenfall ist $a^t = 1$, so daß die optimale Werberate direkt aus dem Verhältnis der Elastizitäten resultiert. Bei sehr werbeelastischer (preiselastischer) Nachfrage ist der Werbeanteil am Umsatz daher entsprechend hoch (niedrig) anzusetzen.

Dynamischer Response:

Der dynamische Fall ist dadurch gekennzeichnet, daß periodenübergreifende Effekte auftreten, d. h. daß Wirkungen von Marketing-Instrumenten

- nicht nur in der Periode ihres Einsatzes, sondern auch in späteren Perioden auftreten,
- nicht in der Periode ihres Einsatzes, sondern erst in späteren Perioden auftreten.

Der erste Effekt kann als **Carry-over-Effekt** bezeichnet werden, beim zweiten Effekt handelt es sich um einen **Time-lag-Effekt** (vgl. z. B. *Berndt*, 1992b, S. 248 ff.).[20] Durch den Einbezug derartiger periodenübergreifender Effekte kann die Darstellung der Wirkung von Marketing-Instrumenten u. U. erheblich verbessert und eine bessere Anpassung von mathematisch-funktionalen Zusammenhängen an empirisches Datenmaterial erreicht werden. Zu überprüfen ist, wie derartige Effekte auf (5.5), insbesondere auf die Absatzmenge und den hedonischen Preis der Marke, wirken. Zunächst wird auf die Darstellung der Wirkung periodenübergreifender Effekte auf die Absatzmenge eingegangen.

Die Modellierung von Time-lag- und Carry-over-Effekten zwischen dem Einsatz von Marketing-Instrumenten und der Absatzmenge eines Produkts hat weiten Eingang in die Literatur gefunden. Dabei können unterschiedliche Strukturen dieser periodenübergreifenden Effekte identifiziert werden. Geht

20) Eine ähnliche Terminologie wählt *Simon* (1985). Er unterscheidet zwischen direktem und indirektem Goodwill-Transfer. Im hier betrachteten Ein-Produkt-Fall bezeichnet direkter Goodwill-Transfer die Wirkung, die eine Marketing-Maßnahme in späteren Perioden, also nach der Durchführungsperiode, entfaltet, indirekter Goodwill-Transfer kommt über die mit einem Produkt gemachten Erfahrungen zustande; der Kauf eines Produktes aufgrund von Marketing-Maßnahmen in derselben Periode beeinflußt so - z. B. aufgrund der Zufriedenheit mit einem Produkt - auch die Käufe in späteren Perioden. Somit impliziert hinsichtlich der hier gewählten Terminologie der direkte Goodwill-Transfer einen Time-lag-Effekt, und der indirekte Goodwill-Transfer ruft - mittelbar über den Produktkauf - einen Carry-over-Effekt hervor (vgl. auch *Schmalen*, 1992, S. 56). Zu den **Ursachen** periodenübergreifender Effekte vgl. *Schmalen*, 1992, S. 56 f.; *Simon*, 1982, S. 207 ff. sowie *Simon*, 1985, S. 24 ff.

man zunächst vom Fall des Carry-over-Effektes aus, so ergibt sich für den Zusammenhang zwischen Absatzmenge des Produkts und Marketing-Instrument allgemein:

(5.9a) $x^t = x^t(I^t, I^{t-1}, ..., I^{t-j})$ bzw.

(5.9b) $x^{t+j} = x^{t+j}(I^{t+j}, I^{t+j-1}, ..., I^t)$

mit: I^t = Intensität bzw. Ausprägung des Marketing-Instruments I in Periode t (z. B. Preis, Werbebudget)

j = Ausmaß des Carry-over-Effektes (Anzahl der Perioden der Wirkungsübertragung).

Wirkt der Einsatz eines Marketing-Instruments nicht nur auf j Perioden, sondern auf **alle** Perioden des Planungszeitraumes, so gilt (vgl. auch *Schmalen*, 1982, S. 62):

(5.10a) $x^t = x^t(I^t, x^{t-1})$ bzw.

(5.10b) $x^{t+j} = x^{t+j}(I^{t+j}, x^{t+j-1})$.

In (5.10a) bzw. (5.10b) wird der Absatz der laufenden Periode vom Einsatz des Marketing-Instruments in dieser Periode sowie von der Absatzmenge der Vorperiode beeinflußt. Da die Absatzmenge der Vorperiode vom Einsatz des Marketing-Instruments in dieser (Vor-)Periode und von der Absatzmenge der der Vorperiode vorgelagerten Periode beeinflußt wird usw., ist der Absatz in der laufenden Periode abhängig von **allen** bisherigen Ausprägungen des Marketing-Instruments I. Somit kann (5.10a) bzw. (5.10b) auch analog geschrieben werden als:

(5.11) $x^t = x^t(I^t, I^{t-1}, ..., I^1)$[21)]

mit: $1 \leq t \leq T$

T = Planungshorizont.

Liegt ein Time-lag-Effekt vor, so gilt:

21) Diese Beziehung macht auch den engen Zusammenhang zwischen direktem und indirektem Goodwill-Transfer nach *Simon* deutlich, da in (5.10a) bzw. (5.10b) durch den Einfluß der Absatzmenge der Vorperiode auf den Absatz der laufenden Periode ein indirekter Goodwill-Transfer zum Vorschein kommt, in (5.11) allerdings ein direkter Goodwill-Transfer modelliert ist. Direkter und indirekter Goodwill-Transfer sind also **formal** nicht ohne weiteres zu trennen (vgl. *Schmalen*, 1992, S. 58 ff.; *Simon*, 1985, S. 48). In **inhaltlicher** Hinsicht sind diese beiden Effekte jedoch strikt auseinanderzuhalten (vgl. *Simon*, 1985, S. 64 f.).

(5.12a) $x^t = x^t(I^{t-n})$ bzw.
(5.12b) $x^{t+n} = x^{t+n}(I^t)$

mit: n = Ausmaß des Time-lag-Effektes (Anzahl der Perioden der Wirkungsverzögerung).

Eine Marketing-Maßnahme in t wirkt sich also erst in t+n aus. Liegen Time-lag- und Carry-over-Effekt **kombiniert** vor, so gilt (vgl. auch *Berndt*, 1992b, S. 252):

(5.13a) $x^t = x^t(I^{t-n}, I^{t-n-1}, ..., I^{t-n-j})$ bzw.
(5.13b) $x^{t+n} = x^{t+n}(I^t, I^{t-1}, ..., I^{t-j})$.

Für den konkreten Fall eines einperiodigen Time-lag-Effektes (n=1) und eines einperiodigen Carry-over-Effektes (j=1) ergibt sich also:

(5.13c) $x^t = x^t(I^{t-1}, I^{t-2})$ bzw.
(5.13d) $x^{t+1} = x^{t+1}(I^t, I^{t-1})$.

Wird nicht nur die Wirkung eines einzigen Marketing-Instruments auf die Absatzmenge, sondern der kombinierte Einsatz mehrerer Marketing-Instrumente betrachtet, so ergeben sich aus diesen Lag- und Carry-over-Strukturen, die prinzipiell auf jede Marketing-Instrumentalvariable angewendet werden können, eine Vielzahl von Kombinationsmöglichkeiten. Kritisch zu hinterfragen ist auf jeden Fall die Sinnhaftigkeit und Plausibilität einzelner Modellstrukturen; so weist beispielsweise *Simon* daraufhin, daß Time-lag-Effekte eher für die Werbung relevant sind und für den Preis vergleichsweise geringe Bedeutung haben (vgl. *Simon*, 1985, S. 45). Auch ist darauf hinzuweisen, daß Modellstrukturen selten auf Basis wohlbegründeter a-priori-Hypothesen gebildet werden, sondern die "beste" Modellstruktur oftmals anhand von statistischen Signifikanzkriterien, welche sich erst im nachhinein ergeben, ermittelt wird; dies kann u. U. zu ökonomisch wenig plausiblen Ergebnissen führen.

Weitere Probleme bestehen in der Gefahr der Multikollinearität der einzelnen periodenspezifisch eingesetzten Marketing-Instrumente, so daß deren Einflüsse nicht zuverlässig isoliert werden können; dieser Effekt wird umso eher auftreten, je mehr Marketing-Instrumente in die Analyse einbezogen werden. Umstritten ist auch, wie stark der Einfluß der Marketing-Instrumente einzelner Perioden auf die Absatzmenge ist. Einfach zu modellierende Strukturen wie z. B. die permanente Abnahme des Einflusses eines Marketing-Instruments, je weiter sein Einsatz in der Vergangenheit zurückliegt, entbehren oftmals einer ökonomischen bzw. verhaltenswissenschaftlichen Fundierung. In empirischen Untersuchungen konnte gezeigt werden, daß Wirkungsmaxima auch erst in späteren Perioden auftauchen können (vgl. *Simon*, 1985, S. 49; *Schmalen*, 1992, S. 72 f.).

Neben periodenübergreifenden Effekten der Wirkung der hier näher betrachteten Marketing-Instrumente Preis und Werbung auf die Absatzmenge ist zu hinterfragen, ob derartige Effekte beim Einsatz dieser Instrumente auch hinsichtlich des hedonischen Preises der Marke zu erwarten sind. Wie (5.5) zeigt, hat von den beiden Marketing-Instrumenten Preis und Werbung allein der Preis einen Einfluß auf den hedonischen Preis der Marke. Hier gilt, daß im Moment der Preisänderung - und nur dann - eine Änderung des hedonischen Preises der Marke eintritt, da in diesem Moment der neue Preis auf die Produkteigenschaften des betrachteten Produkts "aufgeteilt" werden muß; Time-lag- und Carry-over-Effekte treten also im Gegensatz zur Wirkung des Produktpreises (und der Werbung) auf die Absatzmenge nicht auf.

Aus der Vielzahl unterschiedlicher Wirkungsstrukturen von Preis und Werbung soll zur Ableitung der optimalen Preis- und Werbestrategie der allgemeinste Fall dargestellt werden, nach dem der Preis und die Werbung Wirkung über **alle** Perioden des Planungshorizontes (auf die Absatzmenge) zeigen; aus diesem allgemeinen Fall lassen sich spezielle Carry-over- und Time-lag-Strukturen herleiten.

Für (5.5) gilt im Falle der Wirkung von Preis und Werbung über den gesamten Planungshorizont:

$$(5.5b)\ MW = \sum_{t=1}^{T} [p_M{}^t(p^t) \cdot x^t(p^t, p^{t-1}, \ldots, p^1 ; W^t, W^{t-1}, \ldots, W^1) - K_M{}^t(x^t(p^t, p^{t-1}, \ldots, p^1 ; W^t, W^{t-1}, \ldots, W^1)) - W^t](1 + i^t)^{-t} \rightarrow \max!$$

Zur Ermittlung des optimalen Preises und des optimalen Werbebudgets für jede Periode ist (5.5b) wiederum nach den unabhängigen Variablen partiell abzuleiten; die Ableitungen sind gleich Null zu setzen (vgl. (5.14 und 5.15)):

$$(5.14)\ \frac{\partial MW}{\partial p^t} = \left[\frac{dp_M{}^t}{dp^t} \cdot x^t + p_M{}^t \cdot \frac{\partial x^t}{\partial p^t} - \frac{dK_M{}^t}{dx^t} \cdot \frac{\partial x^t}{\partial p^t}\right] (1 + i^t)^{-t} + \sum_{\tau=1}^{T-t} \left[p_M{}^{t+\tau} \cdot \frac{\partial x^{t+\tau}}{\partial p^t} - \frac{dK_M{}^{t+\tau}}{dx^{t+\tau}} \cdot \frac{\partial x^{t+\tau}}{\partial p^t}\right] (1 + i^{t+\tau})^{-(t+\tau)} = 0$$

für alle t = 1,...,T

$$(5.15)\ \frac{\partial MW}{\partial W^t} = \left[p_M{}^t \cdot \frac{\partial x^t}{\partial W^t} - \frac{dK_M{}^t}{dx^t} \cdot \frac{\partial x^t}{\partial W^t} - 1 \right] (1 + i^t)^{-t}$$

$$+ \sum_{\tau=1}^{T-t} \left[p_M{}^{t+\tau} \cdot \frac{\partial x^{t+\tau}}{\partial W^t} - \frac{dK_M{}^{t+\tau}}{dx^{t+\tau}} \cdot \frac{\partial x^{t+\tau}}{\partial W^t} \right] (1 + i^{t+\tau})^{-(t+\tau)} = 0$$

$$\text{für alle } t = 1,\dots,T \ .$$

Das durch (5.14) und (5.15) aufgespannte Gleichungssystem ist simultan nach den unabhängigen Variablen aufzulösen, um den optimalen Preis und das optimale Werbebudget für jede Periode zu erhalten. Die Wirkung des Preises bzw. der Werbung auf alle - verbleibenden - Perioden des Planungshorizontes kommt dabei im zweiten Summanden von (5.14) bzw. (5.15) zum Ausdruck. Im Gegensatz zur statischen Response ergeben sich dadurch nicht mehr dieselben optimalen Preise und Werbebudgets für jede Periode; es resultieren periodenspezifisch unterschiedliche Optima.

Daß auch (5.14) und (5.15) lediglich die dynamische Variante der Cournot-Bedingung, d. h. der Übereinstimmung von Grenzerlösen und Grenzkosten, darstellen, wird deutlich, wenn (5.14) und (5.15) zerlegt werden:

$$(5.14a)\ \left[\frac{dp_M{}^t}{dp^t} \cdot x^t + p_M{}^t \cdot \frac{\partial x^t}{\partial p^t} \right] (1 + i^t)^{-t} + \sum_{\tau=1}^{T-t} \left[p_M{}^{t+\tau} \cdot \frac{\partial x^{t+\tau}}{\partial p^t} \right] (1 + i^{t+\tau})^{-(t+\tau)}$$

$$= \left[\frac{dK_M{}^t}{dx^t} \cdot \frac{\partial x^t}{\partial p^t} \right] (1 + i^t)^{-t} + \sum_{\tau=1}^{T-t} \left[\frac{dK_M{}^{t+\tau}}{dx^{t+\tau}} \cdot \frac{\partial x^{t+\tau}}{\partial p^t} \right] (1 + i^{t+\tau})^{-(t+\tau)}$$

$$\text{für alle } t = 1,\dots,T$$

$$(5.15a)\ \left[p_M{}^t \cdot \frac{\partial x^t}{\partial W^t} \right] (1 + i^t)^{-t} + \sum_{\tau=1}^{T-t} \left[p_M{}^{t+\tau} \cdot \frac{\partial x^{t+\tau}}{\partial W^t} \right] (1 + i^{t+\tau})^{-(t+\tau)}$$

$$= \left[\frac{dK_M{}^t}{dx^t} \cdot \frac{\partial x^t}{\partial W^t} + 1 \right] (1 + i^t)^{-t} + \sum_{\tau=1}^{T-t} \left[\frac{dK_M{}^{t+\tau}}{dx^{t+\tau}} \cdot \frac{\partial x^{t+\tau}}{\partial W^t} \right] (1 + i^{t+\tau})^{-(t+\tau)}$$

$$\text{für alle } t = 1,\dots,T \ .$$

Auf der linken Seite des Gleichheitszeichens von (5.14a) bzw. (5.15a) finden sich die Grenzerlös-Barwerte. Während der erste Term jeweils die durch den statischen Preis- bzw. Werberesponse hervorgerufenen (diskontierten) Grenzerlöswirkungen angibt, stellt der zweite Term auf der linken Seite von (5.14a) bzw. (5.15a) jeweils die Summe der Grenzerlös-Barwerte der Perioden $t+\tau$ dar, welche aus einer Absatzmengenwirkung in den Perioden $t+\tau$ aufgrund eines Werbe- bzw. Preisimpulses in t resultieren. Hier wird der dynamische, periodenübergreifende Charakter des Modells deutlich. Auf der rechten Seite von (5.14a) bzw. (5.15a) finden sich die Grenzkosten-Barwerte, welche analog zu interpretieren sind, d. h. der erste Term gibt jeweils die (diskontierten) statischen Grenzkosten an, während der zweite Term auf der rechten Seite von (5.14a) bzw. (5.15a) die durch eine Preis- bzw. Werbebudgetänderung in t induzierten Produktions- bzw. Absatzmengenänderungen in den Perioden $t+\tau$ darstellt, welche zu den entsprechenden Kostenwirkungen in $t+\tau$ führen.

Für das optimale Werbebudget-Umsatzverhältnis im dynamischen Einzelmarkenfall ergibt sich durch Auflösen von (5.14) und (5.15) nach dK_M^t/dx^t und Erweitern der gleichgesetzten Gleichungen:

$$(5.16)\quad \frac{W^t}{p^t \cdot x^t} = a^t \cdot \frac{\beta^t}{\alpha^t} + m_M^{t,dyn} \qquad \text{für alle } t = 1, \ldots, T$$

mit:

$$m_M^{t,dyn} = \sum_{\tau=1}^{T-t} \left[\left[\beta^{t+\tau,t} + \frac{\beta^t}{\alpha^t} \cdot \alpha^{t+\tau,t} \right] \cdot \frac{x^{t+\tau}}{x^t} \cdot \frac{1}{p^t} \cdot \left[p_M^{t+\tau} - \frac{dK_M^{t+\tau}}{dx^{t+\tau}} \right] \right] (1 + i^{t+\tau})^{-\tau}$$

$$\alpha^{t+\tau,t} = \frac{\partial x^{t+\tau}}{\partial p^t} \cdot \frac{p^t}{x^{t+\tau}} \qquad \text{dynamische Preiselastizität}$$

$$\beta^{t+\tau,t} = \frac{\partial x^{t+\tau}}{\partial W^t} \cdot \frac{W^t}{x^{t+\tau}} \qquad \text{dynamische Werbelastizität .}$$

Vergleicht man (5.16) mit (5.8), so läßt sich ersehen, ob das optimale Werbebudget-Umsatzverhältnis im dynamischen Fall größer, kleiner oder gleich groß ist gegenüber dem statischen Fall. Offenbar hängt dies von der Korrekturgröße $m_M^{t,dyn}$ ab. Ist $m_M^{t,dyn} > 0$, so übersteigt das dynamisch-optimale Werbebudget-Umsatzverhältnis das statisch-optimale, im Falle $m_M^{t,dyn} < 0$ ($m_M^{t,dyn} = 0$) ist das statisch-optimale Werbebudget-Umsatzverhältnis größer als (gleich groß wie) die dynamisch-optimale Werberate. Größe und Vorzeichen von $m_M^{t,dyn}$ hängen dabei u. a. von der dynamischen Preiselastizität und der dynamischen Werbeelastizität ab. Besitzt die dynamische Preiselastizität ein negatives (positives) Vorzeichen, so führt eine **heutige** Preissenkung zu einer Mehrnachfrage (Mindernachfrage) in **späteren** Perioden. Eine positive (negative) dynamische Werbeelastizität bedeutet, daß **heutige** Werbeimpulse über Timelag- und/oder Carry-over-Effekte zu positiven (negativen) Auswirkungen auf den Absatz **späterer** Perioden führen. Anhand von (5.16) ist erkennbar, daß die dynamisch-optimale Werberate gegenüber dem statisch-optimalen Werbebudget-Umsatzverhältnis - bei positiven markenspezifischen Deckungsbeiträgen - umso größer ist, je positiver heutige Werbung auf den Absatz zukünftiger Perioden wirkt und je stärker heutige Preissenkungen den zukünftigen Absatz reduzieren, die nachgefragte Menge also nur zeitlich vorgezogen werden kann. Wechseln die Vorzeichen der dynamischen Elastizitäten von Periode zu Periode, so sind keine generellen Aussagen über das Verhältnis von statischer und dynamischer Werberate möglich.

Alternative Carry-over- und Time-lag-Strukturen lassen sich aus dem dargestellten allgemeinen Fall, bei dem die Wirkung von Preis und Werbung über alle Perioden des Planungshorizontes verläuft, dadurch berücksichtigen, daß die relevanten partiellen Ableitungen der Absatzmenge der jeweiligen Periode nach dem Preis bzw. nach der Werbung der laufenden Periode gleich Null gesetzt werden; aus den so resultierenden Ableitungen lassen sich leicht die periodenspezifischen Optimalwerte für Preise und Werbebudgets bei spezielleren Lag- bzw. Carry-over-Strukturen berechnen.

2. Optimale Preis- und Werbestrategie bei Markenfamilien, Dachmarken und Globalmarken

Charakteristisch für eine Markenfamilien-, Dachmarken- oder Globalmarkenstrategie ist, daß mehrere bzw. alle Produkte eines Markeninhabers unter derselben Marke zusammengefaßt werden.[22] Zwangsläufig folgt hieraus die Abkehr von einer Einproduktbetrachtung, wie sie im Falle der Einzelmarke vorgenommen wurde. Die Markenfamilien-, Dachmarken- und Globalmarkenstrategie können dabei hinsichtlich der Bestimmung optimaler Preise und Werbebudgets zusammengefaßt dargestellt werden, da die Wirkungs**strukturen** der Marketing-Instrumente Preis und Werbung für alle drei Markierungsstrategien grundsätzlich identisch sind, und lediglich die Wirkungs**intensität** dieser Instrumente bei den einzelnen Markierungsstrategien differieren kann. So ist beispielsweise denkbar, daß die Heterogenität der unter einer Globalmarke zusammengefaßten Produkte, welche schließlich alle Produkte eines Markeninhabers umfaßt, größer ist als bei den unter einer Dachmarke oder in einer Markenfamilie zusammengefaßten Produkte; dies führt dazu, daß die produktübergreifenden Wirkungen von Marketing-Instrumenten bei der Globalmarke tendenziell schwächer sind als bei der Dachmarke bzw. bei der Markenfamilie. In diesem Zusammenhang wird deutlich, daß im Mehrproduktfall insbesondere zu analysieren ist, wie sich **Verbundbeziehungen** zwischen Pro-

22) Vgl. hierzu die Ausführungen im Abschnitt C.IV. im 2. Teil.

dukten auf die optimale Preis- bzw. Werbestrategie auswirken; sind keine Verbundbeziehungen vorhanden, so vollzieht sich die Bestimmung der optimalen Preise bzw. Werbebudgets wie im Einprodukt- bzw. Einzelmarkenfall.[23] Im folgenden wird die Betrachtung auf nachfragemäßige Interdependenzen konzentriert; produktionswirtschaftliche Verbundeffekte werden also ausgeklammert.[24]

Eine einheitliche Definition der Nachfrageverbundenheit ist in der Literatur nicht anzutreffen.[25] Grundsätzlich steht jedoch für das einzelne Unternehmen in absatzwirtschaftlicher Hinsicht hinter der Nachfrageverbundenheit eine Verbundenheit von Leistungen über gemeinsame Einnahmen aufgrund der Interdependenz von Beschaffungsentscheidungen der Kunden dieser Unternehmung (vgl. *Männel*, 1979, Sp. 2080 f.). Als **Ursachen** des Nachfrageverbunds kommen in erster Linie folgende drei Verbundkategorien in Frage (vgl. *Simon*, 1985, S. 25 ff.; *Diller*, 1985, S. 204; *Theisen*, 1975, S. 275):

- der Bedarfs- bzw. Verwendungsverbund,
- der Einkaufs- bzw. Beschaffungsverbund,
- der Urteils- bzw. Informationsverbund.

Der **Bedarfs- bzw. Verwendungsverbund** basiert auf einem engen Nutzenzusammenhang bei der Zusammenverwendung von Produkten. Geht man vom Zwei-Produkt-Fall aus, und steigt (sinkt) der Grenznutzen des ersten Produkts mit zunehmender Verfügbarkeit des zweiten Produkts, so liegt Bedarfskomplementarität (Bedarfssubstitutionalität) vor. Dieser Verbund kann technologisch (z. B. ausschließliche Kompatibilität von Computer-Hardware desselben Herstellers), rechtlich-institutionell (z. B. Ausrüstungsvorschriften für PKW's) oder subjektiv-geschmacklich (z. B. alkoholische Mix-Getränke) bedingt sein. Zu beachten ist, daß Bedarfsverbund beim Konsumenten nicht unbedingt zum Nachfrageverbund bei einem einzelnen Anbieter führt; dies ist dann der Fall, wenn andere Anbieter ähnliche bzw. kompatible Produkte anbieten, also Konkurrenzprodukte existieren.

Dem **Einkaufs- bzw. Beschaffungsverbund** muß eine derartige verwendungsmäßige Zusammengehörigkeit nicht zugrunde liegen. Einkaufs- bzw. Beschaffungsverbund bedeutet, daß eine Nachfragekonzentration für mehrere Pro-

---

23) Vgl. hierzu den vorangegangenen Unterabschnitt B.II.1.

24) Zur Abgrenzung von produktions- und absatzwirtschaftlichen Interdependenzen vgl. z. B. *Männel*, 1979, Sp. 2078 ff.; *Theisen*, 1975, S. 273 ff. Eine Analyse der optimalen Preispolitik bei produktionswirtschaftlichen Verflechtungen findet sich z. B. bei *Schmalen*, 1982, S. 41 ff.; vgl. auch die dort angegebene Literatur.

25) Vgl. z. B. den Überblick über die verschiedenen Definitionen der Nachfrageverbundenheit bei *Müller-Hagedorn*, 1978, S. 184 ff.

dukte bei einem einzigen Anbieter erfolgt und auf diese Weise absatzkomplementäre Wirkungen hervorgerufen werden; ausschlaggebend für die Stärke derartiger Verbundeffekte ist daher insbesondere die Größe des Produktionsprogramms bzw. des Sortiments des jeweiligen Anbieters. Bei dynamischer Betrachtung führt Einkaufs- bzw. Beschaffungsverbund zum Konzept der Geschäftsstätten- oder Lieferantentreue (vgl. *Simon*, 1985, S. 31).

Wesentliche Gründe für Einkaufs- bzw. Beschaffungsverbund liegen in der Senkung der Beschaffungskosten durch niedrigere Such- und Informationskosten, in Mengenrabatten und niedrigeren Einkaufs-, Bestell- und Anlieferungskosten sowie in verkürzten Beschaffungszeiten und geringeren Beschaffungsrisiken (vgl. *Männel*, 1979, Sp. 2082). Entscheidendes Charakteristikum der Einkaufs- bzw. Beschaffungsverbundenheit ist, daß derartige Verbundeffekte nur dann auftreten, wenn der Nutzen bei verbundener Beschaffung größer ist als die Summe der Nutzen im Falle getrennter Beschaffung, also bei mehreren Anbietern (vgl. *Simon*, 1985, S. 29).

Informationsverbund schließlich bedeutet, daß Informationsinhalte, welche auf ein bestimmtes Produkt in einer bestimmten Periode bezogen sind, auf ein anderes Produkt (desselben Anbieters) und/oder auf andere Perioden übertragen werden (vgl. *Simon*, 1985, S. 32). Dieser Informationsverbund kann entweder auf eigenen oder fremden Erfahrungen mit dem Bezugsprodukt basieren (produktabhängiger Informationsverbund) oder durch den Einsatz von Marketing-Instrumenten - insbesondere mittels preispolitischer oder werblicher Maßnahmen - hervorgerufen werden (instrumentaler Informationsverbund). Für die hier interessierende Fragestellung ist in erster Linie die Übertragung von Informationsinhalten auf andere Produkte desselben Anbieters relevant, welche insbesondere durch die einheitliche Markierung der unter einer Marke zusammengefaßten Produkte entsteht. Durch die Anbringung derselben Marke an unterschiedlichen Produkten wird die Zusammengehörigkeit der Produkte dokumentiert; hierdurch kann eine Generalisation von Informationsinhalten, welche auf ein konkretes Produkt bezogen sind, auf andere Produkte erreicht werden. In dynamischer Hinsicht führt der Informationsverbund dabei zum Konzept der Marken- bzw. Herstellertreue (vgl. *Simon*, 1985, S. 33 f.). Eine spezifische Form des (instrumentalen) Informationsverbundes ist mit dem **Urteilsverbund** gegeben (vgl. *Theisen*, 1975, S. 275). Urteilsverbund entsteht, wenn das Preisimage des gesamten Angebots durch einzelne Artikel besonders beeinflußt wird.

Eine wesentliche Ursache für die Entstehung von Informations- bzw. Urteilsverbund ist die Unvollkommenheit der Informationen, welche die Nachfrager besitzen, so daß Erfahrungen bzw. Kenntnisse, die sich auf andere Produkte und/oder Perioden beziehen, zur Unsicherheitsreduktion auf die vorliegende Kauf- bzw. Bewertungssituation übertragen werden; gleichzeitig wird hierdurch die Komplexität der Entscheidung reduziert, da durch die Nutzung von "Qualitätsindikatoren" wie die Marke eine schnellere und einfachere Lösung des Entscheidungsproblems erzielt wird. Deutlich wird, daß die Marke in diesem Zusammenhang eine besondere Rolle spielt; sie übernimmt häufig die Funktion eines "information chunk", d. h. sie stellt eine Verdichtung von Einzelinformationen dar, welche vom Konsumenten besonders gut gespeichert und abgerufen werden kann und in besonderer Weise entscheidungsrelevant ist (vgl. *Simon*, 1974).

Zusammenfassend kann festgehalten werden, daß Nachfrageverbundenheit von Produkten aus einer Vielzahl von Ursachen entstehen kann. Die konkrete Identifikation der Ursachen ist oftmals schwierig, da die einzelnen Ursachen selten isoliert auftreten, sondern sich überlagern bzw. sich in ihrer Wirkung beeinflussen.

Zur Bestimmung der optimalen Preis- und Werbestrategie bei Nachfrageverbundenheit zwischen den unter einer Marke zusammengefaßten Produkten wird im folgenden wieder zwischen einem statischen und einem dynamischen Fall unterschieden. Ausgangspunkt der Betrachtungen ist wieder (5.5), wobei durch den Mehrproduktfall aus (5.5) resultiert:

$$(5.17)\ MW(p_1, ..., p_J; W_1, ..., W_J) = \sum_{j=1}^{J} \sum_{t=1}^{T} [p_{Mj}{}^t(p_1, ..., p_J) \cdot x_j{}^t(p_1, ..., p_J; W_1, ..., W_J)$$
$$- K_{Mj}{}^t(x_j{}^t(p_1, ..., p_J; W_1, ..., W_J)) - W_j{}^t]\,(1+i^t)^{-t}\ .$$ [26)]

<u>**Statischer Response:**</u>

Im statischen Fall sind periodenübergreifende Effekte nicht zu berücksichtigen, da die Marketing-Instrumentalvariablen nur Wirkungen innerhalb einer Periode entfalten.[27)] Anders als im Einproduktfall der Einzelmarke sind allerdings die dargestellten Verbundwirkungen in die Analyse miteinzubeziehen. Zu unterscheiden ist in diesem Zusammenhang, ob die Marketing-Instru-

---

26) In (5.17) wird angenommen, daß für jedes unter der betrachteten Marke angebotene Produkt derselbe Planungszeitraum gilt, d. h. $T_1 = T_2 = ... T_J = T$; vgl. hierzu auch Unterabschnitt A.II.1. im 4. Teil.

27) Vgl. den vorangegangenen Unterabschnitt B.II.1.

mente, welche sich auf Produkt i beziehen, direkt oder indirekt auf Produkt j wirken. *Abbildung 5.2* verdeutlicht die Wirkungsbeziehungen für den Zweiproduktfall.

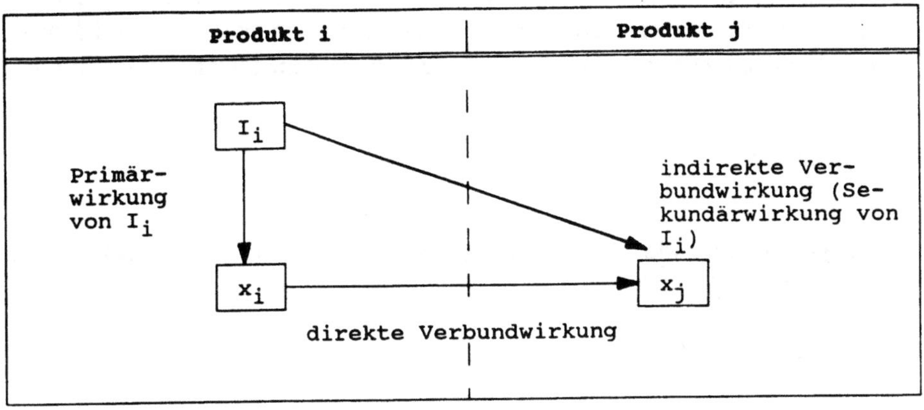

Quelle: In Anlehnung an *Simon*, 1985, S. 78.

Abb. 5.2: Verbundwirkungen bei mehreren unter einer Marke zusammengefaßten Produkten im statischen Fall

Im Falle **direkter** Verbundwirkung hat die Nachfrage bzw. der Kauf von Produkt i einen unmittelbaren Einfluß auf die Nachfrage nach Produkt j.[28] Somit gilt:

$$(5.18)\ \frac{dx_j}{dx_i} \neq 0 \qquad i \neq j;\ i,j \in J\ .$$

Für komplementäre Produkte ergibt sich ein positives Vorzeichen von (5.18):

$$(5.18a)\ \frac{dx_j}{dx_i} > 0 \qquad i \neq j;\ i,j \in J\ ;$$

Substitute hingegen sind durch ein negatives Vorzeichen von (5.18) gekennzeichnet:

$$(5.18b)\ \frac{dx_j}{dx_i} < 0 \qquad i \neq j;\ i,j \in J\ .$$

28) Im Gegensatz zur hier gewählten Terminologie spricht *Simon* (1985, S. 78) in diesem Fall von **indirektem** Goodwill-Transfer.

Im Falle indirekter Verbundwirkung beeinflußt der Einsatz eines Marketing-Instruments für Produkt i auch den Absatz von Produkt j;[29] es ergeben sich somit produktübergreifende Ausstrahlungswirkungen des Marketing-Instruments, so daß nicht nur unmittelbare Wirkungen (Primärwirkungen) auf das eigentlich anvisierte Produkt entstehen, sondern auch mittelbare Wirkungen (Sekundärwirkungen) auf andere mit der Marke gekennzeichneten Produkte:

$$(5.19)\ \frac{dx_j}{dI_i} \neq 0 \qquad i \neq j;\ i,j \in J\ .$$

Damit gelten folgende funktionale Zusammenhänge: Im Falle direkter Verbundwirkung ergibt sich:

$$(5.20)\ x_j = x_j(x_i) \qquad i \neq j;\ i,j \in J\ .$$

Da der Absatz eines Produkts auch vom spezifisch für dieses Produkt eingesetzten Marketing-Instrument abhängt (Primärwirkung), kann (5.20) auch dargestellt werden als:

$$(5.20a)\ x_j = x_j(x_i(I_i)) \qquad i \neq j;\ i,j \in J\ .$$

Somit gilt auch:

$$(5.20b)\ x_j = x_j(I_i) \qquad i \neq j;\ i,j \in J\ .$$

Derselbe Zusammenhang wie in (5.20b) ergibt sich auch für indirekte Verbundwirkungen:

$$(5.21)\ x_j' = x_j'(I_i) \qquad i \neq j;\ i,j \in J\ .$$

Faßt man also die Primärwirkung eines Marketing-Instruments und die direkte Verbundwirkung zusammen wie in (5.20b), so ergeben sich **formal** keine Unterschiede zwischen direkter und indirekter Verbundwirkung (vgl. auch *Simon*, 1985, S. 79); inhaltlich sind sie jedoch strikt zu trennen.

Neben der Wirkung von produktspezifisch eingesetzten Marketing-Instrumenten auf den Absatz anderer Produkte unter derselben Marke ist auch von Interesse, ob - und wenn ja, in welchem Ausmaß - der hedonische Preis einer Marke bei einem unter dieser Marke geführten Produkt beeinflußt wird, wenn

29) Im Gegensatz hierzu spricht *Simon* (1985, S. 78) in diesem Fall von **direktem** Goodwill-Transfer.

die Preise **anderer** unter dieser Marke angebotenen Produkte variiert werden. Auch ist zu analysieren, ob - wie im Einzelmarkenfall - eine gleich starke Variation des hedonischen Preises bei einem unter dieser Marke angebotenen Produkt erfolgt, wenn der Produktpreis **dieses** Produkts variiert wird. Diesbezügliche im Rahmen dieser Untersuchung vorgenommene Sensitivitätsanalysen zeigten folgendes:

- Eine Änderung des Produktpreises eines unter der betrachteten Marke angebotenen Produkts führt zu einer Änderung des hedonischen Preises bei **diesem** Produkt, allerdings ist die Wirkung nur **unterproportional.**
- Eine Änderung des Produktpreises bei einem unter der Marke angebotenen Produkt führt auch zur Änderung des hedonischen Preises der Marke bei **anderen** unter dieser Marke geführten Produkte. Die Wirkung der Preisänderung auf den hedonischen Preis der Marke bei den anderen Produkten kann dabei unterschiedlich sein.

Beide Effekte sind unmittelbar einsichtig; wird eine Preisänderung in jeweils gleichem Ausmaß nur bei einer **Teilmenge** der Produkte, die mit ein und derselben Marke gekennzeichnet sind, durchgeführt, so kann keine proportionale Reaktion des hedonischen Preises der Marke erfolgen, da der hedonische Preis einer Marke von den Preisen **aller** unter dieser Marke vertriebenen Produkte abhängt. Dies erklärt auch gleichzeitig den zweiten Effekt; ist der hedonische Preis einer Marke abhängig von den Preisen aller unter dieser Marke angebotenen Produkte, so ergibt sich ein Einfluß auf den hedonischen Preis einer Marke bei einem Produkt auch bei Variation des Preises eines anderen unter dieser Marke geführten Produkts. Für beide Effekte gilt, daß ihr konkretes Ausmaß abhängig ist vom zugrunde liegenden Datenmaterial und somit jeweils nur im Einzelfall anhand von Sensitivitätsanalysen ermittelt werden kann.

Wird die formale Identität von direkter und indirekter Verbundwirkung bezüglich der Wirkung von Marketing-Instrumenten auf den Absatz der unter der betrachteten Marke angebotenen Produkte ausgenutzt, so ergibt sich für den Wert einer Markenfamilie, Dachmarke oder Globalmarke in Anlehnung an (5.5a) damit folgendes:

$$\text{(5.17a)}\quad MW = \sum_{j=1}^{J} \sum_{t=1}^{T} [p_{Mj}^{t}(p_1^t, ..., p_J^t) \cdot x_j^t(p_1^t, ..., p_J^t; W_1^t, ..., W_J^t)$$

$$- K_{Mj}^{t}(x_j^t(p_1^t, ..., p_J^t; W_1^t, ..., W_J^t)) - W_j^t]\,(1+i^t)^{-t} \quad \rightarrow \max!$$

Um die optimalen periodenspezifischen Produktpreise und Werbebudgets für die einzelnen unter der Marke zusammengefaßten Produkte zu erhalten, ist (5.17a) partiell nach den unabhängigen Variablen abzuleiten; die resultierenden Ableitungen sind gleich Null zu setzen:

$$(5.22)\ \frac{\partial MW}{\partial p_j^t} = \Bigg[\frac{\partial p_{Mj}^t}{\partial p_j^t} \cdot x_j^t + p_{Mj}^t \cdot \frac{\partial x_j^t}{\partial p_j^t} - \frac{dK_{Mj}^t}{dx_j^t} \cdot \frac{\partial x_j^t}{\partial p_j^t}$$

$$+ \sum_{\substack{i=1 \\ i \neq j}}^{J} \left[\frac{\partial p_{Mi}^t}{\partial p_j^t} \cdot x_i^t + p_{Mi}^t \cdot \frac{\partial x_i^t}{\partial p_j^t} - \frac{dK_{Mi}^t}{dx_i^t} \cdot \frac{\partial x_i^t}{\partial p_j^t} \right] \Bigg] (1 + i^t)^{-t} = 0$$

für alle $j = 1,...,J$; $t = 1,...,T$

$$(5.23)\ \frac{\partial MW}{\partial W_j^t} = \Bigg[p_{Mj}^t \cdot \frac{\partial x_j^t}{\partial W_j^t} - \frac{dK_{Mj}^t}{dx_j^t} \cdot \frac{\partial x_j^t}{\partial W_j^t} - 1$$

$$+ \sum_{\substack{i=1 \\ i \neq j}}^{J} \left[p_{Mi}^t \cdot \frac{\partial x_i^t}{\partial W_j^t} - \frac{dK_{Mi}^t}{dx_i^t} \cdot \frac{\partial x_i^t}{\partial W_j^t} \right] \Bigg] (1 + i^t)^{-t} = 0$$

für alle $j = 1,...,J$; $t = 1,...,T$.

Vergleicht man (5.22) und (5.23) mit den korrespondierenden Optimalbedingungen im Fall der Einzelmarke (5.6) bzw. (5.7), so wird deutlich, daß sich die Optimalbedingungen im Falle mehrerer unter einer Marke zusammengefaßten Produkte vom Einzelmarkenfall dadurch unterscheiden, daß ein Korrekturglied berücksichtigt wird. Dieses Korrekturglied erfaßt die (statischen) Verbundwirkungen zwischen den unter der Marke zusammengefaßten Produkte.

Auch im hier betrachteten Fall, daß mehrere Produkte unter derselben Marke zusammengefaßt werden, gilt im Optimum wiederum die Regel, daß Grenzerlöse und Grenzkosten - jetzt allerdings bezogen auf **alle** mit der Marke gekennzeichneten Produkte - übereinstimmen müssen; dies zeigen (5.22a) und (5.23a).

$$(5.22a)\ \frac{\partial p_{Mj}^t}{\partial p_j^t} \cdot x_j^t + p_{Mj}^t \cdot \frac{\partial x_j^t}{\partial p_j^t} + \sum_{\substack{i=1 \\ i \neq j}}^{J} \left[\frac{\partial p_{Mi}^t}{\partial p_j^t} \cdot x_i^t + p_{Mi}^t \cdot \frac{\partial x_i^t}{\partial p_j^t} \right]$$

$$= \frac{dK_{Mj}^t}{dx_j^t} \cdot \frac{\partial x_j^t}{\partial p_j^t} + \sum_{\substack{i=1 \\ i \neq j}}^{J} \frac{dK_{Mi}^t}{dx_i^t} \cdot \frac{\partial x_i^t}{\partial p_j^t}$$

für alle $j = 1,...,J$; $t = 1,...,T$

$$(5.23a)\ p_{Mj}^{\ t} \cdot \frac{\partial x_j^t}{\partial W_j^t} + \sum_{\substack{i=1 \\ i \neq j}}^{J} p_{Mi}^{\ t} \cdot \frac{\partial x_i^t}{\partial W_j^t} = \frac{dK_{Mj}^{\ t}}{dx_j^t} \cdot \frac{\partial x_j^t}{\partial W_j^t} + 1 + \sum_{\substack{i=1 \\ i \neq j}}^{J} \frac{dK_{Mi}^{\ t}}{dx_i^t} \cdot \frac{\partial x_i^t}{\partial W_j^t}$$

für alle $j = 1,\ldots,J;\ t = 1,\ldots,T$.

Bei Variationen des Preises bzw. der Werbebudgets eines unter der Marke vertriebenen Produktes sind also die hierdurch ausgelösten Effekte bei den anderen mit der Marke gekennzeichneten Produkte zu berücksichtigen. Dies bedeutet, daß Markenwertverluste bei einem unter dieser Marke angebotenen Produkt aufgrund der Variation des Preises oder der Werbebudgets für dieses Produkt dann in Kauf genommen werden können (bzw. sollen), wenn sie durch hierdurch induzierte Markenwertsteigerungen bei einem (oder mehreren) anderen unter derselben Marke angebotenen Produkt(en) überkompensiert werden. In diesem Fall steigt der Wert der Marke insgesamt.

Die jeweils optimalen periodenspezifischen Preise und Werbebudgets für jedes einzelne unter der Marke angebotene Produkt ergeben sich wieder aus der simultanen Auflösung des durch (5.22) und (5.23) aufgespannten Gleichungssystems. Über den Zusammenhang der Absatzmenge mit den Preisen und Werbebudgets resultieren auch die optimalen periodenspezifischen Absatzmengen für diese Produkte.

Löst man (5.22a) und (5.23a) nach $dK_{Mj}^{\ t}/dx_j^t$ auf und setzt die resultierenden Gleichungen einander gleich, so ergibt sich nach einigen Erweiterungen:

$$(5.24)\ \frac{W_j^t}{p_j^t \cdot x_j^t} = a_j^t \cdot \frac{\beta_j^t}{\alpha_j^t} + m_{M,j}^{\ t,stat} \qquad \text{für alle } j = 1,\ldots,J;\ t = 1,\ldots,T$$

mit:

$$m_{M,j}^{\ t,stat} = \sum_{\substack{i=1 \\ i \neq j}}^{J} \left[\left[\beta_{ji}^t + \frac{\beta_j^t}{\alpha_j^t} \cdot \alpha_{ji}^t \right] \cdot \frac{x_i^t}{x_j^t} \cdot \frac{1}{p_j^t} \cdot \left[p_{Mi}^{\ t} - \frac{dK_{Mi}^{\ t}}{dx_i^t} \right] + \frac{\beta_j^t}{\alpha_j^t} \cdot \frac{x_i^t}{x_j^t} \cdot a_{ji}^t \right]$$

$$a_j^t = \frac{\partial p_{Mj}^{\ t}}{\partial p_j^t}$$

$$a_{ji}^t = \frac{\partial p_{Mi}^{\ t}}{\partial p_j^t}$$

$$\alpha_j^t = -\frac{\partial x_j^t}{\partial p_j^t} \cdot \frac{p_j^t}{x_j^t}$$ direkte Preiselastizität (Absolutbetrag)

$$\alpha_{ji}^t = \frac{\partial x_i^t}{\partial p_j^t} \cdot \frac{p_j^t}{x_i^t}$$ Kreuzpreiselastizität

$$\beta_j^t = \frac{\partial x_j^t}{\partial W_j^t} \cdot \frac{W_j^t}{x_j^t}$$ direkte Werbeelastizität

$$\beta_{ji}^t = \frac{\partial x_i^t}{\partial W_j^t} \cdot \frac{W_j^t}{x_i^t}$$ Kreuzwerbeelastizität .

Vergleicht man (5.24) mit (5.8), so läßt sich ersehen, ob die optimale Werberate für ein im Rahmen einer Markenfamilien-, Dachmarken- oder Globalmarkenstrategie angebotenes Produkt größer, kleiner oder gleich groß im Vergleich zu dem Fall ist, daß dieses Produkt mit einer Einzelmarke versehen wird. Offenbar ist das optimale Verhältnis von Werbebudget zum Umsatz im Falle mehrerer unter einer Marke geführter Produkte größer als im Einzelmarkenfall, wenn $m_{M,j}^{t,stat} > 0$ ist, sofern gleiche Werte für die direkte Preis- und Werbeelastizität in beiden Fällen unterstellt werden. Dabei muß jedoch beachtet werden, daß $a_j^t < a^t \ (=1)$. Das Korrekturglied $m_{M,j}^{t,stat}$ muß daher deutlich von Null in den positiven Wertebereich abweichen, damit die optimale Werberate für ein Produkt, welches mit mehreren anderen Produkten unter einer Marke geführt wird, größer ist, als wenn dieses Produkt unter einer Einzelmarke angeboten werden würde. Im Regelfall wird die optimale Werberate für ein Produkt daher kleiner sein, wenn dieses Produkt unter einer Markenfamilie, Dachmarke oder Globalmarke angeboten wird. Ist $m_{M,j}^{t,stat} = 0$ oder negativ, ist dies auf jeden Fall so.

Analysiert man die Einflußfaktoren, die das Vorzeichen und die Größe von $m_{M,j}^{t,stat}$ determinieren, so zeigt sich, daß u. a. die Kreuzpreis- und die Kreuzwerbeelastizität Einfluß auf $m_{M,j}^{t,stat}$ haben. So ist $m_{M,j}^{t,stat}$ unter der Annahme positiver markenspezifischer Deckungsbeiträge umso größer, je größer die Kreuzpreiselastizitäten und je größer die Kreuzwerbeelastizitäten sind. Starke (positive) Sekundärwirkungen der Werbung und starke Substitutionseffekte bei Variation der Preise führen also zu höheren optimalen Werberaten.

Dynamischer Response:

Im dynamischen Fall sind neben produktübergreifenden Effekten auch periodenübergreifende Effekte zu berücksichtigen. Hierdurch erhöht sich die Modellkomplexität stark, da sich verschiedene Wirkungsketten ergeben können, welche zu dynamisch-produktübergreifenden Effekten führen. Denkbare Wirkungsketten im - wiederum aus Gründen der Anschaulichkeit herangezogenen - Zweiproduktfall zeigt *Abbildung 5.3*. Oberhalb der gestrichelten horizontalen Linie entspricht *Abbildung 5.3* der *Abbildung 5.2*, da lediglich statische Beziehungen dargestellt werden; das Überschreiten der horizontalen Linie führt zu dynamischen Wirkungen. Um dynamisch-produktübergreifende Wirkungen zu erzielen, ist das Überschreiten sowohl der horizontalen als auch der vertikalen durchbrochenen Linie notwendig. Dynamische Verbundeffekte können damit im Zweiproduktfall auf folgenden Wegen zustande kommen (vgl. *Abbildung 5.3*): **Direkte** dynamische Verbundwirkungen ergeben sich über die Wirkungsketten [1,2], [3,4] und [5]; in diesen Fällen hängt die Nachfrage nach Produkt j unmittelbar mit der Nachfrage nach Produkt i zusammen. **Indirekte** dynamische Verbundbeziehungen werden durch [6] dargestellt, da das für Produkt i bestimmte Marketing-Instrument I_i Wirkung auf Produkt j in einer späteren Periode zeigt.

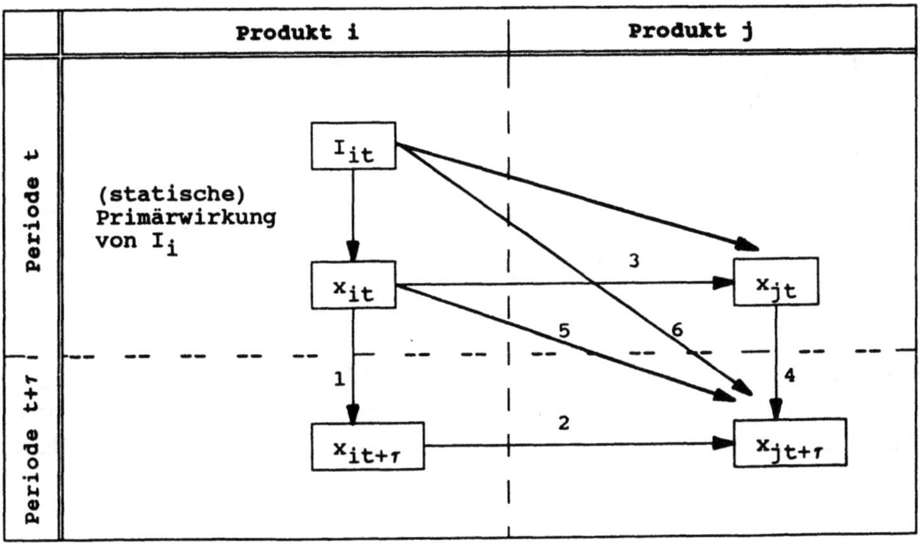

Quelle: In Anlehnung an *Simon*, 1985, S. 96.

Abb. 5.3: Verbundwirkungen bei mehreren unter einer Marke zusammengefaßten Produkten im dynamischen Fall

Von Bedeutung bei der Bestimmung der optimalen Preis- und Werbestrategie zur Maximierung des Wertes einer Marke ist hier die Tatsache, daß - wie im statischen Fall gezeigt - produktübergreifende Effekte sowohl für den hedonischen Preis der Marke als auch für die nachgefragte produktspezifische Menge und somit auch für die markenspezifischen Kosten relevant sind, dynamische Effekte hingegen nur für die Absatzmengen der Produkte und für die markenspezifischen Kosten zu berücksichtigen sind;[30] der hedonische Preis der Marke wird von dynamischen Effekten also nicht beeinflußt. Diese periodenübergreifenden Effekte können dabei sehr unterschiedliche Strukturen aufweisen.[31] Ausgegangen wird im folgenden wieder vom allgemeinen Fall, daß Preis und Werbung eine über den gesamten Planungshorizont reichende Wirkung entfalten. Aus diesem allgemeinen Fall lassen sich speziellere dynamische Wirkungsstrukturen herleiten, indem irrelevante Wirkungsbeziehungen vernachlässigt bzw. gleich Null gesetzt werden. Um zu vermeiden, daß sich Wirkungsketten überlagern, wird ferner davon ausgegangen, daß produktübergreifende Effekte nur in der Ausgangsperiode bzw. in der Periode der Durchführung der Marketingmaßnahme auftreten, periodenübergreifende Effekte hingegen nur bei demjenigen Produkt, auf welches die Marketingmaßnahme abzielt; andernfalls treten Interaktionen zwischen beiden Transferarten auf, welche zu einer stark erhöhten Modellkomplexität führen (vgl. *Simon*, 1985, S. 168 f.).

In Anlehnung an (5.5b) und (5.17) ergibt sich unter den getroffenen Annahmen für den Wert einer Marke:

(5.25)

$$MW = \sum_{j=1}^{J} \sum_{t=1}^{T} [p_{Mj}^{t}(p_1^{t}, ..., p_J^{t}) \cdot x_j^{t}(p_1^{t}, ..., p_J^{t}; p_j^{t-1}, ..., p_j^{1}; W_1^{t}, ..., W_J^{t}; W_j^{t-1}, ..., W_j^{1})$$
$$- K_{Mj}^{t}(x_j^{t}(p_1^{t}, ..., p_J^{t}; p_j^{t-1}, ..., p_j^{1}; W_1^{t}, ..., W_J^{t}; W_j^{t-1}, ..., W_j^{1})) - W_j^{t}] (1 + i^{t})^{-t}$$
$$\rightarrow \max!$$

Die optimalen periodenspezifischen Preise und Werbebudgets für die einzelnen unter der Marke zusammengefaßten Produkte erhält man wieder durch partielles Ableiten von (5.25) nach den unabhängigen Variablen und Nullsetzen der Ableitungen:

30) Vgl. den vorangegangenen Unterabschnitt B.II.1.
31) Vgl. den vorangegangenen Unterabschnitt B.II.1.

$$(5.26)\ \frac{\partial MW}{\partial p_j^t} = \left[\frac{\partial p_{Mj}^t}{\partial p_j^t} \cdot x_j^t + p_{Mj}^t \cdot \frac{\partial x_j^t}{\partial p_j^t} - \frac{dK_{Mj}^t}{dx_j^t} \cdot \frac{\partial x_j^t}{\partial p_j^t} \right.$$
$$+ \sum_{\substack{i=1\\ i\neq j}}^{J} \left[\frac{\partial p_{Mi}^t}{\partial p_j^t} \cdot x_i^t + p_{Mi}^t \cdot \frac{\partial x_i^t}{\partial p_j^t} - \frac{dK_{Mi}^t}{dx_i^t} \cdot \frac{\partial x_i^t}{\partial p_j^t} \right] \Bigg] (1 + i^t)^{-t}$$
$$+ \sum_{\tau=1}^{T-t} \left[p_{Mj}^{t+\tau} \cdot \frac{\partial x_j^{t+\tau}}{\partial p_j^t} - \frac{dK_{Mj}^{t+\tau}}{dx_j^{t+\tau}} \cdot \frac{\partial x_j^{t+\tau}}{\partial p_j^t} \right] (1 + i^{t+\tau})^{-(t+\tau)} = 0$$

für alle j = 1,...,J; t = 1,...,T

$$(5.27)\ \frac{\partial MW}{\partial W_j^t} = \left[p_{Mj}^t \cdot \frac{\partial x_j^t}{\partial W_j^t} - \frac{dK_{Mj}^t}{dx_j^t} \cdot \frac{\partial x_j^t}{\partial W_j^t} - 1 \right.$$
$$+ \sum_{\substack{i=1\\ i\neq j}}^{J} \left[p_{Mi}^t \cdot \frac{\partial x_i^t}{\partial W_j^t} - \frac{dK_{Mi}^t}{dx_i^t} \cdot \frac{\partial x_i^t}{\partial W_j^t} \right] \Bigg] (1 + i^t)^{-t}$$
$$+ \sum_{\tau=1}^{T-t} \left[p_{Mj}^{t+\tau} \cdot \frac{\partial x_j^{t+\tau}}{\partial W_j^t} - \frac{dK_{Mj}^{t+\tau}}{dx_j^{t+\tau}} \cdot \frac{\partial x_j^{t+\tau}}{\partial W_j^t} \right] (1 + i^{t+\tau})^{-(t+\tau)} = 0$$

für alle j = 1,...,J; t = 1,...,T .

Je nachdem, welche Vorzeichen produkt- und periodenübergreifende Effekte besitzen, behindern sie sich gegenseitig oder ergänzen sich. Bei gleichen Vorzeichen von produktübergreifenden und dynamischen Effekten verstärken sich beide Effekte, bei ungleichen Vorzeichen schwächen sie sich gegenseitig ab; dies kann anhand der für den vorliegenden Fall geltenden optimalen Werberate gezeigt werden:

$$(5.28)\ \frac{W_j^t}{p_j^t \cdot x_j^t} = a_j^t \cdot \frac{\beta_j^t}{\alpha_j^t} + m_{M,j}^{t,dyn} \qquad \text{für alle } j = 1,...,J;\ t = 1,...,T$$

mit:

$$m_{M,j}^{t,dyn} = \sum_{\substack{i=1\\ i\neq j}}^{J} \left[\left[\beta_{ji}^t + \frac{\beta_j^t}{\alpha_j^t} \cdot \alpha_{ji}^t \right] \cdot \frac{x_i^t}{x_j^t} \cdot \frac{1}{p_j^t} \cdot \left[p_{Mi}^t - \frac{dK_{Mi}^t}{dx_i^t} \right] + \frac{\beta_j^t}{\alpha_j^t} \cdot \frac{x_i^t}{x_j^t} \cdot a_{ji}^t \right]$$

$$+ \sum_{\tau=1}^{T-t} \left[\left[\beta_j^{t+\tau,t} + \frac{\beta_j^t}{\alpha_j^t} \cdot \alpha_j^{t+\tau,t} \right] \cdot \frac{x_j^{t+\tau}}{x_j^t} \cdot \frac{1}{p_j^t} \cdot \left[p_{Mj}^{t+\tau} - \frac{dK_{Mj}^{t+\tau}}{dx_j^{t+\tau}} \right] \right] (1 + i^{t+\tau})^{-\tau} .$$

(5.28) zeigt, daß das Werbebudget-Umsatzverhältnis umso stärker beeinflußt wird, je stärker produkt- und periodenübergreifende Effekte in dieselbe Richtung wirken. So ist die optimale Werberate bei unterstellten positiven markenspezifischen Deckungsbeiträgen umso größer (kleiner),

- je preissubstitutiver (preiskomplementärer) die unter der Marke geführten Produkte sind,
- je stärker eine heutige Preissenkung in späteren Perioden zu einer verminderten (erhöhten) Nachfrage führt,
- je stärker die positiven (negativen) statischen Sekundärwirkungen der Werbung sind und
- je größer der positive (negative) Effekt heutiger Werbeimpulse auf die zukünftige Nachfrage ist.

Da sich der Gesamteffekt der produkt- und periodenübergreifenden Effekte aus der Summe der Teileffekte ergibt, ist die Gesamtwirkung dieser Effekte hinsichtlich der Größe der optimalen Werberate gegenüber dem Fall ohne produkt- und periodenübergreifende Effekte stets nur im Einzelfall feststellbar.

Die Beschränkung der produktübergreifenden Effekte auf die Periode des Einsatzes des Marketing-Instruments und die Berücksichtigung dynamischer Effekte nur bei demjenigen Produkt, auf welches das Marketing-Instrument ausgerichtet ist, erscheint vergleichsweise restriktiv. Empirische Untersuchungen haben jedoch gezeigt, daß die Aufhebung dieser Annahmen mit nur geringfügigen Abweichungen der Optimalwerte für die Marketing-Instrumente verbunden sein kann, gleichwohl aber eine erheblich höhere Komplexität der Optimalbedingungen nach sich zieht (vgl. *Simon*, 1985, S. 171 f.); insofern erscheint die vorgenommene vergleichsweise restriktive Modellformulierung durchaus gerechtfertigt. Die Notwendigkeit der Berücksichtigung komplexerer Modellstrukturen kann jedoch nur im konkreten Einzelfall beantwortet werden.

III. Die Bestimmung der optimalen Preis- und Werbestrategie zur Maximierung des Markengewinns

1. Optimale Preis- und Werbestrategie bei Einzelmarken

Wird die Zielsetzung der Maximierung des Markengewinns zugrunde gelegt, so ist neben dem auf das Markenzeichen zurückzuführenden Gewinn, welcher den Markenwert bestimmt, auch derjenige Gewinn zu berücksichtigen, der aus dem Verkauf des eigentlichen Produkts resultiert; konkret sind also diejenigen Erlöse und diejenigen Kosten miteinzubeziehen, welche durch die Produktion und den Verkauf des physischen Produkts entstehen. Da eine mehrperiodige Betrachtung erfolgt, entspricht der hier verwendete Gewinnbegriff einem Gewinn**barwert** bzw. einem Kapitalwert.

Zur Ermittlung der optimalen Preis- und Werbestrategie bei Einzelmarken ergibt sich damit in Anlehnung an (5.5):

$$(5.29)\ G(p, W) = \sum_{t=1}^{T} [p_M{}^t(p) \cdot x^t(p, W) + (p^t - p_M{}^t(p)) \cdot x^t(p, W) - K_M{}^t(x^t(p, W)) - K_{Phy}{}^t(x^t(p, W)) - W^t](1 + i^t)^{-t}$$

mit: G = Barwert des aus dem Verkauf des Markenprodukts resultierenden Gewinns

$K_{Phy}{}^t$ = auf das physische Produkt zurückzuführende Kosten in der Periode t.

In (5.29) umfaßt $K_{Phy}{}^t$ die Gesamtheit derjenigen Kosten, welche nur auf das Produkt und nicht auf das Markenzeichen zurückzuführen sind. Diese Kosten fallen also auch dann an, wenn das Produkt als unmarkierte Ware angeboten werden würde. Hierzu zählen insbesondere (einmalige) Kosten der Entwicklung des Produkts, die Produktionskosten zur Herstellung des Produkts sowie Verkaufs-, Vertriebs- und Verwaltungskosten, sofern diese nicht auf die Marke zurückzuführen sind. Unterstellt wird für diese produktspezifischen Kosten - wie bei den markenspezifischen Kosten -[32] eine Abhängigkeit von der produzierten (und abgesetzten) Menge.

Offensichtlich kann (5.29) zusammengefaßt werden zu:

(5.29a)

$$G(p, W) = \sum_{t=1}^{T} [p^t \cdot x^t(p, W) - K_M{}^t(x^t(p, W)) - K_{Phy}{}^t(x^t(p, W)) - W^t](1 + i^t)^{-t}\ .$$

(5.29a) entspricht der herkömmlichen Darstellung eines Gewinnbarwerts bzw. Kapitalwerts und bildet die Grundlage für die Bestimmung gewinnmaximaler Preise und Werbebudgets im Einzelmarkenfall.

---

32) Vgl. hierzu auch Unterabschnitt B.I.2.b. im 4. Teil.

Statischer Response:

Analog zu (5.5a) ergibt sich im statischen Fall für (5.29a):

$$(5.29b)\ G = \sum_{t=1}^{T} [p^t \cdot x^t(p^t, W^t) - K_M{}^t(x^t(p^t, W^t)) - K_{Phy}{}^t(x^t(p^t, W^t)) - W^t](1 + i^t)^{-t} \rightarrow \max!$$

Partielles Ableiten von (5.29b) nach den unabhängigen Variablen zur Bestimmung der optimalen periodenspezifischen Preise und Werbebudgets und Nullsetzen der Ableitungen ergibt:

$$(5.30)\ \frac{\partial G}{\partial p^t} = \left[x^t + p^t \cdot \frac{\partial x^t}{\partial p^t} - \frac{dK_M{}^t}{dx^t} \cdot \frac{\partial x^t}{\partial p^t} - \frac{dK_{Phy}{}^t}{dx^t} \cdot \frac{\partial x^t}{\partial p^t}\right](1 + i^t)^{-t} = 0$$

für alle t = 1,...T

$$(5.31)\ \frac{\partial G}{\partial W^t} = \left[p^t \cdot \frac{\partial x^t}{\partial W^t} - \frac{dK_M{}^t}{dx^t} \cdot \frac{\partial x^t}{\partial W^t} - \frac{dK_{Phy}{}^t}{dx^t} \cdot \frac{\partial x^t}{\partial W^t} - 1\right](1 + i^t)^{-t} = 0$$

für alle t = 1,...,T.

Durch simultanes Auflösen des durch (5.30) und (5.31) aufgespannten Gleichungssystems ergeben sich die gewinnmaximalen Preise und Werbebudgets, welche aufgrund fehlender periodenübergreifender Effekte für alle Perioden identisch sind. Über den Zusammenhang von x^t mit W^t und p^t ergibt sich auch die gewinnmaximale Absatzmenge. Offenbar resultieren gegenüber der Zielsetzung der Maximierung des Markenwerts bei der Zielsetzung der Maximierung des Markengewinns immer dann unterschiedliche optimale Preise und Werbebudgets, wenn die produktspezifischen Grenzerlösbarwerte (ohne die auf die Marke zurückzuführenden Grenzerlösbarwerte) von den produktspezifischen Grenzkostenbarwerten (ohne markenspezifische Grenzkostenbarwerte) abweichen. Dies zeigt sich, wenn (5.29b) in marken- und produktspezifische Erlöse und Kosten wie in (5.29) aufgespalten und nach den Preisen und Werbebudgets für jede Periode abgeleitet wird:

$$(5.30a)\quad \frac{\partial G}{\partial p^t} = \left[\frac{dp_M^{\,t}}{dp^t} \cdot x^t + p_M^{\,t} \cdot \frac{\partial x^t}{\partial p^t} + \underbrace{\left[1 - \frac{dp_M^{\,t}}{dp^t} \right] \cdot x^t + (p^t - p_M^{\,t}) \cdot \frac{\partial x^t}{\partial p^t}}_{a} \right.$$

$$\left. - \frac{dK_M^{\,t}}{dx^t} \cdot \frac{\partial x^t}{\partial p^t} - \underbrace{\frac{dK_{Phy}^{\,t}}{dx^t} \cdot \frac{\partial x^t}{\partial p^t}}_{b} \right] (1 + i^t)^{-t} = 0$$

für alle $t = 1,..,T$

(5.31a)

$$\frac{\partial G}{\partial W^t} = \left[p_M^{\,t} \cdot \frac{\partial x^t}{\partial W^t} + \underbrace{(p^t - p_M^{\,t}) \cdot \frac{\partial x^t}{\partial W^t}}_{c} - \frac{dK_M^{\,t}}{dx^t} \cdot \frac{\partial x^t}{\partial W^t} - \underbrace{\frac{dK_{Phy}^{\,t}}{dx^t} \cdot \frac{\partial x^t}{\partial W^t}}_{d} - 1 \right] (1 + i^t)^{-t} = 0$$

für alle $t = 1,..,T$.

Entsprechen die produktspezifischen Grenzerlösbarwerte a bzw. c den produktspezifischen Grenzkostenbarwerten b bzw. d, so resultieren dieselben partiellen Ableitungen wie im Fall der Markenwertmaximierung und somit auch dieselben periodenspezifischen Preise und Werbebudgets (vgl. (5.6) und (5.7)). Da diese Übereinstimmung höchst zufällig wäre, weichen die optimalen Ausprägungen der Aktionsparameter des Markeninhabers - in diesem Fall Preis und Werbebudget - bei unterschiedlichen markenpolitischen Zielsetzungen in der Regel voneinander ab.[33)]

Durch Auflösen von (5.30) und (5.31) nach $(dK_M^{\,t}/dx^t + dK_{Phy}^{\,t}/dx^t)$ und Gleichsetzen der resultierenden Gleichungen läßt sich nach Multiplikation mit $x^t/(W^t \cdot p^t)$ auch die optimale Werberate für das Ziel der Gewinnmaximierung feststellen:

$$(5.32)\quad \frac{W^t}{p^t \cdot x^t} = \frac{\beta^t}{\alpha^t} \qquad \text{für alle } t = 1,...,T\ .$$

Vergleicht man (5.32) mit dem optimalen Werbebudget-Umsatzverhältnis bei dem Ziel der Markenwertmaximierung (vgl. (5.8)), so zeigt sich, daß für beide Zielsetzungen dieselbe optimale Werberate resultiert.

---

33) Vgl. hierzu auch das Beispiel im Abschnitt B.IV. in diesem Teil.

Dynamischer Response:

Werden in (5.29a) periodenübergreifende Effekte berücksichtigt, so ergibt sich im allgemeinen Fall, daß Preis und Werbung eine über alle Perioden des Planungszeitraumes reichende Wirkung entfalten:

$$(5.29c)\ G = \sum_{t=1}^{T} [p^t \cdot x^t(p^t, p^{t-1}, ..., p^1, W^t, W^{t-1}, ..., W^1) - K_M{}^t(x^t(p^t, p^{t-1}, ..., p^1, W^t, W^{t-1}, ..., W^1)) - K_{Phy}{}^t(x^t(p^t, p^{t-1}, ..., p^1, W^t, W^{t-1}, ..., W^1)) - W^t](1 + i^t)^{-t} \rightarrow \max!$$

Die gewinnmaximalen periodenspezifischen Preise und Werbebudgets und somit auch die gewinnmaximalen Absatzmengen für die einzelnen Perioden ergeben sich dann durch Auflösung des durch (5.33) und (5.34) aufgespannten Gleichungssystems nach den unabhängigen Variablen:

$$(5.33)\ \frac{\partial G}{\partial p^t} = \left[x^t + p^t \cdot \frac{\partial x^t}{\partial p^t} - \frac{dK_M{}^t}{dx^t} \cdot \frac{\partial x^t}{\partial p^t} - \frac{dK_{Phy}{}^t}{dx^t} \cdot \frac{\partial x^t}{\partial p^t}\right](1 + i^t)^{-t} + \sum_{\tau=1}^{T-t}\left[p^{t+\tau} \cdot \frac{\partial x^{t+\tau}}{\partial p^t} - \frac{dK_M{}^{t+\tau}}{dx^{t+\tau}} \cdot \frac{\partial x^{t+\tau}}{\partial p^t} - \frac{dK_{Phy}{}^{t+\tau}}{dx^{t+\tau}} \cdot \frac{\partial x^{t+\tau}}{\partial p^t}\right](1 + i^{t+\tau})^{-(t+\tau)} = 0$$

für alle $t = 1,...,T$

$$(5.34)\ \frac{\partial G}{\partial W^t} = \left[p^t \cdot \frac{\partial x^t}{\partial W^t} - \frac{dK_M{}^t}{dx^t} \cdot \frac{\partial x^t}{\partial W^t} - \frac{dK_{Phy}{}^t}{dx^t} \cdot \frac{\partial x^t}{\partial W^t} - 1\right](1 + i^t)^{-t} + \sum_{\tau=1}^{T-t}\left[p^{t+\tau} \cdot \frac{\partial x^{t+\tau}}{\partial W^t} - \frac{dK_M{}^{t+\tau}}{dx^{t+\tau}} \cdot \frac{\partial x^{t+\tau}}{\partial W^t} - \frac{dK_{Phy}{}^{t+\tau}}{dx^{t+\tau}} \cdot \frac{\partial x^{t+\tau}}{\partial W^t}\right](1 + i^{t+\tau})^{-(t+\tau)} = 0$$

für alle $t = 1, ..., T$.

Für die optimale Werberate beim Ziel der Gewinnmaximierung im dynamischen Einzelmarkenfall erhält man aus (5.33) und (5.34):

$$(5.35)\ \frac{W^t}{p^t \cdot x^t} = \frac{\beta^t}{\alpha^t} + m_G{}^{t,dyn} \quad \text{für alle } t = 1, ..., T$$

$$\text{mit: } m_G^{t,dyn} = \sum_{\tau=1}^{T-t} \left[\left[\beta^{t+\tau,t} + \frac{\beta^t}{\alpha^t} \cdot \alpha^{t+\tau,t} \right] \cdot \frac{x^{t+\tau}}{x^t} \cdot \frac{1}{p^t} \cdot \right.$$

$$\left. \cdot \left[p^{t+\tau} - \frac{dK_M^{t+\tau}}{dx^{t+\tau}} - \frac{dK_{Phy}^{t+\tau}}{dx^{t+\tau}} \right] \right] (1+i^{t+\tau})^{-\tau}.$$

Vergleicht man (5.35) mit der entsprechenden Werberate beim Ziel der Markenwertmaximierung (vgl. (5.16)), so läßt sich eine Aussage darüber treffen, bei welchem Ziel sich ein höheres optimales Werbebudget-Umsatzverhältnis ergibt. Da $a^t = 1$ ist, hängt dies allein von der Größenrelation der Korrekturglieder $m_G^{t,dyn}$ und $m_M^{t,dyn}$ ab. Diese wiederum wird ausschließlich durch die Barwerte der jeweiligen Deckungsbeiträge bestimmt. Das Korrekturglied $m_G^{t,dyn}$ wird gegenüber $m_M^{t,dyn}$ demnach immer dann größer sein und somit zu einer höheren Werberate beim Ziel der Maximierung des Gewinnbarwertes gegenüber dem Ziel der Markenwertmaximierung führen, wenn die Barwerte der produktspezifischen Deckungsbeiträge in (5.35) größer sind als die entsprechenden Barwerte der markenspezifischen Deckungsbeiträge in (5.16), sofern die dynamischen Preis- und Werbeelastizitäten positiv sind; das Gegenteil gilt, wenn die produktspezifischen Deckungsbeitragsbarwerte kleiner sind als die markenspezifischen Deckungsbeitragsbarwerte bzw. wenn die dynamischen Preis- und Werbeelastizitäten negativ sind.

2. Optimale Preis- und Werbestrategie bei Markenfamilien, Dachmarken und Globalmarken

Ist die optimale Preis- bzw. Werbestrategie bei mehreren unter einer Marke zusammengefaßten Produkten zu bestimmen, so sind wiederum die zwischen diesen Produkten bestehenden Verbundwirkungen zu berücksichtigen.[34] Für das Ziel der Gewinnmaximierung ergibt sich damit in Anlehnung an (5.17) allgemein:

$$(5.36)\ G(p_1, ..., p_J; W_1, ..., W_J) = \sum_{j=1}^{J} \sum_{t=1}^{T} [p_j^t \cdot x_j^t(p_1, ..., p_J; W_1, ..., W_J)$$

$$- K_{Mj}^t(x_j^t(p_1, ..., p_J; W_1, ..., W_J)) - K_{Phy,j}^t(x_j^t(p_1, ..., p_J; W_1, ..., W_J) - W_j^t)\,](1 + i^t)^{-t}\ .$$

34) Vgl. hierzu den Unterabschnitt B.II.2. in diesem Teil.

Statischer Response:

Im statischen Fall konkretisiert sich (5.36) zu:

$$(5.37)\ G = \sum_{j=1}^{J} \sum_{t=1}^{T} [p_j^t \cdot x_j^t(p_1^t, ..., p_J^t; W_1^t, ..., W_J^t) - K_{Mj}^t(x_j^t(p_1^t, ..., p_J^t; W_1^t, ..., W_J^t)) - K_{Phy,j}^t(x_j^t(p_1^t, ..., p_J^t; W_1^t, ..., W_J^t) - W_j^t)](1 + i^t)^{-t} \rightarrow \max!$$

Die gewinnmaximalen Produktpreise und Werbebudgets für die einzelnen unter der Marke zusammengefaßten Produkte erhält man durch partielles Ableiten von (5.37) nach den unabhängigen Variablen, Nullsetzen der Ableitungen und Auflösen des sich hieraus ergebenden Gleichungssystems nach den Preisen und Werbebudgets für jedes Produkt und jede Periode:

$$(5.38)\ \frac{\partial G}{\partial p_j^t} = \Bigg[x_j^t + p_j^t \cdot \frac{\partial x_j^t}{\partial p_j^t} - \frac{dK_{Mj}^t}{dx_j^t} \cdot \frac{\partial x_j^t}{\partial p_j^t} - \frac{dK_{Phy,j}^t}{dx_j^t} \cdot \frac{\partial x_j^t}{\partial p_j^t} + \sum_{\substack{i=1 \\ i \neq j}}^{J} \left[p_i^t \cdot \frac{\partial x_i^t}{\partial p_j^t} - \frac{dK_{Mi}^t}{dx_i^t} \cdot \frac{\partial x_i^t}{\partial p_j^t} - \frac{dK_{Phy,i}^t}{dx_i^t} \cdot \frac{\partial x_i^t}{\partial p_j^t} \right] \Bigg] (1 + i^t)^{-t} = 0$$

für alle j = 1,...,J; t = 1,...,T

$$(5.39)\ \frac{\partial G}{\partial W_j^t} = \Bigg[p_j^t \cdot \frac{\partial x_j^t}{\partial W_j^t} - \frac{dK_{Mj}^t}{dx_j^t} \cdot \frac{\partial x_j^t}{\partial W_j^t} - \frac{dK_{Phy,j}^t}{dx_j^t} \cdot \frac{\partial x_j^t}{\partial W_j^t} - 1 + \sum_{\substack{i=1 \\ i \neq j}}^{J} \left[p_i^t \cdot \frac{\partial x_i^t}{\partial W_j^t} - \frac{dK_{Mi}^t}{dx_i^t} \cdot \frac{\partial x_i^t}{\partial W_j^t} - \frac{dK_{Phy,i}^t}{dx_i^t} \cdot \frac{\partial x_i^t}{\partial W_j^t} \right] \Bigg] (1 + i^t)^{-t} = 0$$

für alle j = 1,...,J; t = 1,...,T .

Aufgrund fehlender periodenübergreifender Effekte gelten die gewinnmaximalen Preise und Werbebudgets (und damit auch die gewinnmaximalen Absatzmengen) für alle Perioden, d. h. sie ändern sich - unter der Annahme der Strukturkonstanz der in (5.37) enthaltenen funktionalen Beziehungen - im Zeitablauf nicht. (5.38) und (5.39) machen zudem durch den in beiden Gleichungen enthaltenen Summenausdruck die zwischen den Produkten bestehenden Verbundbeziehungen deutlich. Da (5.38) und (5.39) lediglich fordern, daß im Optimum die **Gesamtheit** der Grenzerlösbarwerte der **Gesamt-**

heit der Grenzkostenbarwerte entsprechen muß, kann es mit diesen Gewinnmaximierungbedingungen vereinbar sein, daß der spezielle Grenzerlösbarwert eines Produkts unter dem speziellen Grenzkostenbarwert dieses Produkts liegt oder sogar der Verkaufspreis des Produkts den Einkaufspreis bzw. die mit dem Produkt verbundenen Kosten unterschreitet (vgl. *Theisen*, 1975, S. 276 ff.). Dies ist immer dann der Fall, wenn die durch eine derartige Preissetzung induzierten Erlös- und Kostenwirkungen insgesamt - über die Verbundwirkungen - zu einer Gewinnsteigerung führen.

Für die optimale Werberate für die einzelnen unter der betrachteten Marke angebotenen Produkte gilt im hier betrachteten Fall:

$$(5.40)\quad \frac{W_j^t}{p_j^t \cdot x_j^t} = \frac{\beta_j^t}{\alpha_j^t} + m_{G,j}^{t,stat} \qquad \text{für alle } j = 1,\ldots,J;\ t = 1,\ldots,T$$

mit:

$$m_{G,j}^{t,stat} = \sum_{\substack{i=1 \\ i \neq j}}^{J} \left[\left[\beta_{ji}^t + \frac{\beta_j^t}{\alpha_j^t} \cdot \alpha_{ji}^t \right] \cdot \frac{x_i^t}{x_j^t} \cdot \frac{1}{p_j^t} \cdot \left[p_i^t - \frac{dK_{Mi}^t}{dx_i^t} - \frac{dK_{Phy,i}^t}{dx_i^t} \right] \right].$$

Vergleicht man (5.40) mit dem Fall, daß ein Produkt als Einzelmarke geführt wird (vgl. 5.32), und unterstellt man gleiche Werte für die direkte Preis- und Werbeelastizität in beiden Fällen, so ist die Werberate im Falle mehrerer unter einer Marke geführter Produkte gegenüber der Einzelmarkenstrategie höher (niedriger), wenn $m_{G,j}^{t,stat} > 0$ ($m_{G,j}^{t,stat} < 0$) ist. Die optimale Werberate ist - bei positiven Deckungsbeiträgen - dabei umso größer, je preissubstitutiver die unter der Marke angebotenen Produkte sind und je stärker die (positive) Sekundärwirkung der Werbung ist. Bei preiskomplementären Produkten und negativen Sekundärwirkungen der Werbung ist der optimale Anteil der Werbung am Umsatz bei den einzelnen Produkten kleiner, wenn sie mit mehreren Produkten unter ein und derselben Marke vertrieben werden, als wenn sie als Einzelmarken angeboten würden.

Ob beim Ziel der Gewinnmaximierung gegenüber dem Ziel der Markenwertmaximierung ein höheres oder ein niedrigeres Werbebudget-Umsatzverhältnis anzustreben ist, hängt von den Größenrelationen der produkt- und markenspezifischen Deckungsbeiträge sowie von den Ausprägungen von a_j^t und a_{ji}^t ab (vgl. (5.24)). Das Ziel der Gewinnmaximierung erfordert demnach gegenüber dem Ziel der Markenwertmaximierung eine umso höhere Werberate für die

einzelnen unter der betrachteten Marke angebotenen Produkte, je größer die produktspezifischen Deckungsbeiträge gegenüber den markenspezifischen Deckungsbeiträgen sind, sofern die Kreuzpreis- und die Kreuzwerbeelastizitäten positiv sind, und je geringer der hedonische Preis der Marke auf Preisänderungen reagiert, d. h. je kleiner a_j^t bzw. a_{ji}^t sind; Gegenteiliges gilt bei hohen markenspezifischen Deckungsbeiträgen bzw. bei negativen Werten der Kreuzpreis- und Kreuzwerbeelastizitäten und starken Reaktionen des hedonischen Preises der Marke auf Preisänderungen.

<u>Dynamischer Response:</u>

Legt man für den Fall des Angebots mehrerer Produkte unter einer Marke und dynamischer Response wieder die Restriktion auf, daß produktübergreifende Effekte nur in der Periode der Durchführung der Marketingmaßnahme auftreten, und periodenübergreifende Effekte sich nur bei demjenigen Produkt ergeben, auf welches die Marketingmaßnahme abzielt,[35] so wird (5.36) in Anlehnung an (5.25) zu:

$$
\begin{aligned}
(5.41)\ G = \sum_{j=1}^{J} \sum_{t=1}^{T} [\, & p_j^t \cdot x_j^t(p_1^t, \ldots, p_J^t; p_j^{t-1}, \ldots, p_j^1; W_1^t, \ldots, W_J^t; W_j^{t-1}, \ldots, W_j^1) \\
& - K_{Mj}^t(x_j^t(p_1^t, \ldots, p_J^t; p_j^{t-1}, \ldots, p_j^1; W_1^t, \ldots, W_J^t; W_j^{t-1}, \ldots, W_j^1)) \\
& - K_{Phy,j}^t(x_j^t(p_1^t, \ldots, p_J^t; p_j^{t-1}, \ldots, p_j^1; W_1^t, \ldots, W_J^t; W_j^{t-1}, \ldots, W_j^1)) - W_j^t\,](1 + i^t)^{-t} \\
& \rightarrow \max!
\end{aligned}
$$

Partielles Ableiten von (5.41) nach den unabhängigen Variablen zur Bestimmung der optimalen Preise und Werbebudgets für jedes einzelne unter der Marke geführte Produkt und für jede Periode ergibt:

$$
\begin{aligned}
(5.42)\ \frac{\partial G}{\partial p_j^t} = \Bigg[& x_j^t + p_j^t \cdot \frac{\partial x_j^t}{\partial p_j^t} - \frac{dK_{Mj}^t}{dx_j^t} \cdot \frac{\partial x_j^t}{\partial p_j^t} - \frac{dK_{Phy,j}^t}{dx_j^t} \cdot \frac{\partial x_j^t}{\partial p_j^t} \\
& + \sum_{\substack{i=1 \\ i \neq j}}^{J} \left[p_i^t \cdot \frac{\partial x_i^t}{\partial p_j^t} - \frac{dK_{Mi}^t}{dx_i^t} \cdot \frac{\partial x_i^t}{\partial p_j^t} - \frac{dK_{Phy,i}^t}{dx_i^t} \cdot \frac{\partial x_i^t}{\partial p_j^t} \right] \Bigg] (1 + i^t)^{-t} \\
& + \sum_{\tau=1}^{T-t} \left[p_j^{t+\tau} \cdot \frac{\partial x_j^{t+\tau}}{\partial p_j^t} - \frac{dK_{Mj}^{t+\tau}}{dx_j^{t+\tau}} \cdot \frac{\partial x_j^{t+\tau}}{\partial p_j^t} - \frac{dK_{Phy,j}^{t+\tau}}{dx_j^{t+\tau}} \cdot \frac{\partial x_j^{t+\tau}}{\partial p_j^t} \right] (1 + i^{t+\tau})^{-(t+\tau)} = 0
\end{aligned}
$$

für alle $j = 1,\ldots,J$; $t = 1,\ldots,T$

35) Vgl. hierzu auch den Unterabschnitt B.II.2. in diesem Teil.

$$(5.43)\ \frac{\partial G}{\partial W_j^t} = \left[p_j^t \cdot \frac{\partial x_j^t}{\partial W_j^t} - \frac{dK_{Mj}^t}{dx_j^t} \cdot \frac{\partial x_j^t}{\partial W_j^t} - \frac{dK_{Phy,j}^t}{dx_j^t} \cdot \frac{\partial x_j^t}{\partial W_j^t} - 1 \right.$$

$$+ \sum_{\substack{i=1 \\ i \neq j}}^{J} \left[p_i^t \cdot \frac{\partial x_i^t}{\partial W_j^t} - \frac{dK_{Mi}^t}{dx_i^t} \cdot \frac{\partial x_i^t}{\partial W_j^t} - \frac{dK_{Phy,i}^t}{dx_i^t} \cdot \frac{\partial x_i^t}{\partial W_j^t} \right] \Bigg] (1 + i^t)^{-t}$$

$$+ \sum_{\tau=1}^{T-t} \left[p_j^{t+\tau} \cdot \frac{\partial x_j^{t+\tau}}{\partial W_j^t} - \frac{dK_{Mj}^{t+\tau}}{dx_j^{t+\tau}} \cdot \frac{\partial x_j^{t+\tau}}{\partial W_j^t} - \frac{dK_{Phy,j}^{t+\tau}}{dx_j^{t+\tau}} \cdot \frac{\partial x_j^{t+\tau}}{\partial W_j^t} \right] (1 + i^{t+\tau})^{-(t+\tau)} = 0$$

$$\text{für alle } j = 1,\ldots,J;\ t = 1,\ldots,T\ .$$

Auflösen des durch (5.42) und (5.43) vorgegebenen Gleichungssystems nach den Preisen und Werbebudgets für jedes Produkt und jede Periode führt zu den produkt- und periodenspezifischen gewinnmaximalen Produktpreisen und Werbebudgets. Gegenüber dem statischen Fall ist zu beachten, daß aufgrund der auf alle (verbleibenden) Perioden des Planungszeitraumes wirkenden Preise bzw. Werbeimpulse periodenspezifisch unterschiedliche optimale Preise und Werbebudgets resultieren.

Als optimale Werberate ergibt sich im hier betrachteten Fall durch Auflösen von (5.42) und (5.43) nach $(dK_{Mj}^t/dx_j^t + dK_{Phy,j}^t/dx_j^t)$ und einigen Erweiterungen:

$$(5.44)\ \frac{W_j^t}{p_j^t \cdot x_j^t} = \frac{\beta_j^t}{\alpha_j^t} + m_{G,j}^{t,dyn} \qquad \text{für alle } j = 1,\ldots,J;\ t = 1,\ldots,T$$

mit:

$$m_{G,j}^{t,dyn} = \sum_{\substack{i=1 \\ i \neq j}}^{J} \left[\left[\beta_{ji}^t + \frac{\beta_j^t}{\alpha_j^t} \cdot \alpha_{ji}^t \right] \cdot \frac{x_i^t}{x_j^t} \cdot \frac{1}{p_j^t} \cdot \left[p_i^t - \frac{dK_{Mi}^t}{dx_i^t} - \frac{dK_{Phy,i}^t}{dx_i^t} \right] \right]$$

$$+ \sum_{\tau=1}^{T-t} \left[\left[\beta_j^{t+\tau,t} + \frac{\beta_j^t}{\alpha_j^t} \cdot \alpha_j^{t+\tau,t} \right] \cdot \frac{x_j^{t+\tau}}{x_j^t} \cdot \frac{1}{p_j^t} \cdot \left[p_j^{t+\tau} - \frac{dK_{Mj}^{t+\tau}}{dx_j^{t+\tau}} - \frac{dK_{Phy,j}^{t+\tau}}{dx_j^{t+\tau}} \right] \right] (1 + i^{t+\tau})^{-\tau}.$$

Wie im entsprechenden Fall beim Ziel der Markenwertmaximierung ergänzen oder behindern sich produkt- und periodenübergreifende Effekte.[36] Ob beim Ziel der Gewinnmaximierung oder bei der Maximierung des Markenwerts ein

36) Vgl. Unterabschnitt B.II.2. in diesem Teil.

größeres Werbebudget-Umsatzverhältnis bei den einzelnen unter der Marke angebotenen Produkten anzustreben ist, hängt dabei von den Größenrelationen der produkt- und markenspezifischen Deckungsbeiträge bzw. Deckungsbeitragsbarwerte und von der Reagibilität des hedonischen Preises der Marke auf Preisvariationen (a_j^t bzw. a_{ji}^t) ab (vgl. (5.28)). Die Maximierung des Gewinns erfordert dabei gegenüber der Markenwertmaximierung eine höhere Werberate, je größer die produktspezifischen Deckungsbeiträge bzw. ihre Barwerte gegenüber den markenspezifischen Deckungsbeiträgen bzw. ihren Barwerten sind, sofern die dynamischen Elastizitäten und die Kreuzelastizitäten positive Vorzeichen besitzen, und je kleiner die Reaktion des hedonischen Preises der Marke auf Preisvariationen ist. Gegenteiliges gilt bei umgekehrten Größenordnungen der Deckungsbeiträge bzw. ihrer Barwerte bzw. bei negativen Werten der dynamischen Elastizitäten und der Kreuzelastizitäten sowie bei starker Reaktion des hedonischen Preises der Marke auf Preisänderungen. Ferner kann durch einen Vergleich von (5.44) mit (5.35) festgestellt werden, ob ein höheres Werbebudget-Umsatzverhältnis realisiert werden sollte, wenn das Produkt als Einzelmarke angeboten wird, oder wenn es mit mehreren anderen Produkten unter der Marke geführt wird. So ist offensichtlich, daß - bei jeweils gleichen Werten der direkten Preis- und Werbeelastizität und identischen dynamischen Elastizitäten - ein als Einzelmarke angebotenes Produkt dann gegenüber dem Fall, daß es mit mehreren anderen Produkten unter derselben Marke geführt wird, stärker (schwächer) beworben werden sollte, wenn die unter der Marke geführten Produkte preiskomplementär (preissubstitutiv) sind und/oder negative Sekundärwirkungen der Werbung auftreten.

IV. Vergleich optimaler Preis- und Werbestrategien im Falle der Maximierung des Markenwerts und des Markengewinns auf Basis konkreter Planungssituationen

Gegenstand der folgenden Ausführungen ist die Ermittlung optimaler Preis- und Werbestrategien bei Vorliegen konkreter Planungssituationen; die bisher allgemein gehaltenen Ausführungen werden jetzt anhand von konkreten funktionalen Zusammenhängen spezifiziert. Analysiert werden sowohl die Zielsetzung der Markengewinnmaximierung als auch das Ziel der Markenwertmaximierung; für beide Ziele sollen die jeweils optimalen Preis- und Werbestrategien ermittelt werden. Unterschieden wird ferner wieder hinsichtlich der Markierungsstrategien, ob eine Einzelmarke vorliegt, oder ob von einer Markenfamilie, Dachmarke oder Globalmarke auszugehen ist. Um den demonstrativen Charakter der folgenden Beispielrechnungen zu unterstreichen und die

Ausführungen in allen Bereichen leicht nachvollziehbar gestalten zu können, wird grundsätzlich von einem statischen Response der Marketing-Instrumente Preis und Werbung ausgegangen, d. h. auf den Einbezug periodenübergreifender Wirkungen dieser Marketing-Instrumente wird bewußt verzichtet.

1. Optimale Preis- und Werbestrategie bei Einzelmarken

Es sei angenommen, daß folgende allgemeine Marktreaktionsfunktion gelte:

$$(5.45) \quad x^t = x^t(p^t, W^t) = a + b \cdot \sqrt{W^t} - c \cdot p^t$$

mit: a,b,c > 0 und konstant.

(5.45) impliziert eine lineare Preisresponse und eine degressive Werberesponse.[37] Die lineare Preisresponse bei alternativen Werbebudgets für (5.45) zeigt *Abbildung 5.4*; es wird deutlich, daß bei gegebenem Preis eine Vervielfachung des Werbebudgets nur zu einer unterproportionalen Absatzreaktion führt, d. h. bei Erhöhung (Verringerung) des Werbebudgets in jeweils gleichem Ausmaß nehmen die Abstände der einzelnen Preis-Absatz-Funktionen ab (zu). In diesem Zusammenhang ist darauf hinzuweisen, daß in *Abbildung 5.4* einem gegebenem Preis die jeweils maximal erreichbare Absatzmenge zugeordnet wird, d. h. nicht durch **Umverteilung** des Werbebudgets auf andere Werbeträger, sondern allein durch **Erhöhung** des Werbebudgets kann bei gegebenem Preis eine höhere Absatzmenge erzielt werden (vgl. auch *Schmalen*, 1992, S. 49 f.).

Abbildung 5.5 zeigt die degressive Werberesponse von (5.45) bei alternativen Preisen. Aufgrund der in (5.45) angenommenen linearen Preisresponse führt eine jeweils gleich hohe Erhöhung (Senkung) des Preises zur Verschiebung der Werbewirkungsfunktion in immer gleichem Ausmaß zum (vom) Ursprung hin (weg). Auch hier gilt, daß einem gegebenem Werbebudget die maximal erreichbare Absatzmenge zugeordnet wird, d. h. eine höhere Absatzmenge ist nicht durch Umverteilung des Werbebudgets, sondern allein durch Senkung des Preises zu erreichen.

37) Zur Form der Marktreaktions- bzw. Preis-Absatz-Funktion im unvollkommenen Polypol vgl. auch die Ausführungen im Abschnitt B.I. in diesem Teil.

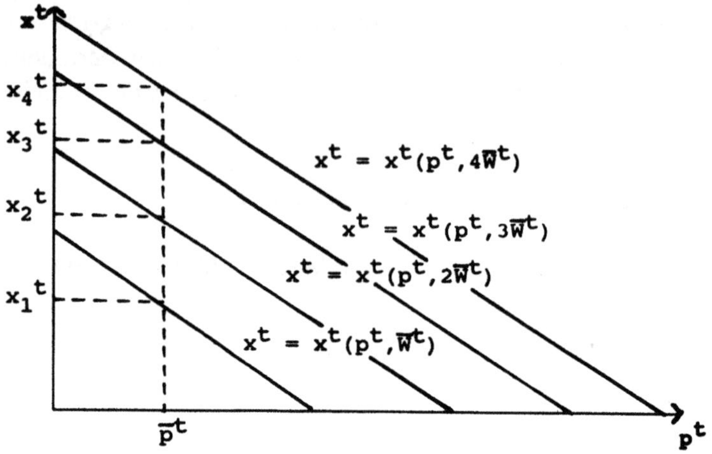

$$\text{mit: } x^t = x^t(p^t,W^t) = a + b\sqrt{W^t} - cp^t$$

$$\text{und } (x_4^t - x_3^t) < (x_3^t - x_2^t) < (x_2^t - x_1^t)$$

Abb. 5.4: Preis-Absatz-Funktionen bei alternativen Werbebudgets mit linearer Preisresponse und degressiver Werberesponse im Einzelmarkenfall

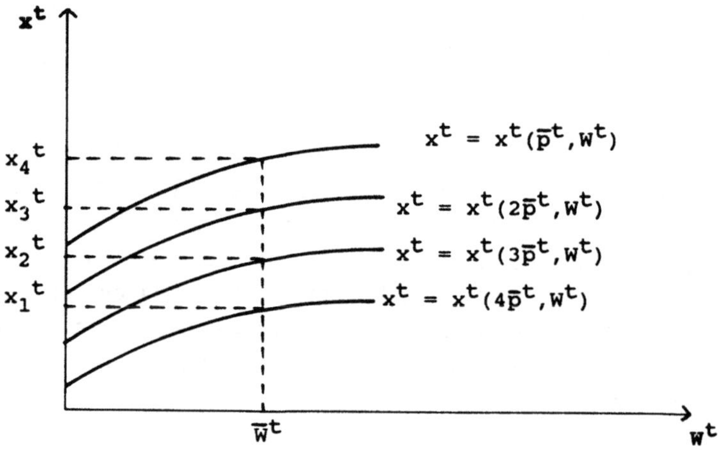

$$\text{mit: } x^t = x^t(p^t,W^t) = a + b\sqrt{W^t} - cp^t$$

$$\text{und } (x_4^t - x_3^t) = (x_3^t - x_2^t) = (x_2^t - x_1^t)$$

Abb. 5.5: Werbewirkungsfunktionen bei alternativen Preisen mit linearer Preisresponse und degressiver Werberesponse im Einzelmarkenfall

Neben der Marktreaktionsfunktion ist ein funktionaler Zusammenhang zwischen dem hedonischen Preis einer Marke und dem Preis des Produkts zu ermitteln. Für den hier betrachteten Einzelmarkenfall gilt, daß eine Variation des Produktpreises unter sonst gleichen Bedingungen zu einer Veränderung des hedonischen Preises bzw. Marktwertes der Marke in gleicher Höhe führt.[38] Daher kann folgende allgemeine Funktion unterstellt werden:

(5.46) $p_M{}^t = p_M{}^t(p^t) = -d + p^t$

mit: $d > 0$ und konstant.

Aus (5.46) geht hervor, daß ein positiver Marktwert der Marke erst ab einem Produktpreis in Höhe von d realisiert werden kann. Für diesen kritischen Produktpreis gilt also:

(5.47) $p_M{}^t \geq 0$, wenn $p^t{}_{krit} \geq d$.

Der konkrete Wert von d ist jeweils im Einzelfall regressionsanalytisch oder per Sensitivitätsanalyse auf Basis des vorliegenden Datenmaterials zu ermitteln, indem der Preis des betrachteten Produkts variiert bzw. so weit gesenkt wird, bis ein Wert der Marke von Null erreicht wird.

Zu berücksichtigen sind ferner Kostenfunktionen in Form der auf die Verwendung der Marke und auf das eigentliche Produkt zurückzuführenden Kosten, jeweils in Abhängigkeit von der produzierten (und abgesetzten) Menge.[39] Für diese Kostenfunktionen seien folgende allgemeine Funktionen unterstellt:

(5.48) $K_M{}^t = K_M{}^t(x^t) = e \cdot (x^t)^2 + f$

mit: $e,f > 0$ und konstant.

(5.49) $K_{Phy}{}^t = K_{Phy}{}^t(x^t) = g \cdot (x^t)^2 + h \cdot x^t + j$

mit: $g,h,j > 0$ und konstant.

Die Parameter f bzw. j stellen dabei marken- bzw. produktspezifische Fixkosten dar.

---

38) Vgl. Unterabschnitt B.II.1. in diesem Teil.

39) Zu den auf die Verwendung der Marke zurückzuführenden Kosten vgl. auch die Ausführungen im Unterabschnitt B.I.2.b. im 4. Teil; zu den produktspezifischen Kosten vgl. auch Unterabschnitt B.III.1. in diesem Teil.

Betrachtet wird zunächst das Ziel der Maximierung des Markenwerts. Unter Berücksichtigung von (5.5a) und den dargestellten funktionalen Zusammenhängen ergibt sich für den hier untersuchten Einzelmarkenfall:

$$(5.50)\ MW = \sum_{t=1}^{T} [(-d + p^t)\cdot(a + b\cdot\sqrt{W^t} - c\cdot p^t) - e\cdot(a + b\cdot\sqrt{W^t} - c\cdot p^t)^2 - f - W^t](1 + i^t)^{-t} = 0 \qquad \text{für alle } t = 1,...,T .$$

Partielles Ableiten von (5.50) nach dem Preis und dem Werbebudget und Nullsetzen dieser Ableitungen ergibt:

$$(5.51)\ \frac{\partial MW}{\partial p^t} = [(a + b\cdot\sqrt{W^t} - c\cdot p^t)\cdot(2\cdot c\cdot e + 1) - c\cdot(-d + p^t)](1 + i^t)^{-t} = 0 \qquad \text{für alle } t = 1,...,T$$

$$(5.52)\ \frac{\partial MW}{\partial W^t} = [b\cdot\sqrt{W_t}^{-1}\cdot(\tfrac{1}{2}\cdot(-d + p^t) - e\cdot(a + b\cdot\sqrt{W^t} - c\cdot p^t)) - 1](1 + i^t)^{-t} = 0 \qquad \text{für alle } t = 1,...,T .$$

Aus (5.51) resultiert damit für den optimalen Preis:

$$(5.53)\ p^{t*} = \frac{(a + b\cdot\sqrt{W^t})\cdot(2\cdot c\cdot e + 1) + c\cdot d}{2\cdot c\cdot(1 + c\cdot e)} \qquad \text{für alle } t = 1,...,T .$$

Auflösen von (5.52) erbringt schließlich für das optimale Werbebudget:

$$(5.54)\ W^{t*} = \left[\frac{b\cdot[\tfrac{1}{2}\cdot(-d + p^t) - e\cdot(a - c\cdot p^t)]}{1 + b^2\cdot e}\right]^2 \qquad \text{für alle } t = 1,...,T .$$

(5.51) und (5.52) bzw. (5.53) und (5.54) stellen ein Gleichungssystem bestehend aus zwei Gleichungen und zwei Unbekannten dar, welches somit eindeutig lösbar ist.[40] Die optimale Absatzmenge pro Periode und den maximalen Markenwert erhält man durch Einsetzen des optimalen Preises und des optimalen Werbebudgets in (5.45) bzw. (5.50).

---

40) Da hier ein statischer Response vorliegt, ergeben sich für alle Periode dieselben optimalen Ausprägungen für den Preis und das Werbebudget. Es reicht daher aus, nur eine einzige Periode zur Berechnung der Optimalwerte zu betrachten; vgl. hierzu auch Unterabschnitt B.II.1. in diesem Teil.

Für die Zielsetzung der Maximierung des Markengewinns ergibt sich unter Berücksichtigung von (5.29b) bei der hier vorliegenden Planungssituation:

$$(5.55)\ G = \sum_{t=1}^{T}[(p^t - h)\cdot(a + b\cdot\sqrt{W^t} - c\cdot p^t) - (e + g)\cdot(a + b\cdot\sqrt{W^t} - c\cdot p^t)^2 - f - j - W^t](1 + i^t)^{-t} \rightarrow \max!$$

Partielles Ableiten von (5.55) nach dem Preis und dem Werbebudget und Nullsetzen der Ableitungen ergibt:

$$(5.56)\ \frac{\partial G}{\partial p^t} = [(a + b\cdot\sqrt{W^t} - c\cdot p^t)\cdot(2\cdot c\cdot(e + g) + 1) - c\cdot(p^t - h)](1 + i^t)^{-t} = 0$$

für alle t = 1,...,T

$$(5.57)\ \frac{\partial G}{\partial W^t} = [b\cdot\sqrt{W^t}^{\,-1}\cdot(½\cdot(p^t - h) - (e + g)\cdot(a + b\cdot\sqrt{W^t} - c\cdot p^t)) - 1](1 + i^t)^{-t} = 0 \qquad \text{für alle } t = 1,...,T\ .$$

Aus (5.56) resultiert damit für den optimalen Preis:

$$(5.58)\ p^{t*} = \frac{(a + b\cdot\sqrt{W^t})\cdot(2\cdot c\cdot(e + g) + 1) + h\cdot c}{2\cdot c\cdot(1 + c\cdot(e + g))} \qquad \text{für alle } t = 1,...,T\ .$$

Als optimales Werbebudget ergibt sich aus (5.57):

$$(5.59)\ W^{t*} = \left[\frac{b\cdot[½\cdot(p^t - h) - (e + g)\cdot(a - c\cdot p^t)]}{1 + b^2\cdot(e + g)}\right]^2 \text{für alle } t = 1,...,T\ .$$

Durch Auflösen des durch (5.56) und (5.57) bzw. (5.58) und (5.59) aufgespannten Gleichungssystems und Einsetzen der resultierenden Optimalwerte für den Preis und das Werbebudget in (5.45) bzw. (5.55) erhält man wiederum die optimale Absatzmenge pro Periode und den maximalen Markengewinn(barwert).

Als optimale Werberate, welche für beide Zielsetzungen im Einzelmarkenfall identisch ist,[41] ergibt sich:

---

41) Vgl. hierzu die Unterabschnitte B.II.1. und B.III.1. in diesem Teil.

$$(5.60)\quad \frac{W^t}{p^t \cdot x^t} = \frac{b \cdot \sqrt{W^{t^*}}}{2 \cdot c \cdot p^{t^*}} \quad .$$

Offenbar hängt die Werberate von den Optimalausprägungen der Marketinginstrumentvariablen ab und ist damit für den vorliegenden Fall nicht konstant.[42] Ferner wird anhand von (5.60) deutlich, daß die optimale Werberate bei zunehmend positiver Reaktion gegenüber der Werbung (Parameter b) steigt, und bei stärker werdender Reagibilität auf Preisänderungen (Parameter c) sinkt.

Zur Veranschaulichung der Sachverhalte soll von einer konkreten Situation ausgegangen werden. Es soll folgende Parameterkonstellation gelten:

a = 500	f = 3000
b = 0,8	g = 0,01
c = 2	h = 0,7
d = 1,5	j = 5000
e = 0,001	

Für diese Parameterkonstellation ergibt sich für das Ziel der Markenwertmaximierung aus (5.53) und (5.54) als optimaler Preis ein Wert von 136,79 Geldeinheiten und als optimales Werbebudget ein Wert von 2.904,75 Geldeinheiten. Ferner erhält man durch Einsetzen in (5.45) als optimale Absatzmenge pro Periode 269,53 Einheiten. Als maximaler Markenwert resultiert dann aus (5.50) ein periodenspezifischer Wert für die Marke von 30.488,20 Geldeinheiten. Durch Aufsummation dieses Wertes und entsprechender Diskontierung mit dem Kalkulationszinsfuß über den gesamten Planungshorizont ergibt sich der maximal erzielbare Wert einer Marke; so beträgt der maximal erreichbare Wert der Marke bei einem Planungshorizont von 5 Perioden und einem Kalkulationszinsfuß von 10% 115.574,26 Geldeinheiten. Als optimale Werberate erhält man aus (5.60) ein Werbebudget-Umsatzverhältnis von 0,078, d. h. daß das Werbebudget einen Anteil von 7,8% vom Umsatz annehmen sollte.

Für das Ziel der Gewinnmaximierung ist nach (5.58) und (5.59) ein Preis von 138,84 Geldeinheiten zu fordern und für Werbung ein Budget von 2.800,27

---

42) Eine konstante optimale Werberate ergibt sich bei isoelastischen Funktionen. Zu den isoelastischen Funktionen gehören Funktionen vom Cobb-Douglas-Typ; vgl. hierzu z. B. *Schmalen*, 1982, S. 21 f.

Geldeinheiten anzusetzen. Bei diesem Preis und diesem Werbebudget ergibt sich aus (5.45) eine gewinnmaximale Absatzmenge von 264,64 Einheiten pro Periode. Der nach (5.55) erzielbare Gewinn pro Periode beträgt in dieser Situation 24.988,57 Geldeinheiten. Der entsprechende Gewinnbarwert bei Berücksichtigung des gesamten Planungshorizontes ergibt sich wieder durch Aufsummation der diskontierten periodenspezifischen Gewinnwerte; bei Unterstellung eines Planungshorizonts von 5 Perioden und eines Kalkulationszinsfußes von 10% bedeutet dies, daß bei optimalem Einsatz der Marketing-Instrumente Preis und Werbung ein maximaler Gewinnbarwert von 94.726,34 Geldeinheiten erzielt werden kann. Als optimale Werberate für das Ziel der Gewinnmaximierung ergibt sich aus (5.60) ein Wert von 0,076, d. h. daß 7,6% vom Umsatz für Werbung ausgegeben werden sollten, wenn ein maximaler Gewinn angestrebt wird, etwas weniger also als beim Ziel der Markenwertmaximierung.

Interessant erscheint in diesem Zusammenhang auch, wie stark die Einbußen bei Verfolgen des Markenwert- oder Markengewinnziels für das jeweils andere Ziel sind. Diese Einbußen erweisen sich im vorliegenden Fall als nicht sehr gravierend, da die Optimalausprägungen der Marketing-Instrumente Preis und Werbung bei beiden Zielsetzungen fast identisch sind; so wird bei den Ausprägungen der Marketing-Instrumentvariablen, welche sich für das Ziel der Markenwertmaximierung als optimal erweisen, ein Markengewinn von 24.977,35 Geldeinheiten pro Periode erwirtschaftet. Dies entspricht einer Differenz gegenüber dem maximal erreichbaren Gewinn von 11,21 Geldeinheiten. Wird der Betrachtungszeitraum auf 5 Perioden ausgedehnt, so ergibt sich ein (abgezinster) Differenzbetrag von 42,49 Geldeinheiten. Bei den für das Ziel der Markengewinnmaximierung geltenden Ausprägungen der Marketing-Variablen Preis und Werbebudget wird ein Markenwert von 30.477,22 Geldeinheiten pro Periode erreicht; dies entspricht einer Einbuße von 10,98 Geldeinheiten gegenüber dem maximal erreichbaren Markenwert. Dieser Wert erhöht sich auf 41,62 Geldeinheiten, wenn die Betrachtung auf 5 Perioden unter Berücksichtigung des Kalkulationszinsfußes von 10% ausgedehnt wird.

Zu hinterfragen ist auch, worauf die Unterschiede der Optimalausprägungen der Marketing-Instrumente bei alternativen Zielsetzungen zurückzuführen sind. Anhand von (5.53) und (5.54) sowie (5.58) und (5.59) läßt sich erkennen, daß offensichtlich beide Zielsetzungen zu identischen Optimalausprägungen der Marketing-Instrumente führen, wenn $g = 0$ und $d = h$ gilt. Dies ist jedoch gleichbedeutend mit der Tatsache, daß die produktspezifischen Grenzerlösbarwerte mit den produktspezifischen Grenzkostenbarwerten übereinstimmen; wie bereits gezeigt wurde, stimmen in diesem speziellen Fall die Optimalausprägungen der Marketing-Instrumente für beide Zielsetzungen überein.[43] Analytisch kann dies für die vorliegende Planungssituation wie folgt gezeigt werden: Spaltet man in (5.55) die produkt- und markenspezifischen Erlöse wie in (5.29) auf, so ergibt sich:

$$(5.61)\ G = \sum_{t=1}^{T}[(-d + p^t)\cdot(a + b\cdot\sqrt{W^t} - c\cdot p^t)$$

$$+ (p^t - (-d + p^t))\cdot(a + b\cdot\sqrt{W^t} - c\cdot p^t) - (e + g)\cdot(a + b\cdot\sqrt{W^t} - c\cdot p^t)^2$$

$$- h\cdot(a + b\cdot\sqrt{W^t} - c\cdot p^t) - f - j - W^t](1 + i^t)^{-t} \rightarrow \max!$$

Bei Gleichheit von produktspezifischen Grenzerlösen und Grenzkosten muß dann gelten:

$$(5.62)\ c\cdot d = 2\cdot c\cdot g\cdot(a + b\cdot\sqrt{W^t} - c\cdot p^t) + c\cdot h$$

$$(5.63)\ \frac{1}{2}\cdot d\cdot b\cdot\sqrt{W^t}^{\,-1} = g\cdot(a + b\cdot\sqrt{W^t} - c\cdot p^t)\cdot b\cdot\sqrt{W^t}^{\,-1}$$

$$+ \frac{1}{2}\cdot h\cdot b\cdot\sqrt{W^t}^{\,-1}.$$

Offensichtlich sind (5.62) und (5.63) erfüllt, wenn $g = 0$ und $d = h$ gilt.

2. Optimale Preis- und Werbestrategie bei Markenfamilien, Dachmarken und Globalmarken

Für den Markenfamilien-, Dachmarken- bzw. Globalmarkenfall ist die Marktreaktionsfunktion (5.45) in entsprechender Weise zu erweitern. Dabei wird die Annahme der linearen Preisresponse und der degressiven Werberesponse aufrechterhalten:

$$(5.64)\ x_j^t = x_j^t(p_1^t,...,p_J^t,W_1^t,...,W_J^t) = a_j + b_j\cdot\sqrt{W_j^t} - c_j\cdot p_j^t + \sum_{\substack{i=1\\ i\neq j}}^{J} d_{ji}\cdot\sqrt{W_i^t} - \sum_{\substack{i=1\\ i\neq j}}^{J} e_{ji}\cdot p_i^t$$

mit: $a_j, b_j, c_j > 0$; $d_{ji}, e_{ji} \gtreqless 0$ und konstant.

43) Vgl. hierzu auch die Ausführungen im Unterabschnitt B.III.1. in diesem Teil.

Der Anschaulichkeit halber wird im folgenden eine Beschränkung auf den Zwei-Produkt-Fall vorgenommen. (5.64) wird dann zu:

$$(5.64a)\; x_j^t = x_j^t(p_j^t, p_i^t, W_j^t, W_i^t) = a_j + b_j \cdot \sqrt{W_j^t} - c_j \cdot p_j^t + d_{ji} \cdot \sqrt{W_i^t} - e_{ji} \cdot p_i^t$$

mit: $i,j = 1,2;\ i \neq j$.

Stellt man wieder den Absatz eines Produkts in Abhängigkeit vom Preis dieses Produkts bzw. vom Werbebudget für dieses Produkt dar, so ist in diesem Fall zu beachten, daß sich die Preis-Absatz- bzw. Werbewirkungsfunktionen für dieses Produkt auch bei Variation des Preises bzw. des Werbebudgets des jeweils **anderen** unter der betrachteten Marke angebotenen Produkts verschieben, und zwar mit abnehmenden (zunehmenden) Abständen bei Erhöhung (Verringerung) des Werbebudgets in jeweils gleichem Ausmaß und proportional bei Variation des Preises. Bei werbe- und preiskomplementären (werbe- und preissubstitutiven) Produkten bedeutet dies, daß sich eine Verschiebung der Preis-Absatz- bzw. Werbewirkungsfunktion des betrachteten Produkts vom (zum) Ursprung weg (hin) bei steigendem Werbebudget und sinkendem Preis des jeweils anderen Produkts ergibt.

Allgemein kann dieser Sachverhalt anhand der *Abbildungen 5.6* und *5.7* dargestellt werden. Die in diesen Abbildungen verwendeten Parameter α, β, σ, τ und μ stellen dabei das Ausmaß der Variation der nicht explizit in der Graphik der jeweiligen Abbildung enthaltenen Marketing-Variablen dar, welche zu einer Verschiebung der Preis-Absatz- bzw. Werbewirkungsfunktion führt. So wird beispielsweise eine Verschiebung der Preis-Absatz-Funktion I zur Preis-Absatz-Funktion II in *Abbildung 5.6* durch eine Werbebudgeterhöhung des betrachteten Produkts (Produkt j) oder durch eine Preis- oder Werbebudgetvariation des anderen Produkts (Produkt i) erreicht. Je nachdem, ob Werbe- bzw. Preissubstitutionalität oder -komplementarität zwischen den beiden betrachteten Produkten vorliegt, ist eine Preis- bzw. Werbebudgeterhöhung oder -senkung vorzunehmen; dies wird durch die Vorzeichen der Parameter σ und α ausgedrückt. Derselbe Sachverhalt wird in *Abbildung 5.7* dargestellt, jetzt allerdings anhand der Werbewirkungsfunktion von Produkt j. Eine Verschiebung der Werbewirkungsfunktion I zur Werbewirkungsfunktion II wird dort durch Senkung des Preises von Produkt j oder durch Preis- bzw. Werbebudgeterhöhung bzw. -senkung von Produkt i - je nach Werbe- bzw. Preissubstitutionalität bzw. -komplementarität zwischen Produkt i und Produkt j - erreicht; dies zeigen die Vorzeichen von β bzw. σ. Auch wird in den *Abbildungen 5.6* bzw. *5.7* deutlich, in welchem Ausmaß eine Variation der Preise bzw. Werbebudgets vorgenommen werden muß, um eine Erhöhung des Absatzes von Produkt j von x_{j2}^t auf x_{j3}^t zu erreichen, die **dasselbe** Ausmaß hat wie die Absatzsteigerung von

$x_{j1}{}^t$ auf $x_{j2}{}^t$. Während dies durch eine Preisvariation von Produkt j bzw. Produkt i erreicht werden kann, die **dasselbe** Ausmaß hat wie die Preisvariation, die von $x_{j1}{}^t$ zu $x_{j2}{}^t$ führte, ist die Werbebudgetänderung, die eine Absatzsteigerung von $x_{j2}{}^t$ auf $x_{j3}{}^t$ ermöglicht, **nicht** proportional; so ist hierfür entweder ein über-

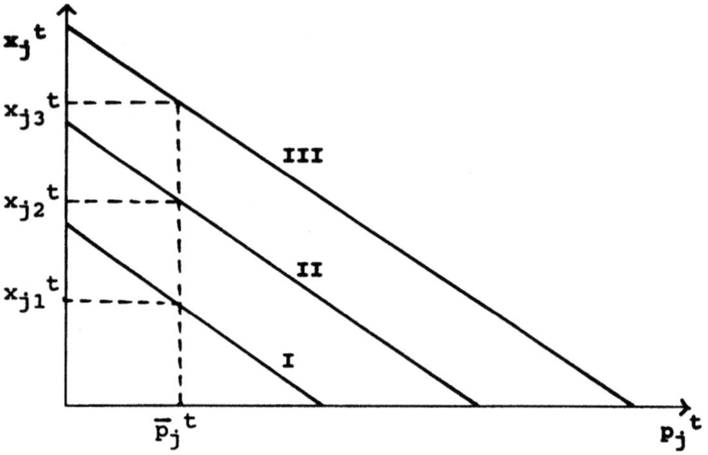

mit: $x_j{}^t = x_j{}^t(p_j{}^t, W_j{}^t, p_i{}^t, W_i{}^t) =$

$$a_j + b_j\sqrt{W_j}{}^t - c_j p_j{}^t + d_{ji}\sqrt{W_i}{}^t - e_{ji} p_i{}^t$$

und: $(x_{j3}{}^t - x_{j2}{}^t) = (x_{j2}{}^t - x_{j1}{}^t)$

Es gilt: I : $x_j{}^t = x_j{}^t(p_j{}^t, \overline{W}_j{}^t, \overline{p}_i{}^t, \overline{W}_i{}^t)$

II : $x_j{}^t = x_j{}^t(p_j{}^t, \overline{W}_j{}^t, (1-\alpha)\overline{p}_i{}^t, \overline{W}_i{}^t)$

$= x_j{}^t(p_j{}^t, (1+\beta)\overline{W}_j{}^t, \overline{p}_i{}^t, \overline{W}_i{}^t)$

$= x_j{}^t(p_j{}^t, \overline{W}_j{}^t, \overline{p}_i{}^t, (1+\sigma)\overline{W}_i{}^t)$; $\beta > 0$

III: $x_j{}^t = x_j{}^t(p_j{}^t, \overline{W}_j{}^t, (1-2\alpha)\overline{p}_i{}^t, \overline{W}_i{}^t)$

$= x_j{}^t(p_j{}^t, (1+\mu\beta)\overline{W}_j{}^t, \overline{p}_i{}^t, \overline{W}_i{}^t)$

$= x_j{}^t(p_j{}^t, \overline{W}_j{}^t, \overline{p}_i{}^t, (1+\tau\sigma)\overline{W}_i{}^t)$; $\mu > 2$

$(1-2\alpha) \gtrless 0$

$(1+\tau\sigma) \gtrless 0$

bei Preiskomplementarität: $\alpha > 0$
bei Preissubstitutionalität: $\alpha < 0$
bei Werbekomplementarität: $\sigma > 0,\ \tau > 2$
bei Werbesubstitutionalität: $\sigma < 0,\ \tau < 2$

Abb. 5.6: Preis-Absatz-Funktionen für alternative Werbebudgets mit linearer Preisresponse und degressiver Werberesponse im Markenfamilien-, Dachmarken- und Globalmarkenfall

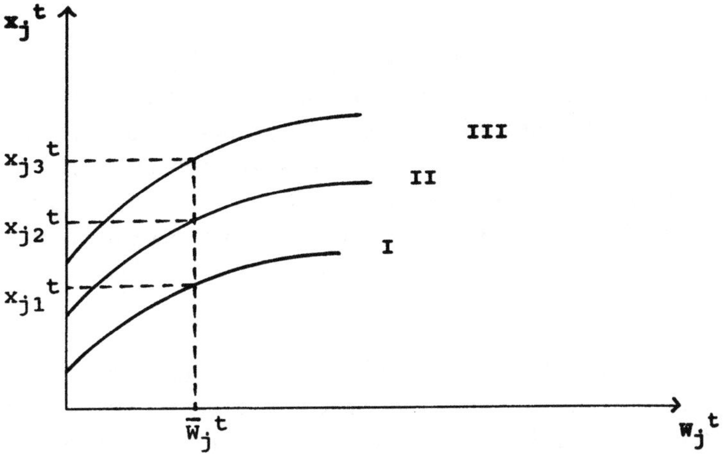

mit : $x_j^t = x_j^t(p_j^t, w_j^t, p_i^t, w_i^t) = a_j + b_j\sqrt{\bar{w}_j}^t - c_j p_j^t + d_{ji}\sqrt{\bar{w}_i}^t - e_{ji} p_i^t$

und : $(x_{j3}^t - x_{j2}^t) = (x_{j2}^t - x_{j1}^t)$

Es gilt: I : $x_j^t = x_j^t(\bar{p}_j^t, w_j^t, \bar{p}_i^t, \bar{w}_i^t)$

II : $x_j^t = x_j^t((1-\alpha)\bar{p}_j^t, w_j^t, \bar{p}_i^t, \bar{w}_i^t)$
$= x_j^t(\bar{p}_j^t, w_j^t, (1-\beta)\bar{p}_i^t, \bar{w}_i^t)$
$= x_j^t(\bar{p}_j^t, w_j^t, \bar{p}_i^t, (1+\sigma)\bar{w}_i^t)$; $\alpha > 0$

III : $x_j^t = x_j^t((1-2\alpha)\bar{p}_j^t, w_j^t, \bar{p}_i^t, \bar{w}_i^t)$
$= x_j^t(\bar{p}_j^t, w_j^t, (1-2\beta)\bar{p}_i^t, \bar{w}_i^t)$
$= x_j^t(\bar{p}_j^t, w_j^t, \bar{p}_i^t, (1+\mu\sigma)\bar{w}_i^t)$; $(1-2\alpha) \gtrless 0$, $(1-2\beta) \gtrless 0$, $(1+\mu\sigma) \gtrless 0$

bei Preiskomplementarität: $\beta > 0$
bei Preissubstitutionalität: $\beta < 0$
bei Werbekomplementarität: $\sigma > 0$, $\mu > 2$
bei Werbesubstitutionalität: $\sigma < 0$, $\mu < 2$

Abb. 5.7: Werbewirkungsfunktionen für alternative Preise mit linearer Preisresponse und degressiver Werberesponse im Markenfamilien-, Dachmarken- und Globalmarkenfall

proportionaler Anstieg des Werbebudgets von Produkt j ($\mu > 2$; vgl. *Abbildung 5.6*) oder ein überproportionaler Anstieg des Werbebudgets von Produkt i bei Werbekomplementarität ($\mu, \tau > 2$) bzw. ein unterproportionaler Rückgang des

Werbebudgets bei Werbesubstitutionalität (μ, τ < 2) zwischen diesen beiden Produkten nötig (vgl. *Abbildung 5.6 und 5.7*).

Wieder gilt, daß einer gegebenen Konstellation von Preisen und Werbebudgets der unter der Marke angebotenen Produkte die maximal erreichbare Absatzmenge zugeordnet wird; eine höhere Absatzmenge kann daher nur durch Senkung des Preises bzw. Erhöhung des Werbebudgets für dieses Produkt oder durch Senkung (Erhöhung) des Preises und/oder Erhöhung (Verringerung) des Werbebudgets des jeweils anderen Produkts bei preis- und werbekomplementären (preis- und werbesubstitutiven) Produkten erreicht werden.

Für den hedonischen Preis der Marke bei einem unter der betrachteten Marke angebotenen Produkt gilt, daß dieser nicht nur vom Preis für dieses Produkt abhängt, sondern auch vom Preis der anderen unter der Marke angebotenen Produkte;[44] dieser funktionale Zusammenhang ist auf Basis des vorliegenden Datenmaterials im Einzelfall festzustellen. Wird von einer linearen Abhängigkeit ausgegangen, so kann der Zusammenhang zwischen dem hedonischen Preis der Marke bei einem unter der Marke geführten Produkt und den Preisen aller unter der Marke angebotenen Produkte dargestellt werden als:

$$(5.65)\quad p_{Mj}^{t} = p_{Mj}^{t}(p_1^{t},\ldots,p_J^{t}) = -f_j + g_j \cdot p_j^{t} + \sum_{\substack{i=1\\ i\neq j}}^{J} h_{ji} \cdot p_i^{t}$$

mit: f_j, g_j, h_{ji} > 0 und konstant für alle i,j = 1,...,J

bzw. für den Zwei-Produkt-Fall:

$$(5.65a)\quad p_{Mj}^{t} = p_{Mj}^{t}(p_j^{t}, p_i^{t}) = -f_j + g_j \cdot p_j^{t} + h_{ji} \cdot p_i^{t}$$

mit: $i,j = 1,2;\ i \neq j$

f_j, g_j, h_{ji} > 0 und konstant.

(5.65) bzw. (5.65a) zeigen, daß wie im Einzelmarkenfall auch hier Voraussetzung für einen positiven hedonischen Preis bzw. Marktwert der Marke ist, daß die Preise der unter der Marke angebotenen Produkte eine bestimmte (Mindest-)Höhe aufweisen.

---

44) Vgl. hierzu auch die Ausführungen im Unterabschnitt B.II.2. in diesem Teil.

Relevant sind ferner Kostenfunktionen in Form der auf die Verwendung der Marke und auf das eigentliche Produkt zurückzuführenden Kosten, welche hier dieselbe Struktur wie im Einzelmarkenfall aufweisen sollen:

$$(5.66)\quad K_{Mj}^{\,t} = K_{Mj}^{\,t}(x_j^t) = j_j \cdot (x_j^t)^2 + k_j$$

mit: j_j, k_j > 0 und konstant.

$$(5.67)\quad K_{Phy,j}^{\,t} = K_{Phy,j}^{\,t}(x_j^t) = l_j \cdot (x_j^t)^2 + m_j \cdot x_j^t + n_j$$

mit: l_j, m_j, n_j > 0 und konstant.

Betrachtet wird zunächst das Ziel der Markenwertmaximierung. Unter Berücksichtigung von (5.17a) und den dargestellten funktionalen Zusammenhängen ergibt sich für den hier untersuchten Markenfamilien-, Dachmarken- bzw. Globalmarkenfall bei Beschränkung auf zwei Produkte:

$$\begin{aligned}(5.68)\quad MW = \sum_{j=1}^{2}\sum_{t=1}^{T}\Big[&(-f_j + g_j \cdot p_j^t + h_{ji} \cdot p_i^t) \cdot (a_j + b_j \cdot \sqrt{W_j^t} - c_j \cdot p_j^t + d_{ji} \cdot \sqrt{W_i^t} \\ &- e_{ji} \cdot p_i^t) - j_j \cdot (a_j + b_j \cdot \sqrt{W_j^t} - c_j \cdot p_j^t + d_{ji} \cdot \sqrt{W_i^t} - e_{ji} \cdot p_i^t)^2 \\ &- k_j - W_j^t\Big](1 + i^t)^{-t} \rightarrow \max!\end{aligned}$$

Partielles Ableiten von (5.68) nach den Preisen und Werbebudgets der unter der Marke angebotenen Produkte und Nullsetzen dieser Ableitungen führt zu:

$$\begin{aligned}(5.69)\quad \frac{\partial MW}{\partial p_j^t} = \big[&(a_j + b_j \cdot \sqrt{W_j^t} - c_j \cdot p_j^t + d_{ji} \cdot \sqrt{W_i^t} - e_{ji} \cdot p_i^t) \cdot (g_j + 2 \cdot c_j \cdot j_j) \\ &- c_j \cdot (-f_j + g_j \cdot p_j^t + h_{ji} \cdot p_i^t)\big](1 + i^t)^{-t} = 0 \qquad \text{für alle } t = 1,\ldots,T;\ i,j = 1,2;\ i \neq j\end{aligned}$$

$$\begin{aligned}(5.70)\quad \frac{\partial MW}{\partial W_j^t} = \big[&b_j \cdot \sqrt{W_j^t}^{\,-1} \cdot (½ \cdot (-f_j + g_j \cdot p_j^t + h_{ji} \cdot p_i^t) - j_j \cdot (a_j + b_j \cdot \sqrt{W_j^t} - c_j \cdot p_j^t \\ &+ d_{ji} \cdot \sqrt{W_i^t} - e_{ji} \cdot p_i^t)) - 1\big](1 + i^t)^{-t} = 0 \qquad \text{für alle } t = 1,\ldots T;\ i,j = 1,2;\ i \neq j\ .\end{aligned}$$

Aus (5.69) resultiert damit für den optimalen Preis:

$$(5.71)\ p_j^{t*} = \frac{(a_j + b_j \cdot \sqrt{W_j^t} + d_{ji} \cdot \sqrt{W_i^t} - e_{ji} \cdot p_i^t) \cdot (g_j + 2 \cdot c_j \cdot j_j) - c_j \cdot (-f_j + h_{ji} \cdot p_i^t)}{2 \cdot c_j \cdot (g_j + c_j \cdot j_j)}$$

für alle t = 1,...,T; i,j = 1,2; i ≠ j .

Auflösen von (5.70) erbringt für das optimale Werbebudget:

(5.72)

$$W_j^{t*} = \left[\frac{b_j \cdot [\frac{1}{2} \cdot (-f_j + g_j \cdot p_j^t + h_{ji} \cdot p_i^t) - j_j \cdot (a_j - c_j \cdot p_j^t + d_{ji} \cdot \sqrt{W_i^t} - e_{ji} \cdot p_i^t)]}{1 + b_j^2 \cdot j_j} \right]^2$$

für alle t = 1,...,T; i,j = 1,2; i ≠ j .

Durch Auflösen des durch (5.69) und (5.70) bzw. (5.71) und (5.72) aufgespannten Gleichungssystems erhält man wiederum die optimalen Preise und Werbebudgets für die einzelnen unter der Marke angebotenen Produkte, welche zum maximalen Wert der Marke führen. Mangels periodenübergreifender Effekte gelten diese Optima für jede Periode des Planungszeitraumes, weshalb die Berechnung der Optimalwerte wieder anhand einer einzigen Periode durchgeführt werden kann.[45] Die optimalen Absatzmengen der einzelnen Produkte sowie der konkrete Wert für den maximalen Wert der Marke können durch Einsetzen der optimalen Preise und Werbebudgets in (5.64a) bzw. (5.68) ermittelt werden.

Für das Ziel der Maximierung des Markengewinns ergibt sich unter Berücksichtigung von (5.37) für die vorliegende Planungssituation:

$$(5.73)\ G = \sum_{j=1}^{2} \sum_{t=1}^{T} [(p_j^t - m_j) \cdot (a_j + b_j \cdot \sqrt{W_j^t} - c_j \cdot p_j^t + d_{ji} \cdot \sqrt{W_i^t} - e_{ji} \cdot p_i^t)$$
$$- (j_j + l_j) \cdot (a_j + b_j \cdot \sqrt{W_j^t} - c_j \cdot p_j^t + d_{ji} \cdot \sqrt{W_i^t} - e_{ji} \cdot p_i^t)^2 - k_j - n_j - W_j^t](1 + i^t)^{-t}$$
$$\rightarrow \max!$$

Die partiellen Ableitungen von (5.73) nach den Preisen und Werbebudgets zur Ermittlung der gewinnmaximalen Preise und Werbebudgets für die einzelnen Produkte ergeben sich als:

45) Vgl. auch den vorangegangenen Unterabschnitt B.IV.1.

$$(5.74)\ \frac{\partial G}{\partial p_j^t} = [(a_j + b_j \cdot \sqrt{W_j^t} - c_j \cdot p_j^t + d_{ji} \cdot \sqrt{W_i^t} - e_{ji} \cdot p_i^t) \cdot (2 \cdot c_j \cdot (j_j + l_j) + 1)$$
$$- c_j \cdot (p_j^t - m_j)](1 + i^t)^{-t} = 0$$
$$\text{für alle } t = 1,...,T;\ i,j = 1,2;\ i \neq j$$

$$(5.75)\ \frac{\partial G}{\partial W_j^t} = [b_j \cdot \sqrt{W_j^t}^{\,-1} \cdot (½ \cdot (p_j^t - m_j) - (j_j + l_j) \cdot (a_j + b_j \cdot \sqrt{W_j^t} - c_j \cdot p_j^t$$
$$+ d_{ji} \cdot \sqrt{W_i^t} - e_{ji} \cdot p_i^t)) - 1](1 + i^t)^{-t} = 0$$
$$\text{für alle } t = 1,...,T;\ i,j = 1,2;\ i \neq j\ .$$

Aus (5.74) resultiert damit für den optimalen Preis:

$$(5.76)\ p_j^{t*} = \frac{(a_j + b_j \cdot \sqrt{W_j^t} + d_{ji} \cdot \sqrt{W_i^t} - e_{ji} \cdot p_i^t) \cdot (2 \cdot c_j \cdot (j_j + l_j) + 1) + m_j \cdot c_j}{2 \cdot c_j \cdot (1 + c_j \cdot (j_j + l_j))}\ .$$

Als optimales Werbebudget ergibt sich aus (5.75):

$$(5.77)\ W_j^{t*} = \left[\frac{b_j \cdot [½ \cdot (p_j^t - m_j) - (j_j + l_j) \cdot (a_j - c_j \cdot p_j^t + d_{ji} \cdot \sqrt{W_i^t} - e_{ji} p_i^t)]}{1 + b_j^2 \cdot (j_j + l_j)} \right]^2 .$$

Durch Auflösen des durch (5.74) und (5.75) bzw. (5.76) und (5.77) aufgespannten Gleichungssystems erhält man wiederum die optimalen Preise und Werbebudgets für jedes unter der Marke angebotene Produkt, jetzt für das Ziel der Gewinnmaximierung. Einsetzen dieser Werte in (5.64a) bzw. (5.73) führt schließlich zu den gewinnmaximalen Absatzmengen und zum erzielbaren maximalen Gewinn(barwert).

Anders als im Einzelmarkenfall ergeben sich bei der Bestimmung der optimalen Werberaten für beide Zielsetzungen deutliche Unterschiede.[46] So erhält man als optimale Werberate für das Ziel der Markenwertmaximierung bei der vorliegenden Planungssituation:

46) Vgl. auch die Unterabschnitte B.II.2. und B.III.2. in diesem Teil.

$$(5.78)\ \frac{W_j^t}{p_j^t \cdot x_j^t} = \frac{b_j \cdot \sqrt{W_j^{t*}}}{2 \cdot c_j \cdot p_j^{t*}} \cdot [g_j + \frac{x_i^{t*}}{x_j^{t*}} \cdot (h_{ij} - \frac{e_{ij}}{x_i^{t*}} \cdot (p_{Mi}{}^t - 2 \cdot j_i \cdot x_i^{t*}))]$$

$$+ \frac{1}{2} \cdot d_{ij} \cdot \frac{\sqrt{W_j^{t*}}}{x_j^{t*}} \cdot \frac{1}{p_j^{t*}} \cdot (p_{Mi}{}^t - 2 \cdot j_i \cdot x_i^{t*})$$

$$\text{mit: } x_i^{t*} = a_i + b_i \cdot \sqrt{W_i^{t*}} - c_i \cdot p_i^{t*} + d_{ij} \cdot \sqrt{W_j^{t*}} - e_{ij} \cdot p_j^{t*}$$

$$x_j^{t*} = a_j + b_j \cdot \sqrt{W_j^{t*}} - c_j \cdot p_j^{t*} + d_{ji} \cdot \sqrt{W_i^{t*}} - e_{ji} \cdot p_i^{t*}\ .$$

Als optimale Werberate beim Ziel der Maximierung des Gewinns bzw. Gewinnbarwerts resultiert hingegen:

$$(5.79)\ \frac{W_j^t}{p_j^t \cdot x_i^t} = \frac{b_j \cdot \sqrt{W_j^{t*}}}{2 \cdot c_j \cdot p_j^{t*}} \cdot (1 - \frac{e_{ij}}{x_j^{t*}} \cdot [p_i^{t*} - 2 \cdot j_j \cdot x_i^{t*} - 2 \cdot l_i \cdot x_i^{t*} - m_i])$$

$$+ \frac{1}{2} \cdot d_{ij} \cdot \frac{\sqrt{W_j^{t*}}}{x_j^{t*}} \cdot \frac{1}{p_j^{t*}} \cdot (p_i^{t*} - 2 \cdot j_i \cdot x_i^{t*} - 2 \cdot l_i \cdot x_i^{t*} - m_i)$$

$$\text{mit: } x_i^{t*} = a_i + b_i \cdot \sqrt{W_i^{t*}} - c_i \cdot p_i^{t*} + d_{ij} \cdot \sqrt{W_j^{t*}} - e_{ij} \cdot p_j^{t*}$$

$$x_j^{t*} = a_j + b_j \cdot \sqrt{W_j^{t*}} - c_j \cdot p_j^{t*} + d_{ji} \cdot \sqrt{W_i^{t*}} - e_{ji} \cdot p_i^{t*}\ .$$

Ein Vergleich dieser beiden Werberaten zeigt, daß grundsätzlich eine Strukturgleichheit zwischen ihnen besteht; dies bedeutet jedoch zugleich, daß erst anhand einer konkreten Parameterkonstellation eine Aussage darüber getroffen werden kann, bei welchem Ziel die Werberate größer bzw. kleiner ausfallen sollte. Anhand von (5.78) und (5.79) wird außerdem deutlich, wie die optimalen Werberaten in Abhängigkeit von einzelnen Parameterausprägungen reagieren.

Zur Veranschaulichung wird im folgenden auch für den hier betrachteten Markenfamilien-, Dachmarken- bzw. Globalmarkenfall eine konkrete Parameterkonstellation vorgegeben, welche sich an die für den Einzelmarkenfall vorgestellte Parameterkonstellation anlehnt. Realistischerweise werden dabei für beide betrachteten Produkte unterschiedliche Konstellationen angenommen, da unterschiedliche Produkte auch bei gleicher Markierung auf unterschiedliche Marktverhältnisse stoßen und unterschiedliche Kosten verursachen.

Die konkrete Parameterkonstellation für beide Produkte lautet:

Produkt 1:	**Produkt 2:**
$a_1 = 500$	$a_2 = 550$
$b_1 = 0{,}8$	$b_2 = 0{,}7$
$c_1 = 2$	$c_2 = 1{,}5$
$d_{12} = 0{,}5$	$d_{21} = 0{,}3$
$e_{12} = 0{,}8$	$e_{21} = 1$
$f_1 = 1$	$f_2 = 1$
$g_1 = 0{,}5$	$g_2 = 0{,}5$
$h_{12} = 0{,}5$	$h_{21} = 0{,}5$
$j_1 = 0{,}001$	$j_2 = 0{,}0015$
$k_1 = 2000$	$k_2 = 1500$
$l_1 = 0{,}01$	$l_2 = 0{,}005$
$m_1 = 0{,}7$	$m_2 = 0{,}5$
$n_1 = 3000$	$n_2 = 4000$.

Offenbar wirken die Marketing-Instrumente Preis und Werbung auf den Absatz der einzelnen Produkte unterschiedlich stark. So entfalten Preis und Werbung für Produkt 2 auf dieses Produkt etwas schwächere Wirkungen als dieselben Instrumente bei Produkt 1. Zudem sind die Sekundäreffekte der Werbung von Produkt 2 auf Produkt 1 etwas stärker als von Produkt 1 auf Produkt 2. Andererseits wirkt der Preis von Produkt 1 auf Produkt 2 etwas stärker als der Preis von Produkt 2 auf Produkt 1. Außerdem gilt, daß für Produkt 2 bei den markenspezifischen Kosten höhere variable Stückkosten und niedrigere Fixkosten vorliegen als bei Produkt 1; bei den produktspezifischen Kosten sind die Verhältnisse umgekehrt.

Ausgehend von dieser Parameterkonstellation resultiert für das Ziel der Maximierung des Markenwerts aus (5.69) und (5.70) bzw. (5.71) und (5.72) als optimaler Preis für Produkt 1 ein Wert von 2,12 Geldeinheiten und ein optimales Werbebudget in Höhe von 1.501,98 Geldeinheiten für jede Periode. Für Produkt 2 lauten die entsprechenden Optimalwerte 195,21 Geldeinheiten für den Preis und 1.147,77 Geldeinheiten für das Werbebudget. Die zugehörigen Absatzmengen beider Produkte erhält man durch Einsetzen der optimalen Preise und Werbebudgets in (5.64a). Für die hier gegebene Parameterkonstellation resultiert hieraus eine Absatzmenge für Produkt 1 von 387,53 Einheiten und für Produkt 2 von 290,39 Einheiten pro Periode. Der pro Periode erzielbare Wert der Marke beträgt in dieser Situation 59.782,62 Geldeinheiten. Durch Aufsummation der über den Planungshorizont diskontierten Werte gelangt man schließlich zu dem maximal erreichbaren Wert der Marke. Wird wiederum ein Planungshorizont von 5 Perioden und ein Kalkulationszinsfuß von 10% unterstellt, so beträgt dieser Wert 226.623,16 Geldeinheiten.

Als optimale Werberate erhält man für Produkt 1 ein Werbebudget-Umsatzverhältnis von 1,828 und für Produkt 2 von 0,020, d. h. daß für Produkt 1 das 1,828-fache vom Umsatz, den dieses Produkt erzielt, für Werbung ausgegeben werden sollte, für Produkt 2 hingegen nur 2%. Hier ergibt sich das interessante Ergebnis, daß es ökonomisch sinnvoll sein kann, aufgrund bestehender (positiver) Verbundbeziehungen zwischen Produkten mehr für ein Produkt an Werbung auszugeben als dieses Produkt an Umsatz erwirtschaftet.

Für das Ziel der Gewinnmaximierung resultiert aus (5.74) und (5.75) bzw. (5.76) und (5.77) als optimaler Preis für Produkt 1 ein Wert von 109,91 Geldeinheiten und ein optimales Werbebudget in Höhe von 1.749,43 Geldeinheiten pro Periode. Die entsprechenden Optimalwerte für Produkt 2 lauten 165,95 Geldeinheiten für den Preis und 3.224,69 Geldeinheiten für das Werbebudget. Als gewinnmaximale Absatzmengen erhält man aus (5.64a) für Produkt 1 209,26 Einheiten und 243,45 Einheiten pro Periode für Produkt 2. Der bei dieser Konstellation erreichbare Gewinn beträgt 46.791,03 Geldeinheiten pro Periode; über einen Planungshorizont von 5 Perioden und unter Berücksichtigung eines Kalkulationszinsfußes von 10% ist somit ein maximaler Gewinnbarwert von 177.374,81 Geldeinheiten erzielbar.

Als optimale Werberate resultiert für Produkt 1 ein Wert von 0,076 und für Produkt 2 ein Wert von 0,079, d.h. daß für Produkt 1 7,6% vom Umsatz dieses Produkts in werbliche Maßnahmen investiert werden sollte, bei Produkt 2 hingegen sind es 7,9%.

Untersucht man auch in diesem Fall wieder die Gewinn- bzw. Markenwerteinbußen bei Verfolgung des jeweils anderen Zieles, so ergeben sich folgende Werte: Auf Basis der beim Ziel der Markenwertmaximierung geltenden Preise und Werbebudgets wird ein Gewinn in Höhe von 41.742,28 Geldeinheiten erwirtschaftet; dies bedeutet ein Differenzbetrag gegenüber dem maximal pro Periode erreichbaren Gewinn von 5.048,75 Geldeinheiten. Über einen Zeitraum von 5 Perioden betrachtet beläuft sich dieser Differenzbetrag - diskontiert - bereits auf 19.138,73 Geldeinheiten. Die sich beim Ziel der Markengewinnmaximierung ergebenden Ausprägungen der Marketing-Variablen ermöglichen einen Markenwert in Höhe von 53.382,76 Geldeinheiten pro Periode; dies stellt eine Einbuße gegenüber dem maximal erreichbaren Markenwert in Höhe von 6.399,86 Geldeinheiten pro Periode dar. Bei Zugrundelegung eines fünfperiodigen Planungszeitraums beträgt die Markenwerteinbuße insgesamt 24.260,50 Geldeinheiten bei einem Kalkulationszinsfuß von 10%.

Durch einen Vergleich von (5.71) und (5.72) mit (5.76) und (5.77) läßt sich wieder ableiten, unter welchen Bedingungen die Marketing-Instrumente Preis und Werbung trotz verschiedener Zielsetzungen in gleicher Weise einzusetzen sind. Dies ist in der vorliegenden Planungssituation immer der Fall, wenn $l_j = 0$, $g_j = 1$, $h_{ji} = 0$ und $f_j = m_j$ gilt. Da der hedonische Preis einer Marke grundsätzlich von den Preisen aller unter dieser Marke angebotenen Produkten abhängt und somit die Parameterkonstellation $g_j = 1$ und $h_{ji} = 0$ nicht möglich ist, weichen die optimalen Ausprägungen der Marketing-Instrumente für beide Zielsetzungen auf jeden Fall voneinander ab. *Tabelle 5.1* faßt die wesentlichen Ergebnisse der Beispielrechnungen noch einmal im Überblick zusammen.

	Einzelmarkenfall		**Markenfamilien-, Dachmarken- bzw. Globalmarkenfall (2 Produkte)**	
Ziel	Gewinnmaximierung	Markenwertmaximierung	Gewinnmaximierung	Markenwertmaximierung
Optimale Preise	$p^{t*}=138{,}84$	$p^{t*}=136{,}97$	$p_1^{t*}=109{,}91$ $p_2^{t*}=165{,}95$	$p_1^{t*}=2{,}12$ $p_2^{t*}=195{,}21$
Optimale Werbebudgets	$w^{t*}=2800{,}27$	$w^{t*}=2904{,}75$	$w_1^{t*}=1749{,}43$ $w_2^{t*}=3224{,}69$	$w_1^{t*}=1501{,}98$ $w_2^{t*}=1147{,}77$
Optimale Absatzmengen	$x^{t*}=264{,}64$	$x^{t*}=269{,}53$	$x_1^{t*}=209{,}26$ $x_2^{t*}=243{,}45$	$x_1^{t*}=387{,}53$ $x_2^{t*}=290{,}39$
Optimale Werberaten	WR=7,6%	WR=7,8%	WR_1=7,6% WR_2=7,9%	WR_1=182,8% WR_2=2,0%
Optimale Zielgrößenwerte pro Periode	Gewinn = 24988,57	Markenwert= 30488,20	Gewinn= 46791,03	Markenwert= 59782,62

Tab. 5.1: Optimalausprägungen der Modellvariablen bei Vorliegen konkreter Planungssituationen

C. Abschließende Bemerkungen zur Steuerung von Markenwert und Markengewinn

Markenwert und Markengewinn stellen wesentliche Zielvariablen im Rahmen des Marken-Managements dar. Wie gezeigt wurde, ist es mit Hilfe des Einsatzes von Marketing-Instrumenten möglich, diese Zielgrößen zu steuern. Allerdings führen beide Zielgrößen - wie a priori zu vermuten war - zu unterschiedlichen Optimalausprägungen der Marketing-Instrumente; eine simultane Optimierung beider Ziele ist damit ausgeschlossen, d. h. Markenwert und Markengewinn stellen - zumindest in bestimmten Wertebereichen der Marketing-Instrumentalvariablen - konfliktäre Ziele dar.

Als nützliches Instrument zur Auffindung optimaler Ausprägungen der Marketing-Instrumentalvariablen hat sich die Marginalanalyse erwiesen. Verbunden mit der Marginalanalyse sind allerdings auch **Nachteile**; auf einige von ihnen soll kurz eingegangen werden.

Voraussetzung für die Anwendbarkeit der Marginalanalyse ist die Existenz stetiger und differenzierbarer Funktionen. Zur Aufstellung derartiger Funktionen ist im Regelfall ein hoher Informationsbedarf gegeben; dies gilt insbesondere für die Preis-Absatz- und die Werbewirkungsfunktionen, welche für die vorliegende Aufgabenstellung von besonderer Wichtigkeit sind. Um den mit diesem Informationsbedarf verbundenen Aufwand zu begrenzen, wird oftmals auf einige diskrete Punktschätzungen oder Beobachtungen der Absatzmenge für unterschiedliche Ausprägungen des Werbebudgets bzw. des Preises ausgewichen. Liegen nur wenige Schätz- bzw. Beobachtungswerte vor, so ist jedoch die Güte des aufgestellten funktionalen Zusammenhangs zu hinterfragen; gleiches gilt, wenn Absatzdaten nur für Preise und Werbebudgets vorliegen, welche geringen Schwankungen unterworfen sind, also aus einem beschränkten Wertebereich stammen. In beiden Fällen wird die Zuverlässigkeit einer Preisresponse- bzw. Werbewirkungsmessung eingeschränkt, da Extrapolationen in andere Wertebereiche dieser Variablen, für die keine Informationen vorhanden sind, nicht ohne weiteres zulässig sind.

Eine weitere harte Prämisse stellt die ceteris-paribus-Bedingung dar, welche hinter derartigen funktionalen Beziehungen steht; alle Einflußfaktoren, die nicht explizit berücksichtigt werden, werden als konstant angenommen. In der Praxis ist die ceteris-paribus- Bedingung im Prinzip nie erfüllt.

Wird die Marginalanalyse wie im vorliegenden Fall angewandt, so ist ferner keine Antwort auf die Frage möglich, ob es überhaupt sinnvoll ist, einige Produkte unter der betrachteten Marke anzubieten; es wird vielmehr von einem **gegebenen** Sortiment ausgegangen, für welches optimale Preise und Werbebudgets bestimmt werden soll. Produkteinführungs- und -eliminationsentscheidungen können daher auf Basis dieses Ansatzes nicht getroffen werden.

Ein weitere Einschränkung der Realitätsnähe kann in der Nichtberücksichtigung von Kapazitätsrestriktionen gesehen werden. Existieren Kapazitätsrestriktionen und kommt es zu einem Engpaß, so sind diejenigen Ausprägungen der Marketing-Instrumentalvariablen, welche sich ohne Restriktionen ergeben, nicht realisierbar; das Modell liefert dann keine vernünftige Lösung.

Auch kann die Marginalanalyse nur in Sicherheitssituationen angewendet werden; grundsätzlich ist jedoch davon auszugehen, daß einem bestimmten Preis und einer bestimmten Werbebudgethöhe mehrere Absatzniveaus - beispielsweise aufgrund eines unterschiedlichen, nicht im Modell explizit berücksichtigten Konkurrenzverhaltens - zuordenbar sind; stochastisch formulierte Werbewirkungs- und Preis-Absatz-Funktionen stellen daher eine weitere Annäherung an die Realität dar.

Trotz dieser z. T. nicht unerheblichen Einschränkungen ist mit der Marginalanalyse ein Instrument gegeben, welches zumindest in der Lage ist, unter den gegebenen Prämissen eine **Optimallösung** zu liefern. Realitätsnähere Modelle, welche nicht auf derartige Restriktionen zurückgreifen müssen, lassen sich zumeist nur auf simulationstechnischem Wege formulieren. In diesem Fall können dann jedoch keine Optimallösungen, sondern nur noch befriedigende Lösungen gefunden werden; Realitätsbezug des Modells und Qualität der Lösung stehen damit in konfliktärer Beziehung zueinander.

6. Teil: Schlußbetrachtung und Ausblick

Ziel dieser Arbeit war es, der Marke als immateriellem Vermögensgegenstand auf theoretisch fundierte Weise einen monetären Wert beizumessen; die Bewertung erfolgte aus der Sicht des Markeninhabers, wobei stets auf eine explizite Berücksichtigung des Zwecks der Bewertung geachtet wurde. Außerdem wurde dargestellt, wie ausgewählte Marketing-Instrumente den Wert einer Marke beeinflussen, und wie diese Instrumente eingesetzt werden sollen, um den Wert einer Marke zu maximieren; hierbei wurde auch der Zusammenhang zwischen dem Markenwert und dem mit einer Marke erzielbaren Gewinn aufgezeigt.

Aufbauend auf den allgemeinen Ausführungen zur Marke im zweiten Teil dieser Arbeit konnte im dritten Teil festgestellt werden, daß der Begriff des Markenwerts recht vieldeutig ist und sich eine einheitliche Begriffsauffassung bisher noch nicht durchsetzen konnte; auch wurde deutlich, daß bereits existierende Ansätze zur Bewertung von Marken keine adäquate Lösung des Markenbewertungsproblems bereitstellen können. Auf Basis der hedonischen Theorie wurde infolgedessen im vierten Teil dieser Arbeit ein eigener Ansatz entwickelt, anhand dessen es grundsätzlich möglich ist, aufbauend auf dem in dieser Arbeit gefolgten Verständnis des Markenwertbegriffs eine theoretisch fundierte Aussage über den Wert einer Marke zu treffen.

Allerdings zeigte sich auch, daß Schwierigkeiten bei der empirischen Umsetzung dieses Ansatzes auftreten können; dies betrifft insbesondere die Abgrenzung des relevanten Marktes, da die Ergebnisse des hier entwickelten Ansatzes - wie bei den meisten bisher bereits existierenden Verfahren zur Markenbewertung auch - von dieser Marktabgrenzung abhängig sind. Weil es **den** relevanten Markt nicht gibt, muß eine Marktabgrenzung immer mehr oder weniger subjektiven Einflüssen unterliegen. In welchem Ausmaß diese - unerwünschte - Subjektivität den Wert einer Marke tangiert, kann jedoch durch unterschiedlich weite Marktabgrenzungen und Wiederholung des Bewertungsprozesses festgestellt werden.

Als besonders geeignet für die in dieser Arbeit eingeschlagene Vorgehensweise zur Markenbewertung erwies sich die Box-Cox-Transformation. Bereits anhand der Ausführungen zur allgemeinen Vorgehensweise bei der empirischen Bestimmung des Wertes von Marken im vierten Teil wurde deutlich, daß mit Hilfe der Box-Cox-Transformation unterschiedlichen Produkten eines Produktmarktes, welche unter derselben Marke angeboten werden, unterschiedliche Markenwerte zugewiesen werden können. Diese an sich als selbstverständlich anmutende Forderung wäre ohne Anwendung der Box-Cox-Transformation nicht möglich gewesen; der Realitätsgehalt des hier entwickelten Markenbewertungsansatzes konnte so deutlich gesteigert werden.

Ferner sollte auf die Demonstration der empirischen Umsetzbarkeit des hier vorgeschlagenen Modells zur Markenbewertung anhand eines konkreten Beispiels nicht verzichtet werden; hierzu wurde daher im Anschluß an die Ausführungen zur allgemeinen Vorgehensweise bei der empirischen Umsetzung des hier entwickelten Markenbewertungsmodells der bundesdeutsche Markt für Kondensmilch und Kaffeesahne herangezogen. Auch hier erwies sich die Box-Cox-Transformation als sehr nützlich. So konnte gezeigt werden, daß durch die Anwendung des Box-Cox-Verfahrens deutlich bessere Ergebnisse erzielt werden, als wenn auf sie verzichtet würde; dies betraf einerseits die verbesserte Anpassungsgüte - gemessen am Bestimmtheitsmaß -, andererseits waren die Ergebnisse ungleich plausibler. Auf Verbesserungspotentiale ist in diesem Zusammenhang jedoch hinzuweisen; so ist die Auffindung der optimalen Transformationsparameter für **jede** einzelne Variable wünschenswert. Diese sollte zudem computergestützt möglich sein, um die aufwendige Suche nach den optimalen Transformationsparametern "per Hand", wie sie in dieser Arbeit vorgenommen wurde, abzulösen. Durch die Optimierung der Transformationsparameter für jede einzelne Variable darf eine weitere Verbesserung der ohnehin schon bemerkenswert guten Ergebnisse, welche im Rahmen dieser Arbeit erzielt wurden, erwartet werden.

Allein durch die Tatsache, daß keine empirischen Kosten- und Absatzmengendaten zur Verfügung standen, wurde die Aussagekraft der Ergebnisse etwas reduziert; dies stellt jedoch insofern keine generelle Einbuße der Ergebnisqualität dar, als es für das markenbewertende Unternehmen bzw. für den Markeninhaber ohne weiteres möglich ist, zumindest für die eigene(n) Marke(n) diese Absatz- und Kostendaten in Erfahrung zu bringen und daraufhin den Wert der - eigenen - Marke(n) zu bestimmen.

Im fünften Teil dieser Arbeit konnte schließlich gezeigt werden, wie ausgewählte Marketing-Instrumente einzusetzen sind, um einen möglichst hohen

Markenwert zu erzielen. Da auch der mit Hilfe eines Markenprodukts erzielbare Gewinn von Bedeutung ist, wurde auch auf ihn eingegangen und ein Vergleich der Optimalausprägungen der berücksichtigten Marketing-Instrumente bei beiden Zielvariablen vorgenommen. Wie zu erwarten war, ist eine simultane Optimierung bzw. Maximierung von Markengewinn **und** Markenwert nicht möglich.

Zwar konnten in dieser Arbeit viele neue Einsichten und Erkenntnisse auf dem Gebiet der Markenbewertung gewonnen werden, gleichzeitig wurde jedoch offenbar, daß noch viel Raum für weitere Forschungsaktivitäten verbleibt. Da sich die vorliegende Arbeit weitgehend auf die Markenbewertung aus der Perspektive des Markeninhabers beschränkt, erscheint es insbesondere interessant, in zukünftigen Arbeiten den Wert einer Marke aus **Sicht des Konsumenten** näher zu erforschen. Das dargestellte Spektrum von Markenwertbegriffen deutet daraufhin, daß für diesen Zweck in erster Linie die **Wirkung**, welche eine Marke auf den Konsumenten entfaltet, von Bedeutung ist. Begriffe wie "innere Markenbilder", "emotionale Erlebniswelt einer Marke" und "durch eine Marke vermittelte Schlüsselerlebnisse" erhalten in diesem Kontext eine besondere Relevanz; hier wird bereits deutlich, daß die Messung des Wertes einer Marke aus Sicht des Konsumenten eine grundsätzlich andere Vorgehensweise als die Messung des Markenwerts aus Sicht des Markeninhabers verlangt. Derartige den Wert einer Marke für den Konsumenten verursachende bzw. beeinflussende Phänomene, die zu einer psychologischen Differenzierung des Angebots führen, werden in Anbetracht eines auf vielen Märkten zunehmend austauschbaren Angebots mit nahezu identischer Qualität der Produkte immer bedeutsamer.

Literaturverzeichnis

Aaker, D. A. (1992): Management des Markenwerts, Frankfurt a. M. 1992

Aaker, D. A., Keller, K. L. (1990): Consumer Evaluations of Brand Extensions, in: Journal of Marketing, Vol. 54 (1990), No. 1, S. 27 - 41

Abend, J. (1986): Der Markenartikel - Eine literaturkritische Würdigung, in: Markenartikel, 48. Jg. (1986), Nr. 8, S. 366 - 368

AID (Hrsg.) (1989): Verbraucherdienst informiert. Milch und Milcherzeugnisse, Bonn 1989

Albers, W. et al. (Hrsg.) (1980): Handwörterbuch der Wirtschaftswissenschaft, Stuttgart u. a. 1980

Alewell, K. (1974): Markenartikel, in: B. Tietz (Hrsg.), Handwörterbuch der Absatzwirtschaft, Stuttgart 1974, Sp. 1217 - 1227

Alpert, M. I. (1971): Identification of Determinant Attributes: A Comparison of Methods, in: Journal of Marketing Research, Vol. 8 (1971), No. 2, S. 184 - 191

Andrews, F. M. et al. (1973): Multiple Classification Analysis, 2. Aufl., Ann Arbor (Mich.) 1973

Angehrn, O. (1974): Markenpolitik, in: B. Tietz (Hrsg.), Handwörterbuch der Absatzwirtschaft, Stuttgart 1974, Sp. 1227 - 1233

Angehrn, O. (1969): Handelsmarken und Herstellermarken im Wettbewerb, Stuttgart 1969

Backhaus, K. et al. (1987): Multivariate Analysemethoden, 4. Aufl., Berlin u. a. 1987

Ballwieser, W. (1981): Die Wahl des Kalkulationszinsfußes bei der Unternehmensbewertung unter Berücksichtigung von Risiko und Geldentwertung, in: BFuP, 33. Jg. (1981), Nr. 2, S. 97 - 114

Bamberg, G., Coenenberg, A. G. (1992): Betriebswirtschaftliche Entscheidungslehre, 7. Aufl., München 1992

Barthel, C. W. (1990): Unternehmenswert: Der Markt bestimmt die Bewertungsmethode, in: Der Betrieb, 43. Jg. (1990), Nr. 23, S. 1145 - 1152

Bauer, H. H. (1989): Marktabgrenzung. Konzeption und Problematik von Ansätzen und Methoden zur Abgrenzung und Strukturierung von Märkten unter besonderer Berücksichtigung von marketingtheoretischen Verfahren, Berlin 1989

Baumbach, A., Hefermehl, W. (1985): Warenzeichenrecht und internationales Wettbewerbs- und Zeichenrecht, 12. Aufl., München 1985

Bea, F. X., Dichtl, E., Schweitzer, M. (Hrsg.) (1987): Allgemeine Betriebswirtschaftslehre, Band 2: Führung, 3. Aufl., Stuttgart, New York 1987

Becker, G. (1992): Unternehmensbewertung zur Unterstützung der Akquisitionsplanung, in: WISU, 21. Jg. (1992), Nr. 1, S. 32 - 33

Beckerath, E. von et al. (Hrsg.) (1961): Handwörterbuch der Sozialwissenschaften, Stuttgart u. a. 1961

Beeskow, W. et al. (1983): Die Bewertung von Marketing-Aktivitäten, in: K. Gottschaldt et al. (Hrsg.), Handbuch der Psychologie, 12. Band, Göttingen 1983, S. 483 - 674

Bellinger, B., Vahl, G. (1984): Unternehmensbewertung in Theorie und Praxis, Wiesbaden 1984

Bender, D. et al. (Hrsg.) (1985): Vahlens Kompendium der Wirtschaftstheorie und Wirtschaftspolitik, 2. Aufl., München 1985

Berekoven, L. (1985): Weltmarken-Konzepte zwischen Wunsch und Wirklichkeit, in: Markenartikel, 47. Jg. (1985), Nr. 6, S. 288 - 296

Berekoven, L. (1983): No names. Versuch einer Standortbestimmung, in: Markenartikel, 45. Jg. (1983), Nr. 5, S. 180 - 184

Berekoven, L. (1982): No names. Eine Analyse ihrer Bestimmungsfaktoren, in: Markenartikel, 44. Jg. (1982), Nr. 4, S. 135 - 138

Berekoven, L. (1978): Zum Verständnis und Selbstverständnis des Markenwesens, in: Gabler-Verlag (Hrsg.), Markenartikel heute. Marke, Markt und Marketing, Wiesbaden 1978, S. 35 - 48

Berekoven, L. (1977): Der Markenartikel - Garant für sichere Märkte?, in: Jahrbuch der Absatz- und Verbrauchsforschung, 23. Jg. (1977), S. 338 - 345

Berekoven, L. (1961): Die Werbung für Investitions- und Produktionsgüter, ihre Möglichkeiten und Grenzen, Band 16 der Schriftenreihe "Marktwirtschaft und Verbrauch", hrsg. von der Gesellschaft für Konsumforschung e. V. Nürnberg, München 1961

Berekoven, L., Bernkopf, G. (1986): Herstellermarken und Handelsmarken im Urteil der Verbraucher, in: F. Unger (Hrsg.), Konsumentenpsychologie und Markenartikel, Heidelberg 1986, S. 197 - 228

Berekoven, L., Eckert, W., Ellenrieder, P. (1986): Marktforschung. Methodische Grundlagen und praktische Anwendung, 2. Aufl., Wiesbaden 1986

Berg, H. (1985): Wettbewerbspolitik, in: D. Bender et al. (Hrsg.), Vahlens Kompendium der Wirtschaftstheorie und Wirtschaftspolitik, Band 2, 2. Aufl., München 1985, S. 231 - 291

Bergler, G. (1961): Markenartikel, in: E. v. Beckerath et al. (Hrsg.), Handwörterbuch der Sozialwissenschaften, Stuttgart u.a. 1961, S. 125 - 131

Bergler, G. (1939): Der Markenartikel im Rahmen der industriellen Absatzwirtschaft, in: G. Bergler, L. Erhard (Hrsg.), Marktwirtschaft und Wirtschaftwissenschaft, Berlin 1939

Bergler, G., Erhard, L. (Hrsg.) (1939): Marktwirtschaft und Wirtschaftswissenschaft, Berlin 1939

Berndt, R. (1992a): Marketing 1. Käuferverhalten, Marktforschung und Marketing-Prognosen, 2. Aufl., Berlin u. a. 1992

Berndt, R. (1992b): Marketing 2. Marketing-Politik, 2. Aufl., Berlin u. a. 1992

Berndt, R. (1991): Marketing 3. Marketing-Management, Berlin u. a. 1991

Berndt, R. (1983): Einführungsplanungen neuer Produkte bei unsicheren Erwartungen, Göttingen 1983

Berry, N. C. (1988): Revitalizing Brands, in: The Journal of Consumer Marketing, Vol. 5 (1988), No. 3, S. 15 - 20

Bettman, J. R. (1979): An Information Processing Theory of Consumer Choice, Los Angeles 1979

Bettman, J. R. (1970): Information Processing Models of Consumer Behavior, in: Journal of Marketing Research, Vol. 7 (1970), No. 3, S. 370 - 376

Birkin, M. (1989): The Benefits of Valuing Brands, in: J. Murphy (Ed.), Brand Valuation. Establishing a True and Fair View, London 1989, S. 12 - 22

Blackett, T. (1989): The Nature of Brands, in: J. Murphy (Ed.), Brand Valuation. Establishing a True and Fair View, London 1989, S. 1 - 11

Blex, W., Marchal, G. (1990): Risiken im Akquisitionsprozeß - Ein Überblick, in: BFuP, 42. Jg. (1990), Nr. 2, S. 85 - 103

Bliemel, F. (1984): Echte Erstmarken und andere Marken. Konzeptionelle Gedanken, in: Markenartikel, 46. Jg. (1984), Nr. 8, S. 416 - 422

Blohm, H., Lüder, K. (1991): Investition, 7. Aufl., München 1991

Blume, O., Müller, G., Röper, B. (1976): Werbung für Markenartikel. Auswirkungen auf Markttransparenz und Preise, Göttingen 1976

Bodenstein, G., Spiller, A. (1991): Produktpiraterie, in: WISU, 20. Jg. (1991), Nr. 10, S. 693 - 694

Böcker, F. (1984): Gattungsmarken aus Verbrauchersicht, in: Markenartikel, 46. Jg. (1984), Nr. 1, S. 15 - 23

Böhler, H. (1979): Beachtete Produktalternativen und ihre relevanten Eigenschaften im Kaufentscheidungsprozeß von Konsumenten, in: H. Meffert, H. Steffenhagen, H. Freter (Hrsg.), Konsumentenverhalten und Information, Wiesbaden 1979, S. 261 - 289

Box, G. E. P., Cox, D. R. (1964): An Analysis of Transformation, in: Journal of the Royal Statistical Society, Vol. 26 (1964), Series B, S. 211 - 243

Brandmeyer, K. (1992): Alles oder nichts. Am Ende entscheidet der Markenwert, in: Markenartikel, 54. Jg. (1992), Nr. 3, S. 82 - 83

Brandmeyer, K. (1990): Zum Markenwert bei Konsumgütern - Aspekte der Markenbilanz, in: Werbeforschung & Praxis, 35. Jg. (1990), Nr. 3, S. 54 - 55

Brandmeyer, K., Schulz, R. (1990): Die Markenbilanz im Kreuzverhör, in: Markenartikel, 52. Jg. (1990), Nr. 5, S. 236 - 238

Brasco, T. C. (1988): How Brand Names are Valued For Acquisition, in: L. Leuthesser (Ed.), Defining, Measuring and Managing Brand Equity, Report No. 88 - 104, Cambridge 1988, S. 6 - 7

Brede, H. (1976): Absatzpolitik mit Hilfe der Nachfrageverwandtschaft. Grundlagen und instrumentelle Möglichkeiten, Wiesbaden 1976

Breidenbach, B. (1989): Unternehmenswert und steuerliche Geschäftswertabschreibung, in: Der Betrieb, 42. Jg. (1989), Nr. 3, S. 136 - 138

Bretzke, W.-R. (1975): Das Prognoseproblem bei der Unternehmungsbewertung. Ansätze zu einer risikoorientierten Bewertung ganzer Unternehmungen auf der Grundlage modellgestützter Erfolgsprognosen, Düsseldorf 1975

Britschgi, E. C. (1979): Die "Freien" sind da. Markenartikel, was nun?, in: Marketing Journal, 12. Jg. (1979), Nr. 4, S. 385 - 393

Brockhoff, K. (1988): Produktpolitik, 2. Aufl., Stuttgart, New York 1988

Brockhoff, K. (1987): Prognosen, in: F. X. Bea, E. Dichtl, M. Schweitzer (Hrsg.), Allgemeine Betriebswirtschaftslehre, Band 2: Führung, 3. Aufl., Stuttgart, New York 1987, S. 413 - 454

Brown, J. N., Rosen, H. S. (1982): On the Estimation of Structural Hedonic Price Models, in: Econometrica, Vol. 50 (1982), No. 3, S. 765 - 768

Bruhn, M. (Hrsg.) (1989): Handbuch des Marketing, München 1989

Bruhn, M., Wehrle, F. (Hrsg.) (1989): Europa 1992. Chancen und Risiken für das Marketing, Münster 1989

Bruhn, M. (1985): Ertragssicherung im Spannungsfeld zwischen Markenstrategien und Niedrig-Preis-Strategien, in: Markenartikel, 47. Jg. (1985), Nr. 10, S. 482 - 488

Bruhn, M. (1982): Gattungsmarken, in: Die Betriebswirtschaft, 42. Jg. (1982), Nr. 4, S. 629 - 630

Brymer, C., Schiro, T. (1989): Brand Valuation in the US, in: J. Murphy (Ed.), Brand Valuation. Establishing a True and Fair View, London 1989, S. 124 - 133

Buchan, E., Brown, A. (1989): Mergers and Acquisitions, in: J. Murphy (Ed.), Brand Valuation. Establishing a True and Fair View, London 1989, S. 80 - 93

Bühner, R. (1990): Reaktionen des Aktienmarktes auf Unternehmenszusammenschlüsse. Eine empirische Untersuchung, in: zfbf, 42 Jg. (1990), Nr. 4, S. 295 - 316

Bürgi, W. F. (1950): Rechtliche und wirtschaftliche Überlegungen zum Problem der Markenlizenz, in: Wirtschaft und Recht, 2. Jg. (1950), S. 82 - 98

Bunk, B. (1992): Wieviel Differenzierung braucht die Dachmarke?, in: absatzwirtschaft, 35. Jg. (1992), Nr. 1, S. 44 - 49

Bunk, B. (1991): Marken ohne Blickkontakt? Neue Sicht der Führung, in: absatzwirtschaft, 34. Jg. (1991), Nr. 11, S. 44 - 58

Busse von Colbe, W., Coenenberg, A. G. (Hrsg.) (1992): Unternehmensakquisition und Unternehmensbewertung. Grundlagen und Fallstudien, Stuttgart 1992

Busse von Colbe, W., Hammann, P., Laßmann, G. (1990) Betriebswirtschaftstheorie, Band 2: Absatztheorie, 3. Aufl., Berlin u.a. 1990

Carson, T., Dunkin, A. (1985): What's in a name? Millions, if it's licensed, in: Business Week vom 8. 4. 1985, S. 49 - 50

Cassel, E., Mendelsohn, R. (1985): The Choice of Functional Form for Hedonic Price Equations: Comment, in: Journal of Urban Economics, Vol. 18 (1985), No. 2, S. 135 - 142

Coenenberg, A. G. (1991): Jahresabschluß und Jahresabschlußanalyse. Betriebswirtschaftliche, handels- und steuerrechtliche Grundlagen, 12. Aufl., Landsberg a. L. 1991

Coenenberg, A. G., Sieben, G. (1976): Unternehmungsbewertung, in: E. Grochla, W. Wittmann (Hrsg.), Handwörterbuch der Betriebswirtschaft, 4. Aufl., Stuttgart 1976, Sp. 4062 - 4079

Coenenberg, A. G. (1970): Unternehmensbewertung mit Hilfe der Monte-Carlo-Simulation, in: ZfB, 40. Jg. (1970), Nr. 12, S. 793 - 804

Cole, T. D. (1970): How to Obtain Probability Estimates in Capital Expenditure Evaluations: A Practical Approach, in: Management Accounting, Vol. 52 (July 1970), S. 61 - 64

Crimmins, J. C. (1992): Better Measurement and Management of Brand Value, in: Journal of Advertising Research, Vol. 32 (1992), No. 4, S. 11 - 19

Cropper, M. L., Deck, L. B., Mc Connell, K. E. (1988): On the Choice of Functional Form for Hedonic Price Functions, in: The Review of Economics and Statistics, Vol. 70 (1988), No. 4, S. 668 - 675

Dalrymple, D. J. (1987): Sales Forecasting Practices, Results from a Unites States Survey, in: International Journal of Forecasting, Vol. 3 (1987), No. 3/4, S. 379 - 391

Day, G. S., Shocker, A. D., Srivastava, R. K. (1979): Customer-oriented Approaches to Identifying Product-Markets, in: Journal of Marketing, Vol. 43 (1979), No. 4, S. 8 - 19

Dichtl, E. (1992): Grundidee, Funktionen und Varianten des Markenartikels, in: WiSt, 21. Jg. (1992), Nr. 6, S. 270 - 274

Dichtl, E. (1984): Möglichkeiten einer monetären Bewertung von Produkteigenschaften, in: Marketing ZFP, 6. Jg. (1984), Nr. 2, S. 121 - 128

Dichtl, E. (1978): Grundidee, Entwicklungsepochen und heutige wirtschaftliche Bedeutung des Markenartikels, in: Gabler-Verlag (Hrsg.), Markenartikel heute. Marke, Markt und Marketing, Wiesbaden 1978, S. 17 - 33

Dichtl, E., Diller, H. (1980): Markenartikel, in: W. Albers et al. (Hrsg.), Handwörterbuch der Wirtschaftswissenschaft, Stuttgart u. a. 1980, S. 99 - 104

Dichtl, E., Schobert, R. (1979): Mehrdimensionale Skalierung. Methodische Grundlagen und betriebswirtschaftliche Anwendungen, München 1979

Dichtl, E., Andritzky, K., Schobert, R. (1977): Ein Verfahren zur Abgrenzung des "relevanten Marktes" auf Basis von Produktperzeptionen und Präferenzurteilen, in: WiSt, 6. Jg. (1977), Nr. 6, S. 290 - 301

Diller, H. (1985): Preispolitik, Stuttgart u.a. 1985

Disch, W. K. A. (1985): Markenprofile, in: Marketing Journal, 18. Jg. (1985), Nr. 6, S. 524 - 529

Disch, W. K. A. (1984): Markenartikel. Den Nutzen für Verbraucher und Handel (wieder)-entdecken, in: Marketing Journal, 17. Jg. (1984), Nr. 4, S. 302 - 306

Dohm, H. (1990): Weinbrennerei Asbach - das Ende eines Familienunternehmens, in: Frankfurter Allgemeine Zeitung vom 29. 11. 1990, S. 20

Domizlaff, H. (1982): Die Gewinnung des öffentlichen Vertrauens. Ein Lehrbuch der Markentechnik, Hamburg 1982

Edler, F. (1966): Werbetheorie und Werbeentscheidung, Wiesbaden 1966

Eggert, U. (1985): Franchising. Ein Vertriebsweg, der sich kontrollieren, steuern und langfristig sichern läßt, in: Marketing Journal, 18. Jg. (1985), Nr. 5, S. 454 - 457

Egle, F. (1975): Regressionsschätzung mit qualitativen Variablen, in: Mitteilungen aus der Arbeitsmarkt- und Berufsforschung, 8. Jg. (1975), Nr. 4, S. 82 - 93

Farquhar, P. H. (1989): Managing Brand Equity, in: Marketing Research, Vol. 1 (1989), No. 3, S. 24 - 33

Findeisen, F. (1924): Die Markenartikel im Rahmen der Absatzökonomik der Betriebe, Berlin 1924

Fischer, H. (1939): Produzent und Markenwesen. Eine absatzwirtschaftliche Betrachtung des Markenwesens, Berlin 1939

Fiuczynski, H.-W. (1960): Die Produkt- und Preispolitik der Markenartikelhersteller, Freiburg i. Br. 1960

Frohn, J. (1980): Grundausbildung in Ökonometrie, Berlin, New York 1980

Fry, J. N. (1967): Family Branding and Consumer Brand Choice, in: Journal of Marketing Research, Vol. 4 (1967), No. 3, S. 237 - 247

Gabler-Verlag (Hrsg.) (1978): Markenartikel heute. Marke, Markt und Marketing, Wiesbaden 1974

Gärtner, G. (1990): Brillengläser als Markenartikel, in: Markenartikel, 50. Jg. (1990), Nr. 8, S. 384 - 385

Geisbüsch, H. G., Weeser-Krell, L. M., Geml, R. (Hrsg.) (1987): Marketing, Landsberg a. L. 1987

Geist, M. N. (1974): Markenartikel, in: E. Grochla, W. Wittmann (Hrsg.), Handwörterbuch der Betriebswirtschaft, 4. Aufl., Stuttgart 1974, Sp. 2579 - 2584

Giefers, H.-W. (1980): Markenschutz. Warenzeichen und Dienstleistungsmarken in der Unternehmenspraxis, Freiburg i. Br. 1980

Gotta, M. (1989): Euro Brands, in: Kommunikation Special '89, S. 101 - 106

Gottschaldt, K. et al. (Hrsg.) (1983): Handbuch der Psychologie, 12. Band, Göttingen 1983

Graumann, J. (1984): Die Dienstleistungsmarke: Ein neuer Markentypus aus absatzwirtschaftlicher Sicht, in: Markenartikel, 46. Jg. (1984), Nr. 12, S. 607 - 610

Graumann, J. (1983): Die Dienstleistungsmarke. Charakterisierung und Bewertung eines neuen Markentypus aus absatzwirtschaftlicher Sicht, München 1983

Green, P. E., Tull, D. S. (1982): Methoden und Techniken der Marketingforschung, 4. Aufl., Stuttgart 1982

Gries, G. (1987): Markenpolitik, in: H. G. Geisbüsch, L. M. Weeser-Krell, R. Geml (Hrsg.), Marketing, Landsberg a. L. 1987, S. 409 - 418

Grochla, E., Wittmann, W. (Hrsg.) (1976): Handwörterbuch der Betriebswirtschaft, 4. Aufl., Stuttgart 1976

Haberstock, L., Dellmann, K. (1971): Kapitalwert und interner Zinsfuß als Kriterien zur Beurteilung der Vorteilhaftigkeit von Investitionsprojekten, in: Kostenrechnungspraxis, 1971, Nr. 5, S. 195 - 206

Haedrich, G., Kleinert, H., Kuß, A., Naeve, P. (1978): Wahrscheinlichkeitsbegriff und subjektives Schätzvermögen des Managers. Ergebnisse einer Pilot-Studie, Arbeitspapier Nr. 7/78 des Instituts für Markt- und Verbrauchsforschung der FU Berlin, Berlin 1978

Hätty, H. (1989a): Der Markentransfer, Heidelberg 1989

Hätty, H. (1989b): Zentrale Erfolgsfaktoren des Markentransfers, in: Markenartikel, 51. Jg. (1989), Nr. 7, S. 390 - 393

Hätty, H. (1989c): Das Transferpotential von Marken, in: Jahrbuch der Absatz- und Verbrauchsforschung, 35. Jg. (1989), Nr. 2, S. 124 - 152

Hafner, R. (1988): Unternehmensbewertung bei mehrfacher Zielsetzung, in: BFuP, 40. Jg. (1988), Nr. 6, S. 485 - 504

Hainer, W. (1989): Soll und Haben der "Markenbilanz", in: Markenartikel, 51. Jg. (1989), Nr. 7, S. 371

Hammann, P., Erichson, B. (1990): Marktforschung, 2. Aufl., Stuttgart, New York 1990

Hampton, J. M., Moore, P. G., Thomas, H. (1973): Subjective Probability and its Measurement, in: Journal of the Royal Statistical Society, Series A, Vol. 136 (1973), Part 1, S. 21 - 42

Hansen, U., Leitherer, E. (1984): Produktpolitik, 2. Aufl., Stuttgart 1984

Hartl, F. (1960): Handels- und Herstellermarken in der Lebensmittelbranche, Köln, Opladen 1960

Hartman, R. S. (1989): Hedonic Methods of Evaluating Product Design and Pricing Strategies, in: Journal of Economics and Business, Vol. 41 (1989), No. 3, S. 197 - 212

Hartung, J. (1986): Statistik. Lehr- und Handbuch der angewandten Statistik, 5. Aufl., München, Wien 1986

Henning-Bodewig, F., Kur, A. (1990): Marke und Verbraucher - Funktionen der Marke in der Marktwirtschaft, in: Markenartikel, 52. Jg. (1990), Nr. 8, S. 357 - 362

Henning-Bodewig, F., Kur, A. (1989): Marke und Verbraucher, Funktionen der Marke in der Marktwirtschaft, Band 2: Einzelprobleme, Weinheim u. a 1989

Henning-Bodewig, F., Kur, A. (1988): Marke und Verbraucher, Funktionen der Marke in der Marktwirtschaft, Band 1: Grundlagen, Weinheim u. a. 1988

Herberg, H. (1985): Preistheorie. Eine Einführung in die Mikroökonomik, Stuttgart u. a. 1985

Herp, T. (1982): Der Marktwert von Marken des Gebrauchsgütersektors. Ein Modell zur Erfassung markenspezifischer Effekte auf den Erfolg beim Verkauf von Gebrauchsgütern - Exemplarisch eingesetzt zur Analyse des Marktes für Farbfernsehgeräte in der Bundesrepublik Deutschland, Frankfurt a. M. 1982

Hertz, D. B. (1964): Risk Analysis in Capital Investment, in: Harvard Business Review, Vol. 42 (1964), No. 1, S. 95 - 106

Hinterhuber, H. H. (1984): Strategische Unternehmensführung, 3. Aufl., Berlin, New York 1984

Höhl, J. (1982): Zweitmarken. Ein entscheidungsorientierter Ansatz aus der Sicht des Markenartikelherstellers bei Gütern des täglichen Bedarfs, Gelsenkirchen 1982

Huber, G. P. (1974): Methods for Quantifying Subjective Probabilities and Multi-Attribute Utilities, in: Decision Sciences, Vol. 5 (July 1974), S. 430 - 459

Huber, W. R. (1988): Markenpolitische Strategien des Konsumgüterherstellers, dargestellt an Gütern des täglichen Bedarfs, Frankfurt a. M. 1988

Hüttner, M. (1989): Markt- und Absatzprognosen für Marketingentscheidungen, in: M. Bruhn (Hrsg.), Handbuch des Marketing, München 1989, S. 157 - 188

Hüttner, M. (1986): Prognoseverfahren und ihre Anwendung, Berlin, New York 1986

Hüttner, M. (1979): Informationen für Marketing-Entscheidungen, München 1979

Hunsinger, H. (1981): Was die Verbraucher von den "no names" halten, in: Marketing Journal, 14. Jg. (1981), Nr. 6, S. 556 - 562

Ibielski, E. (1990): Markenbegriffe im Neuland - zur Situation im kommenden EG-Binnenmarkt, in: Markenartikel, 52. Jg. (1990), Nr. 9, S. 413 - 419

Interbrand (Hrsg.) (1990): Brands. An International Review by Interbrand, London 1990

Isay, H. (1929): Die Selbständigkeit des Rechts an der Marke, in: Gewerblicher Rechtsschutz und Urheberrecht, 34. Jg. (1929), Nr. 1, S. 23 - 42

Jacob, H. (1960): Die Methoden zur Ermittlung des Gesamtwertes einer Unternehmung, in: ZfB, 30. Jg. (1960), Nr. 3, S. 131 - 147

Jaeckel, U. (1988): Zur Bestimmung des Basiszinsfußes bei der Ertragswertermittlung, in: BFuP, 40. Jg. (1988), Nr. 6, S. 553 - 563

Jaensch, G. (1966): Wert und Preis der ganzen Unternehmung, Köln, Opladen 1966

Jain, D. C., Vilcassim, N. J. (1989): Testing Functional Forms of Market Share Models Using the Box-Cox-Transformation and the Lagrange Multiplier Approach, in: International Journal of Research in Marketing, Vol. 6 (1989), No. 2, S. 95 - 107

Johannsen, U. (1971): Das Marken- und Firmen-Image. Theorie, Methodik, Praxis, Berlin 1971

Kaas, K. P. (1990): Langfristige Werbewirkung und Brand Equity, in: Werbeforschung & Praxis, 35. Jg. (1990), Nr. 3, S. 48 - 52

Kaas, K. P. (1977): Empirische Preisabsatzfunktionen bei Konsumgütern, Berlin, Heidelberg 1977

Kanemoto, Y., Nakamura, R. (1986): A New Approach to the Estimation of Structural Equations in Hedonic Models, in: Journal of Urban Economics, Vol. 19 (1986), No. 2, S. 218 - 233

Kapferer, J.-N. (1992): Die Marke - Kapital des Unternehmens, Landsberg a. L. 1992

Kartte, W. (1978): Markenartikel und Wettbewerbsordnung, in: Gabler-Verlag (Hrsg.), Markenartikel heute. Marke, Markt und Marketing, Wiesbaden 1978, S. 49 - 84

Kelz, A. (1990): Die Weltmarke. Definition und Wesensgehalt von Weltmarken aus warenzeichenrechtlicher Sicht, in: Markenartikel, 52. Jg. (1990), Nr. 12, S. 593 - 594

Kelz, A. (1989): Die Weltmarke, Idstein 1989

Kern, W. (Hrsg.) (1979): Handwörterbuch der Produktionswirtschaft, Stuttgart 1979

Kern, W. (1962): Bewertung von Warenzeichen, in: BFuP, 14. Jg. (1962), Nr. 1, S. 17 - 31

Kiermeier, F., Lechner, E. (1973): Milch und Milcherzeugnisse, in: J. Schormüller, H. Melchior (Hrsg.), Grundlagen und Fortschritte der Lebensmitteluntersuchung, Band 15, Berlin, Hamburg 1973

Knopf, K. (1975): Lebensmitteltechnologie. Gewinnung und Verarbeitung der Lebensmittel in Industrie und Großbetrieben, Paderborn 1975

Köhler, R., Uebele, H. (1983): Risikoanalysen bei der Evaluierung absatzorientierter Projekte, in: WiSt, 12. Jg. (1983), Nr. 3, S. 119 - 127

Kraft, A. (1978): Markenrecht und Markenschutz, in: Gabler-Verlag (Hrsg.), Markenartikel heute. Marke, Markt und Marketing, Wiesbaden 1978, S. 85 - 109

Kroeber-Riel, W. (1990): Strategie und Technik der Werbung. Verhaltenswissenschaftliche Ansätze, 2. Aufl., Stuttgart u. a. 1990

Kühn, D. (1963): Der Markenartikel. Wesen und Begriff, seine Entwicklung in der Literatur, Berlin 1963

Kündig, R. (1988): Erfolgreiche Marken sind kein Zufall, in: io Management Zeitschrift, 57. Jg. (1988), Nr. 10, S. 487 - 490

Kus, J. (1989): Die Entwicklung der Marktvolumina bei Handelsmarken, in: Markenartikel, 51. Jg. (1989), Nr. 2, S. 80 - 86

Lamparter, D. H. (1988): Die Marke macht's, in: Management Wissen, 1988, Nr. 3, S. 23 - 29

Lancaster, K. J. (1971): Consumer Demand. A New Approach, New York, London 1971

Lancaster, K. J. (1966): A New Approach To Consumer Theory, in: Journal of Political Economy, Vol. 74 (April 1966), S. 132 - 157

Lang, J., Döbel, T. (1990): Die sichere Mark mit Marken, in: Finanzen, 1990, Nr. 4, S. 26 - 31

Laumer, H. (1970): Der Markenartikelvertrieb in den Ländern der Europäischen Wirtschaftsgemeinschaft und seine Auswirkungen auf den Wettbewerb, Berlin 1970

Lee, S., Donelly, W. A. (1988): The Evaluation of Real Estate Markets using Hedonic Price Indexes, Canberra 1988

Leitherer, E. (1955): Die Entwicklung der modernen Markenformen, in: Markenartikel, 17. Jg. (1955), Nr. 10, S. 539 - 566

Leuthesser, L. (Ed.) (1988): Defining, Measuring and Managing Brand Equity, Report No. 88 - 104, Cambridge 1988

Lewinsky, D. (1988): Marketing braucht Marken. Einsatz und Rechtsschutz betrieblicher Kennzeichen, in: Markenartikel, 50. Jg. (1988), Nr. 7, S. 331 - 333

Männel, W. (1979): Verbundwirtschaft, in: W. Kern (Hrsg.), Handwörterbuch der Produktionswirtschaft, Stuttgart 1979, Sp. 2077 - 2093

Makridakis, S., Wheelwright, S. C. (1989): Forecasting Methods for Management, 5. Aufl., New York u. a. 1989

Matschke, M. J. (1972): Der Gesamtwert der Unternehmung als Entscheidungswert, in: BFuP, 24. Jg. (1972), Nr. 3, S. 146 - 161

Matt, D. von, (1988): Markenpolitik in der schweizerischen Markenartikelindustrie, Bern, Stuttgart 1988

Matuschka, A. (1990): Risiken von Unternehmensakquisitionen, in: BFuP, 42. Jg., Nr. 2, S. 104 - 113

Mazanec, J. (1976): Die Schätzung des Beitrages einzelner Produkteigenschaften zur Markenpräferenz als Problem der polynomialen Verbundmessung: Ein Demonstrationsbeispiel für Zinsertrag und Bindungsdauer als Haupteigenschaften von Sparformen, Arbeitspapiere der absatzwirtschaftlichen Institute der Wirtschaftsuniversität Wien Nr.6/1976, Wien 1976

Mc Hardy, R. (1990): Europäische Aspekte der Markenwertpflege, in: Werbeforschung & Praxis, 35. Jg. (1990), Nr. 3, S. 60 - 62

Meffert, H. (1988): Strategische Unternehmensführung und Marketing. Beiträge zur marktorientierten Unternehmenspolitik, Wiesbaden 1988

Meffert, H. (1986): Marketing. Grundlagen der Absatzpolitik, 7. Aufl., Wiesbaden 1986

Meffert, H. (1979): Der Markenartikel und seine Bedeutung für den Verbraucher. Ergebnisse einer empirischen Untersuchung, Hamburg 1979

Meffert, H., Bruhn, M. (1984a): Markenstrategien im Wettbewerb. Empirische Untersuchungen zur Akzeptanz von Hersteller-, Handels- und Gattungsmarken (No Names), Wiesbaden 1984

Meffert, H., Bruhn, M. (1984b): Dynamik im Markenwettbewerb, in: Markenartikel, 46. Jg. (1984), Nr. 10, S. 482 - 492

Meffert, H., Bruhn, M. (1983): Markenpolitik im Wettbewerb (Teil 1), in: Markenartikel, 45. Jg. (1983), Nr. 6, S. 278 - 294

Meffert, H., Heinemann, G. (1990): Operationalisierung des Imagetransfers. Begrenzung des Transferrisikos durch Ähnlichkeitsmessungen, in: Marketing ZFP, 12. Jg. (1990), Nr. 1, S. 5 - 10

Meffert, H., Steffenhagen, H., Freter, H. (Hrsg.) (1979): Konsumentenverhalten und Information, Wiesbaden 1979

Meffert, H., Steffenhagen, H. (1977): Marketing-Prognosemodelle. Quantitative Grundlagen des Marketing, Stuttgart 1977

Meister, H. E. (1990): Die EG-Markenrichtlinie. Erste Kommentierung, in: Markenartikel, 52. Jg. (1990), Nr. 2, S. 60 - 69

Meister, H. E. (1987): Produktpiraterie (Teil 1), in: Markenartikel, 49. Jg. (1987), Nr. 4, S. 157 - 160

Mellerowicz, K. (1963): Markenartikel. Die ökonomischen Gesetze ihrer Preisbildung und Preisbindung, 2. Aufl., München, Berlin 1963

Mellerowicz, K. (1952): Der Wert der Unternehmung als Ganzes, Essen 1952

Mendelsohn, R. (1987): A Review of Identification of Hedonic Supply and Demand Functions, in: Growth & Change, Vol. 18 (1987), No. 1, S. 82 - 92

Mentzer, J. T., Cox, J. E. (1984): Familiarity, Application, and Performance of Sales Forecasting Techniques, in: Journal of Forecasting, Vol. 3 (1984), No. 1, S. 27 - 36

Merbold, C. (1990): Marken-Status bei Investitionsgütern, in: Markenartikel, 52. Jg. (1990), Nr. 9, S. 408 - 409

Merget, J. (1990): Wieviel Geld ist Ihre Marke wert?, in: Markenartikel, 52. Jg. (1990), Nr. 9, S. 406 - 407

Merget, J. (1989): Was bringt die Marken-Bilanz?, in: Nielsen-Focus 1989, Nr. 2, S. 4 - 6

Messing, H. W. (1987): Der Begriff "Markenartikel". Woran orientiert sich eigentlich der Verbraucher?, in: Markenartikel, 49. Jg. (1987), Nr. 6, S. 266 - 271

Metzler, F. (1967): Die Handelsmarke unter besonderer Berücksichtigung der Einzelhandelsbetriebe, Frankfurt a. M. 1967

Moorhouse, M. (1989): Brand Accounting, in: J. Murphy (Ed.), Brand Valuation. Establishing a True and Fair View, London 1989, S. 143 - 153

Morrison, D. G. (1967): Critique of: "Ranking Procedures and Subjective Probability Distributions", in: Management Science, Vol. 14 (1967), No. 4, S. B-253 - B-254

Moxter, A. (1983): Grundsätze ordnungsmäßiger Unternehmensbewertung, 2. Aufl., Wiesbaden 1983

Müller-Hagedorn, L. (1978): Das Problem des Nachfrageverbundes in erweiterter Sicht, in: ZfbF, 30. Jg. (1978), S. 181 - 193

Müller-Hagedorn, L., Vornberger, E. (1979): Die Eignung der Grid-Methode für die Suche nach einstellungsrelevanten Dimensionen, in: H. Meffert, H. Steffenhagen, H. Freter (Hrsg.), Konsumentenverhalten und Information, Wiesbaden 1979, S. 185 - 207

Münstermann, H. (1970): Wert und Bewertung der Unternehmung, 3. Aufl., Wiesbaden 1970

Murphy, J. (Ed.) (1989): Brand Valuation. Establishing a True and Fair View, London 1989

Murphy, J. M. (1990): Brand Strategy, Cambridge 1990

Murphy, J. M. (Ed.) (1987): Branding: A Key Marketing Tool, London 1987

Musgrave, R. A., Musgrave, P. B., Kullmer, L. (1984): Die öffentlichen Finanzen in Theorie und Praxis, Band 1, 3. Aufl., Tübingen 1984

Myers, J. H., Alpert, M. I. (1968): Determinant Buying Attitudes: Meaning and Measurement, in: Journal of Marketing, Vol. 32 (Oct. 1968), S. 13 - 20

Nauck, H. G. (1984): Mit Markentechnik contra "no names", in: Marketing Journal, 17. Jg. (1984), Nr. 1, S. 8 - 12

Nenning, M., Topritzhofer, E., Wagner, U. (1979): Multikollinearität im Marketing-Mix. Ridge-Regression und andere Diagnose- und Korrekturverfahren aus der Sicht des Anwenders, in: Marketing ZFP, 1. Jg. (1979), Nr. 1, S. 101 - 114

Neumann, H. (1992): Warenzeichengesetz. Kommentar, Baden-Baden 1992

Nickel, G. (1978): Marken - ein erhaltenes Wertsystem, in: Markenartikel, 40. Jg. (1978), Nr. 2, S. 45 - 49

Nickel, O. (1991): Die Deutsche Milchbranche im EG-Binnenmarkt, Hamburg 1991

Nielsen, A. C. (1992): Schriftliche Mitteilung über den Kondensmilch- und Kaffeesahnemarkt der Bundesrepublik Deutschland, Frankfurt a. M. 3. 9. 1992

Nielsen, A. C. (1990): Marken-Bilanz. Fallstudie, Frankfurt a. M. 1990

Nieschlag, R., Dichtl, E., Hörschgen, H. (1991): Marketing, 16. Aufl., Berlin 1991

Noelle, E. et al. (1959): Der Markenartikel im Urteil der Verbraucher. Eine sozialpsychologische Untersuchung, Allensbach 1959

Nolte, H. (1976): Die Markentreue im Konsumgüterbereich, Bochum 1976

Oberender, P. (1975): Zur Problematik der Marktabgrenzung unter besonderer Berücksichtigung des Konzeptes des "relevanten Marktes", in: WiSt, 4. Jg. (1975), Nr. 12, S. 575 - 579

Oetker, A. (Hrsg.) (1983): Lexikon Lebensmittel und Ernährung, 2. Aufl., Bielefeld 1983

o. V. (1991a): Nur nicht unter die Räuber fallen, in: Innovatio, 7. Jg. (1991), Nr. 6, S. 12 - 15

o. V. (1991b): Unternehmensakquisitionen steigen weiter, in: Frankfurter Allgemeine Zeitung vom 13. 4. 1991, S. 13

o. V. (1991c): So sichern Sie ihr Markenzeichen für ganz Deutschland, in: impulse, 12. Jg. (1991), Nr. 9, S. 120 - 123

o. V. (1990a): Markenpflege zahlt sich aus, in: w & v, Nr. 39 vom 28. 9. 1990, S. 12

o. V. (1990b): Schweppes kauft Perrier-Marken, in: Frankfurter Allgemeine Zeitung vom 30. 5. 1990, S. 20

o. V. (1990c): Markenartikler fliehen unter die Dachmarken, in: w & v, Nr. 34 vom 24. 8. 1990, S. 6

o. V. (1990d): Tapie zahlt für Adidas nur knapp eine halbe Milliarde DM, in: Frankfurter Allgemeine Zeitung vom 17. 7. 1990, S. 13

o. V. (1990e): Markenwert. Die immateriellen Milliarden, in: DM, 1990, Nr. 5, S. 34 - 38

o. V. (1990f): Neue Wertschätzung für Goodwill und Marken, in: Frankfurter Allgemeine Zeitung vom 6. 2. 1990, S. 14

o. V. (1990g): Schwan-Stabilo: Erfolg gegen Markenpiraten, in: Markenartikel, 52. Jg. (1990), Nr. 4, S. 130 - 132

o. V. (1990h): Die Potentiale der Marken, in: absatzwirtschaft, 33. Jg. (1990), Nr. 3, S. 83 - 84

o. V. (1990i): Immer größere Zweifel an den Markenwertmodellen, in: w & v, Nr. 6 vom 9. 2. 1990, S. 1 u. 12

o. V. (1990j): Wieviel ist der Markenwert wert?, in: absatzwirtschaft, 33. Jg. (1990), Nr. 3, S. 26 - 30

o. V. (1989a): Rote Karte den Produktpiraten, in: Markenartikel, 51. Jg. (1989), Nr. 10, S. 519

o. V. (1989b): Marken - How much in Dollar?, in: absatzwirtschaft, 32. Jg. (1989), Nr. 8, S. 50 - 54

o. V. (1989c): Züge im Markenschach, in: w & v, Nr. 24 vom 16. 6. 1989, S. 11 - 14

o. V. (1989d): Der Wert der Marken und ihrer Macher wird meßbar, in: w & v, Nr. 23 vom 9. 6. 1989, S. 1 u. 4

o. V. (1989e): Den guten Namen der Firma können Sie abschreiben wie eine Maschine, in: impulse, 10. Jg. (1989), Nr. 10, S. 192 - 195

o. V. (1988a): Wem vertraut der Verbraucher? Wie erlebt er Marketing?, in: absatzwirtschaft, 31. Jg. (1988), Sondernummer Oktober 1988, S. 8 - 20

o. V. (1988b): Einige Players erobern die Märkte, in: Spiegel-Verlag (Hrsg.), Unternehmen, Märkte, Manager, Hamburg 1988, S. 217 - 221

o. V. (1988c): Selber fressen, in: Spiegel-Verlag (Hrsg.), Unternehmen, Märkte, Manager, Hamburg 1988, S. 255 - 256

o. V. (1988d): Verdammt hart, in: Spiegel-Verlag (Hrsg.), Unternehmen, Märkte, Manager, Hamburg 1988, S. 222 - 223

o. V. (1988e): Mit fünf Marken in die Zukunft, in: Markenartikel, 50. Jg. (1988), Nr. 6, S. 296 - 300

o. V. (1987a): Über die Grenzen, in: Spiegel-Verlag (Hrsg.), Unternehmen, Märkte, Manager, Hamburg 1987, S. 173 - 174

o. V. (1987b): Hoch gepokert, in: Spiegel-Verlag (Hrsg.), Unternehmen, Märkte, Manager, Hamburg 1987, S. 271 - 272

o. V. (1986): Lohnen Lizenzmarken? Vom Marketing mit Symbolkraft, in: absatzwirtschaft, 29. Jg. (1986), Nr. 12, S. 34 - 45

o. V. (1985): Kampf den Schmarotzern, in: Industriemagazin, 19. Jg. (1985), Nr. 6, S. 145 - 149

o. V. (1982): Über die Chancen der "Namenlosen", in: Marketing Journal, 15. Jg. (1982), Nr. 3, S. 232 - 233

o. V. (1981): No names, Handelsmarken, Markenartikel. Wer gewinnt das Gefecht am POP?, in: absatzwirtschaft, 24. Jg. (1981), Nr. 11, S. 34 - 49

o. V. (1979): Das hält die Marke stark, in: absatzwirtschaft, 22. Jg. (1979), Nr. 7, S. 74 - 77

o. V. (1978): Zukunftsaspekte des Markenartikels, in: Markenartikel, 40. Jg. (1978), Nr. 2, S. 49 - 53

Penrose, N. (1989): Valuation of Brand Names and Trade Marks, in: J. Murphy (Ed.), Brand Valuation. Establishing a True and Fair View, London 1989, S. 32 - 45

Pepels, W. (1990): Markenkapital, in: Kommunikation, 1990, Nr. 5, S. 5 - 6

Perrier, R. (1989): Valuation and Licensing, in: J. Murphy (Ed.), Brand Valuation. Establishing a True and Fair View, London 1989, S. 104 - 112

Pfohl, H.-C. (1977): Messung subjektiver Wahrscheinlichkeiten, in: H.-C. Pfohl, B. Rürup (Hrsg.), Wirtschaftliche Meßprobleme, Köln 1977, S. 23 - 35

Pfohl, H.-C., Rürup, B. (Hrsg.) (1977): Wirtschaftliche Meßprobleme, Köln 1977

Poth, L. G. (1983): Markenartikel, Handelsmarken, "No Names", in: Markenartikel, 45. Jg. (1983), Nr. 7, S. 337 - 341

Pras, B. (1975): Issues in Identifying Determinant Attributes, in: Der Markt, 1975, Nr. 55, S. 72 - 77

Pribilla, M. E. (1955): Firmenwert und Marke, in: Markenartikel, 17. Jg. (1955), Nr. 10, S. 579 - 583

Quelch, J. A. (1985): How to Build a Product Licensing Program, in: Harvard Business Review, Vol. 63 (1985), No. 3, S. 186 - 197

Raffée, H. et al. (1976): Informationsverhalten und Markenwahl, in: Die Unternehmung, 30. Jg. (1976), Nr. 2, S. 95 - 107

Rasmussen, D. W., Zuehlke, T. W. (1990): On the Choice of Functional Form for Hedonic Price Functions, in: Applied Economics, Vol. 22 (1990), No. 4, S. 431 - 438

Rieger, B. (1990): Welche Marken-Sprache versteht Europa?, in: Marketing Journal, 23. Jg. (1990), Nr. 2, S. 127 - 129

Röper, B. (1955): Die vertikale Preisbindung bei Markenartikeln, Tübingen 1955

Rosen, S. (1974): Hedonic Prices and Implicit Markets: Product Differentiation in Pure Competition, in: Journal of Political Economy, Vol. 82 (1974), S. 34 - 55

Rüschen, G. (1986): Die Marke - unser wertvollstes Gut, in: Blick durch die Wirtschaft, Nr. 69 vom 10. 4. 1986, S. 3

Sammet, R. (1985): Milliardenumsätze mit gefälschten Produkten, in: Markenartikel, 47. Jg. (1985), Nr. 2, S. 60 - 62

Sandler, G. (1989): Bedingungen für erfolgreiche Markenstrategien im Verbrauchsgüterbereich, in: M. Bruhn (Hrsg.), Handbuch des Marketing, München 1989, S. 325 - 342

Sandler, G. (1986): Alles, was gut ist, wird gefälscht: Markenpiraterie, in: Die Betriebswirtschaft, 46. Jg. (1986), Nr. 2, S. 119 - 127

Saunders, J. (1990): Brands and Valuations, in: International Journal of Advertising, Vol. 9 (1990), No. 2, S. 95 - 110

Schaafhausen, L. R. (1988): Der Schutz eines Markennamens aus zeichenrechtlicher Sicht, in: Spiegel-Verlag (Hrsg.), Brand News. Wie Namen zu Markennamen werden, Hamburg 1988, S. 57 - 69

Schäfer, E. (1950): Die Aufgabe der Absatzwirtschaft, Köln, Opladen 1950

Schanz, G. (Hrsg.) (1979): Betriebswirtschaftliche Gesetze, Effekte und Prinzipien, München 1979

Schluep, W. R. (1964): Das Markenrecht als subjektives Recht, Basel 1964

Schmalen, H. (1992): Kommunikationspolitik. Werbeplanung, 2. Aufl., Stuttgart u. a. 1992

Schmalen, H. (1982): Preispolitik, Stuttgart, New York 1982

Schneeweiß, H. (1967): Entscheidungskriterien bei Risiko, Berlin, Heidelberg, New York 1967

Schnutenhaus, O. R. (1955): Der echte und unechte Markenartikel, in: Markenartikel, 17. Jg. (1955), Nr. 11, S. 795 - 811

Schormüller, J., Melchior, H. (Hrsg.) (1973): Grundlagen und Fortschritte der Lebensmitteluntersuchung, Band 15, Berlin, Hamburg 1973

Schröder, L. (1983): Der Markenartikel. Entwicklung - Struktur - Aufgaben des Markenverbandes, Wiesbaden 1983

Schütt, K.-P. (1976): Unterstützung der Schätzung subjektiver Wahrscheinlichkeiten durch formale Prozesse, Nr. 34 der Manuskripte aus dem Institut für Betriebswirtschaftslehre der Christian-Albrechts-Universität Kiel, Kiel 1976

Schulz, R. (1989): Marken auf dem Prüfstand im europäischen Binnenmarkt - Ein Instrument zur Bestimmung und Steuerung von Markenwerten, in: M. Bruhn, F. Wehrle (Hrsg.), Europa 1992. Chancen und Risiken für das Marketing, Münster 1989, S. 77 - 86

Schulz, R., Brandmeyer, K. (1989a): Die Markenbilanz: Ein Instrument zur Bestimmung und Steuerung von Markenwerten, in: Markenartikel, 51. Jg. (1989), Nr. 7, S. 364 - 370

Schulz, R., Brandmeyer, K. (1989b): Die Markenbilanz. Ein neues Instrument für die Bewertung und Steuerung von Marken stellt sich vor, in: Marketing Journal, 22. Jg. (1989), Nr. 4, S. 360 - 363

Schwarze, J. (1986): Netzplantechnik, 5. Aufl., Herne, Berlin 1986

Schwarze, J. (1978): Mathematik für Wirtschaftswissenschaftler, Band 2: Differential- und Integralrechnung, 4. Aufl., Herne, Berlin 1978

Schweiger, G. (1982): Imagetransfer, in: Marketing Journal, 15. Jg. (1982), Nr. 1, S. 321 - 322

Schweiger, G., Baumgartner, P. (1988): Der Einfluss der Werbung auf das Geschmackserlebnis - Empirische Messung der Irradiation durch unterschiedliche Gestaltung der Etiketten bei Weißwein, in: Werbeforschung & Praxis, 33. Jg. (1988), Nr. 4, S. 127 - 131

Schweiger, G., Schrattenecker, G. (1988): Werbung, 2. Aufl., Stuttgart, New York 1988

Shocker, A. D., Srinivasan, V. (1974): A Consumer-Based Methodology for the Identification of New Product Ideas, in: Management Science, Vol. 20 (1974), No. 6, S. 921 - 937

Shocker, A., Weitz, B. (1988): A Perspective on Brand Equity Principles and Issues, in: L. Leuthesser (Ed.), Defining, Measuring and Managing Brand Equity, Report No. 88 - 104, Cambridge 1988, S. 2 - 4

Sieben, G. (1976): Der Entscheidungswert in der Funktionenlehre der Unternehmensbewertung, in: BFuP, 28. Jg. (1976), Nr. 6, S. 491 - 504

Siegel, T. (1992): Methoden der Unsicherheitsberücksichtigung in der Unternehmensbewertung, in: WiSt, 21. Jg. (1992), Nr. 1, S. 21 - 26

Siegel, T. (1991): Grundlagen der Unternehmensbewertung, in: WiSt, 20. Jg. (1991), Nr. 5, S. 231 - 237

Sieghold, G. (1989): Mergers & Acquisitions in Deutschland und in der Schweiz. Optimale Planung und Durchführung von Mergers & Acquisitions-Transaktionen aus der Sicht der Unternehmensleitung unter besonderer Berücksichtigung der Rolle Dritter, Diss. Bamberg 1989

Simon, H. (1985): Goodwill und Marketingstrategie, Wiesbaden 1985

Simon, H. (1982): Preismanagement, Wiesbaden 1982

Simon, H. (1980): Dynamisches Produktlinienmarketing, Habilitationsschrift, Bonn 1980

Simon, H., Kucher, E. (1988): Die Bestimmung empirischer Preis-Absatz-Funktionen. Methoden, Befunde, Erfahrungen, in: ZfB, 58. Jg. (1988), Nr. 1, S. 171 - 183

Simon, H. E. (1974): How big is a Chunk?, in: Science, Vol. 183 (Feb. 1974), S. 482 - 488

Simon, H.-J. (1988): Die Marke ist die Botschaft. Sieben Gesetze für eine erfolgreiche Markentechnik, in: Marketing Journal, 21. Jg. (1988), Nr. 2, S. 136 - 143

Singh, D. (1990): An Investigation of the Value of a Brand Name, Diss. Ann Arbor (Mich.) 1990

Specht, U. (1988): Ist der klassische Markenartikel am Ende?, in: Markenartikel, 50. Jg. (1988), Nr. 10, S. 504 - 507

Spiegel-Verlag (Hrsg.) (1988a): Brand News. Wie Namen zu Markennamen werden, Hamburg 1988

Spiegel-Verlag (Hrsg.) (1988b): Unternehmen, Märkte, Manager, Hamburg 1988

Spiegel-Verlag (Hrsg.) (1987): Unternehmen, Märkte, Manager, Hamburg 1987

Sprengel, R. (1990): Europa 93 - Sind vorhandene Markennamen international einsetzbar?, in: Markenartikel, 52. Jg. (1990), Nr. 9, S. 410 - 413

Stern, H. (1981): Marke oder Preis: Entscheidungskriterium der Verbraucher?, in: Markenartikel, 43. Jg. (1981), Nr. 3, S. 138 - 150

Stippel, P. (1991): Wir geben jede Mark der Bank, in: absatzwirtschaft, 34. Jg. (1991), Nr. 2, S. 10 - 14

Stobart, P. (1989): Alternative Methods of Brand Valuation, in: J. Murphy (Ed.), Brand Valuation. Establishing a True and Fair View, London 1989, S. 23 - 31

Storkebaum, R. (1978): Die unschätzbaren Marken, in: Markenartikel, 40. Jg. (1978), Nr. 2, S. 43 - 45

Stumpf, H. (1984): Der Lizenzvertrag, 5. Aufl., Heidelberg 1984

Suits, D. B. (1957): Use of Dummy Variables in Regression Equations, in: Journal of the American Statistical Association, Vol. 52 (Dec. 1957), S. 548 - 551

Tauber, E. M. (1988): Brand Leverage: Strategy for Growth in a Cost-Control World, in: Journal of Advertising Research, Vol. 28 (1988), No. 4, S. 26 - 30

Theisen, P. (1975): Preispolitik der Mehrproduktunternehmung, in: WiSt, 4. Jg. (1975), Nr. 6, S. 273 - 281

Thurmann, P. (1961): Grundformen des Markenartikels. Versuch einer Typologie, Berlin 1961

Tietz, B. (1987): Handbuch Franchising. Zukunftsstrategien für die Marktbearbeitung, Landsberg a. L. 1987

Tietz, B. (Hrsg.) (1974): Handwörterbuch der Absatzwirtschaft, Stuttgart 1974

Traylor, M. B. (1986): Cannibalism in Multibrand Firms, in: The Journal of Consumer Marketing, Vol. 3 (1986), No. 2, S. 69 - 75

Trommsdorff, V. (1975): Die Messung von Produktimages für das Marketing. Grundlagen und Operationalisierung, Köln u. a. 1975

Uebele, H. (1980): Einsatzbedingungen und Verhaltenswirkungen von Planungstechniken im Absatzbereich von Unternehmen. Eine empirische Untersuchung, Diss. Aachen 1980

Uhr, D. (1980): Psychologische Betrachtungen zum Markenartikel, in: Markenartikel, 42. Jg. (1980), Nr. 11, S. 534 - 546

Unger, F. (Hrsg.) (1986): Konsumentenpsychologie und Markenartikel, Heidelberg 1986

Unger, F. (1986): Die Markenartikel-Konzeption, in: F. Unger (Hrsg.), Konsumentenpsychologie und Markenartikel, Heidelberg 1986, S. 1 - 17

Veit, R. (1990): Die Behandlung immaterieller Vermögensgegenstände bzw. Wirtschaftsgüter in Handels- und Steuerbilanz, in: Steuer und Studium, 11. Jg. (1990), Nr. 5, S. 170 - 174

Vershofen, W. (1959): Die Marktentnahme als Kernstück der Wirtschaftsforschung, Berlin, Köln 1959

Völp, F. (1985): Vermarktung bekannter Marken durch Lizenzen, in: Gewerblicher Rechtsschutz und Urheberrecht, 87. Jg. (1985), Nr. 9, S. 843 - 850

Wagner, F. W. (1979): Bewertungsprinzipien, in: G. Schanz (Hrsg.), Betriebswirtschaftliche Gesetze, Effekte und Prinzipien, München 1979, S. 209 - 211

Wagner, F. W., Schomaker, H. (1987): Die Abschreibung des Firmenwertes in Handels- und Steuerbilanz nach der Reform des Bilanzrechts, in: Der Betrieb, 40. Jg. (1987), Nr. 27/28, S. 1365 - 1372

Ward, K. (1989): Can the Cash Flows of Brands Really be Capitalized? in: J. Murphy (Ed.), Brand Valuation. Establishing a True and Fair View, London 1989, S. 69 - 79

Weber, M. (1986): Der Marktwert von Produkteigenschaften, Berlin 1986

Weinberg, P. (1981): Das Entscheidungsverhalten der Konsumenten, Paderborn u.a. 1981

Wich, D. (1985): Internationale Markenpiraterie, Nürnberg 1985

Wild, K., Everitt, H. (1989): The Accountancy Perspective in the UK, in: J. Murphy (Ed.), Brand Valuation. Establishing a True and Fair View, London 1989, S. 55 - 68

Wils, F. H. (1968): Bildmarken Wortmarken, Düsseldorf, Wien 1968

Winter, F. (1985): Administrative und legislative Maßnahmen zur Bekämpfung nachgeahmter Waren, in: Markenartikel, 47. Jg. (1985), Nr. 2, S. 62 - 67

Wöhe, G. (1990): Einführung in die Allgemeine Betriebswirtschaftslehre, 17. Aufl., München 1990

Yovovich, B. G. (1988): What is Your Brand Really Worth?, in: Adweek's Marketing Week vom 8. 8. 1988, S. 18 - 24

Zarembka, P. (1974): Transformation of Variables in Econometrics, in: P. Zarembka (Ed.), Frontiers in Econometrics, New York, London 1974, S. 81 - 104

Zarembka, P. (Hrsg.) (1974): Frontiers in Econometrics, New York, London 1974

Zarembka, P. (1968): Functional Form in Demand for Money, in: Journal of the American Statistical Association, Vol. 63 (June 1968), S. 502 - 511

Zimmerer, C. (1988): Ertragswertgutachten. Eine Polemik, in: Die Betriebswirtschaft, 48. Jg. (1988), Nr. 4, S. 417 - 420

ZMP (Hrsg.) (1992): ZMP Bilanz '91 Milch, Bonn 1992

ZMP (Hrsg.) (1990): ZMP Bilanz '89 Milch, Bonn 1990

Zuberbier, I. (1989): Brand Equity. Marken sind Gefühle, in: Kommunikation Special '89, S. 82 - 87

Wirtschaftswissenschaftliche Beiträge

Band 55: P.-U. Paulsen, Sichtweisen der Wechselkursbestimmung, VI/264 Seiten, 1991

Band 56: B. Sporn, Universitätskultur, IX/213 Seiten, 1992

Band 57: A. Vilks, Neoklassik, Gleichgewicht und Realität, IX/112 Seiten, 1991

Band 58: M. Erlei, Unvollkommene Märkte in der keynesianischen Theorie, XII/267 Seiten, 1991

Band 59: D. Ostrusska, Systemdynamik nichtlinearer Marktreaktionsmodelle, VII/178 Seiten, 1992

Band 60: G. Bol, G. Nakhaeizadeh, K.-H. Vollmer (Hrsg.), Ökonometrie und Monetärer Sektor, VII/238 Seiten, 1992

Band 61: S. Feuerstein, Studien zur Wechselkursunion, VIII/132 Seiten, 1992

Band 62: H. Fratzl, Ein- und mehrstufige Lagerhaltung, VIII/190 Seiten, 1992

Band 63: P. Heimerl-Wagner, Strategische Organisations-Entwicklung, VIII/231 Seiten, 1992

Band 64: G. Untiedt, Das Erwerbsverhalten verheirateter Frauen in der Bundesrepublik Deutschland, XVIII/197 Seiten, 1992

Band 65: R. Herden, Technologieorientierte Außenbeziehungen im betrieblichen Innovationsmanagement, XVIII/265 Seiten, 1992

Band 66: P. B. Spahn, H. P. Galler, H. Kaiser, T. Kassella, J. Merz, Mikrosimulation in der Steuerpolitik, XVI/279 Seiten, 1992

Band 67: M. Kessler, Internationaler Technologiewettbewerb, X/232 Seiten, 1992

Band 68: J. Hertel, Design mehrstufiger Warenwirtschaftssysteme, XIII/319 Seiten, 1992

Band 69: H. Grupp/U. Schmoch, Wissenschaftsbindung der Technik, XIII/152 Seiten, 1992

Band 70: H. Legler/H. Grupp/B. Gehrke/U. Schasse, Innovationspotential und Hochtechnologie, XV/164 Seiten, 1992

Band 71: R. Schmidt, Modelle der Informationsvermittlung, 320 Seiten, 1992

Band 72: M. Kaiser, Konsumorientierte Reform der Unternehmensbesteuerung, XI/412 Seiten, 1992

Band 73: K. Meier, Modellbildung bei Mehrfachzielen, XVI/251 Seiten, 1992

Band 74: J. Thiele, Kombination von Prognosen, X/135 Seiten, 1993

Band 75: W. Sesselmeier, Gewerkschaften und Lohnfindung, XII/222 Seiten, 1993

Band 76: R. Frensch, Produktdifferenzierung und Arbeitsteilung, VIII/176 Seiten, 1993

Band 77: K. Kraft, Arbeitsmarktflexibilität, X/186 Seiten, 1993

Band 78: R. P. Hellbrück, Synergetik und Marktprozesse, XIV/190 Seiten, 1993

Band 79: L. Linnemann, Multinationale Unternehmungen und internationale Wirtschaftspolitik, X/207 Seiten, 1993

Band 80: K. Cuhls, Qualitätszirkel in japanischen und deutschen Unternehmen, XIV/215 Seiten, 1993

Band 81: B. Erke, Arbeitslosigkeit und Konjunktur auf segmentierten Arbeitsmärkten, X/228 Seiten, 1993

Band 82: M. Hillmer, Kausalanalyse makroökonomischer Zusammenhänge mit latenten Variablen, XI/408 Seiten, 1993

Band 83: M. Heinisch, W. Lanthaler, Im Brennpunkt Universität, XII/193 Seiten, 1993

Band 84: M. Göcke, Starke Hysteresis im Außenhandel, XII/216 Seiten, 1993

Band 85: T. Siegenführ, Optimale Gesundheitsinvestitionen in das Humankapital, XX/192 Seiten, 1993

Band 86: Matthias Wrede, Ökonomische Theorie des Steuerentzuges, XII/302 Seiten, 1993

Band 87: Martin Raab, Steuerarbitrage, Kapitalmarktgleichgewicht und Unternehmensfinanzierung, X/185 Seiten, 1993

Band 88: K.-J. Duschek, Ein sequentielles empirisches allgemeines Gleichgewichtsmodell zur Beurteilung von Steuerreformprogrammen, XII/271 Seiten, 1994

Band 89: R. Schwager, Geld überlappende Nachfragestruktur und bilaterale Transaktionen, VIII/262 Seiten, 1994

GPSR Compliance

The European Union's (EU) General Product Safety Regulation (GPSR) is a set of rules that requires consumer products to be safe and our obligations to ensure this.

If you have any concerns about our products, you can contact us on ProductSafety@springernature.com

In case Publisher is established outside the EU, the EU authorized representative is:

Springer Nature Customer Service Center GmbH
Europaplatz 3
69115 Heidelberg, Germany

Batch number: 10815974

Printed by Printforce, the Netherlands